XINGMIN GUANLIAN ANJIAN DE
FALI ZHANKAI

刑民关联案件的
法理展开

蔡福华　著

法律出版社
LAW PRESS·CHINA
北京

图书在版编目(CIP)数据

刑民关联案件的法理展开 / 蔡福华著. -- 北京 : 法律出版社, 2022(2022.9 重印)
ISBN 978 - 7 - 5197 - 6775 - 4

Ⅰ. ①刑… Ⅱ. ①蔡… Ⅲ. ①案例-法理学-研究-中国 Ⅳ. ①D920.5

中国版本图书馆 CIP 数据核字(2022)第 091607 号

刑民关联案件的法理展开
XINGMIN GUANLIAN ANJIAN DE FALI ZHANKAI

蔡福华 著

责任编辑 冯雨春 李 军
装帧设计 李 瞻

出版发行 法律出版社
编辑统筹 法律应用出版分社
责任校对 朱海波
责任印制 刘晓伟
经　　销 新华书店

开本 710 毫米×1000 毫米 1/16
印张 25.25 **字数** 350 千
版本 2022 年 6 月第 1 版
印次 2022 年 9 月第 3 次印刷
印刷 北京金康利印刷有限公司

地址:北京市丰台区莲花池西里 7 号(100073)
网址:www. lawpress. com. cn
投稿邮箱:info@ lawpress. com. cn
举报盗版邮箱:jbwq@ lawpress. com. cn

销售电话:010 - 83938349
客服电话:010 - 83938350
咨询电话:010 - 63939796

书号:ISBN 978 - 7 - 5197 - 6775 - 4
定价:96.00 元

凡购买本社图书,如有印装错误,我社负责退换。电话:010 - 83938349

序　一

刑民交叉案件，我以为是指行为既引发刑事法律关系又引发民事法律关系、既造成刑事法律后果又造成民事法律后果，且行为人既要承担刑事法律责任又要承担民事法律责任的案件。在广义上，刑民交叉案件还包括刑行民交叉案件、行民交叉案件和刑行交叉案件等。①在实践中，刑民交叉案件是执法办案经常遇到的案件，也是最难处理的案件之一，有人甚至认为没有之一，本人也深有同感。回顾改革开放以来，为公正稳妥处理不断增多的刑民交叉案件，中央政法机关曾经发布多个司法文件或司法解释，其中广受关注的有：1985 年发布的《最高人民法院、最高人民检察院、公安部关于及时查处在经济纠纷案件中发现的经济犯罪的通知》（以下简称“85 通知”，已于 2013 年废止），提出处理刑民交叉案件要坚持刑事优先原则，也有人称为先刑后民原则。1998 年出台的《最高人民法院关于在审理经济纠纷案件中涉及经济犯罪嫌疑若干问题的规定》（以下简称“98 解释”，已于 2020 年 12 月修正），在坚持刑事优先原则的基础上，有限度地提出了刑民分开处理的某些情形。2004 年出台的《最高人民法院关于审理人身损害赔偿案件适用法律若干问题的解释》（已于 2022 年 4 月修正），力图统一民事侵权赔偿标准和刑事附带民事诉讼赔偿标准，使死亡赔偿金、残疾赔偿金和精神损害抚慰金等“三金”赔偿延伸到刑事诉讼领域，刑事附带民事赔偿数额大幅度提升，从此引发了刑事附带民事诉讼赔偿数额过高、实践中难以执行的争议。2012 年发布的《最高人民法院关于

① 这里的“刑行民交叉案件”，是指刑事法律关系、行政法律关系和民事法律关系相互交织、相互关联的案件。

适用〈中华人民共和国刑事诉讼法〉的解释》（已于2021年修改），明确《刑事诉讼法》规定的“物质损失”范围不包括精神抚慰金、死亡赔偿金和残疾赔偿金，这又引发了刑事附带民事赔偿与民事侵权赔偿不平衡从而对被害人显失公平的争议。2012年以来，因民商事纠纷急剧增多，最高人民法院先后发布或修改了多个涉及刑民交叉案件处理的司法解释和司法文件，进一步缩小了刑事优先原则的适用，特别是2019年发布《全国法院民商事审判工作会议纪要》（以下简称《九民纪要》）出台以后，刑民交叉案件的处理呈现出四种情形：一是“刑民分开”，即案件的刑事部分与民事部分可以分开审理的分开审理，不要求合并审理或者单独刑事附带民事诉讼；二是“刑民并行”，即刑事部分与民事部分可以同时审理的同时审理，无所谓谁先谁后问题；三是“民事优先”，即刑事案件需以民事案件查明的事实为依据的，民事部分可以先行审理，而后才审理刑事部分；四是刑事优先，即刑事部分需要先行审理的先行审理，民事部分而后审理。这些分类审理不仅为办理刑民交叉案件提供了更多的程序选择和解决方案，而且对遏制一些办案机关和办案人员动辄利用刑事手段插手经济纠纷处理，保护相关企业及其责任人员免受刑事处罚，具有重要作用。可以说，自《九民纪要》出台以后，法院审理刑民交叉案件便进入了以民事程序为主导、以刑事程序为保障的时期。不过，即便如此，这些处理刑民交叉案件的法律规定和司法文件，也没有从根本上解决执法司法实践中遇到的各种问题。

以笔者所见，刑民交叉案件之所以不断增多，相关案件之所以难以处理，主要缘于其形成原因过于复杂。

一是在经济生活领域，快速发展的市场经济促使各类经营主体解放了思想，他们无时不在创造新的经营形态和经营模式，而许多创新的经营活动本身就没有刑民界限。与此同时，一些经营主体有意在经济活动中打违法犯罪的“擦边球”，有的还故意实施名为合法经营实为刑事犯罪行为，有的经营主体在一定期间内既实施了大量的合法经营行为，也实施了违法经营行为，还实施了刑事犯罪行为，等等。不断创新发展的经济行为成为刑民交叉纠纷高发多发的根本原因。

二是在法律法规领域，长期以来不仅存在法律规定不完善的现实，而且在法律规定之间、司法解释之间还存在不协调甚至互相冲突的现象，如《刑事诉讼法》第101条和第103条规定的“物质损失”中的人身伤亡案件附带民事赔偿内容，与《民法典》第1179条、第1180条规定的“死亡赔偿金”“残疾赔偿金”的内容就不一致。又如，最高人民法院关于适用刑事诉讼法的解释与关于人身损害赔偿的解释，对处理刑民交叉案件的程序、范围和结果就不一致，以致在司法实践中，同一类案件按照不同诉讼程序和司法解释处理的，可能出现按照刑事诉讼程序处理的赔偿数额低，而按照民事诉讼程序处理的赔偿数额高的法律适用不统一现象。

三是在执法司法领域，有的办案人员难以把握民事法律关系和刑事法律关系的区别，或者机械执法司法，致使应该按照民事纠纷处理的案件被移送司法机关按照刑事犯罪处理，或者相反，应该按照刑事犯罪处理的案件则不向司法机关移送，搞以罚代刑放纵犯罪。更有甚者，少数办案人员故意混淆案件性质，导致案件处理时刑民性质颠倒。还有一些当事人及其代理人、辩护人，为了使案件获得对本方有利的处理，便采取贿赂等非法手段腐蚀执法司法人员，或者采取伪造证据材料等不正当手段欺骗执法办案人员，把刑事案件搞成民事案件或者反向操作，这些违法做法严重干扰了刑民交叉案件公正处理。

四是在法学理论领域，处理刑民交叉案件的学理观点也颇多分歧，如在诉讼程序选择上，是坚持刑事程序优先还是不予优先，法学法律界就存在截然不同的主张。又如，以签订经济合同的名义诈骗他人钱财，行为构成合同诈骗罪以后，被告人所签的房产交易合同是否还具有民事法律效力，也存在针锋相对的看法，且持不同看法的几乎分成刑事和民事两个阵营。刑法学者通说认为，既然签订经济合同骗取他人钱财的行为构成了犯罪，根据法秩序统一原理，民事合同当然应当认定为无效，否则，同一行为在刑事法领域已经构成犯罪而在民事法领域还认定为有效，难免会让人产生刑民互搏的印象。但民法学者普遍认为，当事人签订民事合同的行为，即使构成了刑事犯罪，但所签合同并非当然无效。像房主用一套房子与多人签订销售或出租合同并收取多个合同相对人的钱款，其行为虽然违背诚实信用原则且实际上只能向其中的一个人交付房屋，但所签的合同并非当然没有民法上的效力，且认定合同有效可能还对另一方更为有利，理由是被害一方根据合同有效，可能拥有更多的救济手段并可能获得更多的损失赔偿。其他诸如在证据审查范围、证明标准确定、赔偿范围大小和纠纷损失确定等方面，民法学界与刑法学界也存在明显的分歧。

上述领域存在的问题，充分说明处理刑民交叉案件，立法与司法、理论与实务之间还缺乏基本共识。因此，有效解决刑民交叉问题，必须先形成基本共识，并围绕共识构建相应的制度、机制、程序等，以统一刑民交叉案件的执法司法理念和办案标准。笔者认为，需要形成的共识主要有以下几点。

一要坚持以有利于实现司法公正为根本共识。公正是执法办案的价值追求和评判标准，也是衡量刑民交叉案件的诉讼程序和证据规则是否合适妥当的根本标准。公正的基础是平等保护各方当事人的权益，平等保障各方当事人的诉讼权利，平等支持各方当事人行使诉讼权利。对于一方当事人因故难以行使诉讼权利或者双方当事人的诉讼能力明显失衡，可能影响案件公正处理的，或者一方当事人利用证据规则和诉讼能力优势，实施影响案件公正处理行为的，办案人员要及时依职权干预。以保障刑民交叉案件办理的程序公正与实体公正，努力让当事人在每一个刑民交叉案件的处理中感受到公平正义。

二要坚持以案件事实认定符合客观真相为基础共识。民事案件依赖当事人提供证据，实行“谁主张，谁举证”。无法举证的或者所举证据不能支持其诉辩主张的，承担败诉责任。这是民事诉讼的基本要求，也是其与刑事诉讼的根本区别，在处理刑民交叉案件时当然要尊重和坚持。但在实践中，不少案件的当事人由于客观原因只能举出部分证据，有的根本举不出证据，有的提交的证据无效或者提交的是虚假证据。这些情形都会导致案件事实认定背离客观真相，处理结果背离实体公正。对此，办案人员不能明知案件的事实真相是不清楚的，根据证据材料得出来的结论可能是违背客观事实真相的，还仍然坚持机械地适用“谁主张，谁举证”、举不出证据就败诉以及证据只要有51%的可信度就可以采信的做法，而应当坚持实体公正优先理念，依职权自行调查或者委托他人调查，或者退回有关办案机关补充调查，尽力揭示案件的事实真相，坚持在案件事实真相或本来面目的基础上作出判决。

三要坚持以节约诉讼资源和当事人诉讼成本为效率共识。刑民交叉案件，不少都是参与人员众多、案件数额巨大、社会影响重大的案件，特别像组织领导传销案件、非法吸收公众存款案件和非法集资案件等，一个案件涉及的当事人往往成千上万，数额高达数百亿元乃至数千亿元。实践中，这类行为多以双方自愿签订民事合同的方式进行。故一旦案发就会有大批人员通过刑事诉讼、民事诉讼和上访闹访等方式维权，解决起来不仅难度极大，而且可能影响社会稳定。故处理这类刑民交叉案件，不能拘泥于这个原则优先、那个程序先行的思路，要着眼于公正和效率，采取集中处理、先刑后民的处理方式，即案件无论涉及多少被告人和被害人，原则上都要并成一案处理，不能分散处理；对于犯罪的财物，应采取追缴、退赔等方式，对于被害人的损失，要采取统一登记公平发放的方式，不能刑民混淆，厚此薄彼。实践证明，处理涉众型的刑民交叉案件，坚持先刑后民、并案处理的方式，既能减轻当事人的讼累，又能节约国家司法资源，还可以实现良好的办案效果。

四要坚持以鼓励民事交易与维护交易安全为价值共识。市场经济与计划经济最大的不同，就是前者鼓励经营主体自由交易，后者限制经营主体自由交易；前者鼓励经营主体敢于冒险，后者要求经营主体循规蹈矩；前者鼓励经营主体追求利益最大化，后者要求经营主体追求安全最大化。市场经济是法治经济，在大力发展市场经济和追求经济快速发展的时代，立法鼓励市场交易和敢于经营冒险是应有之义，如《民法典》中就有大量鼓励交易的条款。不仅如此，许多行政管理法规和经济管理法规也有大量鼓励经营主体自由交易的条款，“法无禁止皆可为”这句名言，也蕴含了鼓励经营主体自由交易的法治理念。就制定司法解释和司法政策而言，应当把鼓励各类经营主体自由交易作为价值取向，为各类经营主体自主创新、自由交易保驾护航。但是，司法解释和司法政策同时也要重视交易安全，在解释法律、制定规则时将维护交易安全作为底线。近年来，民事案件高发多发，仅各级法院每年受理的民事案件高达3000多万件，许多法院不堪重负，一些巨无霸企业说倒闭就倒闭了，很多中小企业寿命不过两三年，个中原因虽然复杂，但与立法、监管、执法和司法过于鼓励交易不无关系。因此，处理刑民交叉案件，既要秉持刑法谦抑原则，不要轻易把刑民交叉案件作为刑事案件处理，也要守住维护交易安全的底线，对于突破刑事法律底线、危害企业经营安全的刑民交叉案件，应当按照刑事案件处理的，坚持按照刑事案件处理。

五要坚持案件导向和案例导向。研究解决刑民交叉问题，必须聚焦经济社会生活中发生的相关案件，聚焦如何把刑民交叉案件变成严格执法公正司法的案例。可以说，现实社会中发生的一个个案件，就是法治进程中遇到的一个个问题。人们常说的理论研究要坚持问题导向和目标导向，在法律实务领域，案件就是问题，案例就是目标。坚持问题导向和目标导向，就是坚持案件导向和案例导向。法治的理想是良法善治，制定良法固然不是易事，但把良法变成善治更难。因为良法并不当然产生善治，甚至越是良法实施的难度越大。良法只有通过正确实施，才能产生善治，否则良法也会出现“劣治”甚至“恶治”。执法司法人员只有善于实施法律，善意地适用法律，善于把良法办成良案，善治才能成为现实。从这个意义上讲，良法善治既是立法机关“立”出来的，也是执法司法人员“办”出来的，更是当事人和其他诉讼参与人打官司“打”出来的。良法善治集中表现为案例法治，由无以计数的、源源不断的、生动鲜活的案例来实现、检验和延续的。只要一个个案件都能得到公正办理，承载法治的巨舰就能一帆风顺、行稳致远。

令人高兴的是，进入新时代以来，随着诉讼程序改革、法官检察官员额制改革、司法责任制改革、司法保障体制改革以及司法体制综合配套改革的不断推进，执法司法人员队伍的专业素质不断提升，专家型法官、检察官大量涌现，许多法官、检察官不仅能够办出好案子、名案例，而且能够写出好文章、好著作，不仅成为司法机关的领导和骨干，而且成为法学理论研究特别是司法案例研究的佼佼者和生力军。同样令人欣喜的是，在刑民交叉问题的理论与实务研究方面，关注此问题的法律人也越来越多，高水平的研究成果亦是日渐增多，其中，福建省莆田市人民检察院副检察长蔡福华检察官的新著《刑民关联案件的法理展开》，就是新近研究刑民交叉问题的一本力作。

本书是福华检察官将多年来办理或关注的刑民交叉疑难案件进行加工、整理、分析后的成果，实为法学理论研究与司法案例研究紧密结合的佳作。他从刑民交叉案件的法理基础、实体判断和程序运行等方面，依次展开论述。把法理作为实体判断和程序运行的逻辑基础，将实体判断和程序运行作为检验法理的生动实践。这样谋篇构思，清晰而新颖，顺理而成章。他还通过对现有刑事法和民事法及其理论的理解与阐释，结合自身办案体会，提出新观点，总结新规则，所思所言既能让人产生似曾相识又有耳目一新之感。在余论部分，他还分析了刑事法僭越民事法领域问题、部门法之间不协调问题，并建言国家治理应当有效促进民法、行政法、刑法协同共治，实为真知灼见。尤让我印象深刻的是，福华检察官紧密联系工作实际、案件实际和案例实际敢于创新的精神，这种精神不仅体现在对现行理论的新解读和新思考上，而且体现在对理论如何深度嵌入司法、指导实践、办理案件上。从中可以了解一线司法人员的执法办案心得，一窥其发现问题、认定事实、适用法律的路径和方法。福华检察官娴熟的办案技能、丰富的司法经验、大胆的理论思考，使本书既有鲜活的实践气息和案例气息，又有浓厚的创新气息和理论气息，可以说是一部体现理论法学与案例法学相交叉、刑事法学与民事法学相交叉的著述，对于学习、研究刑民交叉问题，办理相关案件，都有启发和参考价值。

我与福华检察官素不相识，至今也未曾谋面。他以为我对刑民交叉问题有所了解，故邀我作序。经过了解，我才知道他是一位从事民事行政检察业务方面的资深检察官，还担任过中国商法学研究会理事，福建省民法学研究会副会长，既有扎实的民商法理论功底，又有丰富的民事检察经验。作为一名资深检察官，当然还有丰富的刑事司法实务经验和刑法理论学养，几十年来对总结经验、思考问题、法律研究颇有兴趣并取得不俗业绩。我对来自一线办案人员的研究成果向来看重，深知实践出真知，办案出经验，基层出干货。战斗在执法办案一线的法官、检察官们在繁忙的办案之余，能够写一篇文章已属不易，著一本书更难，长期保持思考和研究兴趣更是难上加难。然福华检察官却是知难而进的一位，其立足案例开展研究的风格，契合我主张案例法治的旨趣，应当支持鼓励，故借题发挥几句，权作序也。

胡云腾

2022 年立夏

序　二

初识福华检察官，已是20多年前的事了。20世纪90年代末，我曾围绕民事优先权问题撰写论文，当时国内关于这一领域的资料稀缺，研究者更是寥寥无几。然而，不久之后，我发现一位叫蔡福华的作者竟然出版了一部专著《民事优先权研究》，对民事优先权制度进行了全景式的研究，填补了该领域的空白。后经了解，得知他在民商法领域又出版了几本专著，发表论文数十篇。惊讶之余，赞叹他敏锐的学术观察、扎实的学术功底和臻于至善的求知精神。

更难能可贵的是，福华检察官在繁忙的实务工作之余，坚持不懈地跨越多学科进行学术研究。近日，他寄来新作《刑民关联案件的法理展开》并邀请我作序，同为民法学人，我对他这部高质量的学术成果即将出版，感到由衷的高兴。

刑民关联案件问题，一直是司法实务中的热点和难点，更是一个跨学科的重要理论课题。长期以来，受传统思维、学科分工固化等影响，鲜有民法学者深度介入该领域。从科研主体来看，基本上都以刑事法学者为主，这使刑民关联案件的问题囿于学科成见而难窥全貌，也对立法过程产生深刻的影响。如民法上合法的行为，刑法上不具有刑事违法性；民法上不予保护的财产，刑法上也不予保护等，这是法秩序统一性原理的必然要求。那么，民法上合法的行为以及民法上不予保护的财产，应当由民法学界来界定。然而，我国的刑法立法和修法论证，几乎是清一色的刑事法学者，鲜有民法和行政法学者参与，学科之间的沟通和互动较为缺乏。学科分类越来越细致，固然有其精专之处，但也存在学科之间的知识壁垒越来越高的问题，存在各自不熟悉对方思维与学科知识的问题。福华检察官既有深厚的民法素养，又有丰富的刑事司法经验，这部《刑民关联案件的法理展开》新著，正是他综合运用民法思维与民法原理总结提炼自己刑事司法经历的力作，体现了一名法律人的深度思考力。

本书细致深刻地分析和论证了刑民关联案件中，民法思维与民法原理在案件处理中的运用和刑法规定的不足之处，如在法秩序统一性原理中，民法与刑法之间关系的规则遵守；财产犯罪中“非法占有目的”的民法理解和适用；刑事追缴与责令退赔对救济刑事被害人的损害赔偿不周全以及与民法原理的背离；刑事犯罪与合同效力的认定与处理等，处处闪耀民法思维与民法原理的光芒，体现了刑法与民法的对话与融合、交流与合作。特别是本书以典型案例和疑难问题为引子，以法理论证为方法，提出许许多多很有见地的新观点与新规则，为刑民关联案件的正确处理，提供了切实可行的路径与依据，是一部不可多得的好作品。

当然，本书中有些观点尚需进一步探讨，有些问题仍有深入研究的空间，也许，这正是本书的另一个价值所在。

古人云，业精于勤，荒于嬉；行成于思，毁于随。福华检察官数十年如一日对学术思考保持一以贯之的热情，让人感佩一名资深检察官对法治事业的家国情怀和强烈的责任意识。他在这部充满创新意识和理论深度的学术作品中所展现的精神状态，值得我们法律人学习、共勉。

是为序。

申卫星

2022 年 4 月 16 日

于清华大学法律图书馆楼

徜徉在刑法与民法之间

（代前言）

一

每每回顾自己的职业生涯，笔者常常想到这句话：“徜徉在刑法与民法之间。”从检以来，在民事行政检察岗位工作近20个年头，从事刑事检察岗位15年，可以说，刑民交替是笔者工作历程的一条主线，这让笔者接触、发现并乐于去诠释刑民关联案件问题。如果说任何一种法律思考都不可避免地带有它得以形塑的“知识背景”抑或“生命感知”，那么，这种职业经历的长期思辨沉淀，称得上本书创作最重要的知识背景。

这种背景是十分珍贵的。大学者王国维在《人间词话》里写道：“客观之诗人，不可不多阅世。阅世愈深，则材料愈丰富，愈变化，《水浒传》、《红楼梦》之作者是也。”客观诗人指的是以再现社会生活为创作宗旨的作者，他们应该广泛接触和了解社会的各个方面，这样才能积累丰富的素材，写出生活的绚丽多彩。法学作为以法律规范为基础研究对象的社会科学，一名好的法学学者理应是一位客观学者，应当理解法治发展的政治、经济、社会、文化等条件，关注司法实践的真实状态，具备丰富的阅世经验和良好的社会认知。唯有这样，才能让研究通达人情世故、回应现实需要，使法律适用和法学研究成为通向法治、促进法治和守护法治的工具，避免跌入纯粹词义批判的逻辑泥淖。

这种客观阅历，正是为社会科学特别是法律科学指引方向的"常识之光"。诚如美国法律文化学者赞恩所言："所有的法律职业都需要常识之光来照亮，反之则极易成为伊拉斯谟所形容的'无知的博学阶层'。"①事实上，那种能够脱离实践渊源、超越社会孤立自在的部门法及其研究并不存在，也难以存在。

在所有客观阅历中，促成自己创作本书最重要、最直接的动力源于司法实践的需要。作为一名在实务部门成长起来的学者，笔者致力于从实践中发现问题、提炼理论，在研究中寻求解决办法，提高实践水平。这也是笔者长期认同和坚持的研究方法。近10年是数字经济、新兴业态等飞速崛起、喷薄涌现的时代，社会关系复杂多变，法律调整对象日趋多元化。在办理刑事公诉和民事抗诉案件的过程中，大量涉及刑法与民法竞合、牵连、冲突、衔接的问题跃然眼前，为法律的准确适用增添了诸多变数。这些问题解决难度不小却又必须解决。尤其是《民法典》已于2021年1月1日起正式实施，如何处理好民法典时代刑法与民法的关系问题，是值得实务部门认真系统回应的焦点。

当然，刑民关联案件（学界称其"刑民交叉案件"）问题研究并非一项全新的课题，国内外对此已有不少著作及相关论文。但从研究现状来看，绝大部分是刑法学者在研究这一课题，而少有民法学者涉足该领域。就知识储备而言，自己应该算得上或者首先是一位民法学者，职业生涯的大部分时光献给了民事行政检察及其研究，出版过多部民商法专著，也有过福建省民法学研究会副会长的社会兼职。这份经历，无疑会带给本书一个审视刑民关联案件问题的特殊视角，即采用民法甚至行政法学的思维去探究问题，进而避开传统刑法思维路径既有的喧嚣和纷扰。希望这可以成为本书创作的一个独到之处。

二

启蒙思想家孟德斯鸠有句耳熟能详的名言："在民法的慈母般的眼

① ［美］赞恩：《法律的故事》（增订版），于庆生译，中国法制出版社2014年版，第257页。

里，每一个个人就是整个的国家。”因为民法给予了公民无微不至的全方位呵护，既是民事权利宣言书，更是社会生活护身符。孟德斯鸠同时还主张，要“防止法制的凶猛性”，① 其意如法谚所言，“刑为盛世所不能废，而亦盛世所不尚”。

观察近些年来那些广受关注的刑民关联案件，如“陆某销售假药案”“王某军收购玉米案”等，这些案件的共同特征在于，本不应纳入刑法评价的买卖合同行为、民事代理行为等被简单甚至粗暴地当成了犯罪行为，导致明显的法律适用错误以及司法公信力的受损。出现这个问题的原因是多方面的，既有重刑轻民的传统法律文化诱因，又有“先刑主义”“唯刑观念”的旧司法理念作祟等。因此，从民法角度切入研究刑民关联案件问题，一条贯穿其中的主线即是思考如何减少“先刑后民”“重刑主义”的现象。

就此，在本书上篇“刑民关联案件的法理基础”中，对刑民关联案件概念确立后，笔者着重通过对法秩序统一性、刑法谦抑性等原则的分析，提出办理刑民关联案件应当秉持的两项原则和可以参照的两种判定方法。

所有司法实践中的难题，最终都会归结出法理问题。概念是法理展开的基石和出发点。我国理论界和实务界长期而广泛地使用刑民交叉案件概念，该概念具有先天性不足和不能完全与刑民交叉案件办理的司法实践相契合。在立法机关确立刑民交叉案件概念之前，本书分析了以刑民关联案件概念替代刑民交叉案件概念的必要性与合理性。

法秩序统一性是法规范受目的性约束的统一，最终是利益保护的统一。刑民关联案件中一些“难办”的案件，是由于我们没有很好地理解和遵循法秩序统一性原则所致。法秩序统一性原则要求作为前置规范的民法和作为后置规范的刑法之间，应当具有相当程度的一致性，应当确立民法（包括行政法）规范作为第一重违法性判断依据的法律地位，只

① ［法］孟德斯鸠：《论法的精神》（上册），张雁深译，商务印书馆1987年版，第39－40页。

有在认定民事违法后，才能进入第二重违法性即刑事违法性的判断阶段。在此基础上进一步提出“民法上合法的行为，刑法上不具有刑事违法性”、“民法上违法的行为，不一定具有刑事违法性”、“民法上不予保护的财产，刑法上也不予保护”以及“民法上公认的基本概念，刑法引用时必须遵守”等四条具体适用规则。

坚持刑法谦抑性原则的主要目的是警惕与反对刑法优先主义，对于可由前置法民法或者行政法调整的行为，应当避免刑法的轻率介入。入罪补充性和出罪及刑罚的宽容性，构成刑法谦抑性原则的核心内容。

“风险社会”的到来催生了“风险刑法”，从而出现刑法的活性化现象，我国也已进入刑法的活性化时代。刑法的活性化与刑法的谦抑性有着天然的联系，有时是一种反对关系。对刑法的活性化进行审视，不是否定刑事立法，也不是限制刑事立法，而是当刑事立法和司法解释时，必须坚守刑法的谦抑性原则，从而防止“风险刑法”滑向“刑法的风险”。从民法角度看刑法的活性化下的罪名设定，我国近些年来增加的诸如拒不支付劳动报酬罪、强迫交易罪、抽逃出资罪、催收非法债务罪、危险驾驶罪等，其实是可以通过民法与行政法就能解决的，因此，刑法的谦抑性原则具体到刑民关联案件的个案判定中，应当特别注意以下四个方面的谦抑：一是对侵犯债权的行为，刑法应当谨慎介入；二是对惩罚性赔偿中的民事侵权行为，刑法应当谨慎介入；三是对民法上的正当防卫、紧急避险及自助行为过当的，刑法应当谨慎介入；四是对民法尚未保护的权益，刑法应当谨慎介入。

是否具有“非法占有目的”或是否“情节显著轻微”是笔者所主张的刑民关联案件的两种实体判定方法，其实质是对上述两项原则的具体化应用。一方面，长期以来，刑法学界认为，“非法占有目的”是财产犯罪构成要件的主观要素，刑法上的占有和所有不同于民法上的占有和所有。在民法典时代，该论点缺乏理论基础和法律依据。在比较分析各个国家和地区关于“非法占有目的”的学说后，基于刑法谦抑原则和法秩序统一性原理，本书认为，“非法占有目的”实质上就是“非法所有目的”，其内容包括排除所有权意思和取得所有权意思两方面，并将“非法所有目的”作为刑民关联案件实体判断的一个重要方法。另一方面，由于“情节显著轻微”具有出罪的功能，“情节严重”具有入罪限制功能，对“情节严重”的认定，要围绕危害后果、侵害法益、实施手段、主观恶性等进行综合性的司法判断，做到类案类判，减少法律适用误差。当对行为性质属于民事侵权还是刑事犯罪的判断存疑时，应当切实恪守谦抑原则，作出有利于被告人（犯罪嫌疑人）的结论。

法国思想家卢梭认为，任何人都不能摆脱法律的光荣束缚，因为这是一种温和而有益的束缚。“光荣束缚”的前提是“良法之治”，即法律及其适用，应当建立在对人平等、自由等基本权利的关怀和尊重的基础上，塑造一个以人为本的秩序，尤其是将其充分体现在公权力决策和行为的过程之中。“以刑去刑”的道德理想终究无法成为严刑峻罚的借口，“维护秩序”的美好愿望亦非滥用强制的理由。

三

民法学与刑法学同属研究特定法律体系的实在法理论，同样负有将理论成果运用于司法论证的“法律教义学”任务，避免过多耗时于“假设的争鸣或热点”之中。

在本书的中篇部分，笔者精心选取了司法实践中典型的有影响的具有普遍性的刑民关联疑难案件21个，从刑法相关理论特别是犯罪构成要件理论（或犯罪三阶层理论）与民法相关原理出发，展开全面系统的论述，试图从个案中分析并体现司法问题的复杂性、具体性，并努力为解决司法实践中长期存在的难题提供有借鉴价值的参考指引。“陆某销售假药案”在学界和社会引起广泛的关注和讨论，以该案为素材还拍摄了电影《我不是药神》。“陆某销售假药案”的核心问题是“假药”和“销售”的认定。陆某购得的药品在国外合法注册，又具有治病救命功能，这样的药品如何认定为“假药”？陆某通过借用或购买的账号，提供网银U盾，由病友向该账号支付药款后，将该药款转至印度的公司账号，通知印度的公司向病友寄送药品，陆某的行为，在民法上是一个再普通不过的无偿代理行为。然而，就是这么一个民事代理行为，却被当作“销售”假药罪立案，足见办理刑事案件没有民法思维或行政法思维的后果有多可怕！同样，“王某军收购玉米案”引起最高人民法院的重视。王某军从农民各家各户收购玉米，卖给了粮站，连通了农户与粮站之间的供需关系，一定程度上纾解了卖粮难及收购难的困难，这种对商品流通起顺畅作用的行为，怎么能以非法经营罪治罪？虽然最高人民法院指令再审，最后以“情节显著轻微危害不大的，不认为是犯罪”为由，改判王某军无罪，但是，这个理由，笔者仍然不满意。该案有多种方法去论证王某军的行为不是“情节显著轻微”的无罪，而是合法的买卖合同的民事法律行为。中篇部分对非法经营罪、寻衅滋事罪等口袋罪以及诸多是民事合法行为而被错误认定为犯罪行为的案件，从民法角度进行审视，也许能看得清清楚楚。

本书的下篇部分，在对刑民关联案件审理程序的11个司法文件规定进行评析后，围绕刑民关联案件程序运行的四个理论问题展开深入细致的论述，以期刑民关联案件的实体问题得到公正的处理。刑民案件的诉讼关系之所以关联，是因为“同一事实”。“同一事实”在民事诉讼中为“基本事实”，在刑事诉讼中为“犯罪事实”。刑民关联案件审理模式划分的最重要的标准是“先决关系”，即根据刑事诉讼中“犯罪事实”的认定是民事诉讼中“基本事实”认定的前提条件，民事诉讼中“基本事实”的认定是刑事诉讼中“犯罪事实”认定的前提条件，以及刑民关联案件中“犯罪事实”与“基本事实”互不影响的三种情形，把刑民关联案件的审理模式分为先刑后民、先民后刑、刑民并行三种，而刑事附带民事诉讼是“变异”的先刑后民。刑事追缴和责令退赔是对被害人民事权利的一种救济，也是落实“任何人不得从自己的犯罪行为中获得利益”法律原则的一种刑事程序强制措施。但是，刑事追缴和责令退赔在解决刑事被害人的损害赔偿上存在先天性不足，应当对刑事追缴和责令退赔的功能重新定位，以及对我国现行的刑事附带民事诉讼进行改造，才能切实有效地保障刑事被害人的合法权益。刑民案件各自裁判中对事实认定相互影响，应当对既判力、预决力和免证事实正确理解和把握，这是解决刑民关联案件中事实认定相互影响的一把“金钥匙”。刑事犯罪是否影响甚至决定合同效力的问题，是学界和司法实践中关注度较高的一个问题。笔者认为，规范犯罪人与国家的刑事法律关系，与规范民事主体之间的民事法律关系，互不隶属、并行不悖、自成体系，应发挥各自的功能作用。刑民关联案件中的合同效力及其处理，必须完全由民法规定来处理，《民法典》对无效合同的法律后果，应当增加一条关于违法所得收归国家所有的规定，以及合同双方均构成犯罪的，该合同不能按无效合同处理，只归刑法处理。除此之外，刑法无须也不能介入民事合同效力的认定，以此划清“楚河汉界”。

本书的余论部分，着重分析刑事法僭越民事法领域，刑事法与民事法不协调，以及刑法在社会治理方面存在的问题。在民法典时代，刑事法应当进行全面而深刻的省思，民事法则应当在社会治理中发挥排头兵作用，实现社会治理的民法、行政法和刑法的真正共治。

本书上、中、下三篇即“刑民关联案件的法理基础”、“刑民关联案件的实体判断”和“刑民关联案件的程序运行”代表了笔者对刑民关联案件问题的三个关注重点。从案件现实和实务需要出发，笔者的侧重点并不是懂得或是论证刑民关联案件“是什么”，而是去研究刑民关联案件应当怎么办理、如何办好、怎样说理释义才能让案件结果具有说服力。也正是基于这样的出发点，笔者将本书书名定为《刑民关联案件的法理展开》。

四

当下法律界有一种常见且多数人习以为常的现象：司法官中法学家占比并不高，反之亦然。按照赞恩的观点，其中的原因是显而易见的，一方面，法学研究是抽象的，而司法实践是具体的。虽然每位司法官都应该理解法律的法理基础，但是他们的时间和精力通常都消耗在确定法律是什么上，而没有时间作法哲学方面的思考，他们考虑的是现实而不是抽象。另一方面，生活在抽象思维的纯净氛围中的法学家很少有机会研究人类法律在具体方面的实际应用问题，法律领域最为博学的理论家和法学院教授往往缺乏法律施行方面的实际经验，反之，成功的司法官又往往因为务实的态度而缺乏法律历史和纯粹哲学论证方面的知识。①

从亲身体会来讲，作为一名司法官（检察官），有着将实践与理论相结合的天然优势，这恰是许多司法官所忽略的。在司法实践中运用检验理论，在理论研究中指导司法实践，这样一种良性循环对推动法治事业进步有着重要而不可替代的意义。毕竟，在法治建设中，司法是一个最有可能有所作为并产生实际影响的途径，其影响力可能远远超过立法。②

善于超越案件本身的实践，勇于超越理论本身的思辨——希望本书的创作在此方面能对读者有所启发，这也是笔者对撰写本书更高层次的期待。

德国哲学家尼采曾说：在一切著作中我只爱作者以他的心血写成的著作。《刑民关联案件的法理展开》的创作过程，源于自己对民事法和刑事法司法实务现实的真切关注，凝结了自己8年来关于刑民关联案件问题的思考结晶，是基于司法亲历的提炼和感悟，甚至可以视其为自己诠释总结职业生涯的一种方式。

尽管对书内的案例、观点，笔者尽可能地作了反复的推敲和修改，但许多章节的理论论证和逻辑分析或许并不完善，一些观点可能与主流或权威的看法并不一致。如果遇到这类困惑，希望读者能够跳出观点本身，关注观点形成的过程，关注来自司法实务部门学者的研究思路、角

---

① ［美］赞恩：《法律的故事》（增订版），于庆生译，中国法制出版社2014年版，序言第3页。

② 苏力：《法治及其本土资源》，中国政法大学出版社2004年版，自序第7页。

度和方式，关注那些具体的、现实的实践问题和解决路径。毕竟，学术或者法律观点总是在具体的情境中与每个具体的人的生命经验息息相关，它反映着不同观察者和当事者不同的经验感受、不同的知识状态、不同的认识视角、不同的想象和期待。[①] 从这个角度来说，超越观点本身的阅读，会赋予作品更广泛的价值和意义。

光阴似箭，日月如梭。在职业生涯缓缓落幕之时，虽然深知“花有重开日，人无再少年”的客观规律，但对于知识和创作，内心“日月逝矣，岁不我与”的紧张感反而日渐增长，这是笔者长期徜徉于刑法与民法之间的经历在内心烙下的深刻印记。潜心学术、探寻真理、捍卫正义、追求法治的信仰，以及那份为推动中国法治进步担当责任的朴素信念早已扎根心底。做一名“立足实践大地、仰望学术星空”的法律人是笔者一生的学术追求。在这片星空之下，诚如美国诗人沃尔特·惠特曼在《自己之歌》中写的那样：“无论你望得多远，仍然有无限的空间在外边；无论你数得多久，仍然有无限的时间数不清。”

---

① 舒国滢：《在法律的边缘》，中国法制出版社 2000 年版，第 4 页。

目录 contents

上篇

刑民关联案件的法理基础

长期以来，理论界和实务界将刑民关联案件称为刑民交叉案件。在刑民关联案件的实体判断和程序运行中，学界观点莫衷一是，司法实践五花八门，因此刑民关联案件也被认为是司法实践中“难办的案件”。究其原因，在于刑民各自法理的基本知识、基本观点、基本理念和基本问题没有互相融合和互相照应，没有形成一套完整、系统、精细化且可指导的法理基础。本书认为，刑民关联案件的实体判断必须坚持两项原则，即法秩序统一性原则和刑法的谦抑性原则，并在这两项原则指导下，通过“非法占有目的”和“情节显著轻微”两种具体判断方法，正确处理司法实践中的刑民关联案件。

第一章

刑民关联案件的概念确立

在笔者提出“刑民关联案件”的概念之前，我国学界和实务界普遍使用的是“刑民交叉案件”这一概念。不过就“刑民交叉案件”称谓而言，学界还有“刑民交错”“刑民交叉”“刑民交织”“刑民互涉”“刑民冲突”等称谓。[①] 还有把“刑民交叉”称为“民刑交叉”，[②] “刑”与“民”顺序倒过来的。其实，“刑民交叉”或者“民刑交叉”以及“刑民交错”，“刑民交织”，“刑民互涉”等不同称谓，其含义是相同的，当然，使用频率最高的是“刑民交叉（案件）”概念。[③]

在中国，对于“刑民交叉案件”首次以官方文件出现的是1991年12月发布的《最高人民法院经济审判庭关于刑事案件与经济纠纷案件交叉时如何处理问题的函》，该函的标题第一次出现了“刑民交叉案件”一词，而以最高人民法院名义正式称谓“刑民交叉案件”概念的是2019年11月24日最高人民法院发布的《九民纪要》。《九民纪要》在第12部分的标题为“关于民刑交叉案件的程序处理”，此处使用的是“民刑交叉案件”这

---

① 参见陈灿平：《刑民实体法关系初探》，法律出版社2009年版，第12页。

② 参见杜万华主编、最高人民法院民事审判第一庭编著：《最高人民法院民间借贷审判实务指导与疑难解答》，中国法制出版社2015年版，第98页。

③ 笔者登录中国知网法律总库，在“篇名”中输入“刑民交叉案件”关键词，截至2020年12月3日，文章标题含有“刑民交叉案件”内容的有289篇；文章标题含有“刑民交错案件”内容的只有9篇。

个概念，与“刑民交叉案件”概念并无不同之处。[①] 刑民交叉案件不仅称谓不同，而且定义更是五花八门，眼花缭乱，令人不知所以。因此，必须对“刑民交叉案件”概念作一个准确的界定。

一、刑民交叉案件概念的简要梳理及评析

首先需要说明的是，在笔者提出的“刑民关联案件”的概念确立之前，仍然使用“刑民交叉案件”这个概念进行阐述。

“刑民交叉案件”概念的提出，应当是学者根据最高人民法院的司法文件“提炼”出来的。1998 年 4 月，《最高人民法院关于在审理经济纠纷案件中涉及经济犯罪嫌疑若干问题的规定》（已被修改）第 1 条规定：“同一公民、法人或其他经济组织因不同的法律事实，分别涉及经济纠纷和经济犯罪嫌疑的，经济纠纷和经济犯罪嫌疑案件应当分别审理。”第 10 条规定：“人民法院在审理经济纠纷案件中发现与本案有牵连，但与本案不是同一法律关系的经济犯罪嫌疑线索、材料，应将犯罪嫌疑线索、材料移送有关公安机关或检察机关查处，经济纠纷案件继续审理。”这个司法文件首次以“不同的法律事实”“不是同一法律关系”“与本案有牵连”等表述方式，作为经济纠纷案件（民事案件）与刑事犯罪案件分别审理的依据。在 1991 年 12 月《最高人民法院经济审判庭关于刑事案件与经济纠纷案件交叉时如何处理问题的函》颁布之后，学界开始围绕“刑民交叉案件”概念展开一系列的讨论和研究，至今仍未定论，归纳起来，主要有以下几种情形。

1. 以法律事实和法律关系为视角来界定刑民交叉案件

以法律事实和法律关系为视角来界定刑民交叉案件概念，是学界普遍使用的一种方法。所谓刑民交叉案件，是指既涉及刑事法律关系，又涉及民事法律关系，且相互之间有交叉、牵连、影响的案件。并认为狭义上的刑民交叉案件，包括因不同法律事实，分别涉及刑事法律关系和民事法律

---

① 笔者发现刑法学界普遍使用“刑民交叉案件”概念，民法学界绝大多数使用“民刑交叉案件”概念。参见张卫平：《民刑交叉诉讼关系处理的规则与法理》，载《法学研究》2018 年第 3 期。

关系，但法律事实之间具有一定的牵连关系而造成的刑民交叉案件，以及因同一法律事实，同时涉及刑事法律关系和民事法律关系，从而构成刑民交叉案件。[①] 这是侧重于从诉讼法角度对刑民交叉案件审理程序进行的界定。刑民交叉案件的"刑"为刑事诉讼，"民"为民事诉讼。又如，有的学者认为刑民交叉案件，是指"因同一法律事实分别引起刑事诉讼法律关系和民事诉讼法律关系的产生，或不同法律事实分别引起民事诉讼法律关系和刑事诉讼法律关系的产生，而两种法律事实之间存在一定牵连关系的案件"。[②] 这种定义直接以诉讼法律关系替代法律关系，刑民交叉案件定位在刑民诉讼程序的交叉及选择上。有的学者甚至直言不讳地指出："真正的，也是值得研究的刑民交叉案件，只能是基于同一法律事实而产生刑事诉讼与民事诉讼竞合的案件。"[③] 上述学者对刑民交叉案件的概念，一是只界定在刑民诉讼交叉案件上，范围过窄。二是以法律事实为视角，有学者认为，其弊端在于，法律事实是由法律规范所规定的有证据加以论证的事实，包括法律事件和法律行为。引起刑事法律关系的法律事实是犯罪行为，单纯的事件不可能导致刑事责任。产生民事法律关系的法律事实既可能是行为，也可能是事件。由于刑民法律规范不同，两种法律事实的构成内容必然不同，因此不存在一个既涉及民事纠纷又涉嫌犯罪的法律事实。[④]

以法律关系为视角来界定或分类刑民交叉案件，如有的学者认为，当从法律技术应用层面上对刑民交叉案件进行分类时，根据法律关系划分正好是一个有效的切入点。基于这一基本原理，把刑民交叉案件分为三种类型：一是案件事实在表象上具有刑民交叉的形式，但只具有单一的民事法律关系，其行为性质并未超出民法或其他刑法前置性法律规定的调整范围，无须进入刑法领域进行评价；二是案件事实在表象上具有刑民交叉的

---

① 参见何帆：《刑民交叉案件审理的基本思路》，中国法制出版社2007年版，第25－28页。

② 李蓉：《民刑交叉案件中管辖权异议制度探析》，载《政治与法律》2010年第6期。

③ 樊崇义：《刑民交叉：是否必须"先刑后民"》，载新浪网2007年8月9日，https：//news.sina.com.cn/c/1/2007－08－09/084413626064.shtml。

④ 参见陈巧林、江伟：《刑民交叉民间借贷纠纷的程序机制探析》，载《法治论坛》2013年第2期。

性质，但这一刑民交叉所具有的相互关系在本质上是一种纵向的属于刑事包含民事的法律关系；三是案件的事实在表象上具有刑民交叉的形式，但刑民交叉的法律关系是一种横向的属于同位并列的关系。[①] 这种界定刑民交叉案件的方式，把案件事实在形式上具有刑民交叉关系，而实质上根据不同情况分为单一的法律关系、包含的法律关系和并列的法律关系，存在以下问题：一是以法律关系为视角来界定刑民交叉案件存在的弊病，与以法律事实为视角来界定刑民交叉案件存在的弊病相同。二是刑事法律关系与民事法律关系不存在相互包含或并列关系，两者有各自的调整对象和调整手段。

2. 以法律行为为视角来界定刑民交叉案件

有学者认为，根据法律行为，把刑民交叉案件分为四种：一是同一行为既侵犯了刑事法律关系，又侵犯了民事法律关系，从而导致两种法律关系关联的民刑交叉。二是同一行为难以确定侵犯的究竟是民事法律关系还是刑事法律关系，因而产生的民刑交叉。三是同一行为人实施了几个不同行为，分别侵犯了具有关联性的刑事法律关系和民事法律关系，从而引起民刑交叉。四是不同行为人实施了相同的行为，但由于行为人的个体差异造成对行为人法律评价有所不同而产生的民刑交叉。[②] 这种分类的不足之处在于：一是犯了不同类不相比的逻辑错误。前两种分类以行为为标准，后两种分类以行为人为标准，这在逻辑上是不允许的。二是以行为为标准不准确。法律事实是法律规范所规定的，能够引起法律关系产生、变更和消灭的客观情况或现象。法律事实以是否以人的意志为转移为标准，可以分为法律事件和法律行为两大类。[③] 简言之，法律事实决定法律关系，法律事实分为法律事件和法律行为。那么，法律事件也是民事法律关系产

---

① 参见杨兴培：《刑民交叉案件法理分析的逻辑进路》，载《中国刑事法杂志》2012 年第 9 期。

② 参见杜万华主编、最高人民法院民事审判第一庭编著：《最高人民法院民间借贷审判实务指导与疑难解答》，中国法制出版社 2015 年版，第 97 页。

③ 参见张文显主编：《法理学》（第 4 版），高等教育出版社、北京大学出版社 2011 年版，第 118－119 页。

生、变更和消灭的事实之一，而以法律行为作为刑民法律关系分类的唯一依据，犯了逻辑上外延不周全的错误。

3. 从实体法和程序法的双重视角来界定刑民交叉案件

以法律事实（包括单一的法律行为）以及法律关系为视角来界定刑民交叉案件概念或类型，基本上是从诉讼程序上来考虑的，即刑民诉讼交叉案件的审理顺序或处理规则，这是初期学界研究刑民交叉案件的重点所在。随着刑民交叉案件的实体问题不断地被提出来，学界开始把刑民交叉案件的实体问题与程序问题一并加以研究。陈兴良教授认为，刑民交叉案件涉及实体和程序两个领域，实体涉及民法和刑法两个部门法；程序则涉及民事诉讼法和刑事诉讼法两个部门法。不同的部门法对刑民交叉案件关注的内容是完全不同的。民法意义上的刑民交叉，关注的是在刑民交叉案件中的民事行为效力问题。诉讼法意义上的刑民交叉，关注的是刑民交叉案件中刑事诉讼与民事诉讼的竞合，究竟是优先选择刑事诉讼还是民事诉讼的问题。刑法意义上的刑民交叉，关注的是刑法犯罪与民事不法的区分。[①] 这种界定刑民交叉案件的方式，突破了刑民交叉案件只在诉讼审理程序上徘徊的局限，应当说是具有很大启发意义的。当然，陈兴良教授对刑民交叉案件的概念定义及内涵揭示，还是不够全面，有以偏概全之嫌。如把刑民交叉案件仅界定在刑事犯罪与民事不法竞合的案件上，范围太窄。又如，认为民法意义上的刑民交叉，关注的是刑民交叉案件中的民事行为效力问题。其实，民法意义上的刑民交叉，除关注民事行为效力问题外，还应包括刑事犯罪主体与关联的民事主体的民事责任承担等问题。诉讼法意义上的刑民交叉，同样不能局限在优先选择刑事诉讼还是民事诉讼问题上，还包括刑事追缴、责令退赔与民事救济的协调问题，刑民裁判认定事实的相互影响问题等。

4. 从民事不法与刑事犯罪的临界点来界定刑民交叉案件

这种方法是近几年来解决刑民交叉案件的实体问题而主张的一种界定

---

① 参见陈兴良：《刑民交叉案件的刑法适用》，载《法律科学（西北政法大学学报）》2019年第2期。

方法。如周光权教授认为，所谓刑民交叉案件，特指某种行为究竟应当被作为犯罪处理，还是作为民事违法性质不明此种“难办”的案件处理。所谓刑民交叉案件，也就是实践中的“难办案件”。[①] 刑民交叉案件中的实体判断问题，确实是一个难办的问题。有学者提出区分刑民交叉案件和刑民交叉问题。刑民交叉案件中的实体维度，涉及刑民两个案件中争议的具体问题的处理。刑民交叉问题是指待处理的实体争议会同时涉及刑法和民法规定，从而必须在刑法和民法之间来回穿梭才能够有效解决问题，它与刑民交叉案件的实体维度高度相似。[②] 把刑民交叉案件中的实体问题作为一个“难办案件”的问题单独提出并加以研究，表明了对刑民交叉案件理论研究的务实态度，对推动刑民交叉案件的办理具有指导意义。

5. 从因果关系视角界定刑民交叉案件

如有学者从因果视角切入，认为刑民交叉案件是指一个完整的案件事实过程所包含的当事人合法权益，通常需要经分别提起刑事和民事两种诉讼才能给予充分保护或救济的案件。具体包括三个要点：其一，刑民交叉案件通常形成于一个案件的完整事实过程之中。其二，刑事与民事两种法律事实交叉并存，紧密关联。其三，刑事与民事两种法律责任具有交互性和完整性，共同构成一个完整案件法律责任大小的评判依据。由此刑民交叉案件大致可以分为三种：一是一个行为造成两种以上的损害结果，分别需要提起刑事和民事两种诉讼予以保护或救济。二是多个行为或事由共同酿成一个损害结果，但行为人之间并无共犯关系，而是应当分别承担相应的刑事与民事责任。三是犯罪行为或其后续行为引发民事纠纷，促使刑事、民事诉讼相继发生。[③] 这是一种当前学界较为典型的对刑民交叉案件概念内涵的界定，没有遵循概念含义及其逻辑特征的表现形式。概念是反映思维对象本质性的思维形态，而事物的本质属性，就是决定一事物之所

① 参见周光权：《“刑民交叉”案件的判断逻辑》，载《中国刑事法杂志》2020 年第 3 期。
② 参见夏伟：《刑民交叉的理论构造》，法律出版社 2020 年版，第 2 页。
③ 参见黄祥青：《刑民交叉案件的范围、类型及处理原则》，载《法律适用》2020 年第 1 期。

以成为该事物并区别于其他事物的属性。[①] 揭示概念所反映的对象本质属性的是定义。“真实定义的基本形式是属加种差，即定义由一个属概念和种差构成。”[②] 就刑民交叉案件的概念而言，“属概念”即为“案件”，“种差”即为“刑民交叉”。就刑民交叉案件区别于单纯的刑事案件和民事案件而言，区别之一是刑民交叉案件是两个案件的同时或先后处理，而单纯的刑事案件或民事案件只是一个案件的各自处理，不存在牵连和影响。区别之二是刑民交叉案件因案件事实存在交叉，所以，两个案件的处理要遵循一定的原则、规则与原理。单纯的刑事案件和民事案件则没有这种情况。因此，当给“刑民交叉案件”概念下定义时，应当围绕“刑民交叉”（种差）和“案件”（属概念）来定义，然后进行分类。然而，上文中种种刑民交叉案件概念，基本上没有按照逻辑学的要求来界定。

二、刑民关联案件概念的正确确立

从 1991 年官方正式使用刑民交叉案件这一概念后，历经 30 多年的司法实践和理论研究，刑民交叉案件及其理论问题，如今已成为一个司法实践丰富多样，理论研究广泛复杂的重大课题。这个重大课题的起点和落脚点在于刑民交叉案件概念的正确确立。“概念界定是学术研究的重要起点，也是首要问题。实质上，界定具有束缚和约束的作用，也就是说，界定一方面体现着界定者意图，另一方面指引着界定者。”[③]

就刑民交叉案件的司法实践而言，既有实体法的，又有程序法的。在实体法方面，刑民交叉案件审理的内容主要有：(1) 在裁判文书中直接写明追缴、退赔的财物返还被告人（被告人在民事诉讼中为原告）或没收。对于违法所得的财物流入民事领域，司法实践的普遍做法也是予以追缴。(2) 在刑事或民事判决中，对于签订合同或履行合同行为涉及犯罪的，当

① 参见陈金钊、熊明辉主编：《法律逻辑学》（第 2 版），中国人民大学出版社 2015 年版，第 57 页。

② 陈金钊、熊明辉主编：《法律逻辑学》（第 2 版），中国人民大学出版社 2015 年版，第 66 页。

③ [美] 尤劳：《政治行为论》，陈少廷译，台北，台湾商务印书馆 1978 年版，第 22 页。

对犯罪行为进行刑事判决时，一并判决合同有效或无效。对民事判决时，认定行为虽然涉及犯罪，但合同仍然有效，或判决合同无效。这个内容也可以放在程序上讲，关键是看问题的角度不同而已。(3) 财产处于共有状态，共有人之一的行为构成犯罪，判决继续追缴、退赔、罚金、没收财产的，只能是行为人合法的应份的财产。(4) 对某种行为到底是构成犯罪的民事不法行为，还是不构成犯罪的民事不法行为，司法机关最后以不构成犯罪处理。这种实体处理情况归入刑民交叉案件范畴，主要依据是某种民事不法行为（主要为民事侵权行为）究竟是单纯的民事不法行为，还是该民事不法行为已达到“情节严重”程度而构成犯罪，公、检、法三机关及每一个机关内部都有可能存在争议，虽然案件最后一锤定音，但在争议过程中，很难把该案件列入刑事案件或单纯的民事案件，从民法思维和刑法思维两个思维看案件的处理，该类型案件列入刑民交叉案件并无不妥之处。(5) 某种行为既要承担民事责任，又要承担刑事责任，在民事责任承担后（如退赔、和解等）对刑事责任的影响（包括定罪与量刑两方面）。如伤害行为（民事上为侵权行为）致轻伤（刑事上构成伤害罪），在双方当事人赔偿谅解的基础上，检察机关可以作不起诉处理决定。在程序法方面，刑民两大诉讼，因特定案件事实的前提条件，即刑事案件中的“犯罪事实”认定是民事案件中“基本事实”认定的前提条件，或者民事案件中的“基本事实”认定是刑事案件中“犯罪事实”认定的前提条件，决定刑民交叉案件的审理顺序先后与处理结果，包括民事裁定驳回起诉、裁定中止等。刑民交叉案件在程序方面，司法实践中涉及的内容还有法律责任承担的先后顺序，裁判文书认定事实及证据相互影响等。

就刑民交叉案件的理论研究而言，除司法实践涉及的上述实体法和程序法都有论文涉及外，理论研究还包括刑民违法判断一元论和多元论问题，民法上的占有与所有及刑法上的占有与所有的区别问题，不法原因给付与侵占罪问题，刑法上追缴与民法的善意取得问题，刑民交叉案件的概念边界划分问题，刑事附带民事诉讼的相关问题等。总之，理论研究的范围远远超过司法实践涉及的范围。

一个法律概念，必须具备内涵和外延两个逻辑特征。就刑民交叉案件概念而言，刑民交叉即为该概念的内涵，此为刑民交叉基本概念“质”的方面。刑民交叉有多少种情形，即为该概念的外延，此为刑民交叉案件概念“量”的方面，两者相互区别又相互联系，缺一不可。刑民交叉案件这个集合概念的内涵由“刑民”与“交叉”两个个体构成。揭示刑民交叉案件的概念内涵（“刑民交叉”）的方法是定义。真实定义的实在形式是属加种差。[①]“刑民”“交叉”这两个个体的种差，“刑民”种差留待后文阐述，先对“交叉”这个种差的本质属性进行揭示。根据《现代汉语词典》解释，“交叉”一词有三种含义。一是几个方向不明的线条或线路互相穿过；二是不同事物有部分相同、重合；三是间隔穿插。[②]“交叉”一词的第一种和第三种中的“线条”“线路”“间隔穿插”显然与刑民交叉案件中的“交叉”一词的含义无关，唯有第二种含义，即“不同事物有部分相同、重合”符合要求。当以“不同事物有部分相同、重合”为交叉定义时，引用到刑民交叉案件的概念上，根据学界的多数主张和司法文件的相关规定，“不同事物”中的“事物”应指“事实”或“行为”，以“事实”主张居多。那么，以“事实”为例，刑民交叉案件的概念为：“刑民不同事实有部分相同、重合的案件。”[③] 根据上文分析的刑民交叉案件涉及实体与程序两方面司法实践的内容，以及刑民交叉案件理论研究涉及的范围，按照概念的含义及其逻辑特征，以及解释概念内涵的方法，推导出来的刑民交叉案件的概念为“刑民不同事实有部分相同、重合的案件”。然而，如此推导出来的刑民交叉案件概念，对比司法实践、理论研究，以及相关司法文件，存在诸多问题：一是不同事实有部分相同的刑事案件与民事案件，有时并不一定存在刑民交叉情形。如甲因合同违法被乙起诉，之

---

① 参见陈金钊、熊明辉主编：《法律逻辑学》（第2版），中国人民大学出版社2015年版，第57页。

② 参见中国社会科学院语言研究所词典编辑室编：《现代汉语词典》（第6版），商务印书馆2012年版，第645页。

③ 这里的刑民不同事实应指刑事案件事实与民事案件等本属于两个不同的领域，但两个不同领域全部的事实（不同事实）有部分重合。

后，甲又因妨害公务罪被起诉，前一个民事案件中的甲，与后一个刑事案件中的甲，民事主体部分与刑事主体部分的事实相同或重合，却是两个相互独立的案件，不存在案件主体责任上的任何交叉，这种情形不能称为刑民交叉案件。二是刑民不同事实有部分重合，到底是否导致刑事法律关系及其违反产生的法律责任与民事法律关系及其违反产生的法律责任之间有何牵连与影响，没有说清楚，这样的刑民交叉案件没有全面准确地揭示概念的内涵，是一个内涵不明的所谓刑民交叉案件的概念。

再回到上文提及的"刑民交叉"这个由"刑民"与"交叉"两个个体构成的集合概念。"刑民交叉"中的"刑民"含义是什么？笔者认为，"刑民"，顾名思义，应为刑事和民事，那么，这里的"刑事"与"民事"的含义是什么？笔者认为，根据司法解释的规定和司法实践，这里的"刑事"与"民事"应指刑法和刑事诉讼法以及民法和民事诉讼法，即既包括刑事与民事实体法，又包括刑事与民事程序法。

通过上述逻辑推导和分析，刑民交叉案件概念的内涵，不能准确揭示司法解释相关规定和司法实践情况，更不符合理论研究的范围。那么，准确的刑民交叉案件概念又是什么呢，笔者认为，由于"交叉"一词存在许多问题，不能用"刑民交叉"语词作为该概念的内涵，而应当用"刑民关联"内涵替换该概念中的"刑民交叉"内涵，即用"刑民关联案件"这个概念，有如下理由：一是"交叉"一词不是规范意义上的法律概念，是一个日常工作生活用语，用"交叉"一词作为概念用语不合适。二是从"刑民交叉"中"交叉"词语的含义以及学界对"刑民交叉"含义的揭示与分类来看，"刑民交叉"的内涵含混不清，"刑民交叉"案件类型划分标准不一，让人看不清"刑民交叉"内涵的庐山真面目。"如果所使用的词语让人们看到的是一团模糊的世界，那么不管这个词语是概念还是非概念，刑法学者不应当创制和使用。"① 三是现有理论界对刑民交叉案件概念的外延没有固定的对象。有的学者以形式上看似民事法律行为（或刑事犯罪行为），实质上是刑事犯罪行为（或民事法律行为）划分刑民交叉案件；

① 张明楷：《刑法学中的概念使用与创制》，载《法商研究》2021年第1期。

有的学者以行为与结果的不同因果关系涉及的刑事与民事责任划分刑民交叉案件；有的学者以犯罪行为的各个阶段与民事法律行为的竞合划分刑民交叉案件，凡此等等，不一而足。如此混乱的没有边际的且没有抽象出共同本质特点的个人所感知的事物，即刑民交叉案件概念的外延无边无际，按照逻辑学的要求，这个概念在刑法学中是没有存在余地的。

对于在学界和司法实践中长期、广泛使用的刑民交叉案件这个概念，是保有它还是抛弃它，重新寻找一个合适的概念去替代，这是萦绕在笔者脑中很长时间的一个重大敏感问题。之所以说它重大敏感，是因为“放弃某一概念的成本将是巨大的，它不仅要挑战蛰伏于人们特定知识结构中的心理惯性，而且还要花费巨大的精力来找到这一概念的替代品”。[①] 如果不替换该概念，由于该概念的先天性不足而难以纠正，导致理论上各说各话的分类与纷争，从而影响司法实践。因此，笔者认为，在立法机关尚未正式确定刑民交叉案件概念之前，在理论界和实践界应当正式使用刑民关联案件这个概念，理由是：“关联”一词是规范上的法律术语，且契合司法实践。在我国部门法中，以“关联”一词作为法条表述的不少。如我国《公司法》第 21 条第 1 款规定：“公司的控股股东、实际控制人、董事、监事、高级管理人员不得利用其关联关系损害公司利益。”《公司法》第 124 条规定：“上市公司董事与董事会会议决议事项所涉及的企业有关联关系的，不得对该项决议行使表决权，也不得代理其他董事行使表决权……”《民法典》第 84 条关于限制不当利用关联关系的规定与《公司法》第 21 条规定相同，只是把公司法上的控股股东改为控股出资人。其他部门法也有“关联”一词的使用规定。由此可见，“关联”一词是规范意义上的法律术语，而“交叉”一词并非规范意义上的法律术语，从未在部门法中出现过。根据《现代汉语词典》的解释，“关联”是指“事物相互之间发生牵连和影响”。[②]“关联”一词中的“事物”如果指刑

---

① 吴丙新：《法律概念的生成》，载《河南省政法管理干部学院学报》2006 年第 1 期。

② 中国社会科学院语言研究所词典编辑室编：《现代汉语词典》（第 6 版），商务印书馆 2012 年版，第 477 页。

事法律事实及其产生的法律责任，民事法律事实及其产生的法律责任，那么，它们相互之间发生牵连和影响，非常契合司法实践的情况。以刑民关联案件概念替代刑民交叉案件概念，刑民关联案件的内涵相对具体明了，外延也限制在适当的范围内，符合概念的逻辑特征。

综上所述，刑民关联案件是指刑民各自的法律事实及其产生的法律责任，存在相互牵连和影响的案件。理解这个概念，要把握以下几个要点。

其一，刑民各自法律事实的“刑民”含义。“刑”既包括刑法，又包括刑事诉讼法。“民”既包括民法，又包括民事诉讼法。且刑民两个案件的处理相互牵连和影响，如果是单一的刑事案件处理和单一的民事案件处理，则不是刑民关联案件。

其二，刑事案件与民事案件关联的基础是各自的法律事实及其产生的法律责任。因为法律事实是法律规范所规定的，能够引起法律关系产生、变更和消灭的客观情况或现象，法律关系是确定法律责任的依据，即行为人不履行或违反法律关系中的法律义务，就要承担相应的法律责任。刑事法律事实为犯罪事实，民事法律事实为民事基本事实。刑民法律关系的主体、客体、权利义务内容，以及因违反法律义务而产生的法律责任，两者之间一定会发生牵连和影响。因此，刑民关联案件概念的适用范围外延较大但又有边界。

其三，刑民关联案件的分类。一是以法律事实为标准分类。这是因为法律关系以及由此产生的法律责任，都是由法律事实引起的。以法律事实进行分类是基本的分类，而法律事实主要指行为。所以，以行为分类，可以再分为单一行为的关联和多个行为的关联。单一行为的关联，如一种行为既是犯罪行为，又是民事侵权行为，伤害罪的伤害行为即是如此。又如，一种行为既是犯罪行为，又是民事违约行为，合同诈骗罪的欺诈行为即是如此。多个行为的关联，如同一行为人实施两个不同行为分别侵犯了具有关联的刑事法律关系和民事法律关系。对于单一行为，一时难以确定是单纯的民事侵权行为，还是构成犯罪的侵权行为，即“难办”的案件，这类案件笔者认为也应归入刑民关联案件的类型中。二是以法律责任为标准进行分类。刑事责任与民事责任尽管功能不同，但如果因行为主体同一和对象同一而产生的刑事责任与民事责任，一定会有牵连和影响。如最高人民法院发布的《九民纪要》第 128 条规定的五种情形，就是法律责任关联的刑民关联案件。又如，民事赔偿责任有时会影响刑事责任的大小，甚至决定刑事责任的有无。此外，有些刑事案件的处理，必须使用民事基本术语如占有、所有，以及遵从民法原理，这也可以说是刑民关联案件。

其四，刑民关联案件可以分为狭义的刑民关联案件和广义的刑民关联案件。狭义的刑民关联案件仅指刑事案件的犯罪事实与民事案件的基本事实具有先决关系，决定刑事案件和民事案件两个案件审理程序的先后，以及一种行为到底是单一的民事不法行为还是刑事犯罪行为一时难以区分的“难办”案件，如本书中篇的 21 个案件，以及司法实践中其他有关的案件。广义的刑民关联案件，除狭义的刑民关联案件外，还包括刑事追缴、责令退赔与民事救济的冲突协调，刑事案件和民事案件事实认定的相互影响，刑事犯罪与合同效力的认定，刑民法律概念与司法原理的竞合与调适等，范围较广。

第二章

刑民关联案件实体判断的原则

一、法秩序统一性原则

法是调整公民的行为规范，刑法是社会控制的重要手段和最后手段。民法规范和刑法规范由于各自的目的和功能不同，刑民规范存在矛盾在所难免，而这种矛盾如果没有得到协调，对公民来说，则可能是致命的。如果一种行为在民法上是合法的，在刑法上却构成犯罪，那么，公民将无所适从，社会就会陷入混乱，这在法治国家是不可想象、不可思议的。刑民关联案件在实体判断上的一个难题，即“难办”的刑民关联案件，有相当一部分是因为我们没有很好地理解和遵循法秩序统一性原理。因此，解决“难办”的刑民关联案件实体判断这个问题的一把“金钥匙”，就是坚持法秩序统一性原理。笔者把法秩序统一性的原理，在此称为法秩序统一性原则，两者含义是相同的。

（一）法秩序统一性的确切内涵

法秩序统一性原理是由德国法学家卡尔·恩吉施于 1935 年在《法秩序的统一性》一文中提出来的。恩吉施将法秩序中存在矛盾的情况分为技术的矛盾、规范的矛盾、评价的矛盾以及原则的矛盾四种。在这四种矛盾中，与违法性判断密切相关的是规范的矛盾。规范的矛盾是指一个行为在法律秩序中同时被禁止和被允许，或者被禁止和被命令，或者被命令和不被命令，或者以不可协调的行为方式同时被命令，即某一行为同时是合法和违法的。[①] 恩吉施提出的法秩序统一性原理，要求排除规范之间的矛盾性，要求违法判断的统一性。而排除规范之间的矛盾，包含部门法之间和部门法内部存在的规范矛盾，重点是部门法之间的规范矛盾。违法判断的统一性，是指法律为公民提供的行为规范必须是单一的，从而坚持违法的一元论。一个行为在某一法领域被认定为违法，那么在全体法秩序中都应该被认定为违法。恩吉施法秩序的统一性要求，时至今日在德国仍然作为法律解释学最通常的、具有方法论意义的前提而被承认。[②]

在日本学界，所谓法秩序的统一性，就是在用规范的观点审视法规范的集合时反映出来的，务必将法规范的集合作为不包含自相矛盾的法一样来把握的要求的观念。[③] 由于恩吉施的一般违法只是一个抽象的观念，不同领域的违法性存在实质的区别，各个法领域由于目的和功能不同，对违法性的认定肯定存在差异，违法的统一性只停留在违法概念的统一性上，恩吉施并没有成功论证出违法判断的统一性理论就是法秩序的统一性要求的必然归结。

于是，日本学界在违法性判断上有严格的违法一元论、违法相对性论（多元论）和缓和的违法一元论。目前通说为缓和的违法一元论，即其一方面主张违法性判断应就整体法秩序进行统一评价，因而提出对“一般违法性”的严格判断；另一方面又认为违法在不同法领域有不同的表现形式，不同法领域有不同的目的，所要求的质和量有所不同，进而在具备一般违法性的前提下，增加了“可罚的违法性”的二重判断，主张一般违法性是判断刑事不法的大前提，而可罚的违法性则是刑事不法判断的小前

---

① ［德］Vgl. Engisch，a. a. O.，S. 54。转引自陈少青：《法秩序的统一性与违法判断的相对性》，载《法学家》2016 年第 3 期。

② 参见［日］京藤哲久：《法秩序的统一性与违法判断的相对性》，王释锋译，载《苏州大学学报（法学版）》2020 年第 1 期。

③ 参见［日］京藤哲久：《法秩序的统一性与违法判断的相对性》，王释锋译，载《苏州大学学报（法学版）》2020 年第 1 期。

提，两个前提必须同时满足。①

无论是德国的严格的违法一元论，还是日本通说的缓和的违法一元论，均承认法秩序的统一性，而形成学说对立的直接原因在于，学说对法秩序统一性的不同理解。

法秩序的统一性可以从三个层次来理解：逻辑的统一性、体系的统一性和目的的统一性。逻辑的统一性，是指构成法秩序的诸规范之间在逻辑上没有矛盾，也即如果某一事项为某一个法规范所禁止，那么该事项就不归为另一个法规范所允许。体系的统一性更多地关注法规范之意义与功能及其在整个法体系之中的地位问题，要求我们进一步考量各个规范所表征的价值、所实现的功能是否与这个法秩序所形成的客观价值以及所构想的基本功能相契合，从而厘清整个法秩序所呈现的意义脉络。法秩序在目的层面的统一性，是建立在对社会生活事实所造成的领域分化，使体系的统一性不得不将原本像“铁板一块”的法体系划分成诸多不同领域的诸多体系而加以应对的现实要求之上，而这一划分会产生所谓“部门法的真空性”问题。解决这一问题，必须考虑各个部门法所追求的目的多元化与法秩序整体所追求的目的统一性之间的内在关联问题，需要通过构想一个法秩序所追求的整体的与统一的目的来“调节”这种多元性的目的追求。②这样，作为矛盾解决手段的法律，由于拥有了作为目的实现的手段的统一性而能够更加有效地发挥作用。作为与正义、法的安定性相并列的合目的性的三大法律理念之一，法律作为目的实现手段的这种目的论特质，法秩序的统一性意味着目的论的统一性，③ 换言之，各个法领域存在多种多样性质不同的固有目的，但各个法领域的目的，归根结底是为整体法秩序的目的服务。所以，法秩序的统一性，就是指目的论上的统一性。我国学者认为，目的背后都体现着一定的利益诉求，而利益本身是可以量化和比较

① 参见郭研：《部门法交叉视域下刑事违法性独立判断之提倡——兼论整体法秩序统一之否定》，载《南京大学学报》2020 年第 5 期。

② 参见王昭武：《法秩序统一性视野下违法判断的相对性》，载《中外法学》2015 年第 1 期。

③ 参见［日］京藤哲久：《法秩序的统一性与违法判断的相对性》，王释锋译，载《苏州大学学报（法学版）》2020 年第 1 期。

的，目的的优先性判断是对不同的利益进行衡量的判断。合目的性就是法律对公民利益的保护性。因此，合目的性的统一，最终是利益保护的统一。[①] 综上所述，法秩序统一性是法规范受目的性约束的统一，最终是利益保护的统一。“法秩序一致性在于化解规范矛盾或达成共识，以得出法治意义上的‘唯一正确’。”[②]

（二）违法判断的相对性的正确解读

法秩序统一性原理在德国被认可，并且还将违法判断统一性的观点作为法学理论的前提。而在日本，一方面既承认法秩序的统一性要求，另一方面又以违法判断具有相对性作为有力主张。这样就形成了德国法学理论与日本法学理论的尖锐对立。恩吉施从法秩序的统一性要求引出违法判断的统一性观点，但只停留在立场表述的阶段，并没有成功地论证出违法判断的统一性理论就是法秩序统一性要求的必然归结，违反了法秩序目的论层面的统一性要求，[③] 此种论证不为日本学界的主流观点所采纳。而法秩序统一性以目的论为视角，自然会得出违法判断的相对性。其一，各个部门法均有其固有的目的，违法性的内容也在对照各个部门法固有目的之后获得，结果是部门法中违法性的内容也变得具有了相对性，那么以此作为对部门法违法性的判断结论，当然具有相对性。其二，尽管各部门法的固有目的不同，但是“不同目的可以通过优先性的判断以及比例原则的适用，最终在利益保护上达成一致”，[④] 这种情况下，违法判断的相对性反倒符合法秩序的目的论的统一性要求。其三，违法性观念存在于公法、私法等所有法领域，当然应从整体法秩序的视角进行判断，看该行为是否为整体法秩序所允许，这是法律解释的大前提。但法秩序的统一性是由正义思想推论而得，它不是逻辑上的，而是评价上的、公理式的一致性。其他法

---

① 参见陈少青：《法秩序的统一性与违法判断的相对性》，载《法学家》2016 年第 3 期。

② 姜涛：《法秩序一致性与合宪性解释的实体性论证》，载《环球法律评论》2015 年第 2 期。

③ 参见［日］京藤哲久：《法秩序的统一性与违法判断的相对性》，王释锋译，载《苏州大学学报（法学版）》2020 年第 1 期。

④ 陈少青：《法秩序的统一性与违法判断的相对性》，载《法学家》2016 年第 3 期。

域认为违法的，刑法不可能为了追求“逻辑的统一性”而将所有民事违法行为、行政违法行为均认定具有刑事违法性，只能将那些非法性达到值得科处刑罚程度的行为认定具有刑事违法性，这样就需要在一定程度上承认违法判断的相对性。①

当然，违法判断的相对性是有条件限制的。一是只有不同法域之间的违法判断相对性，才是犯罪论固有的违法判断相对性所要讨论的问题，不同犯罪之间以及不同主体之间的违法判断相对性不在此列。二是违法判断相对性的适用对象是受到限制的，适用对象是针对同一行为进行违法判断，同时对象行为必须在其他法域违法，且该当于某个具体犯罪的构成要件，换言之，违法判断的相对性，是对不同法域之间的同一行为进行判断，而且同一行为在前置法中为非法，在后置法（刑法）中符合犯罪构成要件。这种限制与缓和的违法一元论的主张是相同的，即在承认一般违法性概念的基础上，加上“可罚的违法性”要件，采取“一般违法性+可罚的违法性=刑事违法性”的二重判断结构。这种观点已为日本学界通说，也为我国学界不少学者认同。如王昭武教授认为，采取双重判断结构有其积极意义：其一，可以明确违法性与可罚性之间的逻辑关系。在逻辑上，违法性是前提，可罚性是归结，可罚性的根据在于违法性，违法性的根据却不在于可罚性。其二，可以更为精细地确定行为性质。一方面，只要行为不具有违法性，是整体法秩序所允许的行为，就应属于刑法上完全的违法阻却事由（正当行为），不可能成立犯罪；另一方面，某行为虽具有一般违法性，不属于刑法上完全的违法阻却事实，倘若不具有可罚的违法性，同样不可能构成犯罪。宣示这种因不具有可罚的违法性而不构成犯罪的行为具有一般违法性，可以向公民清晰地传达法律的态度，发挥法律的晓谕功能：虽不构成犯罪，但不为整体法秩序所允许，属于受到否定评价的行为，可以成为正当防卫的对象。其三，可以明确刑事违法性与民事违法性、行政违法性之间的从属关系。犯罪是对法本身的不法，刑事违法性的判断理应实质性地从属于民事违法性、行政违法性，后者是前者的必要

① 参见王昭武：《法秩序统一性视野下违法判断的相对性》，载《中外法学》2015年第1期。

条件。其四，符合刑法在整体法秩序中的定位。刑法的定位在于，以规定权利之产生、适用、消灭的私法等法规范的存在为前提，为了保护就该社会而言必须且不可或缺的基本权利，在明确且必要的限度内，惩罚对权利造成侵害或危险的行为，这称为刑法的担保性或补充性。[①] 学者陈少青认为，承认一般违法性概念，首先，虽然具体违法性的判断分别存在于不同法领域的目的层面，但是这些目的在法秩序的统一性上表现为合目的性统一，不同目的可以通过优先性的判断以及比例原则的运用，最终在利益保护上达成一致。那么具体的违法性判断最终也应该可以达成一致——是否具有一般违法性。另外，既然在合目的性上存在法秩序的统一，那么，也应当存在违反统一的合目的性的违法概念。其次，一般违法性的概念可以结合各个部门法中的违法概念，只有跨过一般违法性的“基本门槛”，行为侵害了法律所保护的利益，才可能进一步根据各个法领域的特定目的，纳入具体违法的范畴。最后，一般违法性的概念在刑法领域与实质违法性存在密切关联，只有在一般违法性的前提下，才有可能讨论刑法的实质违法性，而且只要不存在一般违法，就成立违法阻却。[②] 所以，日本著名刑法学者井田良认为，“统一的一般的违法性的观念是有用的，并且是不可欠缺的”。[③] 违法判断的相对性及其限制，以及承认一般违法性的概念，从刑民关联案件来看，核心要义就是作为前置规范的民法和作为后置规范的刑法之间，应当具有相当程度的一致性，特别是刑法和民法之间在基本概念上的相对统一性。在采取刑事违法性的双重判断结构中，应当确立民法规范作为第一重违法性判断依据的法律地位，只有在认定民事违法后，才能进入第二重的违法性——刑事违法性的判断阶段，即刑事违法性从属于民事违法性，有学者称为刑事违法性相对从属于民事违法性，并认为相对从属性说更具理论上的合理性，能够更准确地反映中国的立法现状，可以

---

① 参见王昭武：《法秩序统一性视野下违法判断的相对性》，载《中外法学》2015年第1期。

② 参见陈少青：《法秩序的统一性与违法判断的相对性》，载《法学家》2016年第3期。

③ ［日］井田良：《刑法总论の理论构造》，成文堂2005年版，第142页。转引自童伟华：《日本刑法中“不法原因给付与侵占”述评》，载《环球法律评论》2009年第6期。

对中国当前的刑事司法作出妥当的说明。[①] 刑事违法性从属于民事违法性，或刑事违法性相对从属于民事违法性，其实含义基本相同。

（三）违法判断相对性的适用规则

违法判断的相对性，符合法秩序在目的论层面上的统一性要求，当应用到刑民关联案件的法规范矛盾协调时，违法判断相对性理论可以提供以下适用规则。

1. 民法上合法的行为，刑法上不具有刑事违法性

民法上合法的行为（实质上的合法行为，而不是形式合法，实质违法），在刑法上当然也是合法的行为，这是合目的论层面上的法秩序统一性原理的必然要求。如果一种行为在民法上是合法的，在刑法上却是违法的，那么，公民将无所适从，社会将陷入混乱恐惧之中，法律将被视为儿戏而无人相信。从违法判断的相对性来讲，刑法作为后置法，其违法性的判断必须以前置法违法为前提事实。民法作为第一重违法性判断是合法的，那么，刑法作为第二重违法性判断就缺少了前提。民法上是合法的行为，表明该行为为民法所鼓励和保护，如果民法保护不足乃至保护不了，刑法就要介入，此时仍是对民事合法行为的保护。尊重前置法性质和法律地位，是处理刑民关联案件在实体判断方面的一个重要方法。

司法实践中，一个在民法上是受保护（合法）的行为，在刑法上却被认定为是犯罪的行为随处可见。

影响较为广远的是帅某骗保案。投保人帅某分别于 1998 年 7 月和 2000 年 3 月，为其母亲张某向保险公司投保了康宁终身保险，死亡保险金为 27 万元。根据该保险公司保险条款的约定，凡 70 周岁以下、身体健康的均可保险。2003 年 3 月 15 日，张某因病身故，保险公司向受益人帅某支付了保险金 27 万元。2003 年 7 月，保险公司向公安机关报案。经查，帅某故意隐瞒其母亲张某出生于 1921 年 1 月 8 日的事实，并将户口本上的

① 参见于改之：《刑民交叉案件处理——以刑法与民法两大法域冲突为中心》，载朱全景、邵世星主编：《民事检察实务培训讲义》，法律出版社 2019 年版，第 72 – 74 页。

出生日期篡改为1944年11月7日，即将当时已经77岁的张某年龄改为54岁，使其符合投保年龄，并找他人代为体检参与保险。此案在保险公司系统和社会引起了广泛关注，司法部门争议很大，学界也进行了热烈的讨论。[①] 从法秩序统一性原理出发，本案不难解决。从《保险法》来看，帅某虚构年龄至保险事故发生之日，已超过2年，即超过了2年的除斥期间，保险公司依法不能解除合同，投保人依法有权取得保险金。从《刑法》来看，帅某虚构事实，骗取保险金，似乎也符合保险诈骗罪的构成要件。但是，帅某依据保险合同的约定取得保险金，符合《保险法》的规定，应当受到《保险法》的保护。而《刑法》此时若以保险诈骗罪定罪，显然违反法秩序的统一性原理。一个在民商法上是合法的行为，绝对不能在刑法上是犯罪的行为。刑法是保障法，是对侵犯民法上合法行为的再保障，而不是对民法上合法行为的制裁。所以，本案检察机关最终决定不起诉是正确的。

另外，司法实践中有的维权行为被定罪的也不少。民事当事人（消费者）购买商品发现有质量问题，以举报或曝光为由向商家提出高额甚至天价赔偿请求，只要民事当事人实施维权的手段行为没有触犯《刑法》，那么，无论如何维权，充其量是民事纠纷，刑法不应该介入。民法上的维权行为是合法的行为，在刑法上不具有刑事违法性，这是法秩序统一性要求的另一种体现。

司法实践中还有一种情形，就是权利人行使权利的行为经常被治罪，必须引起高度而足够的重视。常见的是财产犯罪中的所有权人或债权人，采取胁迫等手段，取回为对方所非法占有的自己的物品的情形，以及实现自己合法债权的情形，这种情形在司法实践中有的以权利人滥用权利，主观上具有非法占有目的（非法手段取得的利益），而被定为侵犯财产罪（如敲诈勒索罪、盗窃罪、诈骗罪等）。这种定性和处置是令人深思的。在财产犯罪中，正如有的学者一矢中的地指出，对“权利行使与财产犯罪”的问题，应当采取财产犯罪否定说。理由是：一是行为人行使债权（或所

① 参见何海宁：《难倒法官的骗保案》，载《南方周末》2005年4月14日，第A6版。

有权）的手段、方法是否具有社会相当性，并不影响行使合法债权这一行为性质。不能以手段行为具有侵犯人身权利犯罪的违法性为根据，认定该行为也具有财产犯罪的违法性。二是要认定成立财产犯罪，必须侵犯了财产罪的保护法益。而债权人或所有权人采取非法手段逼迫债务人或非法占有人偿还债务或原物，属于有效偿还或返还原物，不能认定“被害人”有财产损失。没有财产损失，何来财产犯罪。[①] 除此之外，我国《民法典》第 1177 条规定了自力救济，受害人可以在保护自己合法权利的必要范围内采取扣留侵权人的财物等合理措施。当然，自力救济是有条件限制的。但在保护自己民事合法利益的情况下，即使采取的措施不当（直至犯罪），也不能构成财产犯罪，这是法秩序统一性原则的必然要求。当刑法保护民法上的财产时，必须以民法上的财产损失为认定前提。没有民法上的财产损失，就没有民法上侵犯财产的违法性，当然就没有刑法上侵犯财产犯罪的刑事违法性。“刑法在根本上与其说是一种特别的法律，还不如说是其他一切法律的制裁。”[②]

我国《刑法》第 238 条第 3 款之规定，就隐含了行为人为索取合法债务而采取非法拘禁、故意伤害等行为，不构成财产犯罪。如果以非法手段获取合法债权，非法手段构成其他犯罪的，按其他犯罪处理，体现了法秩序统一性的原理。当然，《刑法》第 238 条第 3 款规定的是“为索取债务非法扣押、拘禁他人的”，这里的“债务”应当是合法债务，如果包括非法债务这种定性，“至少是将行为人是否具有民事法律上的合法权利置于考虑之外，实质上采取的是违法多元化”。[③] 所以，今后修正刑法时，应当加上“合法”二字。

2. 民法上违法的行为，刑法上不一定具有刑事违法性

前已述及，民事违法是刑事违法的前提，一种行为在民法上是合法的，刑法上不存在刑事违法性问题。但是，民法上违法的行为，由于民事

---

① 参见王昭武：《法秩序统一性视野下违法判断的相对性》，载《中外法学》2015 年第 1 期。
② ［法］卢梭：《社会契约论》，何兆武译，商务印书馆 1980 年版，第 73 页。
③ 王昭武：《法秩序统一性视野下违法判断的相对性》，载《中外法学》2015 年第 1 期。

法律规范与刑事法律规范的目的和功能存在差异，所以，虽然民事违法是刑事违法的前提，但民法上的违法并不必然在刑法上也违法。从违法判断的相对性出发，民法上的违法作为一般违法，必须加上可罚的违法，才可能是刑事违法性，换言之，在民事违法后，还要具有一定的“质”和“量”以达到值得适用刑罚的程度时，该民事违法行为才能被认定为具有刑事违法性。有学者提出，在刑事违法性问题上，民法定性，刑法定量，即“前置法定性与刑事法定量相统一”的刑事犯罪机制。[①] 笔者认为，这种观点有以偏概全之嫌，是不能成立的。一个盗窃犯的盗窃数额多少（在民法上都是民事侵权行为，即民法上的违法行为）对是否构成盗窃罪有决定性的作用，此时如果说民事违法即民事侵权（民法定性），当数额达到刑事立案标准时（量的要求）就构成盗窃罪（刑法定量），似乎有一定的理由。但是，从量变到质变，毕竟有质的内容，所以，只说民法定性和刑法定量，还是有不完整之处。如果一个抢劫犯抢劫财物（民法上仍然是民事侵权行为，即民法上的违法行为），那么，抢劫财物的数额多少，就不能单以数额大小定罪，还要考虑侵犯财产的手段等，即“质”的问题。此时，民法上只是定性。但是，刑法上既要定性，也要定量，而且民法上定的“性”，与刑法上定的“性”的内涵也有区别。所以，“前置法定性，后置法定量”的观点是不能成立的。正如有的学者所言，重要的不是“前置法定性，后置法定量”，而是前置法和刑法的规范目的是否一致，如果二者的规范目标不一致，前置法的违法性判断对刑事判断不具有制约性，刑法的判断具有（相对）独立性；如果二者的规范目标一致，前置法上违法的行为，在刑法上也具有违法性，但这不是刑法从属于前置法的结果，而是刑法和民商法、行政法等在法秩序统一性的统摄之下，两种违法性判断所得出的结论相同而已，前置法上的违法性判断不能替代刑法上的判断。[②] 当然，笔者特别需要指出的是，刑法上的违法性判断必须从属于前

① 参见田宏杰：《知识转型与教义坚守：行政刑法几个基本问题研究》，载《政法论坛》2018年第6期。

② 参见周光权：《质疑“前置法定性刑事法定量”的观点》，载《法治日报》2021年4月14日，第9版。

置法，是特指没有前置法（民法）的违法性，就没有后置法（刑法）的违法性，从这个角度出发，刑法的违法性判断必须从属于前置法，从属是仅此语境下的从属。

民法上违法的行为，刑法上不一定构成犯罪，这种表述符合法秩序统一性原理中的违法判断相对性论。但学界还有一种表述就必须警惕，如“民法上违法的行为，既有可能成立刑法上的犯罪，也有可能成立刑法上的合法”。[①] 这种观点有一定的影响。笔者认为，民法上违法，刑法上有可能是合法的，这种表述违反了法秩序的统一性原理。前已述及，违法判断的相对性，是在承认一般违法性的基础上，加上可罚的违法性，构成刑事违法性的判断。而民法上违法，从一般违法性的角度出发，刑法也是承认的，是在坚持法秩序统一性的统摄下承认的。因此，民法上具有违法性，刑法上不一定具有刑事违法性，但不能认定为刑法上可能是合法的。

3. 民法上不予保护的财产，刑法上也不予保护

首先应当明确的是，民法上的财产概念，在刑法上一般称为财物或财产，“财产”强调的是财物的合法属性、权利义务属性，“财物”则是强调财物能满足人的某种需要的自然属性，两者有时是互用的。

刑法是对民法保护权益的最后保障。一方面，民事权益以民法保护为最重要、最主要的方式。另一方面，当民事权益受到不法侵害，民法难以有效保护时，刑法就要介入。刑法的补充性和保障性，说明了当民法都不需要保护的权益，刑法自然没有介入的前提和必要。如果在民法上认为是行使正当权利的行为，在刑法上该行为被认定是犯罪，必定违反了法秩序统一性原理；如果不被民法保护的财产，刑法却要强行给予保护，也违反了法秩序统一性的原理。对此，以下两个问题必须进行深入探讨。

（1）不法原因给付与财产犯罪问题

不法原因给付是民法上的一个概念，一种制度，但我国《民法典》没有规定不法原因给付的相关内容，只有不当得利的规定。《日本民法典》、

---

① 于改之：《刑民交叉案件处理——以刑法与民法两大法域冲突为中心》，载朱全景、邵世星主编：《民事检察实务培训讲义》，法律出版社2019年版，第81页。

《德国民法典》、《意大利民法典》以及我国台湾地区“民法”等都有不法原因给付的规定。如《日本民法典》第 708 条规定：“因不法原因实行给付者，不得请求返还。但是，不法原因仅存在于受益人一方时，不在此限。”①

民法上的不法原因给付与财产犯罪的关系，核心问题是不法原因给付的财产（物）能否成为财产犯罪的对象。因此，界定不法原因给付的概念及其法律后果，成为不法原因给付与财产犯罪关系的两个绕不过去的问题。

我国学者对不法原因给付的定义是，基于违反强制性法律、法规或公序良俗的原因而为之给付。② 从上述定义出发，不法原因给付中的“法”是指违反法律、法规或公序良俗。而不法原因给付中的“原因”究竟是什么，则有不同的观点，形成客观原因理论和主观原因理论两个学派。客观原因理论认为，原因是当事人订立合同的目的，是对“为何负责”问题的回答，认为动机不属于原因的范畴。主观原因理论强调公共利益的保护，赋予原因以主观性，将当事人订立合同、作出允诺的“动机”纳入法律行为效力赋予的考察范围，当缔约人动机不法时，合同（或允诺）即因原因不法而归于无效。我国学者李永军、李伟平认为应当确立主观原因理论在不法原因给付问题中的基础地位，将动机与目的纳入考量范围。③ 笔者认为，这种观点符合合同原理和司法实践的要求。当然，动机存在于表意人的内心，不法动机需要表意人的表示，而成为意思表示之内容时，始有不法原因给付可言；未经表意人表示于外并为他人知晓的动机，不得认为属于给付原因不法。④

关于“给付”的含义，德国学界通说认为给付是导致利益变动的法律

---

① 《日本民法典》，王书江译，中国法制出版社 2000 年版，第 126 页。

② 参见王钢：《不法原因给付对于认定财产犯罪的影响——立足于财产概念与“非法”占有的考察》，载《法学家》2017 年第 3 期；李永军、李伟平：《论不法原因给付的制度构造》，载《政治与法律》2016 年第 10 期。

③ 参见李永军、李伟平：《论不法原因给付的制度构造》，载《政治与法律》2016 年第 10 期。

④ 参见谭启平：《不法原因给付及其制度构建》，载《现代法学》2004 年第 3 期。

行为，[1] 即给付行为是一种法律行为。德国联邦最高法院更是明确指出，“给付”是有意识、有目的地增加他人财产。[2] 根据这个定义，既然给付是有意识、有目的地增加他人财产，那么，给付者必须把财产终局性地给予受领人时，才算给付。据此，“终局性标准”就成为给付的标准。我国台湾地区学者王泽鉴和我国大陆学者陈华彬均采此见解。[3] 如此，委托（或者寄托）就不能等同于给付，因为委托并没有使受托人财产增加，即不符合“终局性标准”。这就是日本学者林幹人教授主张的区分不法原因给付与不法原因委托的两分说，他认为，《日本民法典》第708条的“给付”，应该限定为受领者“获得了事实上的终局利益”，受领者没有获得事实上的终局利益的属于委托（或寄托）。例如，①某人为贿赂公务员给付对方价值100万元的汽车。②某人为了向公务员行贿，委托第三人代为转交名画，第三人将名画卖掉后挥霍了所得款，或者③某人委托他人购买毒品，受托者却将购买的毒品自己挥霍。其中，例①属于给付终局的利益即不法原因给付，例②和例③中交付财物的一方没有完成受托者移转所有权的意思，单纯是占有的移转，是不法原因委托。[4]

在两分说提出之前，阐述不法原因给付与财产犯罪关系经常举的一个例子是，乙委托甲向丙行贿，但甲将行贿款全部或部分据为己有，甲是否构成侵占罪？对此，刑法学界存在侵占罪肯定说和侵占罪否定说两种对立的观点。侵占罪肯定说的理由如下：①即便乙没有返还请求权，但并未由此丧失所有权，甲将受托财产据为己有的行为，仍具有侵占罪的可罚性。[5] ②即使给付人不再享有该财物的所有权，那么，所有权也不可能自动转到受领人，只要能确定不属于受领人所有，即可认定侵占罪成立。③对此类行

① 参见田士永：《物权行为理论研究——以中国法和德国法中所有权变动的比较为中心》，中国政法大学出版社2002年版，第275页。

② 参见田士永：《物权行为理论研究——以中国法和德国法中所有权变动的比较为中心》，中国政法大学出版社2002年版，第275页。

③ 参见王泽鉴：《民法学说与判例研究》（第2册），北京大学出版社2009年版，第95页；陈华彬：《债法各论》，中国法制出版社2014年版，第298页。

④ 参见［日］林幹人：《财产罪の保护法益》，东京大学出版会1994年版，第169页。转引自童伟华：《日本刑法中“不法原因给付与侵占”述评》，载《环球法律评论》2009年第6期。

⑤ 参见王昭武：《法秩序统一性视野下违法判断的相对性》，载《中外法学》2015年第1期。

为以财产犯罪论处不代表刑法保护基于不法原因给付的财物。因为刑法处罚的是以这类财产为对象的犯罪行为，目的在于保护财产秩序，并没有破坏法秩序统一性。占有基于不法原因给付的财物的行为，可能成立相关财产性犯罪，根据法律规定，对此类财物要予以没收。[①] ④民法并未对不法原因给付之物放弃保护，不法原因给付之财物的所有权属于国家，将不法原因交付的财物视为侵占罪的对象是我国刑法的目的性所在。

侵占罪否定说的理由有：一是刘明详教授认为，①“代为保管”中不能包括非法的委托信任关系，因而不受法律保护。②“他人财物”中的他人必须是财产所有权人，不法委托人在委托后丧失了所有权。③不法委托时，委托人无返还请求权，因此谈不上“拒不退还”问题。④不法委托下无被害人，没有告诉者，侵占罪因此无法成立。⑤应被追缴的不法委托财物，在未收归国家前，不等于已经是国家所有的财物，将受托人保管该类财物的行为理解为“代国家保管国家所有的财物”非常勉强。⑥对侵吞不法原因给付的财物的行为，并非只要按侵占罪处罚才不至于使行为人逍遥法外，而是还有可能按其他犯罪定罪处罚。⑦即使侵吞不法原因委托的财物的行为不构成其他犯罪，对其取得的财物依法应当予以没收或追缴，侵吞者最终在经济上也不会占便宜。[②] 二是日本许多学者持否定说观点：①既然乙没有返还请求权，就应认为也不存在值得保护的财产利益，以财产罪来直接保护那些民法上不予保护的不法原因给付者，采取的是经济的财产说，会招致整体法秩序内的自我矛盾。②按照侵占罪成立说的观点，在不法原因给付的场合，民法上的所有权已转移至甲，而刑法上的所有权仍属于乙。然而，对于财物所有权的归属，法秩序必须作出统一判断。若出现不受民法规制的“刑法上的所有权概念”这种“奇妙”现象，势必会

---

① 参见［日］前田雅英：《刑法各論講義》，东京大学出版会 2008 年版，第 308 - 310 页；［日］藤木英雄：《刑法講義各論》，弘文堂 1977 年版，第 340 页；［日］内田文昭：《刑法各論》，青林书院 1984 年版，第 363 页。我国亦有学者持此观点，参见李希慧主编：《刑法各论》，武汉大学出版社 2009 年版，第 278 页；周光权：《刑法各论》，中国人民大学出版社 2011 年版，第 117 页。转引自王昭武：《法秩序统一性视野下违法判断的相对性》，载《中外法学》2015 年第 1 期。

② 参见刘明祥：《财产罪比较研究》，中国政法大学出版社 2001 年版，第 344 - 346 页。

保护那些不受民事法律保护的不法利益，这无疑僭越了财产犯罪本身的任务，更会造成保护法益的刑骸化、空洞化，使侵占罪丧失其作为财产犯罪的性质。③从司法实践来看，个人之间的财产关系首先是由民事法律来规制，财产罪是通过更严厉的制裁补强民事法的规制。判定甲成立侵占罪，无异于直接以刑事手段强行保护民法上不予保护的利益，既有悖刑法的谦抑性与补充性，更不无鼓励甲按照乙的要求完成行贿之虞，而这与法的精神是背道而驰的。[①] 应当说，侵占罪否定说的理由充分、全面，有法理依据，并对肯定说的观点进行有力的反驳，笔者也赞成否定说。概言之，肯定说不符合侵占罪的犯罪构成要件，不符合不法原因给付制度中的给付判断标准（下文还要分析），不符合法秩序统一性原理。

以受领者是否获得事实上的终局利益为标准，划分为不法原因给付与不法原因委托有充足的法理依据和法典依据，应满足以下三方面的要求：一是给付者必须向受领人给付利益；二是这种给付是出于不法原因；三是给付者对不法原因有所认识。[②] 而给付利益，就是给付者终局性地予以受领者财物，这已成当今德国民法学界和司法判例的通说。尽管日本部分学者不认可区分不法原因给付与不法原因委托，认为只要委托人把委托物给予了受托人，也是给付。其实，这里的分歧在于混淆了概念。不法原因给付的对象必须是受领者（举例中的受贿者），而不是受托者。给付者把财物委托给受托者，通过受托者把财物给受领者才是不法原因给付中“给付”的含义。给付者（受托人）把财物委托给受托者（被委托人），虽然也是给付（实际上是委托给付），且这种给付的原因也是不法的（委托行为与受托行为违反民事法律规定），但这种不法原因给付与不法原因给付制度中本来含义的“给付”有明显的区别。所以，我国学者王钢也认为不宜将不法原因给付与不法原因委托混为一谈。一是我国民事法律与民法学说并未将给付和委托等同视之。在甲委托乙替自己将财物转交给丙的场

① ［日］松宫孝明：《刑法各論講義》，成文堂2008年版，第267页。转引自王昭武：《法秩序统一性视野下违法判断的相对性》，载《中外法学》2015年第1期。

② 参见王钢：《不法原因给付对于认定财产犯罪的影响——立足于财产概念与“非法”占有的考察》，载《法学家》2017年第3期。

合，当甲将财物交于乙时，我国民法学界几乎没有争议地认为，此时不存在给付行为，只有当乙依照甲的意愿将财物交给丙时，才属于给付。二是基于不法原因给付制度的规范目的，民事法律也完全有理由区别对待不法原因给付和不法原因委托。“民法对实施不法给付者丧失请求权的制裁，是为了实现一般预防的目的。”① 然而，在不法原因委托的场合，当前的给付行为尚未完成，认可委托者对受托人的返还请求权，有助于抑制进一步的不法，防止不法的形成。三是我国主张不应区分不法原因给付与不法原因委托的论者往往认为，两者之财物都不再受法律保护。然而，德国和我国的民事司法实务中，都有未否定其返还请求权的判决。认为不法原因委托物和不法原因给付物同样不受法律保护的见解，也难以与我国民事司法实践相契合。② 王钢教授的前两个理由是非常充分有力的，切中问题的要害，但第三个理由笔者不敢苟同。甲委托乙行贿于丙，甲与乙是委托关系，甲（包括乙）与丙是行受贿关系。针对委托关系，甲把财物委托给乙去行贿，委托关系违法，委托物（区别于丙收受的给付物）是在不法原因委托下产生的，所以一般情况下依法应予以没收，但由于乙没有把委托物送出去，甲也不再要求把委托物送出去，可视为双方解除委托合同关系。从犯罪与刑罚角度来看，甲与乙没有把财物送至丙，存在犯罪的预备、中止等可能不予追究刑事责任的情形。在合同解除后，甲、乙又不构成行贿罪的情况下，乙应当返还委托物，甲就有返还请求权。所以，甲有返还请求权的判决不是区分不法原因给付与不法原因委托的一个理由，而是因为不法原因委托只有在特定条件下甲才有财物返还请求权。但是，甲有返还请求权，与乙构成侵占罪没有逻辑上的联系，乙拒还委托物，甲与乙之间的纠纷只能按民事纠纷处理，这是鼓励甲放弃不法行为，不要将不法行为进行到底的正向引导与价值选择。

将不法原因给付区分为不法原因给付与不法原因委托后，对不法原因

---

① 童伟华：《日本刑法中“不法原因给付与侵占罪”述评》，载《环球法律评论》2009年第6期。

② 参见童伟华：《日本刑法中“不法原因给付与侵占罪”述评》，载《环球法律评论》2009年第6期。

给付的法律后果，一般的处理规则是给付者丧失返还请求权，即实质上丧失财物所有权。有学者认为丧失返还请求，并没有丧失财物所有权，这是一种逻辑上自相矛盾的说法。没有丧失所有权，怎么会没有请求权？丧失了请求权，哪来的财物所有权？但《德国民法典》第817条、《日本民法典》第708条，以及我国台湾地区“民法”第180条均规定，当不法原因仅存在于受领人一方时，给付者仍然相对受领人享有返还请求权。日本民法判例和学界的多数见解认为，当给付者的不法性程度大大低于受领人时，便应肯定“不法原因仅存在于受领人一方”，从而例外地对给付者的返还请求予以支持。[①] 这样，不法给付者如果受到了受领人的欺骗而向其给付财物时，给付者就可以请求受领人返还财物，受领人还可能构成诈骗罪。我国的民事立法和司法实务应当借鉴上述国家的立法和司法实践。

需要特别提出的是，不法原因给付的给付者丧失请求权，民法不予保护，刑法同样不能予以保护。但是，受领人取得财物同样是不法，如果受领人构成受贿罪，财物则没收上缴国库。如果受领人不法取得财物，违反公序良俗，如给第三者的包养费，或者数额小尚未构成受贿罪的送礼行为，虽然对给付者不予保护，但对给付的财物，由于违反法律强制性规定或公序良俗，应当予以没收，这里的没收可以是民事没收、行政没收。如给付者向法院提起因不法原因给付的返还请求权之诉，法院就应当判决没收该财物。有学者认为民事不能没收，这完全是对没收的误解。就像拘留可以有民事拘留、行政拘留、刑事拘留一样，没收同样有民事没收、行政没收和刑事没收，只是适用的条件不同而已。

所以，不法原因给付与财产犯罪的关系是，不法原因委托与财产犯罪无关。不法原因给付的“不法”原因仅存在于受领人一方，受领人若采取欺骗等手段骗取给付人财物的，可能构成诈骗罪等。不法原因给付人如果为了牟取不正当利益而给予受领人财物的，给付人和受领人都可能构成贿赂犯罪（当然贿赂犯罪不是财产犯罪）。

---

① 参见［日］我妻荣：《债权各论》（下卷一），冷罗生等译，中国法制出版社2008年版，第253、267页。

（2）违禁品或赃款、赃物能否成为财产犯罪的对象问题

首先应当得出结论的是，赃款、赃物能够成为财产犯罪的对象。赃款、赃物不是刑法上的一个术语，赃款、赃物在刑法上称为违法所得，[①]而违法所得，要么返还被害人，要么予以没收，上缴国库。赃款、赃物成为财产犯罪的对象问题，实质上涉及财产犯罪的法益问题。对此，在日本，主要有本权说、占有说和中间说。在德国，则有法律的财产说、经济的财产说和法律的、经济的财产说。

法律的财产说认为，所谓财产就是财产性权利的总和。不以民法为核心的法律所承认的主张或利益，不能被认定为财产，即刑法上财产性权利的判断完全由民法来决定。经济的财产说认为，所谓财产是所有具有经济价值的物或利益，即便是通过非法或者违反公序良俗的行为所获取的物或利益，只要其具有一定的经济价值，依然是刑法上的财产。法律的、经济的财产说认为，有经济价值的物或者利益都是财产，但是又要求相应的物或利益必须为法秩序所承认，违反法秩序的利益，即使从纯粹经济的角度来看是有价值的也不值得刑法的保护。[②] 经济的财产说由于过度地扩张财产犯罪的成立范围，甚至把民法不予保护的财产在刑法上给予保护，以及民法上合法的行为，认定为刑法上的犯罪行为，因违反法秩序统一性原理而被抛弃。那么，法律的、经济的财产说似乎走的是一条中间路线。然而，有经济价值的物或利益，都必须为法秩序所检验和承认，这种财产就是法律认可的财产，与法律的财产说并无二致。正如有的学者一针见血地指出：法律的、经济的财产说在严格意义上看并非折中的观点，它只是法律的财产说的另一种表述，即通过注入“法律的”或“法秩序承认”等概

---

① 2006年3月，最高人民检察院出台了《人民检察院扣押、冻结款物工作规定》（已失效），该规定第2条第2款规定：“犯罪嫌疑人、被告人实施违法犯罪行为所取得的财物及孳息属于违法所得。”不过，何帆法官认为，依照《刑法》第64条，追缴、责令退赔的“违法所得”，可以涵盖部分违反行政、民事法律行为获取的财物，但最终由法院判决没收的，必须是犯罪所得。参见何帆：《刑民交叉案件审理的基本思路》，中国法制出版社2007年版，第319页。

② 参见江溯：《财产犯罪的保护法益：法律——经济财产说之提倡》，载《法学评论》2016年第6期。

念，将财产框定在合法性的范围内，其本质上仍然是法律的财产说。[①] 笔者赞同采取法律的财产说，这与我国传统见解所采取的所有权说不谋而合，与《宪法》第13条、《民法典》第3条、《刑法》第92条规定的我国法律保护公私的合法财产相契合。在财产犯罪的保护法益上，之所以有各种学说及其存在的问题，一个根本原因就是刑法学界对民法上的财产权认识不足，并试图建立自己的财产权概念或体系，后文还会阐述。

在坚持法律的财产说或所有权说后，赃款、赃物若被第三人所盗，第三人构成盗窃罪，侵犯的是原所有人的财产。正如有的学者所说，第三人侵犯赃款、赃物的行为是对所有者所有权的再次侵害，而民法对原所有人的合法财产予以保护，从法秩序的统一性原理出发，刑法当然也要对原所有人的合法权益予以保护。[②] 如果对第三人盗窃赃款、赃物的惩罚，保护的法益看作对非法占有秩序的维持，那么，就会产生两个匪夷所思的结论：一是占有人对原所有人财物的占有要维持非法占有秩序，新占有人占有的财物当然也要维持非法占有秩序。二是占有人和新占有人都是针对财产犯罪，即都是侵犯财产利益，保护时却以社会秩序的法益出现，显然，这违反法秩序统一性的原理。若行为人盗窃的赃款又被第三人诈骗，虽然侵害的财产还是原所有权人，但原所有权人并没有把财物“交给”第三人，此时可用法律拟制或例外的规定予以解决。

如果第三人盗窃的是受贿者受贿的财物，对第三人来说，与盗窃赃款、赃物一样（这里的赃款、赃物特指乙盗窃甲的财物），同样构成盗窃罪，但此时的财物的所有权人是谁？即“受害人”是谁？若以侵犯原所有者的所有权为由，显然是行不通的。因为行贿人作为不法原因给付已丧失请求权，即财产所有权。那么，该如何定性第三人盗窃的财物的性质呢，笔者认为，受贿者收受的财物是非法的，依法应当予以没收，上缴国库。在没有经过法定程序没收之前，此时受贿的财物，应当法律拟制为公共财

---

① 参见夏伟：《刑民交叉的理论构造》，法律出版社2020年版，第117页。

② 参见于改之：《刑民交叉案件处理——以刑法与民法两大法域冲突为中心》，载朱全景、邵世星主编：《民事检察实务培训讲义》，法律出版社2019年版，第89页。

产，第三人此时盗窃的是公共财产，仍然构成盗窃罪，唯有如此，才能妥善解决第三人盗窃行为所侵犯的法益问题。

对违禁品能否成为财产犯罪的对象问题，不少学者把违禁品与赃款、赃物放在一起谈财产犯罪对象的问题。其实，违禁品是区别于赃款、赃物的。按照权威解释，违禁品是指依照国家规定，公民不得私自留存、使用的物品，如枪支、弹药、毒品以及淫秽物品等。对违禁品，不管属于谁，法律都应规定予以没收。[①] 而赃款、赃物是指犯罪分子实施犯罪活动而取得的一切财物，包括金钱或者物品，如果有被害人，赃款、赃物要返还给被害人。违禁品在民法上属于禁止流通物或限制流通物，如珍贵文物、珍稀动物、毒品、枪支弹药等，违禁品一律销毁或没收，不存在返还给所谓的被害人问题。

对从原占有人处盗窃违禁品的行为，能否认定为盗窃罪，存在三种不同的观点，即肯定说、否定说和折中说。

肯定说认为，违禁品也能成为财产犯罪的对象，盗窃违禁品也构成盗窃罪。如日本最高裁判所认为，“事实上的持有”也是法益，因此违禁品也是财物，可以成为财产犯罪的对象。日本学者大谷实、山口厚、前田雅英等均认可原占有人对违禁品的占有状态本身就是一种值得刑法来保护的法益。[②] 我国最高人民法院、最高人民检察院司法解释及文件也持肯定说。1992 年发布的《最高人民法院、最高人民检察院关于办理盗窃案件具体应用法律的若干问题的解释》（已失效）中规定：“盗窃违禁品，如毒品、淫秽物品等，按盗窃罪处理的，不计数额，根据情节轻重量刑。”1998 年《最高人民法院关于审理盗窃案件具体应用法律若干问题的解释》（已失效）、2008 年最高人民法院印发的《全国部分法院审理毒品犯罪案件工作

---

① 参见王爱立主编：《中华人民共和国刑法解读》（第 5 版），中国法制出版社 2018 年版，第 90 页。

② ［日］大谷实：《刑法讲义总论》（新版 2 版），黎宏译，中国人民大学出版社 2008 年版，第 5 页；［日］山口厚：《刑法各论》（2 版），王昭武译，中国人民大学出版社 2011 年版，第 215 页；［日］前田雅英：《日本刑法各论》，董璠兴译，台北，五南图书出版股份有限公司 2000 年版，第 151 页。转引自黄丽勤：《论没有被害法益的财产犯罪》，载《贵州大学学报（社会科学版）》2019 年第 4 期。

座谈会纪要》、2013 年《最高人民法院、最高人民检察院关于办理盗窃案件适用法律若干问题的解释》等均作了相同的规定，但均没有说明具体的理由。肯定说认为，原占有人对违禁品的占有状态本身就是一种值得刑法保护的法益，盗窃违禁品等也是对他人财产法益的一种侵害。一方面，侵占违禁品不是侵犯财产法益，却以财产法益进行保护；另一方面，法律禁止侵占他人财产，却又对侵占他人财产状态进行保护，其自相矛盾和荒谬不言而喻，应予摒弃。

否定说认为，违禁品不属于具有经济价值的财物，不能成为盗窃罪的犯罪对象，占有者对违禁品也不享有财产所有权，盗窃违禁品也不侵犯财产所有权。因此，盗窃违禁品的行为不构成盗窃罪。笔者认为，盗窃违禁品一般不构成盗窃罪，但也不是绝对的，且认为违禁品不具有经济价值，这种观点也是不全面的，下文还要作详细论述。

折中说认为，一方面，违禁品中的占有人对违禁品不可能享有合法的占有权；另一方面，有必要将程序意义上的法秩序即依法应当由国家行使的没收权力，作为侵犯违禁品犯罪的保护客体。折中说或中间说认为这种“脚踏两只船”的观点，基本上都是不能成立的。违禁品是依法要予以没收的，因此，不管是谁占有，也不管流转了多少手的占有，一经发现，即以没收，没有商量余地。任何占有都不能也无法妨害国家行使对违禁品没收的权力，所以就不存在程序意义上的国家行使没收权力需要保护的问题，这种观点在逻辑上的错误也是显而易见的，是不可取的。

那么，否定说是否成立，理由是否充分，着实需要认真研讨。对违禁品（物）前已述及，法律规定都应予以没收。而违禁品之所以要没收，根据《德国刑法典》第 74 条的规定：“依其种类及情况对公众有危害或存在供作实行违法行为之危险。”① 违禁品是对公众具有危险性的物品，一旦流入社会，就会产生社会危害性。所以，针对违禁品的犯罪，侵犯的法益不是个人法益，而是社会法益。例如，“毒品犯罪的保护法益是不特定多数

① 《德国刑法典》，李圣杰、潘怡宏编译，何赖杰、林钰雄审译，台北，元照出版有限公司 2017 年版，第 99 页。

人的生命、身体、健康”。[①] 我国《刑法》第127条、第128条、第130条、第151条、第172条、第347条、第348条涉及枪支弹药、毒品、假币等违禁品犯罪，无一被规定在侵犯个人法益的财产犯罪中，而是被分别规定在侵犯社会法益的危害公共安全罪、破坏社会主义市场经济秩序罪、妨害社会管理秩序罪的三个章节中，因此，从财产法益保护角度来看，违禁品不能成为财产犯罪的对象，是顺理成章之事。如果第三人实施盗窃、抢劫违禁品的行为，同样地，由于不是侵犯财产法益，所以，不能定盗窃罪、抢劫罪。至于如何定性，有学者提出，如果《刑法》针对某些特定违禁品专门规定了具体罪名，如盗窃、抢夺、抢劫枪支、弹药罪的，直接按照《刑法》规定定罪处理。如果《刑法》没有针对特定违禁品的行为作出专门规定，则可以考虑以“非法持有行为+手段行为”进行双重规制。如果盗窃毒品，仅以非法持有毒品定罪处理。抢劫毒品的，除了构成非法持有毒品罪以外，如抢劫行为致人伤残或者死亡的，手段行为还可能构成侵犯人身权利的犯罪。[②] 笔者完全赞成这种观点。

当然，受客观条件和环境的影响，违禁品又具有易变性的特征，据此可以把违禁品划分为绝对违禁品和相对违禁品。绝对违禁品是指无论何人于何时、何地持有，均为法律所禁止之物。相对违禁品指原则上系违禁品，但经法律允许可以持有、制造之后，则可以从违禁品物中排除的物品。[③] 如吗啡对普通公民来说是违禁品，对特定患者来说则是强效的镇痛剂。如果第三人从特定患者处盗窃诸如吗啡之类具有财产性质的物品，则可以构成盗窃罪，特别是民法上的限制流通物在成为相对违禁品后，如果被他人盗窃，如某些刀具等，上火车时被盗，则可以构成盗窃罪。此外，行为人在刑法上认识错误的情况下，把违禁品误认为是普通物品实施盗窃，也可以构成盗窃罪。

---

① 张明楷：《外国刑法纲要》（第3版），法律出版社2020年版，第614页。

② 参见于改之：《刑民交叉案件处理——以刑法与民法两大法域冲突为中心》，载朱全景、邵世星主编：《民事检察实务培训讲义》，法律出版社2019年版，第88－89页。

③ 参见何帆：《刑民交叉案件审理的基本思路》，中国法制出版社2007年版，第299－300页。

4. 民法上公认的基本概念，刑法上引用时必须遵守

刑法上的相关概念是否以民法概念为认定和解释标准，换言之，刑法上相关概念的认定和解释是否必须从属于民法，这是一个在学界和实务界争议很大的问题。如民法上的所有权、占有、正当防卫、紧急避险、重婚、合同、商标、专利、著作权、商业秘密、个人信息、虚拟财产等概念，在刑法上，这些概念的解释是否必须以民法为依据，则是众说纷纭的问题，刑法由此衍生了一系列的问题、理论、学说、观点，以及不同的裁判结果等，可谓五花八门，眼花缭乱。本书仅以民法上的所有权、占有两个概念在刑法上如何理解和适用作一个简要的探讨。关于刑法上的所有权和占有，以下两个问题，学界必须作出准确而有力的回答。

（1）刑法上是否有确定的所有权和占有概念

在谈到刑法上的所有权和占有概念之前，先谈民法上的所有权和占有的概念。在民法上，未见所有权的确切定义。但我国《民法典》第 240 条规定："所有权人对自己的不动产或者动产，依法享有占有、使用、收益和处分的权利。"第 266 条规定："私人对其合法的收入、房屋、生活用品、生产工具、原材料等不动产和动产享有所有权。"《民法典》第 240 条规定的是所有权的四个权能，第 266 条规定的是私人财产的范围。《民法典》物权篇第 5 章中，详细规定了国家所有权、集体所有权等。中国民法学界对所有权的定义是指民事主体依法可将物归属于自己，且对其加以全面支配的权利，并提出所有权是自物权、完全物权、原始物权，具有无期限性的特征。[①] 我国台湾地区学界通说认为："所有权者，指于法令限制之范围内，对物为全面支配的权利。"[②] 由此可见，民法学者对所有权的定义已达成共识，所有权是对物全面支配的权利，是对物的占有、使用、收益和处分的权利，与《民法典》对所有权人的权利规定，只是表述不同而已。

同样，民法上对占有概念的定义，也基本一致。"占有是指人对物的

---

① 参见马俊驹主编：《民法学》，清华大学出版社 2007 年版，第 359 – 360 页。

② 王泽鉴：《民法概要》，中国政法大学出版社 2003 年版，第 493 页。

实际控制与支配。”[①]“占有指对物有事实上的管领力。”[②] 民法上的占有可分为有权占有与无权占有（无权占有又可分为善意占有与恶意占有），直接占有与间接占有，自己占有与占有辅助，占有与本权（得为占有的权利称为本权，本权得为物权、债权）等。

以所有权和占有为财产制度内容，以及债权、网络虚拟财产等，形成了民法上较为完整的财产权利制度。同时，“《民法典》所确立的开放性的新型财产权利体系，也为适应财产性利益概念的时代变迁留足了空间”。[③] 一言以概之，民法对财产权利有具体明确的较为完整的规定，并形成了一套成熟的理论体系。

反之，多数国家的刑事立法都没有对所有权的内容及相关制度作出明确规定，对占有及其要件的规定更是阙如。我国《刑法》第 91 条和第 92 条分别规定了公共财产和公民私人所有的财产的范围，但对什么是所有权、财产权，其特征如何以及为何保护等，存在空白。对占有的规定更是“交白卷”。而在这种情况下，刑法学者和刑法学界以持续不断的热情以及丰富的想象力，在民法财产制度中任意截取知识、理论和素材，“创造出”五花八门的关于财产犯罪的理论、观点、学说，使初学者和司法工作人员如坠入“五里云雾”之中，不知所措，以至于在刑民关联案件的判断上，在不同的理论、观点、学说的指导下，作出了不同的裁判，成为刑法的一大奇观。如有学者根据我国刑事立法和司法解释认为，一是我国《刑法》第 92 条规定的私人所有权，有相当一部分并非民法上的所有权，而是其他财产权类型。二是认为民法上的债权或股权，在刑法上也是作为所有权对待的。三是民法上的所有权指向特定的对象（特定物和种类物），不是指向物的金钱价值，而刑法上谁拥有或支配这些金钱价值，谁就是刑法上

---

① 章正璋：《我国民法上的占有保护——基于人民法院占有保护案例的实证分析》，载《法学研究》2014 年第 3 期。

② 王泽鉴：《民法概要》，中国政法大学出版社 2003 年版，第 576 页。

③ 夏伟：《刑民交叉的理论构造》，法律出版社 2020 年版，第 126 页。

的所有权人。四是在外延上，刑法上的所有权大于民法上的所有权。[1] 概言之，刑法上的所有权与民法上的所有权含义不同，在刑法上债权和股权被当作所有权看待，刑法上的所有权只针对金钱价值的拥有或支配，刑法上的所有权在外延上大于民法上的所有权。这种观点有一定的代表性，刑法上如此混乱不堪的所有权概念及其认识，使刑法上的所有权成为一个不可捉摸的怪物，由此衍生出与刑法上的“所有权”“非法占有”有关的各种理论、观点、学说纷繁复杂，争议不断，而争议又没有一个基准，这就是刑法学界对所有权（包括占有）的定义及规制等至今没有形成共识的原因所在。

民法作为保护财产权利的基本法，如今已经形成了一套包括物权、债权、知识产权、所有权、占有等较为完整成熟的财产权利体系和保护制度。刑法中财产犯罪的对象是公私财物，即民法上的财产。由于 1979 年我国《刑法》颁布时，当时的民法基本上处于空白状态，我国《民法通则》直到 1986 年才颁布实施。为了保护公私财产权，1979 年《刑法》在没有民法原理、民法概念、民法规则的指导和参考下，对本来应由民法规定的包括公私财物在内的财产相关概念及规则，《刑法》及司法解释“自作多情”地作了规定，以解燃眉之急。而在《民法典》实施的今天，四十多年前的《刑法》规定的或笔者称为“涂鸦”的财产法益保护，许多内容已经过时或与《民法典》的规定相矛盾，但刑事司法仍然遵循当时的《刑法》规定以及存在纰漏的司法解释，不禁令人感慨。就像有的学者所说，财产犯罪是侵犯财产法益或财产权的犯罪，但财产法益或财产权主要是从民法中发展而来的。刑法本身并没有能力构建一套新的财产权体系，如果刑法和民法在财产权属上有冲突，这种冲突就必然会波及整体法秩序，从而引起法秩序上的逻辑悖论。试图建立有别于民法财产法益的刑法标准的“二元标准”，等于没有刑法标准。同时无法形成统一的司法裁判规则。[2]

---

① 参见童伟华：《所有权与占有的刑、民关系》，载《河南省政法管理干部学院学报》2009 年第 4 期。

② 参见夏伟：《刑民交叉的理论构造》，法律出版社 2020 年版，第 118－119 页。

（2）侵犯财产犯罪，刑法保护的法益是什么

“实质意义上的犯罪是法益侵害。正如刑法的任务是补充性的法益保护那样，刑法规范最终也是通过犯罪统制来实现法益保护。”[①] “犯罪的本质是侵犯了法益，刑法的目的是保护法益。”[②] 那么，在侵犯财产犯罪上，刑法保护的法益是什么？首先，一般来说，财产犯罪的保护法益是财产，对此没有不同看法，财产权通常谓以金钱上之利益为标的之权利，例如，物权及债权。问题是，刑法上保护的财产法益是否也包括物权和债权？其次，物权包括自物权与他物权，刑法上保护的财产法益是否也包括自物权与他物权？最后，自物权即所有权，所有权包括占有、使用、收益和处分四个权能，刑法上保护的自物权是所有权的四项权能还是只有占有权能？概言之，刑法上保护的财产法益是否包括他物权和债权，如果是，那么，刑法上保护的财产法益若是所有权，就无法涵盖他物权和债权，因为他物权和债权都不是自物权，即所有权。为了使刑法上保护的财产法益涵盖他物权和债权这样的财产，刑法理论上就“创新”出“占有”这个与民法所有权中四个权能之一的占有权能不同的概念。于是，在侵犯财产罪的保护法益上，日本刑法学界有本权说、占有说、中间说，基于占有说衍生出的中间说又存在五花八门的观点，令人眼花缭乱，无所适从。同样是这个问题，如何理解财产，既是财产罪的保护法益问题，也是财产罪的损失认定问题，德国刑法理论存在法律的财产说、经济的财产说以及法律的、经济的财产说三种学说，而各种学说之间又“公说公有理婆说婆有理”，互不相让，无法定论，任凭司法实务界自行裁判。

刑法上这种所有权和占有概念及规则，既源于民法上的所有权和占有，又不同于民法上的所有权和占有概念及规则，试图建立一套刑法上有别于民法的所有权与占有的财产权利体系和规则，既违反了法秩序的统一性原理，又在刑法占有概念下扩大了财产犯罪的适用范围，违反了刑法的

① ［韩］金日秀、徐辅鹤：《韩国刑法总论》，郑军男译，武汉大学出版社2008年版，第29页。

② 张明楷：《法益初论》，中国政法大学出版社2000年版，第345页。

谦抑性原则。而且刑法上所有权和占有相关学说的论点和论据，引自民法又与民法互搏，其结果必然是混乱的、矛盾的。

我国刑法理论一直没有争议地认为，财产犯罪的法益是财产的所有权（与民法意义的所有权相同），财产犯罪侵犯的法益是公私财产的所有权，而且是对所有权全部权能的侵犯，是对所有权整体的侵犯。[①] 通说归通说，然而，日本和德国的刑法理论和学说对我国财产犯罪的法益保护影响至深。我国刑法学界主流观点并被立法和司法解释所采纳的是财产犯罪侵犯的法益，除所有权外，还包括他物权和债权。正如有的学者所说：①根据所有权说，刑法只保护自物权，而不保护他物权。然而，他物权的内容比所有权丰富，应当受到刑法的保护。如果认为刑法只保护所有权，就意味着刑法并不保护债权，这当然不符合刑事立法精神与刑事司法实践。《刑法修正案（八）》增设的第 276 条之一将拒不支付劳动报酬的行为规定为犯罪，进一步表明了债权也是财产罪的保护法益。②所有权说与《刑法》第 91 条第 2 项的规定不相符合。例如，根据民法原理，行为人交付邮局寄送的物品，依然属于行为人所有。根据所有权说，行为人盗窃该物品，没有侵犯所有权，反而不构成犯罪，但这一结论不符合《刑法》第 91 条第 2 项的规定。③所有权的权能包括占有、使用、收益和处分，故只要侵害占有，就是侵害所有权。同时所有权与部分权能可以分离，如果认为刑法只是保护所有权整体，结局只是保护处分权，那么，实际上就否定了所有权的权能可以分离，也缩小了刑法的保护范围。[②] 这种观点反映了相当一部分学者的心声，并为刑事立法和司法解释及司法实践所采纳。笔者对此有不同观点，并对此深为忧虑。

笔者认为，财产犯罪的保护法益只能是自物权，即所有权，而不包括他物权和债权：①刑法上若要保护他物权和债权，是通过保护占有来实现的。而刑法上建立的有别于民法上的占有概念，埋下了混乱和危险的祸根。按照我国刑法理论通说，诸如盗窃罪、诈骗罪等财产犯罪，侵犯的法

---

① 参见张明楷：《刑法学》（第 6 版）（下），法律出版社 2021 年版，第 1222 页。

② 参见张明楷：《刑法学》（第 6 版）（下），法律出版社 2021 年版，第 1222 – 1223 页。

益肯定是所有权，这符合行为人的目的和公众的认识。如果行为人盗窃财物仅仅是为了占有，而不是为了使用、收益乃至处分，这个行为人的行为在公众心理是无法理解和不能接受的。既然侵犯自物权的保护法益是所有权，那么，侵犯他物权的保护法益是占有，为什么不是使用、收益乃至处分呢？张明楷教授举例认为，债务人或者第三人盗窃质权人所占有的质物，侵害了质权人对质物的占有与收益（笔者认为还包括质物的使用），应认定为盗窃罪。[①] 既然债务人或第三人侵害了质权人对质物的占有、使用、收益，为什么却把占有单独抽离出来进行保护，难道使用、收益与占有相比，不重要吗？或许可以说占有是使用、收益的前提，但笔者也可以说使用与收益包含了占有。所以，以占有作为财产犯罪的保护法益是只此不彼，从而可以得出大部分否定了所有权的刑法保护的结论。②不能以刑事立法精神和刑事司法实践对债权的保护，得出债权也是财产罪的保护法益的结论，物权与债权是两种性质和效力不同的财产权，在性质上，物权为支配权，债权为请求权。在效力上，物权有排他性，债权无之。物权有追及权，债权无之。[②] “债权债务是基于债权法（此处是契约）创设的，并通过物权的转移而履行。通过要约和承诺建立的债权契约，一方面产生了交付和转让所有权的义务，另一方面产生了支付价金的义务。这些义务是通过物权行为，即财产和金钱的转移才得以履行。”[③] 由是观之，债权作为请求权，没有对财物的占有、使用、收益及处分，只有当债务人履行债务（转移物权）时，才能得到财物。在债权存在的情况下，债权人不存在占有财物的问题，那么，以占有为保护法益的所谓侵害债权的财产犯罪，从何而来？侵害债权以占有为财产犯罪的保护法益和构成要件是无中生有的“从天而降”，是不能成立的。也许有人会说，企业主或用人单位拒付农民工工资是一个突出的问题，刑法对此必须有所回应，不能无动于衷，不保护工资报酬这种债权，刑法岂不失职？笔者认为，若刑法以占有为保

---

① 参见张明楷：《刑法学》（第6版）（下），法律出版社2021年版，第1223页。

② 参见史尚宽：《债法总论》，中国政法大学出版社2000年版，第2页。

③ ［德］罗伯特·霍恩、［德］海因·科茨、［德］汉斯·G. 莱塞：《德国民商法导论》，楚建译，中国大百科全书出版社1996年版，第187－188页。

护法益为由去保护债权，其在民法和刑法上的理论障碍上已述及。工资报酬这种债权，为什么要刑法去保护呢。拒付工人工资，有种种途径可以解决，政府人社部门可以监督，工会可以支持工人提起民事诉讼，在民事诉讼中可以先予执行，凡此种种，不一而足。如果企业主或用人单位因为客观原因等——如建筑公司由于业主没有钱给付工程款，导致建筑公司无法支付工人工资——企业主被以拒不支付劳动报酬罪追究刑事责任，可能使企业面临倒闭，工人可能领不到工资，将来连上班的机会都没有了。我们总是相信刑法万能论，总是夸大刑法在经济生活中的治理能力，忽视民事法律、行政法律的作用，忽视体制机制出了问题，而不是刑法上场的问题。刑法这只不得已的恶的手，在出手时应当慎之又慎，不能轻举妄动，否则后果不堪设想。③从所有权分离出来的权能如占有，被第三人侵害时，刑法不予保护，不等于民法不予保护，更不等于所有权能不能分离。我国《民法典》第459条至第462条对占有权利受到侵害时，作了较为全面的规定。禁止刑法插足占有的保护，就是要强调民法对占有的保护，防止犯罪圈的扩大。这既是刑法谦抑原则的要求，也是违法判断相对性的法秩序统一性原理的要求。

综上所述，在侵犯财产犯罪上，刑法保护的法益是所有权。对侵犯他物权和债权的行为，应当交给民法去处理，刑法无须介入，也介入不好，如在权利质权中，可以处置的有汇票、本票、支票、债券、存款单、仓单、提单、股权、应收账款等，如何认定为被侵占，又如何入罪，是极其复杂的事，刑法应当“好自为之”，不要轻易插足。

二、刑法的谦抑性原则

刑法的谦抑性从萌芽、成型到发展，历经几百年的岁月沧桑，如今成为世界主要国家刑法理论的重大课题和刑事立法、刑事司法必须遵循的一个原则。我国从20世纪80年代引入谦抑性理论，[①] 得到刑法学者的广泛认可和积极推广，并对之进行深入的研究。刑法谦抑性同样作为我国刑事

① 参见甘雨沛、何鹏：《外国刑法学》（上册），北京大学出版社1984年版，第175页。

立法和刑事司法必须遵循的一项原则，已经得到学界和司法界的最大共识。在刑民关联案件的实体处理中，刑法谦抑性原则是一个重要的判断原则。

（一）刑法谦抑性原则之内涵的时代解读

刑法学界已无争议地认为，“刑法谦抑主义”这一刑法话语，最早是由日本刑法学家宫本英修提出的，“谦抑主义”是与宫本英修的创意相关的话语。[①] 宫本英修指出，“刑法并不是要处罚一切违法行为，而仅仅是处罚那些被限定了范围和种类的、特殊的、值得处罚的违法行为”。[②] 第二次世界大战后，日本出现了民主主义和自由主义思潮的主张，各个领域都进入快速变革的时期，刑法学界和实务界利用日本实现了大规模的价值转换这一机遇，重视并发展旨在抑制国家刑罚权的谦抑主义，其中以日本学者平野龙一对谦抑性内涵的系统论述较为典型，他揭示了刑法谦抑性内涵的“三性”，即补充性、不完整性和宽容性。刑法的补充性（最后性），是指即便在市民的安全上，也只有在非正式制度或其他制度均失效的情形下，刑法方能干涉。刑法的不完整性（片断性），是指如果说刑法具有补充性的话，则刑法起作用的场合只能是不完整的，刑法只处罚具有严重法益侵害性的有责、违法行为。刑法的宽容性（尊重自由性），是指市民的生活利益受到了侵害，即使用别的统治手段规制依然没有作用，刑法也没有必要对其不折不扣地都予以处罚。每个人必须对来自他人的伤害有某种程度的忍受，若对这些伤害行为统统都予以处罚、禁止，反而会妨害他人行动的自由。[③] 之后，日本的小慕得雄、内藤谦、大谷实等教授也纷纷加入对刑法谦抑性的论述之中，逐渐形成了以刑法的补充性、不完整性和宽容性为基本内容的刑法谦抑主义理论。

---

① 参见［日］牧野英一：《刑事司法与刑事政策》（刑法研究第十三卷），有斐阁1950年版，第82页。

② ［日］宫本英修：《刑法学纲要》，成文堂1926年版，第137页。

③ 参见［日］平野龙一：《刑法的基础》，黎宏译，中国政法大学出版社2016年版，第90-91页。

我国在引入日本的刑法谦抑主义理论后，刑法学者同样以极高的热情加入刑法谦抑性理论的讨论和研究之中。张明楷教授认为刑法的谦抑性是指入罪上的最后手段性和裁量上的轻刑化，主张在处罚范围与处罚程度上贯彻刑法谦抑性。① 陈兴良教授认为，所谓刑法谦抑性，是指立法者应当力求以最小的支出——少用甚至不用刑罚（而用其他刑罚替代措施），获取最大的社会效益——有效地预防控制犯罪，主要包括刑法的紧缩性、补充性和经济性三层含义。② 黎宏教授认为："刑法的谦抑性是指，在使用民事救济或者行政制裁等其他手段能够解决问题的时候，就应当使用其他制裁手段。只有在具有不得不使用刑罚进行处罚的法益侵害或者威胁的时候，才可以将该行为作为犯罪。在谦抑思想之下，刑罚具有补充性、不完整性、宽容性的特征。"③ 在揭示刑罚谦抑性内涵的基础上，我国有学者认为，刑法谦抑性是刑事法治过程中应当秉承的一种主义或主张，因而谓之"刑法谦抑主义"。④ 当然还有把刑法谦抑性作为一项原则来解读，如我国学者熊永明、胡祥福认为，"刑法谦抑性无论是在立法制度，司法运作，还是刑法解释中都具有重要意义，因此应与罪刑法定一样被视为刑法的基本原则"。⑤ 我国学者的这种主张，与日本学者大谷实的观点相同：刑法谦抑是刑法的基本原则，应贯穿于刑事立法、司法活动始终，因而谓之"刑法谦抑原则"。⑥ 对刑法谦抑性内涵的多种揭示及称呼，如称为刑法谦抑主义、刑法谦抑理念、刑法谦抑精神、刑法谦抑原则，笔者认为，首先，不管是"主义""理念""精神"，还是"原则"，称为"刑法谦抑性原则"较为准确和合适，因为刑法谦抑性是先哲们在自由、民主和人权法律思想的孕育下萌芽的，在近现代刑法学界掀起的"非犯罪化"、"非刑罚化"和"轻刑化"思潮的推动下，逐渐发展和成熟起来的，刑法谦抑性与罪刑法

---

① 参见张明楷：《论刑法的谦抑性》，载《法商研究》1995 年第 4 期。
② 参见陈兴良：《刑法谦抑的价值蕴含》，载《现代法学》1996 年第 3 期。
③ 黎宏：《日本刑法精义》（第 2 版），法律出版社 2008 年版，第 36 页。
④ 参见莫洪宪、王树茂：《刑法谦抑主义论纲》，载《中国刑事法杂志》2004 年第 1 期。
⑤ 熊永明、胡祥福：《刑法谦抑性研究》，群众出版社 2007 年版，第 72 页。
⑥ 参见［日］大谷实：《刑法总论》，黎宏译，法律出版社 2003 年版，第 54 页。

定应当是并驾齐驱的一个原则。从某个角度来看，罪刑法定是刑法谦抑性的体现。所以，把刑法的谦抑性确定为一个原则，符合谦抑性的本质，是刑事立法和司法必须遵循的一个原则，有了这个原则，“它作为指针能够随时拨正理论前行与实践发展的航向”。① 其次，刑法谦抑性的内涵，学者的观点众多，有补充性、片段性（不完整性）、宽容性、紧缩性、经济性、克制性等，笔者认为，刑法谦抑性的内涵，从当代中国的现实状况来解读，其核心内涵应为补充性和宽容性。

关于刑法谦抑中的补充性，笔者认为，补充性包含以下几个方面的内容。一是从刑法调整社会关系的范围来看，刑法并不介入国民生活的每个角落，许多由道德规范、宗教、习惯、文化、经济等调整的社会关系，刑法不能也不要介入。正如英国功利主义大师边沁所言，法律的目的是获得幸福，然而惩罚是一种恶。下列情况下不应当施加惩罚：（1）惩罚无理由，即不存在要防卫的损害，行动总的来说是无害的。（2）惩罚必定无效，即不可能起到防止损害的作用。（3）惩罚无益，或者说代价太高，即惩罚会造成的损害大于防卫的损害。（4）惩罚无必要，即损害无须惩罚便可加以防止或自己停止，亦即以较小代价便可防止或停止侵害。② 边沁的观点为理解补充性提供有益的启示，换言之，刑法不介入国民生活的所有方面，不是刑法保护的法益刑法无须过问。刑法只调整社会关系的一部分内容，而非全部。所以补充性也可以说是不完整性或者片断性，其含义是相同的。二是从调控社会关系的手段性来看，刑法应定位在调控手段的最后性上。刑法的任务是保护法益，但刑法保护的法益是在民法、行政法保护的基础上，即民法和行政法有保护不力或保护无效的情况下，刑法才介入，也就是一种行为的违法性，只有在质和量上达到值得刑法处罚时，刑法才站出来，违法行为控制在必要的最小范围内，刑法才予以制裁。所以，有学者称为手段的最后性、二次规范性、担保性，意思是相同的。简

---

① 陈璇：《法益概念与刑事立法正当性检验》，载《比较法研究》2020 年第 3 期。

② 参见［英］边沁：《道德与立法原理导论》，时殷弘译，商务印务馆 2016 年版，第 217－218 页。

言之，刑法谦抑性中的补充性，就是处罚范围和处罚手段的补充性。这是就入罪上的补充性而言的，而且入罪的补充性包括立法上和司法上的入罪补充性。

关于刑法谦抑性中的宽容性含义，日本学者平野龙一认为，宽容性也可以说是尊重自由性，并将其解释为“即使市民的安全受到侵犯，其他控制手段没有充分发挥效果，刑法也没有必要无遗漏地处罚。在现代社会，一个人不或多或少侵犯他人就难以生存下去，因此，个人在某种程度上必须相互忍耐他人的侵犯。如果对所有的侵犯行为都禁止，反过来就容易阻碍个人的活动”。不过，日本现在的学者，将宽容性表述为“即使实际上已经实行了犯罪，只要刑罚的动用对于刑罚的目的实现来说不是迫不得已必需的，就应当重视宽容的精神，不做处罚”。更为具体地说，就是对日常性的、轻微性的犯罪行为，刑罚应当考虑社会生活的实际情况，在一定程度上体现出宽容的态度。[①] 日本学者对宽容性的确切解读是微罪不罚，而微罪不罚的前提是犯罪行为不是迫不得已必须动用刑罚实现刑法目的的行为。关于刑法谦抑性内涵中的宽容性，我国有学者认为，“刑罚的宽容性是指当犯罪人具有某种值得怜悯、同情的原因时，刑罚应该对其有某种宽恕的表示。刑罚的宽容性实际上是国家基于宽恕而放弃有能力实施的刑罚，是基于人类内心的道德情感要求，基于人性的同情、理解、仁慈等诸多的情感做出的少用或者不用刑罚的选择，”[②] 有学者认为期待可能性理论中蕴含了刑法的宽容性，认为刑法应当体察人心的脆弱面，不强人所难，它的存在和适用的合理性都是以对人性的某些要求和能力的考察为基础的，以此能更好地得到公众的心理认可，避免出现难以执行的局面。[③] 笔者认为，宽容性就是对符合犯罪构成要件的行为人，基于人文、人心、人道和人权的考虑，能不用刑罚的就不用刑罚，让温和的刑事法律使行为人感受到道德力量，也激发受害人的善良之心、怜悯之义、关爱之情，促进

---

① 参见刘淑珺：《日本刑法学中的谦抑主义之考察》，载陈兴良主编：《刑事法评论》（第22卷），北京大学出版社2008年版，第284－285页。

② 李磊明：《刑法谦抑理论研究》，吉林大学2020年博士学位论文。

③ 参见宋桂芬：《论刑法谦抑原则的产生及发展》，浙江工商大学2018年硕士学位论文。

社会和谐美丽。就民事违法和刑事犯罪而言，一个符合犯罪构成要件的微罪行为，甚至是轻罪行为，如果行为人与被害人达成民事和解协议，或者行为人的行为得到受害人的宽恕，那么，由于被害人的谅解和加害人的赔偿与真诚悔改，加害人与被害人之间的利益侵害关系得以消解，损害的社会关系得以修复，这种行为就不宜按犯罪处理。正如英国功利主义大师边沁所言："温和的法律使一个民族的生活方式具有人性；政府的精神会在公民中间得到尊重。"① 刑法在微罪甚至在某些轻罪上，在加害人赔偿受害人的损失并达成谅解的基础上，刑法不要"自作聪明"自命不凡地插足其间，要以宽容性让他们"会心一笑泯恩仇"。我国 1997 年《刑法》第 13 条犯罪定义中但书特别提醒："情节显著轻微危害不大的，不认为是犯罪。"这是宽容性的一个直接表达。如果说刑法谦抑性中的补充性是从立法的入罪方面来体现，那么，刑法谦抑性中的宽容性则是在行为人符合犯罪构成要件下的出罪及刑罚方面来体现，入罪补充性和出罪及刑罚的宽容性，构成了刑法谦抑性的核心内容。

（二）从民法角度看刑法活性化下的罪名设定

刑法的活性化与刑法的谦抑性有着天然的联系，有时甚至是一种反对关系。对刑法的活性化进行审视，并不是要否定刑事立法，也不是要限制刑事立法。需要重视和警惕的是，在频繁的刑事立法中，往往挑战甚至冲击刑法的谦抑性原则，这是一个不可忽视的现实问题。

刑法"活性化"一词由日本学者首先使用，从 20 世纪 90 年代起，日本频繁修改刑法典，刑事立法进入活性化时期。② 日本学者井田良认为近代日本刑事立法的倾向主要是为了社会的安全，较之前更积极地使用刑罚，也就是所谓的刑罚积极主义。具体来说有五个特征：一是犯罪化，即将以前没有当作犯罪处理的行为纳入处罚范围；二是重刑化，即对以前已经作出处罚的行为加重其刑罚；三是处罚早期化，即从更早的时期将可能

---

① ［英］边沁：《立法理论》，李贵方译，中国人民公安大学出版社 2004 年版，第 485 页。

② 参见张明楷：《日本刑法的发展及其启示》，载《当代法学》2006 年第 1 期。

引起实害的行为作为处罚的对象；四是法益概念的抽象，即以刑法保护所谓抽象的法益；五是法原理的多元化，即在一国的法体系中存在相互不协调的原理或者规定。[①] 我国学者在论述刑事立法活性化时，揭示“活性化”的特征有三个，即犯罪化、处罚早期化和重刑化，[②] 笔者赞同上述主张，因为法益抽象化或精神化是犯罪化和处罚早期化的一个理由，为犯罪化或处罚早期化所涵括。而法原理的多元化与活性化中的罪与罚没有密切的联系，与活性化无关。

对照刑事立法化的活性化的三个特征，我国刑法及其修正案是否存在活性化呢，笔者认为，我国刑事立法确实存在活性化现象。我国的刑法罪名从 1997 年《刑法》的 414 个增至 2020 年《刑法修正案（十一）》的 486 个。二十多年间，我国刑法罪名增加 70 多个，修改变动的条文多达 200 多处。特别是近几年来新设立的罪名更是来势凶猛。《刑法修正案（七）》新增罪名 9 个，《刑法修正案（八）》新增罪名 10 个，《刑法修正案（九）》新增罪名 20 个，《刑法修正案（十一）》新增罪名 17 个。刑法修正之频繁，罪名增加之多，刑法幅度刑提高之广，使刑法真真切切地进入了活性化时代。刑法谦抑性原则并不是排斥新增罪名，也不是排斥某些罪名刑罚的加重，而是在刑事立法的活性化大潮中，我国刑事立法和刑事司法如何贯彻和坚守刑法谦抑性原则，以使刑法谦抑性原则不受到冲击和挑战，这是拷问每一个立法者和司法人员的重大问题。以下就刑法修正案中冲击刑法谦抑性原则，择取若干涉及民商事方面的罪名（个别涉及行政法方面）作一个简要的评析。

1. 拒不支付劳动报酬罪

拒不支付劳动报酬罪是《刑法修正案（八）》新增加的一个罪名，是指以转移财产、逃匿等方法逃避支付劳动者的劳动报酬或者有能力支付而不支付劳动者的劳动报酬，数额较大，经政府有关部门责令支付仍不支付

---

① 参见程红、吴荣富：《刑事立法活性化与刑法理念的转变》，载《云南大学学报（法学版）》2016 年第 4 期。

② 参见沈登峰：《刑法立法活性化与谦抑性原则之辩证》，载《福建警察学院学报》2018 年第 3 期。

的行为。而推动设立该罪的原因是“一些地方用工单位恶意拖欠劳动者工资的现象比较突出，大量务工人员工资被拖欠，严重侵犯劳动者的合法权益，有的甚至引发群体性事件和诸多社会矛盾，成为影响社会稳定的重要隐患”“社会危害性严重，人民群众反映强烈”，因此，把原来由行政管理手段或者民事手段调整的违法行为规定为犯罪。①

对拒不支付劳动报酬的行为定为犯罪，许多学者对此提出疑问。刘艳红教授从刑法不应成为“社会管理法”，不应成为“危害防治法”，不应成为“立法者的法”，不应成为“最先保障法”，不应成为“纸面上的法”五个方面提出铿锵犀利的批评，振聋发聩，令人深思。

从财产犯罪特征、民事法律功能和社会效果角度出发，将拒不支付劳动报酬的行为入罪，是不合适的。其一，拒不支付劳动报酬罪归入财产犯罪范畴，而财产犯罪是侵犯或破坏所有权的犯罪。劳动报酬即工人工资，在民法上属于债权，属于有优先清偿的债权，即债权优先权。而债权无论如何具有何种性质，债权永远不是所有权，把债权当作与所有权同等性质进行保护，显然破坏了财产犯罪的理论基础。如果工人工资这种债权要特别予以保护，那么，医疗事故损害赔偿所产生的债权，交通事故赔偿所产生的债权，工伤事故赔偿所产生的债权，还有抚养费、赡养费等这些债权要不要刑法一同保护，难道这些债权就不比工人工资的债权重要？长此以往，许许多多的民事纠纷（债权请求权），都将被刑法定罪，这是多么危险和可怕的一件事！其二，如果劳动者关于劳动报酬的项目与数额与用人单位各执一词，发生争端，要不要在法庭上通过举证、质证、认证等民事诉讼程序加以解决。包括劳动报酬在内的劳资纠纷是一种较为复杂的纠纷，在追究拒不支付劳动报酬罪的刑事诉讼中，被害人（劳动者）并没有参加诉讼，如何与用人单位就劳动报酬的确切数额进行辩论确认，在没有双方当事人参加诉讼的情况下，认定劳动报酬数额，是轻率乃至武断的，也违反了程序正义原则。其三，拒不支付劳动报酬罪实施的后果是，老板

---

① 参见王爱立主编：《中华人民共和国刑法解读》（第5版），中国法制出版社2018年版，第651页。

进去了，企业倒闭了，工人失业了。刑罚是必要的恶，如果刑罚超过这个必要的恶，那造成的恶害比必要的恶还大！这在根本上违反了刑罚的目的。正如德国法学家耶林指出："刑罚如两刃之剑，用之不得其当，则国家和个人两受其害。"① 其四，拒不支付劳动报酬，可以通过民事途径得到有效解决。关于工资债权，工人可以提起民事诉讼得以有效、有力的解决。在提起民事诉讼时，工会、人社局乃至检察院都可以支持起诉，聘请律师可以申请法律援助，诉讼费可以申请缓、免交，诉讼中可以申请法院先予执行等，如此之多的援助单位和措施，尚不能解决拖欠工资问题，那么，刑法凭什么就能解决？即使强力解决，后果难堪，试问法律效果和社会效果如何体现？所以，拒不支付劳动报酬罪应当休矣。

2. 强迫交易罪

强迫交易罪是《刑法修正案（八）》新增的一个罪名。根据现行《刑法》第 226 条的规定："以暴力、威胁手段，实施下列行为之一，情节严重的，处三年以下有期徒刑或拘役，并处或者单处罚金；情节特别严重的，处三年以上七年以下有期徒刑，并处罚金；（一）强买强卖商品的；（二）强迫他人提供或者接受服务的；（三）强迫他人参与或退出投标、拍卖的；（四）强迫他人转让或收购公司、企业的股份、债券或者其他资产的；（五）强迫他人参与或退出特定的经营活动的。"

经济学上有一个浅显的道理，生产不一定创造财富，但交易一定创造财富，所以，没有交易就没有财富，就没有个人和社会经济发展，交易的重要性不言而喻。在市场经营活动中，交易最好是平等的、公平的、自愿的、诚信的、合法的，这就是《民法典》所要求的民事主体的活动原则。然而，交易关系中难免有胁迫等恃强凌弱行为，对于这种强迫交易的行为，从市场秩序角度来看，是扰乱社会主义市场经济秩序的行为。从个人利益角度来看，则是交易双方是否愿意交易及交易价格多少的问题。一方强迫对方交易，对方可以不理，甚至可以按照《民法典》第 1177 条的规

---

① ［德］R. V. Jhering：Der Kampf ums Recht。转引自林山田：《刑罚学》，台北，台湾商务印书股份有限公司 1983 年版，第 127 页。

定实施自力救济（自助行为）。交易完成后，如果一方觉得另一方违法，可以根据《民法典》第150条的规定，以民事法律行为系胁迫为由，请求法院或仲裁机构予以撤销。同时根据《治安管理处罚法》第46条的规定，公安机关可以对违法一方给予罚款或拘留的行政处罚。在充分发挥民事救济和行政处罚功能后，相信强迫交易行为的现象基本上可以有效制止。而刑法的不当介入，交易立刻停止，一方当事人锒铛入狱，从此背上犯罪标签，这对经济发展，对个人及其相关人员都会产生很大的负面影响。

其实，民事上的胁迫与刑事上的威胁，含义基本相同。“这里的胁迫，一定要达到受胁迫方产生恐惧的程度。”[①] 既然胁迫的交易行为可以按民事纠纷处理，还可以给予行政处罚，那么，交易中的胁迫行为就不宜按犯罪处理。司法实践中，把可按民事纠纷或给予行政处罚就可以解决的问题，上升为刑事上的强迫交易罪，违反了刑法的谦抑性原则。如刘某和陈某在南阳市公路局工程处占用其土地承建大楼时，因工程占用土地赔偿问题，刘某和陈某以上访名义要挟施工方，按照二人提出的赔偿标准要求赔偿。承建该工程的施工方在建设过程中多次与二人协商未果，后迫于施工进度及停工损失的压力，施工方于2017年9月26日按照二人提出的每亩58,000元的赔偿标准对其进行赔偿，支付二人17,400元用于施工方临时占用的3分土地，一审法院以强迫交易罪判处刘某和陈某免予刑事处罚。刘某和陈某不服上诉，二审维持原判。[②] 本案的判决，存在不少问题。一是本案的赔偿纯属民事协商的结果，南阳市公路局工程处不存在因受胁迫而产生恐惧。二是用地赔偿能否成为交易对象？三是每亩土地按58,000元赔偿，到底是高了，还是低了？如果是高了，那么，到底高了多少钱？笔者认为，本案按强迫交易罪追究刘某和陈某的刑事责任是错误的，本案充其量也只是民事纠纷而已。又如，郭某在某小区经营沙子、水泥，采用胁迫、恐吓、用车辆堵小区大门、设置障碍手段多次阻拦小区业主在其他地

① 最高人民法院民法典贯彻实施工作领导小组主编：《中华人民共和国民法典总则编理解与适用》（下），人民法院出版社2020年版，第150页。

② 参见河南省南阳市中级人民法院刑事判决书，（2018）豫13刑终475号。

方购买沙子、水泥进入该小区，以高于市场行情的价格强行向该小区300余名业主销售沙子、水泥等材料，交易数额1,037,374元，郭某被以强迫交易罪判处有期徒刑3年，并处罚金20,000元。[①]本案中，郭某确有强迫交易行为，涉及小区业主300多户，从表面上，确实是性质恶劣，情节严重。但问题是，如果第一户、第二户乃至第三户业主不屈从而报了案，公安机关及时给予治安处罚，问题不就解决了吗？300多户对郭某一人的强卖行为能够“容忍”，说明了什么，要么业主认为过得去算了，要么报了案无人理（此种情况概率不高，因为有那么多人），以郭某一人之力，能够强迫300多户业主就范，存在很大疑问。笔者认为，此类情况同样可以通过民事和行政治理能够解决。如果行为人通过暴力强迫交易，则要看暴力的后果怎样。暴力造成轻伤害以上的按伤害罪追究其刑事责任，“暴力”只造成轻微伤的给予治安处罚。如果通过暴力强行拿走财物，则按抢劫罪定性。所以，从鼓励市场交易入手，通过民事与行政法律的共同治理，强迫交易行为可以不入罪。

3. 虚假出资、抽逃出资罪

虚假出资、抽逃出资罪是1995年2月28日发布的《全国人大常委会关于惩治违反公司法的犯罪的决定》（已失效）对1979年《刑法》所补充的一个罪名，一直沿用至今。关于虚假出资、抽逃出资罪，2013年12月28日，全国人大常委会对《公司法》作出修正，将一般公司的注册资本实缴验证制改成认缴验证制，取消注册资本最低限额制度和缴足出资的期限规定。如果出现股东虚假出资、抽逃出资行为，不再追究其刑事责任，按民事纠纷处理。对于由法律、行政法规和国务院另有规定的公司，仍然实行资本实缴验证制，如果股东虚假出资、抽逃出资的，仍然按虚假出资、抽逃出资罪追究其刑事责任。笔者认为，除金融行业的股东虚假出资、抽逃出资的，是否按虚假出资、抽逃出资罪追究其刑事责任值得探讨（笔者倾向于不定罪，仍按民事纠纷及行政处罚进行处理）外，其他公司的股东有虚假出资、抽逃出资行为的，一律不按刑事犯罪处理。理由是：

---

① 参见河南省南阳市宛城区人民法院刑事判决书，（2019）豫1302刑初33号。

本罪设立的初衷是“公司的出资，是公司设立并从事生产经营活动的物质基础，是保证公司正常经营与发展的必要条件。维持公司资本是公司对外承担债务的基本保证”。[①] 换言之，公司出资的功能是保证公司正常经营与保护债权人利益。就虚假出资而言，除一人有限公司以外，虚假出资股东损害了真实出资股东的利益，在公司内部是民事违约行为，应按民事纠纷处理。就公司外部而言，个别或部分虚假出资成立的公司，与另一个公司从事民商事活动时，另一个公司不会也无力去辨别该公司是否存在虚假出资问题。如果该公司全部虚假出资，而与其他公司签订合同，只要认定主观方面有非法占有目的，就可按合同诈骗罪追究其刑事责任，而无须按虚假出资罪定罪。如果只是部分虚假出资，公司经营一段时间后，其不能履行债务，无法分清该不能履行债务的数额与虚假出资部分有因果关系或有多少因果关系。即使是完全真实的出资，也同样不能担保债权人的风险与损失。正如有的学者所言：“注册资本仅仅是一个账面数字，它不过是表明了股东已经按其出资履行了其对公司的债务责任，它在大多数情况下并不能反映公司资信情况。”[②] 虚假出资只是对公司和其他出资人的一种民事违约而已。同样的道理，真实出资后的抽逃出资，就债权人而言，资本信用的神话早已破碎，只有资产信用才真正靠得住。如果全部股东抽逃出资，该公司在对外进行民商事活动时，有被追究诈骗犯罪的刑事风险。如果个别股东抽逃出资，在没有担任公司相关职务时，很难得逞，因为股东出资后，财产归入公司所有。而担任公司相关职务的股东抽逃出资时，又可能涉及挪用资金罪、职务侵占罪等罪名。从民事责任来看，《最高人民法院关于适用〈中华人民共和国公司法〉若干问题的规定（三）》第14条第1款规定：股东抽逃出资，公司或其他股东请求其向公司返还出资本息、协助抽逃出资的其他股东、董事、高级管理人员或者实际控制人对此承担连带民事责任的，人民法院应予支持。因此，对于虚假出资和抽逃出

① 王爱立主编：《中华人民共和国刑法解读》（第5版），中国法制出版社2018年版，第303－304页。

② 刘燕：《对我国企业注册资本制度的思考》，载《中外法学》1997年第3期。

资行为，公司法和行政法规已规定了明确的法律责任，只要公司法和行政法规“尽心尽责”，虚假出资、抽逃出资行为就会得到有力的规制，无须刑法干涉。如果股东因虚假出资、抽逃出资而又实施其他犯罪行为，自有刑法相关罪名“等候”。因此，虚假出资、抽逃出资罪应当退出刑法的舞台！

4. 催收非法债务罪

催收非法债务罪是《刑法修正案（十一）》新增加的一个罪名。《刑法》第 293 条之一规定：“有下列情形之一，催收高利放贷等产生的非法债务，情节严重的，处三年以下有期徒刑、拘役或者管制，并处或者单处罚金：（一）使用暴力、胁迫方法的；（二）限制他人人身自由或者侵入他人住宅的；（三）恐吓、跟踪、骚扰他人的。”在新增催收非法债务罪之前，司法实践中对利用暴力、“软暴力”催收债务（不分合法与非法），情节严重的，基本上是以寻衅滋事罪这个被学界质疑为“口袋罪”定罪的。新增催收非法债务罪之后，笔者担心的是，如果当催收非法债务不能成立时，司法实践中可能仍以寻衅滋事罪代替，即新增催收非法债务罪后，不当的犯罪圈又扩大了一个。就催收非法债务罪而言，司法实践中主要是高利放贷即套路贷产生的非法债务。而如何认定非法债务则是一个非常棘手的问题。2020 年 8 月 18 日通过的《最高人民法院关于修改〈关于审理民间借贷案件适用法律若干问题的规定〉的决定》，将民间借贷利率，以中国人民银行授权全国银行间同业拆借中心每月 20 日发布的 1 年期贷款市场报价利率（LPR）的 4 倍为标准确定司法保护上限，改变了 2015 年民间借贷利率以 24% 为基准的两线三区的规定。那么，以 2020 年 7 月 20 日发布的 1 年期贷款市场报价利率 3.85% 的 4 倍计算为例，民间借贷利率的司法保护上限为 15.4%。如果当事人设定的利率高于 15.4% 所产生的债务，是否都是非法债务？债务人对设定高于法定利率没有意见，只是不还钱，而债权人采取跟踪等办法催讨债务，难道就构成催收非法债务罪不成？笔者有理由相信，在非法债务内涵与外延都不清楚，甚至难以确定的情况下，催收非法债务罪的增设，不可避免会伤害到一些债权人，“并和刑法中既有的寻衅滋事罪、非法拘禁罪、非法侵入他人住宅罪等罪高度重合，它的设立必然在刑法罪名的适用上带来更加莫衷一是的效果”。[①] 在有其他罪名规制的情况下，面对新增设的催收非法债务罪，强调坚守刑法谦抑性原则，显得尤为重要。

5. 危险驾驶罪

危险驾驶罪是《刑法修正案（八）》新增的罪名，包括追逐竞驶的行为；醉酒驾驶机动车的行为；从事校车业务或者旅客运输，严重超过额定乘员载客，或者严重超过规定时速行驶的；违反危险化学品安全管理运输危险化学品，危及公共安全的。后两种情形是《刑法修正案（九）》对危险驾驶罪新增加的款项。以下仅就醉驾情形的危险驾驶罪是否适当作简要分析。

醉驾入刑以来，其正当性问题的争论从未间断。一种观点认为，醉驾入刑以来，有数据显示，酒后驾驶引发事故数下降，“2011 年 5 月 1 日至 2017 年 4 月 30 日，全国年平均因酒驾、醉驾导致的交通事故 5962 起，造成 2378 人死亡，5827 人受伤，较危险驾驶入刑前的五年分别下降 8.9%、13.7%、17.8%”。[②] 这些数据表明醉驾入刑的正当性、合理性与有效性。另一种观点认为，醉驾入刑导致的犯罪圈迅速扩大，造成司法资源的过度消耗，以及行为人被贴上犯罪标签后的负面外部性影响是一个不可忽视的大问题。根据最高人民检察院发布的 2019 年全国检察机关主要办案数据，醉驾已成为刑事追诉的第一大犯罪，占比 17.7%，数据远超位列第二的盗窃罪（占比 13.7%）。[③] 毋庸置疑，醉驾入刑以来，酒驾或醉驾的案件，在入刑之初的爆炸式增长以后，逐渐趋于平稳并开始有大幅下降之势。其原因主要是公安机关的大力查处以及由查处引发的宣传效应，“开车不喝

---

① 刘艳红：《积极预防性刑法观的中国实践发展——以从刑法修正案（十一）为视角的分析》，载《比较法研究》2021 年第 1 期。

② 韩丹东：《“醉驾”入刑七年来带来哪些变化》，载《法制日报》2018 年 6 月 11 日，第 2 版。

③ 参见周斌：《“醉驾”成为刑事追诉第一大犯罪》，载《法制日报》2020 年 6 月 4 日，第 3 版。

酒，喝酒不开车”的观念逐渐深入人心。然而，酒驾（特别是醉驾）案件的下降（数据仍然较大），是否只是由于醉驾入刑的威慑力造成，还是有其他可替代措施导致酒驾案件的下降。依笔者了解和观察，醉驾入刑后，基层公安派出所出于刑事案件考评指标要求，非常“积极”查处酒驾案件，因为办理醉驾刑事案件较办理其他刑事案件容易得多，只要酒精含量达到80mg/100ml就构成犯罪，完成办案指标简单快捷。正是在这样的考评指标作用下，查处醉驾的力度之大，范围之广，形成了强大的威慑力量，醉驾行为得到极大的打压。

然而，每年数十万人因醉驾被追究刑事责任，以及由于刑事责任产生的巨大的司法资源消耗，犯罪前科带来的一系列的负面社会影响，不得不提醒我们，醉驾入刑的范围是否过宽，负面的社会影响是否真正评估过，有没有其他措施予以替代？笔者认为，如果行政查处醉驾的力度和广度也像刑事侦查的力度和广度一样，醉驾问题同样能得到有效的整治。根据《治安管理处罚法》等行政法律规定，对酒驾行为可以给予暂扣、吊销驾驶证书，罚款和拘留等行政处罚。如果行政法网严密，执法力度到位，对酒驾行为人针对不同情况给予相应的行政处罚，特别是对其作出吊销驾驶证书、限制一定期限内不得重新取得驾驶证书，以及给予行政拘留1～15天不等的行政处罚，并辅之教育手段，相信酒驾问题不用入刑就能得到很好甚至更好的解决，这种处理的方式和效果，真正符合刑法谦抑性原则的要求。刑事立法、刑法修正案以及司法解释中，涉及的罪名需要探讨的还有很多，在此不一一列出。

（三）刑法谦抑性视域下的风险刑法与法益抽象化问题

在论述醉驾入刑等问题上，其理论依据自然不能不提风险社会的风险刑法问题。近年来，随着风险刑法理论在中国的传播与兴起，刑法的“处罚早期化、处罚前置化等以积极的一般预防为理论支撑的立法活动，不可避免地对出罪论的法律基础即刑法谦抑主义形成挑战”。[①] “风险刑法以抵

---

① 刘艳红：《实质出罪论》，中国人民大学出版社2020年版，第37页。

御社会风险为己任，以追求人类安全为目标。对于危害社会安全的行为，即使其没有出现法益侵害的结果，也主张动用刑罚处罚。”[①] 因此，风险刑法也称安全刑法。为此，在刑事立法上，大量抽象危险犯的设定，持有型犯罪的增设，帮助行为、预备行为正犯化等，主要集中体现在交通安全、反恐斗争、食品药品安全、环境污染及生态保护等方面，从而使刑法犯罪圈扩大。醉驾入刑就是在风险社会这个时代背景下的产物。在反恐怖主义斗争中，非法持有宣扬恐怖主义、极端主义物品罪，是一个值得探讨和重视的罪名。本罪名在司法实践中，经常违反刑法谦抑性原则。如被告人王某于2017年7月的一天，在自家经营的手机店里，通过手机浏览有关叙利亚新闻，以“砍头”“斩首”为搜索关键词，在网络上下载“ISIS杀人合辑”“恐怖分子最新血腥斩首”等30部疑似宣扬恐怖主义视频至电脑供自己观看。2017年7月17日，为便于日后观看，被告人王某将上述视频上传至本人使用的百度网盘中“影视”文件夹下的“伊斯兰国”文件夹目录，将电脑内视频全部删除。2017年9月14日，公安机关在上述百度网盘中提取到19部疑似宣扬恐怖主义、极端主义视频，后被告人王某于2018年12月25日以犯非法持有宣扬恐怖主义、极端主义物品罪，被判处有期徒刑6个月，并处罚金人民币2000元。[②] 本案中对王某的定罪是值得商榷的。要认定非法持有宣扬恐怖主义、极端主义物品罪，首先要认定“非法持有”，与“非法持有”对应的概念是“合法持有”。那么，什么才是“合法持有”？就像合法持有枪支，要根据《枪支管理法》相关规定办理持枪证，否则持有枪支即为非法持有。然而，笔者找遍《反恐怖主义法》，未见如何办理合法持有相关涉及恐怖主义、极端主义物品的程序要求。既然不能办理合法持有相关涉及恐怖主义、极端主义物品，那么定罪的依据又在哪里？退一步讲，即使行为人非法持有宣扬恐怖主义、极端主义物品，而把这些物品一直放在家里，不对外展示与宣扬，其危害性又在哪里，试问什么法益受到了侵害？抽象危险犯的危险也必须是真实存在

---

① 刘艳红：《实质出罪论》，中国人民大学出版社2020年版，第37页。

② 参见福建省莆田市中级人民法院刑事判决书，(2018) 闽03刑初42号。

的，而不是主观臆断想当然。本案中王某下载的物品（视频）仅作自己观看使用，账号绑定其手机号码，使用短信验证登录，没有对外“宣扬”，何罪之有。如果下载的视频是为了研究 ISIS 的残忍性、邪恶性及应对性，按此逻辑，同样会被定罪，这岂不是剥夺了公民的权利自由，无论如何这是不能令人接受的。所以，“风险刑法”有时确实是“刑法的风险”。

对“风险刑法”中的“风险”，国内外学者早已关注。从首次提出风险社会理论的社会学家乌尔里希·贝克对“风险社会”概念的不断修订，①到后来乌尔里希·贝克在三个层面确认全球风险社会：一是生态危机，二是全球经济危机，三是（自美国“9·11”恐怖袭击事件以来）跨国恐怖主义网络所带来的危险。② 这说明“风险社会”概念的界定是宽泛不明的，我国学者认为风险社会的风险，从目前来看，主要包括核爆炸与核泄漏、有毒物质、基因技术、生态污染、金融危机、恐怖主义，并认为风险社会之风险具有全球性、未知性、系统性、两面性。③ 有学者一针见血地指出：“在中文语境多义的背景下，很多人望文生义地将风险社会中的风险解释为危险、威胁、危害、危难等各种类似的语词，再挟以社会危害性理论，使具有特定意义的风险社会中的风险概念泛化为无所不在的具有某种危险或危害的概念，从而不但会反驳或赞成真正意义的风险社会的学者无法与之对话，而且也使风险社会的风险概念在我国发生了严重的变异。”④ 国外有学者主张把风险划分为传统风险、工业福利国家的风险与新型风险三种。⑤ 这种风险划分，仍然存在界限不明的问题。总之，风险社会的风险到底指哪些，至今还是一个未定论的问题。如果风险刑法对泛化的风险概念中的“风险”理解为工业社会的事故型风险并对之进行惩罚，那么，公

① ［德］EricHilgendorf：《是否存在“风险社会的刑法”?》，苏青译，载《刑法论丛》（2016 年第 2 卷·总第 46 卷），法律出版社 2016 年版，第 400－401 页。

② 参见［德］乌尔里希·贝克：《“9·11 事件”后的全球风险社会》，王武龙编译，载《马克思主义与现实》2004 年第 2 期。

③ 参见南连伟：《风险刑法理论的批判与反思》，载《法学研究》2012 年第 4 期。

④ 刘艳红：《实质出罪论》，中国人民大学出版社 2020 年版，第 46－47 页。

⑤ 参见［德］EricHilgendorf：《是否存在“风险社会的刑法”?》，苏青译，载《刑法论丛》（2016 年第 2 卷·总第 46 卷），法律出版社 2016 年版，第 401 页。

民的权利自由则真正面临被剥夺的“风险”！如果风险社会的风险是指核技术、基因技术、有毒有害物质增加剂、金融危机、恐怖主义等典型风险，那么，这类风险引发的危机，“属于系统危机、制度危机甚至价值危机，它需要我们重新思考什么是进步，重新认识科学和技术，需要对古典工业化社会的科学、技术和法律进行系统的反思。这些风险不属于刑事违法层面的问题，更无法通过刑法来化解”。① 面对这种典型风险，“举一国政府之力甚至世界各国联合之力恐怕也未必能够防范，又怎么能防范此等充满政治意味的风险或由科技发展引发的重大自然灾害的重任交给刑法”？② 学者们的这些思考和追问虽然有点悲观，但是极有价值，富有启迪。当然，人类面对这些典型风险，除了进行科学和政治的制度性反思之外，不能不无所选择，更不能束手无策。对制造这种典型风险的行为，刑法应当找准切入点，并在民法和行政法规制无力或无效后，对之进行制裁，这是刑法不可推卸的责任，也是刑法参与社会治理、维护社会安全的题中应有之义。

与风险社会和风险刑法密切相关的一个热点、难点问题是法益概念，特别是法益概念的抽象化与精神化导致的处罚早期化，以及处罚的早期化是否挑战刑法谦抑性原则的论题。

法益是指根据宪法的基本原则，由法所保护的、客观上可能受到侵害或威胁的人的生活利益。其中由刑法所保护的人的生活利益，就是刑法上的法益。所谓“人的生活利益”不仅包括个人的生命、身体、自由、名誉、财产等利益，而且包括建立在保护个人的利益基础之上因而可以还原为个人利益的国家利益与社会利益。③ 法益是一个由利益要素和法的保护性要素相结合的概念，而生活利益在社会现实生活中是各种各样的，某种生活利益要成为法益，必须通过三重承认：首先是通过保护性的个人承认，也就是作为社会成员个人的承认或要求某社会利益应该通过刑法来保护。如果通过了保护性的个人的承认这一道关，该生活利益就获得了个人

---

① 南连伟：《风险刑法理论的批判与反思》，载《法学研究》2012 年第 4 期。

② 刘艳红：《实质出罪论》，中国人民大学出版社 2020 年版，第 44 - 45 页。

③ 参见张明楷：《刑法学》（第 6 版）（上），法律出版社 2021 年版，第 78 页。

的保护性。其次是社会的承认，某种生活利益所获得的社会成员个人的承认或要求其应该受到刑法的保护并不能直接使其成为法益，只有社会的多数成员承认该生活利益是社会生活上重要的存在，才有必要通过刑法来保护它。如果通过了保护性的社会的承认，该生活利益就获得了社会的保护性。最后，某生活利益仅仅获得了个人的保护性以及社会的保护性，它作为法益还不够充分，还必须被评价为值得通过刑法保护而得以承认。当通过保护性的承认这一道关口的时候，该生活利益就被赋予了法的保护性，从而成为法益。[①] 由是观之，法益是法的保护性的生活利益，这个意义上的法的保护性，包括民商法和行政法上的保护的法益，当然也包括刑法上的保护的法益。所以，笼统地说刑法的任务是保护法益，这种说法并不准确，除非此时的法益限定在狭义上的法益（刑法保护的法益），但即使作出限定，仍然存在疑问。难道民商法上的法益以及行政法上的法益，刑法不保护？实际上，民商法或行政法对其法益（一般称为权益）保护不力时，最后才由刑法以刑事制裁的方式进行保护。也许换一种说法更容易理解，即对侵害民商法或行政法上的法益，对侵害法益的违法行为（民商法或行政法的违法性），在符合质和量的违法性值得动用刑罚时（刑法的违法性），此时才是刑法需要制裁的侵害法益的行为，或者说是刑法需要保护的法益。所以，一般意义上讲法益概念不是刑法独有的概念，就像一般意义上讲社会危害性不是刑法所独有的，其他违法行为也具有社会危害性一样。这就是有的学者认为的“法益概念并不具有完整地划定刑事立法界限的能力”，“法益概念并不是一个专属于刑法领域的立法检验标准”[②] 的原因所在。刑法的法益概念或法益理论，应当置放在法秩序统一性原理下，以法秩序统一性原理中的违法判断（侵害法益的违法性判断）的相对性来理解与认定刑法法益，这样才能认识刑法法益及法益论的“庐山真面目”，以彻底改变不同学者给“法益”戴上不同面具的乱象。

---

① 参见［日］關哲夫：《法益概念与多元的保护法益论》，载《吉林大学社会科学学报》2006年第3期。

② 陈璇：《法益概念与刑事立法正当性检验》，载《比较法研究》2020年第3期。

在刑法学界有不同的法益分类，其中把法益分为个人法益和集体法益最为流行，在笔者看来也是最能接受的分类。集体法益的不可分配性、非排他性以及所有个人平等地享受生活利益等特点，是个人法益这个传统法益所不能涵盖的。尤其是信息社会、网络社会、风险社会，带来新的社会矛盾和难题，导致秩序和安全问题不断凸显出来，需要刑法有所为、有所不为地面对这些问题。个人法益的本源性价值是保护个人权利与自由，集体法益则是通过维护秩序和安全来最终保护个人权利与自由。所以罗克辛教授认为集体法益是保护个人自由发展、个人基本权利实现的社会条件。[①]于是刑法增设了大量保护集体法益的抽象危险犯。于是，就有了法益抽象化、精神化的担忧和质疑。其实，集体法益虽然不像个人法益那样对个人生存与发展有直接影响，且可以在经验上切实感知，但集体法益实实在在与个人的安全等利益关系密切，同样需要刑法保护。只是为了警惕集体法益的不当扩张，有学者提出通过嵌入个人法益因素并以此作为刑法保护集体法益的“门槛”,[②] 这个嵌入个人法益的集体法益，是为个人法益服务的，但又不能分解为众多个人法益，即集体法益的不可分配性。集体法益服务于个人法益，但又不可分配，就造成了有些学者对集体法益“法益抽象化”的误解。刑法保护集体法益从而对抽象危险犯的惩罚，又产生了“法益保护前置化”的认识。笔者赞同有的学者的分析，法益既可能是物质的，又可能是精神的，但它必须是现实的，是可被因果关系改变关系社会的存在与发展的重大利益与价值，因此越是提前保护，越是可以有效地保护集体法益，只要在经验上能够证实行为与法益损害具有高度关联性，刑法将这些行为入罪化，便具有正当性基础。[③] 不过，即便如此，笔者还是担心，无论是个人法益还是集体法益，在具有规制刑法立法和刑事司法的同时，刑事立法和刑事司法也可以以保护个人法益和集体法益之名，行不当扩大犯罪圈之实。正如有的学者指出，法益保护原则对刑事立法的要

---

① 参见［德］克劳斯·罗克辛：《对批判立法之法益概念的检视》，陈璇译，载《法学评论》2015 年第 1 期。

② 参见孙国祥：《集体法益的刑法保护及其边界》，载《法学研究》2008 年第 6 期。

③ 参见马春晓：《经济刑法的法益研究》，中国社会科学出版社 2020 年版，第 91 -92 页。

求，在消极标准上，不得设置且必须废除没有法益保护必要的犯罪；在积极标准上，要求保护法益增设新罪。[①] 个人法益也好，集体法益也罢，真正的问题是，哪些法益是适格的法益，哪些法益是刑法最终要保护的法益，这是刑法保护法益的正当性基础。当有人要求保护法益，而此时的法益不需要刑法保护而最终刑事立法予以保护了，此为不当立法。刑法保护法益就要惩罚侵害法益的行为。刑罚是一把“双刃剑”，法益何尝不是一把“双刃剑”。对侵害法益行为的刑法规制，既要遵从法秩序统一性原理中的形式违法判断的相对性，又要遵从刑法谦抑性原则中的补充性和宽容性，这是正确对待法益的基本立场和要求。

（四）刑法谦抑性原则在刑民关联案件判断中的规则作用

刑法谦抑性原则中的补充性与宽容性的价值蕴涵，在刑民关联案件中的实体判断（包括立法和司法）中具有重要的指导作用，对此问题的研究，目前还是寥寥无几，需要在理论上大力加强实证研究，以指导立法和司法实践。笔者认为，秉承刑法谦抑性原则，刑民关联案件的实体判断应当遵循以下四项谨慎介入的规则。

1. 侵犯债权的行为，刑法谨慎介入的规则

刑法谦抑性原则中的补充性，前已述及，是指刑罚范围和刑罚手段的补充。刑罚范围的补充，主要是指一种违法行为，只要民法、行政法能够调整，刑法就不能介入。有学者提出补充性还包括经济性，实际上，由民法与行政法规制的违法行为，方便快捷，司法成本低，所以补充性中已经包含了经济性的内容。在侵害债权的违法行为中，与侵犯所有权这个自物权相比，违法程度要低得多。从法秩序统一性原则中的形式违法判断的相对性出发，侵犯债权的违法性，尚未达到值得刑事处罚的质和量的刑事违法性。从刑法谦抑性原则中涉及的法益论来看，侵犯债权的行为，单凭民法和行政法就有措施并有效地予以规制。近现代民法对债权的保护，以及辅之以行政法处罚的实践，已经证明了这个论点。当然，侵犯债权的行

---

① 参见张明楷：《刑法学》（第6版）（上），法律出版社2021年版，第83页。

为，在特殊情况下，刑法作为最后补充性的手段，该出手还得出手。如撕毁借条不想还钱，强迫写下借条并通过民事诉讼企图或已经取得财物等，可追究刑事责任。至于侵犯所有权中的占有、使用、收益、处分中的一项或多项权能，只要不是完整的所有权权能，则这种违法行为一定交给民法或行政法去处理，刑法大可“袖手旁观”，不可“轻举妄动”。

2. 惩罚性赔偿的民事侵权行为，刑法谨慎介入的规则

民事侵权的民事违法行为，有时与刑事犯罪行为的“楚河汉界”不是特别清楚，尤其是在财产侵权的民事违法行为中，当有了惩罚性赔偿的民事责任后，侵权行为是否还要承担刑事责任是一个值得探讨的问题。日本著名学者平野龙一认为，“经济性利益，在事后进行赔偿的话，几乎完全能够恢复，可以说对财产犯罪没有适用刑罚的必要”。[①] 美国著名法学家哈伯特·L. 帕克认为，“大多数情况下，只有在当我们所要防范的反社会行为的目的是金钱收益时，金钱征收才是一种有效的制裁”。“在大量的经济犯罪中尤其是当法律针对的对象是公司而非自然人时，刑事制裁的形式是能够也应该被抛弃掉的。”[②]

我国《民法典》对知识产权侵权、产品侵权、环境侵权的惩罚性赔偿作出了规定，涉及的法条分别为第1185条、第1207条、第1232条，完成了惩罚性赔偿的制度构建。有惩罚性赔偿规定的部门法如下：2019年4月23日第四次修正的《商标法》第63条第1款规定：“侵犯商标专用权的赔偿数额，按照权利人因被侵权所受到的实际损失确定；实际损失难以确定的，可以按照侵权人因侵权所获得的利益确定；权利人的损失或者侵权人获得的利益难以确定的，参照该商标许可使用费的倍数合理确定。对恶意侵权商标专用权，情况严重的，可以在按照上述方法确定数额的一倍以上五倍以下确定赔偿数额。赔偿数额应当包括权利人为制止侵权行为所支付的合理开支。”2020年10月17日第四次修正的《专利法》第71条第1款

---

① ［日］平野龙一：《刑法的基础》，黎宏译，中国政法大学出版社2016年版，第98页。

② ［美］哈伯特·L. 帕克：《刑事制裁的界限》，梁根林等译，法律出版社2008年版，第249页。

规定："侵犯专利权的赔偿数额按照权利人因被侵权所受到的实际损失或者侵权人因侵权所获得的利益确定；权利人的损失或者侵权人获得的利益难以确定的，参照该专利许可使用费的倍数合理确定。对故意侵犯专利权，情节严重的，可以在按照上述方法确定数额的一倍以上五倍以下确定数额。"2020 年 11 月 11 日第三次修正的《著作权法》第 54 条第 1 款规定："侵犯著作权或者与著作权有关的权利的，侵权人应当按照权利人因此受到的实际损失或侵权人的违法所得给予赔偿；权利人的实际损失或侵权人的违法所得难以计算的，可以参照该权利使用费给予赔偿。对故意侵犯著作权或者与著作权有关的权利，情节严重的，可以在按照上述方法确定数额的一倍或五倍以下给予赔偿。"由此可见，在《民法典》对知识产权侵权、产品侵权、环境侵权的惩罚性赔偿作出规定后，相关部门法立即作出反应，针对惩罚性赔偿的数额，《商标法》《专利法》《著作权法》都规定为权利人实际损失的 1 倍以上 5 倍以下。而《食品安全法》规定的惩罚性赔偿数额，是向生产者或经营者要求支付价款 10 倍或者损失 3 倍的赔偿金。在侵权者向权利人赔偿这么高的惩罚性赔偿金后，刑法要不要介入，能不能介入，在中国的司法实践中，似乎不是一个问题。刑事司法甚至长驱直入地"围猎"，因而被学者称为刑事司法的泛化现象。而国外有的学者主张，对追求不法经济利益的民事侵权行为，只要让侵权人付出高昂的经济代价后，就不宜把该侵权行为再认定为犯罪。因为惩罚性赔偿具有三方面的功能：赔偿功能、制裁功能、遏制功能。① 而制裁功能与遏制功能分明就是刑罚的功能。惩罚性赔偿要求行为人主观上要有故意或恶意，在客观方面要求情节严重，这与《刑法》分则中不少罪名的构成要件相似。所以，正如有的学者所言："在公私法二分思维下，惩罚性赔偿实质上是一种利用私法机制实现本应由公法相当的惩罚与威慑目的的特殊惩罚制度，是一种存在惩罚准犯罪行为的私法制度，它有条件地认可了私人之间的报应。"② 简言之，惩罚性赔偿这种民法机制可以实现本可由刑法担

---

① 参见王利明：《惩罚性赔偿研究》，载《中国社会科学》2000 年第 4 期。

② 朱广新：《惩罚性赔偿制度的演进与适用》，载《中国社会科学》2014 年第 3 期。

当的惩罚与威慑目的。在刑法附加刑中的罚金，实质上是没收金钱，与惩罚性赔偿的惩罚与威慑功能相似。但是，罚金是刑罚，行为人一旦贴上犯罪标签后，对其本人及家人的负面影响和后果是相当严重的，而且以刑事诉讼这种高昂司法成本的消耗来解决可以通过民事诉讼这种相对简捷的替代方式来解决问题，孰是孰非，一目了然。还有，就市场经济行为而言，应当放弃刑法优先主义的规制思维，尊重经济主体的自我决定力与自律精神，并辅之以行政职能部门的常态化、动态化的监督管理及行政处罚，如此一来，惩罚性赔偿中的侵权行为，一定能够得到有效的规制，以避免刑法的不当干预。即便刑法要介入这种侵权行为，也要在充分论证的前提下，作为一种补充性的刑事规制，谨慎地加以适用。尤其是短期自由刑这种有着天然"交叉感染"的消极因素的刑罚须谨慎使用。所有这些都是刑法谦抑性原则的要求和体现。

3. 民法上的正当防卫、紧急避险及自助行为过当的，刑法谨慎介入的规则

我国《民法典》第 181 条及第 182 条分别规定了正当防卫和紧急避险。同样，我国《刑法》第 20 条及第 21 条也规定了正当防卫和紧急避险。刑法上的紧急避险过当与民法典上的紧急避险过当的要求相同，即超过必要限度造成不应有的损害，只不过民法典对紧急避险过当的行为，规定承担适当的民事责任。刑法对紧急避险过当的行为，规定承担刑事责任。而所谓"不应有的损害"，根据权威解释，是指紧急避险行为造成的损害大于避免的损害。[①] 紧急避险由于险情的紧急性、不可预见性，以及在慌乱和恐惧的情况下造成他人损害的难以把握性，所以以造成的损害大于避免的损害作为追究刑事责任的依据，对行为人来说未免过于苛刻，不符合刑法谦抑性原则的要求，对此，应当要有明确的最低损害标准的考量。刑法上关于正当防卫"超过必要限度"，加上了"明显"的要求，同时造成损害不是"不应有的损害"，而是造成"重大损害"。对"明显"

① 参见王爱立主编：《中华人民共和国刑法解读》（第 5 版），中国法制出版社 2018 年版，第 32 页。

与“重大”这样罪量要求的限制，体现了刑法谦抑性原则的要求。当然，对“明显”与“重大”仍然要作出细致而适当的界定。笔者认为，“明显”在主观方面只能界定故意方面，过失及重大过失皆不在“明显”之列。“重大损害”，从人身法益方面来看，有学者主张只有明显过限的防卫手段给侵害人造成了超过轻伤级别的身体损伤，即造成了重伤、死亡结果时，才能认定“重大损害”的成立。[①] 从财产法益方面来看，“重大损害”必须在数额上比普通的财产犯罪入罪的门槛高出一个以上的等级。参照目前关于财产犯罪数额的司法解释，似乎可以考虑将造成10万元以上财产损失的情形认定为造成“重大损害”。[②] 笔者认为，以上观点是值得参考和借鉴的。

我国《民法典》第1177条规定了自助行为，即在权利人合法权益受到侵害，情况紧迫且不能及时获得国家机关保护，不立即采取措施将使其合法权益受到难以弥补的损害的，受害人可以在保护自己合法权益的必要范围内，采取扣留侵权人的财物等合理措施。但是，应当立即请求有关国家机关处理。自助行为属于私力救济的范畴，相对公力救济而言，私力救济是一种例外规定。不过，世界上许多国家的民法均有此规定。我国《民法典》关于自助行为在采取措施方面表述为“扣留侵权人的财物等”，一是对象是侵权人，二是方法是扣留财物等。笔者认为，自助行为的对象仅限于侵权人而不包括违约人是值得探讨的。同时，扣留财物等包不包括临时限制人身自由，如在酒店吃饭后不付钱就要走，被服务员等截住，并扣留钱包等。对此，笔者认为，既然《民法典》已规定了自助行为，司法实践中遇到权利人行使自助权，哪怕措施不当造成他人损害的，也要优先适用民法、行政法，刑法不可轻易介入，一定要恪守刑法谦抑性的原则。

4. 民法尚未保护的权益，刑法谨慎介入的规则

刑法是其他法律部门的保护法，具有第二次法的性质。刑法“是对不

---

① 参见张明楷：《刑法学》（第5版），法律出版社2016年版，第212页。

② 参见陈璇：《防卫过当中的罪量要素——兼论“防卫过当民刑二元化”立法模式的法理依据》，载《政法论坛》2020年第5期。

服从第一规范如民法规范、行政法规范等所保护权益的场合，或第一次规范难以保护权益时，进行第二次保护的规范”。[①] 换言之，如果某些权益，民法没有或尚未保护，刑法不能提前介入，以免后置法变为前置法，这也是刑法谦抑性原则的要求与品格属性。然而，我国的刑事立法和司法实务，屡次违反刑法作为后置法的本质要求与品格属性，如公民个人信息权。我国于2017年3月15日通过的《民法总则》（已失效）正式把个人信息权纳入民法保护。2020年5月通过的《民法典》再次把个人信息权的保护纳入其中。然而，早在2009年《刑法修正案（七）》就规定了出售非法提供和非法获取公民个人信息的犯罪，先于民法的保护，也先于行政法的保护。2012年12月通过的《全国人民代表大会常务委员会关于加强网络信息保护的决定》，也比刑法对个人信息的保护晚3年。又如，针对数据和网络虚拟财产的保护，我国于2017年颁布的《民法总则》（已失效）第127条才正式规定保护网络虚拟财产。然而，司法实务中，被告人孟某、何某某因窃取Q币和游戏点卡在网上低价抛售，于2005年9月以盗窃罪被逮捕，后以盗窃罪分别被判处有期徒刑3年和1年6个月不等的刑罚。[②] 2010年《最高人民检察院研究室关于利用计算机窃取他人游戏币非法销售获利如何定性问题的研究意见》明确指出：“利用计算机窃取他人游戏币非法销售获利行为，目前宜以非法获取计算机信息系统数据罪定罪处罚。”该意见改变了原先对盗窃虚拟财产行为以盗窃罪论处，即将虚拟财产按照财物予以保护的司法路径，改为将虚拟财产认定为网络数据，按照数据进行保护。由此可见，刑事司法实务对数据、虚拟财产的保护，足足早于民法对其的保护十多年！刑法这种不顾自己的身份定位，动辄冲在民法与行政法前面的“大无畏英雄气概”令人唏嘘不已，其所带来的负面效应，不仅挑战刑法谦抑性原则，而且最终会令刑法“以法的形式损害法本身”。[③]

---

① 朱铁军：《刑民实体关系论》，上海人民出版社2012年版，第47－48页。

② 参见最高人民法院刑事审判第一、二、三、四、五庭主办：《刑事审判参考》（第53集），法律出版社2007年版，第42页。

③ ［德］鲁道夫·冯·耶林：《为权利而斗争》，胡宝海译，中国法制出版社2004年版，第94页。

综上所述，在刑民关联案件的判断中，无论是刑事立法还是刑事司法，只要遵循了刑法的谦抑性原则，有相当一部分刑民关联案件的判断就可以泾渭分明。司法实践中宽严相济的刑事司法政策，其中的“宽”实质上就是谦抑性原则中的宽容性。如2006年12月通过的《最高人民检察院关于在检察工作中贯彻宽严相济刑事司法政策的若干意见》指出，在履行法律监督职能中全面贯彻宽严相济的刑事司法政策，要求在审查起诉工作中，“对于初犯、从犯、预备犯、中止犯、防卫过当、避险过当、未成年人犯罪、老年人犯罪以及亲友、邻里、同学同事等纠纷引发的案件，符合不起诉条件的，可以依法适用不起诉，并可以根据案件的不同情况，对被不起诉人予以训诫或者责令具结悔过，赔礼道歉，赔偿损失”。宽容性不仅包括上述列举情形的不起诉，而且包括刑罚的轻缓化，特别是罚金刑的适用。

遵循刑法谦抑性原则，特别要警惕与反对刑法的优先主义、重刑主义。对于可由前置法民法或者行政法调整的行为，刑法切不可轻率介入。无论是个人法益还是集体法益，纷争的第一次性法的处理，应该交由民法、行政法，只有当其他法律保护不充分的时候，刑法才“迫不得已”出来处理，这是刑法的补充性或二次规范性的品格与属性要求。而什么是“迫不得已”，美国学者帕克认为，犯罪行为予以处罚必须具备以下条件：(1) 这种行为在大多数人看来，对社会的威胁是显著的，从社会的各重要部分来看是不能容忍的；(2) 对这种行为科处刑罚符合刑罚目的；(3) 对这种行为进行控制不会导致禁止对社会有利的行为；(4) 对这种行为的处理能够公平、无差别地进行；(5) 对这种行为进行刑事诉讼上的处理时，不产生质与量的负担；(6) 对这种行为的处理不存在代替刑罚的适当方法。[①] 帕克所主张刑罚的条件，具体性仍有待细化，但这种思路是值得肯定的。实际上，我国学者也作出了有益的探讨。刑事法学由规范学、事实学和政策学三大部门构成，三者的终极目的是同一的，即都是防止犯罪。但事实学在我国刑事法学研究中不被重视，也是相对薄弱的部分。张明楷

① ［美］Paeker，*The Limit of the Criminal Sanction*，1968，p. 296。转引自张明楷：《论刑法的谦抑性》，载《法商研究》1995年第4期。

教授认为，没有以事实为基础的刑事修正案与刑事政策是不成功的。[①] 时延安教授十几年前就呼吁加强实证研究，这是立法科学化的重要保证。为此，他主张科学立法应当提供“行为危害程度调查报告”“已有法律制裁实效调查报告”“民意征询调查报告”“立法可行性及风险性调查报告”。[②]科学立法所要求的这四个报告，恰恰是我国刑事立法和司法解释的短板之处。同时，笔者呼吁，在刑事立法和司法解释中，一定要有若干名民商法专家、行政法专家以及具有丰富司法实践经验的复合型专家参加，彻底改变由清一色的刑法专家及资深刑事司法人员进行刑事立法和司法解释的单一局面，实现学科之间的互动交流，促进学科之间相互从对方汲取营养，从而实现社会治理的民法、行政法和刑法共同治理，以取得良好的法律效果与社会效果。

---

① 参见张明楷：《中国刑法学的发展方向》，载《中国社会科学报》2021 年 10 月 27 日，第 4 版。

② 时延安：《实证研究是刑法科学立法的重要保证》，载《法制日报》2014 年 11 月 19 日，第 10 版。

第三章

刑民关联案件实体判断的方法

一、以“非法占有目的”的方法

占有是物权的重要制度，也是大部分财产犯罪构成要件的主观要素，民法理论和刑法理论对占有分别作出各自的表述。长期以来，刑法学界认为刑法上的占有仅承认现实的占有、无须明晰的占有意思和不局限于合法的占有，因此刑法上占有不同于民法上的占有。在民法典时代，该观点破坏了法秩序统一性原理，缺乏理论基础和法律依据。在比较分析各个国家和地区关于“非法占有目的”的学说后，基于刑法谦抑性原则和法秩序统一性原理，认为“非法占有目的”实质上就是“非法所有目的”，并提出按照排除所有权意思和取得所有权意思对“非法占有目的”的判断标准进行重构，将其作为刑民关联案件实体判定的一个重要方法。

（一）民法与刑法关于占有的各自表述

占有概念沿袭自罗马法，在大陆法系主要国家民法中均有规定。而“非法占有目的”是以德国、日本为代表的大陆法系国家涉财产犯罪构成要件的主观要素。因此，无论是民法学者还是刑法学者，都会对“占有”和“非法占有目的”有所涉猎。民法学界在阐述物权占有概念时，鲜见将其与刑法上的占有概念相比较，而刑法学界阐述“非法占有目的”时，一般会与民法上的占有概念作对比。那么，刑法上的占有是否等同于民法上的占有？刑法是否存在一套不同于民法的占有概念？如果这些问题不解决，准确区分民事财产纠纷与刑事财产犯罪以及司法实践中的类案不同判等问题就不能切实有效地解决。

1. 民法占有制度的含义及功能

民法的占有制度源于罗马法和后来的日耳曼法。有学者通过考察认为，罗马法中的占有（possessio）是对物有事实的管领力。[①] 由此可见，早在罗马法，占有与所有分离的观念已经形成。罗马法关于占有的社会作用，代表学说主要有四种：一是占有人人格之保护；二是占有人意思之保护；三是所有权之保护；四是社会的和平之保护。罗马法中的占有制度，以占有诉权为中心。[②] 日耳曼法之占有（Gewere），是认为法律上人对物的支配权之外表，即为事实上物之支配关系。[③] 由是观之，日耳曼法中的占有不但显示物的事实状态，而且反映了真实的支配权，不仅关系到占有事实，还关系物的权利归属问题，占有能表彰物权，具有排他的公信力。[④] 正如意大利和欧洲最伟大的罗马法学家之一彼得罗·彭梵得所说，罗马法中的占有，可以说是所有权的外部形象，或者如耶林所表述的，占有是对物在事实上的支配，而所有是对物在法律上的支配。[⑤]

关于占有的性质，民法学界有事实说、权利说等不同观点，通说认为占有仅体现为人对物的支配管理关系，并不反映为某种权利义务关系。我国民法学者认为，占有制度的事实功能有：（1）维持社会的和平与秩序；（2）表彰本权（得为占有的权利），所有权、用益物权、担保物权及债权等皆为本权；（3）取得本权的功用；（4）义务负担的功用。[⑥] 笔者认为，除上述功能外，占有还有动产物权变动的公示作用。此外，占有还有高效救济本权保护不足之作用。占有作为一种能发生法律效果的事实状态，一

---

① 参见周枏：《罗马法原论》（上册），商务印书馆1994年版，第440页。

② 参见史尚宽：《物权法论》，中国政法大学出版社2000年版，第526页。

③ 参见史尚宽：《物权法论》，中国政法大学出版社2000年版，第526页。

④ 参见周光权、李志强：《刑法上的财产占有概念》，载《法律科学》2003年第2期。

⑤ 参见［德］鲁道夫·冯·耶林：《耶林论占有》，纪海龙译，载王洪亮等主编：《中德私法研究（11）：占有的基本理论》，北京大学出版社2015年版，第74页。

⑥ 参见陈华彬：《我国民法典物权编占有规则立法研究》，载《现代法学》2018年第1期。

旦侵犯占有的行为发生，从举证责任角度来看，相对于所有权人而言，占有人与行为人的证据之间的距离更加接近，由占有人行使占有之诉能更为高效地保护占有。正如有的学者所言，权利的救济本来应该根据权利本身来主张，但是否有本权在证明上比较困难，占有证明相对比较容易，基于占有诉权可以救济本权保护的不足。[①]

在现代，占有已成为物权法的一项重要制度。我国《民法典》虽然在物权编中对占有制度作出专门的规定，但没有就占有概念作出明确的规定。民法理论认为，占有是对不动产或者动产事实上的控制与支配。所谓控制，即物处于占有人的管理或影响之下。所谓支配，即占有人能够对物加以一定的利用。[②] 我国民法理论通说认为，占有具备主观和客观要件。一方面，占有人主观上具有占有意思，即认识到自己正在占有某物；另一方面，占有人在客观上形成对财物的控制，即对物的受领，需要借助自然或者法律的控制力与物发生某种接触。主要考虑三种因素：空间因素，即要考虑人和物在空间上的某种结合关系；时间因素，即要考虑人和物在时间上的结合关系，在时间上具有一定的持续性和连续性；法律关系因素，即要考虑人与物的结合关系是否已经形成一种法律关系。[③] 同时，根据我国《民法典》的规定，占有可以分为有权占有和无权占有、直接占有和间接占有、善意占有和恶意占有。我国《民法典》规定，侵犯占有可以提起占有之诉，赋予占有人返还原物及其孳息的请求权、排除妨害或者消除危险的请求权以及损害赔偿请求权。

2. 刑法上占有概念的含义及功能主张

刑法援引了民法的占有概念，但在各国或地区立法和判例中又和民法占有概念有所区别。在德国，民法的占有称为 Besitz，而刑法则称为

---

① 参见童伟华：《所有权与占有的刑、民关系》，载《河南省政法管理干部学院学报》2009 年第 4 期。

② 参见最高人民法院物权法研究小组编著：《〈中华人民共和国物权法〉条文理解与适用》，人民法院出版社 2007 年版，第 698 页。

③ 参见王利明：《物权法研究》（第 4 版），中国人民大学出版社 2016 年版，第 1452 – 1455 页。

Gewahrsam。在日本，虽然在立法中都称为占有，但在刑法学说和刑事判例上多使用“所持”或“管有”等用语。[①] 我国台湾地区“刑法”为避免和“民法”混同，以刑事持有和民法占有相区分。大陆法系刑法理论对占有概念有管有说、事实及法律支配说、处分可能状态说等不同的学说。德国学者 Welzel 认为占有应包括现实要素、规范要素和精神要素等三方面要素。[②]

我国刑法学界所称占有，虽然与民法所用名称相同，但是在内涵和外延上又有所不同。如有学者认为，法律意义上的占有，必须是占有人持续稳定地控制财物，使财物处于其势力范围，而不是一时地接触财物。占有作为一种事实状态，不同于占有权且不必然产生占有权。“刑法中的占有主要用于认定财产犯罪来维护社会秩序，关注的重点则是财物为人控制支配的事实。”[③] 有学者从另一面强调保护占有（包括不法占有）的重要性，认为刑法如果只保护本权，不保护合法占有的权利，不利于市场经济的发展。刑法对违禁品与赃物的占有进行保护，对民法上不予保护的财物，刑法上之所以保护，是为了维护社会秩序的稳定，禁止任何人随意侵害和剥夺该占有，对非法占有的财物，只能依据法定程序予以没收或者归还权利人。[④]

3. 民法占有概念与刑法占有概念的区别

通过上述关于占有的立法和学说的比较，尽管由于法律移植和立法技术等，各个国家和地区刑法均使用占有的相关概念，但仍然存在一定程度的差别。

（1）各个国家和地区民法的占有概念存在一定差异

在我国，《民法典》第 240 条对所有权内容的规定非常明确，即所有权包括占有、使用、收益和处分四项权能。换言之，占有只是所有权四项

---

① 参见吴正顺：《论刑法上之持有》，载蔡墩铭主编：《刑法分则论文选辑》（下），台北，台湾正南图书出版公司 1984 年版，第 288 页。

② 参见张明楷：《外国刑法纲要》，清华大学出版社 1999 年版，第 591 页。

③ 朱铁军：《刑民实体关系论》，上海人民出版社 2012 年版，第 91 页。

④ 参见卢政宜：《民刑中的占有理解分析——法益的保护视角》，载《社会科学战线》2019 年第 12 期。

权能中之一种，可以与所有权相分离。但域外的民事立法并非如此，各国民法典关于所有权中是否包含占有以及占有在所有权中的地位是不同的。《日本民法典》第206条规定，所有人于法令限制的范围内，有自由使用、收益及处分所有物的权利。[①] 第180条规定，占有权，因以为自己的意思，事实上支配物而取得。可见所有权的内容并不包含占有。《德国民法典》第一草案中，占有与持有的构成要件在功能上得以分离，后因争议才在术语上将占有与持有统一称为占有。《德国民法典》第903条规定，在不与法律或第三人权利相抵触的限度内，物的所有人可以随意处置该物并排除他人的一切干涉。[②] 第854条规定，物的占有，因取得对该物事实上的支配力而取得。该条关于所有权的表述中也未见占有的相关内容。《法国民法典》第544条规定，所有权是指，以完全绝对的方式，享有与处分物的权利，但法律或条例禁止的除外。法国法律对所有权的定义，与通常所指的“占有、使用、收益、处分”之权利似有差异。[③]

（2）刑法上的占有不同于民法的占有

通过考察各个国家和地区的刑法规定，刑法上的“持有”、“管有”或者“占有”等用语与民法上的占有制度有着不同的含义，刑法学界似乎形成一个共识，即刑法上存在一个不同于民法的占有概念和范围。我国刑法学者认为刑法上的占有与民法上的占有有以下几个区别。

一是刑法上的占有仅承认现实的占有。民法上有间接占有、占有辅助等法律拟制的占有，而刑法上的占有更强调占有的现实性。刑法上对占有被侵夺的判断基于客观现实，倘若依据观念上的占有认定占有的侵夺，有违主客观相一致原则，对认定犯罪并无意义。具言之，侵占罪的构成是以非法占有为目的，将他人所有、自己占有的物变为自己所有，若刑法也承认间接占有，则会出现行为人既侵犯所有权人的占有，同时又侵犯其物权，造成法律适用的混乱。

---

① 参见《日本民法典》，王书江译，中国法制出版社2000年版，第40页。

② 参见《德国民法典》（第3版），陈卫佐译注，法律出版社2010年版，第327页。

③ 参见《法国民法典、民事诉讼法典》，罗结珍译，国际文化出版公司1997年版，第154页。

二是刑法上的占有无须明晰的占有意思。刑法中对占有保护的实质是维护占有背后所保护的财产秩序，使物的权属与变动保持相对稳定，而这种稳定的实现基于人的行为对物形成一种实际的支配与控制力，而非人通过主观意思表示，也非源于观念上的受领与支配。“刑法上对占有意思要求比较宽松，无论占有人是为自己占有还是为他人占有，是基于所有权人、用益权人的意思，还是暂时受领的意思，均认为具有刑法上的占有意思。”[①] 而民法上的占有强调的是占有人对物的支配地位，占有本身在民法上具有财产意义。换言之，占有是确定权利归属的事实状态，同时占有本身也包含事实上的权利，而对这种权利的行使，当然要以真实的意思表示为要件，就该角度而言，民法上的占有意思较刑法来说更为必要。

三是刑法对占有的保护不局限于合法占有。法益与合法权益的外延并非完全重合，刑法对非法占有的保护即对法益的保护，而非承认其本身的合法性，这体现了刑法对社会秩序的规范作用。对非法占有状态的恢复，需要权利人依照法定程序行使权利，这旨在规范人的行为，杜绝不合理的私力救济。[②] 应当说，上述关于刑法上占有与民法上占有的区别观点，具有代表性和普遍性，同时具有迷惑性与含混性，必须认真地鉴别和澄清。

（二）关于“非法占有目的”的学说概述和历史演进

在各个国家和地区的刑法、刑法理论及司法实务中，“非法占有目的”的称呼不同，其内涵是否相同呢？比如，“非法占有目的”中的“占有”是指所有权，还是只是所有权四大权能之一的占有，抑或两者兼而有之。换言之，取得型财产犯罪保护的法益是所有权还是占有抑或所有权与占有两者兼而有之。对此，需要详细地比较分析。

1. 域外关于“非法占有目的”的学说概述

在取得型财产犯罪中，大多数国家的刑法要求主观上具有“非法占有

---

① 陈灿平：《刑民实体法关系初探》，法律出版社2009年版，第203页。

② 参见吴文博：《刑法上的占有应当做出有别于民法的理解》，载《人民法院报》2021年9月23日，第5版。

目的”，但对于什么是“非法占有”以及如何判断，始终存在众多的观点和学说，有点“乱花渐欲迷人眼”之象。

（1）德国刑法的“非法所有目的”和“非法获利目的”

德国刑法规定的侵犯财产犯罪主要有侵犯所有权的犯罪和侵犯整体财产的犯罪两种类型。对于如盗窃罪等侵犯所有权的犯罪，要求行为人主观上具有故意，内心具有非法所有目的。“这里的非法所有目的，是主观的超过要素，只需行为人在实施盗窃行为时具有这种目的即可，不需要客观上有将他人财物转为自己或第三人所有的行为。”[①] 对于如诈骗罪等侵犯整体财产的犯罪，《德国刑法典》第 263 条规定主观构成要件为“非法获利目的”。

在德国，“盗窃罪所保护的法益至少包括所有权，对此没有争议。有争议的是，在所有权之外，占有是否也是盗窃罪所保护的独立的法益。德国司法判例和学界多数见解对此予以肯定。因为相对于同样侵犯了所有权的侵占罪而言，盗窃罪的法定刑更高，这就意味着盗窃行为并非仅仅侵犯了所有权，同时也侵犯了所有权之外的占有”。[②] 本来，《德国刑法典》明文规定盗窃罪主观方面必须以非法所有为目的，而学界和司法判例之所以认为占有也是盗窃罪所保护的独立的法益，是因为盗窃罪的法定刑比侵占罪高，所以盗窃罪侵犯的法益除了所有权之外，还包括占有。笔者认为，这种观点是匪夷所思的，理由是不能成立的。盗窃罪的法定刑之所以比侵占罪高，是因为盗窃在客观方面是窃取，即偷偷地取走他人财物，侵犯他人财产所有权。侵占罪的客观方面是本来合法占有他人的财物，之后心生歹念，把财物据为己有，即把别人的东西占据为自己所有，从而侵犯所有权人的财产所有权。申言之，盗窃罪是秘密窃取后据为己有，存在两个违法行为；而侵占罪是合法占有后据为己有，只存在据为己有的一个违法行为。显然，不是因为盗窃罪既侵犯所有权又侵犯占有，而是因为盗窃罪取得财产的方法比侵占罪相对严重，因此盗窃罪处罚比侵占罪更重一些。

---

① 王钢：《德国判例刑法》（分则），北京大学出版社 2016 年版，第 163 页。

② 王钢：《德国判例刑法》（分则），北京大学出版社 2016 年版，第 153 页。

《德国刑法典》在诈骗罪的主观方面表述为“非法获利目的”，而不是盗窃罪的“非法所有目的”。其实，“非法获利目的”与“非法所有目的”，都是侵犯财产所有权，而不是侵犯占有。就像诈骗罪是非法获利一样，盗窃罪也是非法获利，只是盗窃罪是不付代价的非法获利。但诈骗罪在骗取他人财物时，诈骗犯罪分子有时自己支付了部分财物，以骗取更大的财物，此时诈骗的数额（被害人的财产损失）的认定，要以骗取的数额，减去支付的部分数额，剩余的即为实际骗取的数额，也就是非法获利部分。

综上，《德国刑法典》规定的诈骗罪与盗窃罪侵犯的法益实际上均为所有权，只是表述不同而已。国内外不少刑法学者对诈骗罪的主观方面不同于盗窃罪的主观方面的表述，大做文章，借题发挥，提出种种观点、学说，则大可不必，无论如何解释，只能增加新的矛盾，对解决问题不但无济于事，而且徒增困难和烦恼。

（2）日本刑法的“非法占有目的”和“不法利益目的”

《日本刑法典》关于盗窃犯罪的法条没有明确规定主观上要以非法占有目的为构成要件，虽然大塚仁、曾根威彦等学者主张非法占有不要说，但在司法实践和刑事判例中一贯坚持非法占有目的必要说立场，只不过在不同时期对非法占有的内容要求不同，[①] 即成立盗窃罪，除了在主观要件方面要有故意之外，还需要所谓的非法占有的意思。而《日本刑法典》第240 条规定的诈骗罪是欺骗他人交付财物，取得财产上的不法利益，日本刑法理论与审判实践普遍认为行为人在主观上须有取得不法利益的目的。

在日本，所谓非法占有的意思，司法判例在引用日本《刑法学词典》时是这样表述的：“排除权利者，将他人之物当成自己的所有物那样按照其用途进行利用或者处分的意思。”将他人之物当作自己的所有物加以利用或处分，这分明是侵犯所有权的表述，即非法占有的意思，按照《刑法学词典》的解释，就是非法所有的意思。然而，日本刑法学界则有本权说、占有说、中间说之争。在第二次世界大战前，大审院判例明确采取本

---

① 参见张明楷：《外国刑法纲要》（第 3 版），法律出版社 2020 年版，第 499－501 页。

权说。在第二次世界大战后，最高裁判所的判例，在维持财产秩序的立场上采取占有说，只是例外地肯定存在违法阻却的余地。[①]

2. 我国刑法关于“非法占有目的”的历史演进

在我国1979年制定的《刑法》中，盗窃罪与诈骗罪没有规定非法占有（或非法所有）目的、非法获利（或不法利益）目的，学界对此存在一定的分歧，如有学者主张，“盗窃罪是以非法所有的目的，（秘密）窃取数额较大的公私财物的行为”；[②] 也有观点认为，“盗窃罪是以非法占有为目的，秘密地或乘人不觉窃取公私财物的犯罪行为”。[③] 但几乎所有教科书一致认为，盗窃罪、诈骗罪、抢夺罪等主观方面必须具有非法占有目的，但对何为“非法占有目的”，参与1979年《刑法》制定的高铭暄教授的解读为“非法据为己有”，既包括变为自己不法所有，也包括在将公私财产归于自己的占有之下，进一步变为第三者不法所有。[④] 由此可见，中华人民共和国成立之后的第一部《刑法》，“非法占有目的”的含义也是“非法所有目的”。

在之后的学术演进中，刑法学界逐渐将“非法据为己有”改为“非法占有目的”，虽然此时的非法占有目的仍然是非法所有的意思，但同时也认为“财产所有权由所有人依法对自己的财产的占有权、使用权、收益权和处分权四项基本权能组成，行为人只要侵犯该四项权能之一，就构成对财产所有权的侵犯”。随着我国《民法通则》（已失效）特别是《物权法》（已失效）的颁布实施，所有权与占有相分离成为现实生活中的一种常态和普遍现象，刑法学者由此也认为盗窃罪既侵犯了所有权，同时又剥夺了被害人对财物的占有。[⑤] 我国刑法在之后的有些条款上，明确规定以非法

---

① 参见［日］西田典之：《日本刑法各论》（第6版），王昭武、刘明祥译，法律出版社2013年版，第151－153页。

② 雷鹰：《如何认定贪污罪和盗窃罪》，载《法学研究》1981年第4期。

③ 王吉凯：《是盗窃，不是抢夺》，载《法学杂志》1981年第4期。

④ 参见高铭暄：《中华人民共和国刑法的孕育诞生和发展完善》，北京大学出版社2012年版，第131页。

⑤ 参见张明楷：《刑法学》（第6版），法律出版社2021年版，第1229页。

占有为目的是构成该罪的主观构成要件,[①] 目前我国现行《刑法》中，“非法占有”共有7处，其中明确“以非法占有为目的”的罪名有4个。

（三）我国刑法“非法占有目的”的审视与反思

自我国制定《刑法》后，“非法占有目的”作为部分财产型犯罪构成要件的主观要素，不仅写入《刑法》部分罪名的条文规定，也成为刑法学界的普遍共识，甚至在一定意义上成为刑法学界的金科玉律，很少被质疑和挑战。同时，刑法学界还存在这样的一个奇怪现象，论述某个罪名时，在要求行为人具有“以非法占有为目的”的同时，又论述该罪侵犯的法益是公私财产所有权。[②] 那么，为什么是“非法占有目的”而不是“非法所有目的”？在民法典时代继续坚持“非法占有目的”是否符合法秩序统一性原理？这些都有必要进行深入讨论。

1. 为什么是“非法占有目的”

通过考察我国刑事立法的历史演进和刑法学者的学说变化，笔者认为，“非法占有目的”从中华人民共和国刑法理论诞生伊始坚持传承、延续至今，主要有以下几方面的原因。

首先，从理论渊源来看，众所周知，我国刑法理论受到苏联（俄国）刑法的很大影响，移植了部分苏联（俄国）犯罪理论的原则和内容，但是由于苏联（俄国）在财产犯罪教义学结构上存在不明确的缺陷，我国刑法财产犯罪理论在很大程度上借鉴了德国和日本以占有为中心的财产犯罪结构，特别是作为近邻的日本，对我国刑法“非法占有目的”理论的影响尤为深远，直接移植了“非法占有目的”的表述体系。

其次，从历史传承来看，尽管我国逐步建立了社会主义法律体系，但

---

① 如我国《刑法》第192条规定的集资诈骗罪，第193条规定的贷款诈骗罪等，第194条规定的票据诈骗罪，第195条规定的信用证诈骗罪等金融诈骗犯罪，均产生于1995年6月30日《全国人民代表大会常务委员会关于惩治破坏金融秩序犯罪的决定》之中，1997年修改《刑法》时，将上述决定第8条纳入《刑法》。

② 参见周道鸾、张军主编：《刑法罪名精释》（第4版），人民法院出版社2013年版，第636页。

中华法系潜移默化的影响仍然存在，特别是在重刑轻民思维惯性下，我国刑事法律制度完善一直优先于民事法律体系建设，制定刑法规范亦早于民事基本法律。正如陈兴良教授所指出的，"随着我国第一部刑法的颁行，刑法学在各部门法学中一马当先，首先跨越了历史的断裂层，恢复了大刑法昔日的自信，并睨视着其他尚在草创之中的部门法学，俨然以老大自居"。[①] 这在客观上也使刑法理论在讨论"非法占有目的"时，由于民事理论和民事立法关于所有权、占有权等物权理论尚未成型，也促使刑法理论和民法学者在使用"占有"一词时不是基于同一含义，出现各说各话的情形。

最后，从内涵的外延来看，随着我国民事法律制度的逐渐完善，特别是《物权法》（已失效）、《民法典》等民事法律的颁布实施，所有、占有等概念已然明确，所有权与占有相分离成为现实生活中的一种常态和普遍现象，在此基础上，刑法学者逐渐认为，刑法意义的占有在概念、范围上不同于民法范畴的占有，将两者分立进行论述，并由此认为盗窃罪既侵犯了所有权，同时又剥夺了被害人对财物的占有。[②]

2. 刑法上的占有真的不同于民法上的占有吗

刑法援引民法的占有概念后，为什么会认为刑法上的占有不同于民法上的占有？刑法是否有必要存在一套不同于民法的占有概念和理论？这是值得深思和玩味的。在笔者看来，刑法和民法关于占有的所谓区别，本身就是一个伪命题，理由如下。

其一，刑法上仅承认现实的占有，不包括民法上的间接占有、占有辅助、占有继承等观念化的占有，刑法若承认间接占有，侵占罪则会出现行为人既侵犯所有权人的占有，同时又侵犯其物权，造成法律适用的混乱。笔者认为，即使刑法不承认间接占有，也只能说刑法上的占有只是民法上占有的一部分。换言之，上述刑法上占有的适用范围小于民法上占有的范围，民法上的占有同样也有现实的占有，即现实的占有是民法上占有的一

---

① 陈兴良：《刑法哲学》（第6版），中国政法大学出版社2017年版，第1页。

② 参见张明楷：《刑法学》（第6版），法律出版社2021年版，第1229页。

部分。所以，刑法上的占有与民法上的占有并无不同之处。从逻辑上讲，民法上的占有包容了刑法上的占有。

其二，关于刑法上的占有无须明晰的占有意思的观点，是令人不解的。所谓占有意思，就是事实地支配财物的意思，但并不对某一具体财物都有特定的、具体的意思，只是对自己支配的场所内的财物具有概括的、抽象的意思，通常就够了。由于社会的一般观念侧重于通过考虑财物的所有者、日常生活经验以及财物的特性来判断占有者，所以，物理的事实对占有判断的影响不是绝对的。① 观念性的占有在民法上也是存在的，并不为刑法上的占有所特有。换言之，刑法上观念性的占有，只是民法上的间接占有。作为无须明晰意思的刑法上的占有，仍然只是民法上占有的一个部分，其含义与民法上观念性的占有和间接占有并无二致。观念性的占有只是强调占有不但有实实在在的支配财物，而且强调从时间、空间、日常生活观念等角度综合判断，即使对财物没有直接管控，仍然是占有，如停在马路上的小汽车，即便所有人回家睡觉，车仍在自己的占有之中。因此，将刑法上的占有无须明晰的占有意思作为与民法上的占有的一个区别的观点，显然也是不能成立的。

其三，关于刑法上对占有的保护不局限于合法占有，还应包括对非法占有的保护的观点。笔者认为，以保护法益之名作为保护非法占有的理由，其本身就是一个悖论。就财产犯罪而言，刑法的保护法益是公私财产，是合法的公私财产，非法行为和非法利益不是法益要保护的对象。

笔者认为，基于法秩序统一性原理，刑法和民法等其他部门法的关系是后置法和前置法的关系，刑法是其他部门法的制裁力量。② 这就要求在具体处理某个案件时，前置法和后置法的规范秩序之间不能相互矛盾。在民法规范秩序以外，建立一套有所区别的占有规范秩序，势必造成法规范秩序的冲突和矛盾，导致不同部门法对保护占有秩序的价值取向出现偏差，也会造成刑法和民法对同一事实作出不同的评判和认定。

---

① 参见张明楷：《刑法学》（第6版），法律出版社2021年版，第1230－1231页。

② 参见陈兴良：《民法对刑法的影响与刑法对民法的回应》，载《法商研究》2021年第2期。

3. 刑法保护的是占有还是所有

有观点认为，盗窃罪既侵犯了所有权，同时又剥夺了被害人对财物的占有。[①] 对此笔者认为，所有权的权能包括占有、使用、收益和处分。侵犯了所有权，当然也是侵犯了占有，甚至还侵犯了使用、收益和处分的权能。侵犯所有权，必然是侵犯了所有权的四项权能；侵犯了所有权中的某项权能，并不必然侵犯所有权的全部权能。就全体与部分的关系而言，所有权与其四项权能之中的一项或者几项，是包容关系而不是并列关系。因此，把所有权和占有并列作为侵占罪保护的法益，犯了逻辑学上重复的错误。事实上，在财产犯罪中，如果行为人仅仅是为了占有而占有，而不对占有的财物进行使用、收益乃至处分，则是不可思议的。

以侵占罪为例，甲将自己的手机借给乙使用，如果乙将甲的手机卖给他人，则在司法实践中一般按照乙无权处分处理，由甲提起民事诉讼要求丙返还手机，在丙善意取得的情况下只能请求乙承担赔偿责任；如果乙没有无权处分而只是拒不归还，则在司法实践中乙的行为就构成侵占罪，依法追究其刑事责任。这样就导致行为人不法占有他人财物构成犯罪，而不法处分他人财物只是民事侵权，这样的处理无疑是荒谬的。因此，从法秩序统一性原理中的违法判断相对性出发，只侵犯占有、使用、收益，甚至处分的某个权能，应属于民事侵权行为，不是刑法上具有质和量可罚的刑事违法性，一个没有侵犯所有权的未触犯刑事违法性的行为，不应纳入刑法调整的范围。

有学者认为，“他物权的内容比所有权丰富，应当受到刑罚的保护”。[②] 笔者认为，他物权的内容丰富与否，与是否受到刑法保护是两个不同的概念。他物权受到侵害，关键是看侵害的法益是否需要刑法来保护，如果民法能够保护的行为，刑法就要谦抑。若把占有作为一个独立法益加以保护，那么，对使用、收益乃至处分这些法益要不要独立保护，难道说使用、收益乃至处分不比占有重要吗？显然不是！若使用、收益乃至处分比

① 参见张明楷：《刑法学》（第6版），法律出版社2021年版，第1229页。

② 张明楷：《刑法学》（第6版），法律出版社2021年版，第1223页。

占有重要，则侵犯财产犯罪时，行为人主观方面为什么不以使用、收益、处分为目的进行表述呢？

有学者主张，对所有人来说，虽然占有本身并不是最终目的，但它是所有人行使财产的其他权利的前提，没有这个前提，便无所谓使用、收益和处分。[①] 笔者认为，这种观点有失偏颇。从占有的种类来看，有自主占有与他主占有。自主占有，谓以其物属于自己（所有之意思）而为占有，否则谓之他主占有。[②] 在他主占有中，占有人的占有被人侵犯，所有权人可以行使所有权中的许多权利，如所有权返还请求权。所以，保护不保护他主占有中的占有，与所有人行使所有权没有太大的关系。在自主占有中，侵犯占有是侵犯所有权中很重要的一项权能，但不能说占有是所有人行使财产其他权利的前提。所有人的财产所有权中的占有权能即使被人侵犯，所有人仍然可以行使其权利，包括除占有之外的其他权利，如所有人房屋被人占有，但所有人仍然可以处分房屋，同时所有人可以请求法院排除妨害等，因此，把占有看成所有人行使财产其他权利的前提，是没有民法依据的。

综上，笔者认为，刑法具有谦抑性，是其他部门的补充法和保障法，具有补充性和宽容性的价值蕴涵。刑法应当依法控制处罚范围与处罚程度，如果刑法把占有作为一个独立的法益加以保护，那么，刑法要不要把使用、收益、处分也作为独立的法益加以保护呢？这样的结论显然是错误的，会极大地扩大刑法的打击面，使刑法沦为替代本该由民法调整的万能法、工具法！这将是社会经济发展的劫数，也是刑法和民法的劫数！

4. 刑法是否保护非法占有

随着社会经济的发展，现实生活中所有权与占有相分离的情况十分普遍，既存在有合法依据的有权占有，也存在没有合法依据的无权占有。基于此，刑法学界的不少学者认为从维护秩序出发，必须保护非法占有。如有学者认为，窃贼对其盗窃之物虽不享有所有权，但能作为法律上的占有

---

① 参见张明楷：《刑法学》（第6版），法律出版社2021年版，第1227页。

② 参见史尚宽：《物权法论》，中国政法大学出版社2000年版，第534页。

人主张占有保护请求权。所有人对被盗窃之物虽享有所有权，但不享有占有。[①] 对此，笔者不予赞同，拟通过以下案例进行释明刑法无须保护非法占有。

案例一：甲将乙的财物盗走后，丙将该财物再次盗走。

该案即司法实务中所谓的“黑吃黑”问题。刑法理论和司法实践一般认为，由于甲对该财物没有所有权，丙的盗窃行为侵犯了甲对乙财物占有，即便是通过非法手段而形成的占有状态也应当得到保护，因此丙构成盗窃罪。对此，笔者完全不敢苟同。物权具有对世性，非经法定的物权变动方式，权利人有权排除他人干涉。因此，由于甲的盗窃行为，乙虽然丧失了对该财物的占有，但乙对该财物的所有权并没有灭失。对丙的盗窃行为进行惩罚，是对乙财产所有权的保护，而不是对甲非法占有的保护。对侵害人的侵害行为，受害人仍然可以原所有权人的财产受到侵害为由，对侵害人追究其刑事责任，而不是以维护不法占有秩序追究行为人的刑事责任。这种处理方式，既坚持法秩序统一性原理，又同样惩罚侵害人的犯罪行为，可谓法理兼备。

至于丙将该财物盗走时，甲是否有权进行正当防卫的问题，笔者认为，正由于乙对该财物仍有所有权，甲盗窃后在民事上对该财物具有返还的义务。基于该民事义务，甲为了避免无法履行返还义务，在明知该财物不属于丙且盗窃行为属于正在发生的不法侵害的情况下，有权通过正当防卫的方式制止。

案例二：甲利用职务上的便利，收受乙的财物后，丙将该财物盗走。

该案即所谓不法原因给付问题。所谓不法原因给付，是指基于违反强制性法律、法规或公序良俗而为之给付。有观点认为，由于不法原因给付，甲收受贿赂不受法律保护，乙则丧失民事请求权，即甲、乙都不享有该财物的所有权，故只有承认保护甲的非法占有，才能实现对丙的刑事追究。对此，笔者持反对观点。如果承认保护甲的非法占有，就盗窃而言，

---

① 参见庄加园：《民法典体系下的动产所有权变动：占有取得与所有权让与》，法律出版社2020年版，第1页。

甲就是“受害人”，这在普遍的观念无论如何是不能接受的，而且民法对乙和甲的行贿与受贿的财物不予保护，而刑法给予了保护，这对整体法秩序的目的是一个严重的破坏，也与法秩序统一性原理相违背。

笔者认为，上述行受贿财物依法应予以没收并上缴国库，成为公共财产。在尚未对甲和乙追究受贿和行贿的法律责任之前，法律可以拟制该行受贿财物为公共财产，从而以丙盗窃公共财产为由追究其盗窃罪的刑事责任，为此在法理上就顺理成章了。

需要特别指出的是，法律不保护不法原因给付财物的返还请求权，并不意味着该财物不受法律保护。由于不法原因给付的财物应依法收归国家所有，所以刑法保护的是国家和公共财产所有权，民法对此也是保护的，这就是刑法学界担心不保护甲的非法占有就不能保护该财物，并以所谓维护秩序这种空洞抽象而又非法的法益长期存在的症结所在。

案例三：甲向乙购买手机，双方约定分期付款，手机由甲使用，但乙继续保留该手机的所有权直至甲付清款项止。后因甲没有按期付款，乙将该手机窃回。

在本案中，甲与乙成立买卖合同关系，并约定所有权保留条款，实现了所有权和占有的分离。有学者认为，乙窃回手机的行为构成盗窃罪。[①] 对此，笔者认为，虽然甲通过买卖合同实现对手机的合法占有，但乙仍然对手机享有所有权，双方之间因为手机买卖而产生的纠纷属于民事纠纷，可以通过民事救济渠道予以解决。我国《民法典》第 1177 条规定了自力救济规则，即便因为采取的措施不当造成他人损害，也应当承担民事责任，因此不能认定为犯罪，以免造成刑法规制范围的无序扩大。

案例四：甲向乙借款 5 万元，并出具了一份借条，后甲又将借条撕毁，致使乙无法实现债权。

这也是司法实务中常见的情形。借条作为可以证明借款事实的债权凭证，从表面上看，甲毁掉借条的行为似乎是侵犯乙的债权而不是所有权，不符合财产犯罪主观方面以“非法占有目的”的构成要件。但事实上，履

---

① 参见张明楷：《刑法学》（第 5 版），法律出版社 2016 年版，第 941 页。

行债务要以转移所有权为前提，如甲要还款5万元本金及利息，必须通过交付货币所有权的形式完成。甲撕毁借条，其主观上存在侵害债权的故意，使甲无须通过转移货币所有权履行债务，归根结底也是一种特殊的或例外的侵犯财产所有权的情形。因此，如果甲以要看借条为名，当面把借条并撕毁，则甲的行为构成抢夺罪。如果甲是以秘密窃取的方式偷走借条并撕毁，则构成盗窃罪。

案例五：甲因无证照经营，车辆被城市管理执法部门扣留。当晚，甲与其妻子乙秘密潜入车辆存放场地将被扣留车辆开走。

关于行为人将自己所有而被行政机关依法扣押的车辆取回的行为定性问题，理论界和实务界存在不同的理解和判例。张明楷教授认为，根据《刑法》的拟制规定，该车辆属于国家机关的公共财产，而非甲所有，如果甲从国家机关窃回车辆，存在非法占有目的，构成盗窃罪。[①] 司法实践中的一些案例也持该观点，认定行为人构成盗窃罪。[②] 同时，在司法实践中，也有判例认为行为人以非暴力的方式取回被依法扣押的自己车辆的行为，以非法占有为目的的证据不足，认定其构成非法处置扣押的财产罪。[③]

我国1979年《刑法》第81条第2款和1997年《刑法》第91条第2款与《日本刑法典》第242条相似，将国家机关等主体管理、使用或者运输中的私人财产拟制为公共财产，该条规定不仅与我国《民法典》中关于买卖合同的规定（第642条）和货运合同的规定（第829条）相抵触（笔者将另文论述），也造成上述被国家机关扣押的车辆在民法上属于行为人所有，在刑法上却被拟制为公共财产，进而导致行为人窃走自己所有但被拟制为公共财产的财物构成对公共财产的非法占有。

需要明确的是，民法上的占有应当是具有财产意义而对财物的支配和控制，从表面上看，行政机关依法扣押车辆是对车辆的支配和控制，但此种支配和控制与民法上的占有是不同的。该占有目的不是经济利益，而是

---

① 参见张明楷：《刑法学》（第6版），法律出版社2021年版，第1251页。

② 参见于杰：《车主欲开走扣押车被判盗窃获刑1年半》，载胶东在线2009年4月6日，http://www.jiaodong.net/news/system/2009/04/06/010497604.shtml。

③ 参见江西省景德镇市中级人民法院刑事裁定书，（2013）景刑一抗终字第8号。

国家行政机关履行法律赋予的职责，为了保障行政程序依法顺利进行而采取的行政强制措施，该扣押车辆是作为行政程序中的证据使用，与行为人为了发挥财物的利用价值而支配和控制财物（民法上的占有）有着本质的区别。

另外，从我国的立法体系来看，我国《刑法》在妨害司法罪一节又规定了非法处置查封、扣押、冻结的财产罪，该罪侵犯的法益是司法机关的正常活动，而不是公共财产的占有，事实上也从立法上否定了该行为的非法占有目的。

因此，笔者认为，对上述案例所涉行为，既不能以其侵犯公共财产的占有而构成盗窃罪，也不能因城市管理执法部门不属于司法机关而构成非法处置扣押的财产罪，而是应当依据《治安管理处罚法》的规定依法给予相应的行政处罚。

综上所述，单纯对占有的侵犯，完全可由民法占有制度的相关规定进行规制，不必由刑法进行制裁，否则会扩大刑法的打击面，违反刑法的谦抑原则。同时，在处理不同部门法之间的矛盾时，应当坚持和遵循法秩序统一性原理的基本规则，在刑法与民法规范的保护目的相一致的场合，刑法应当绝对从属于民法，这是法秩序统一性的当然要求。[①] 刑法对不法占有进行所谓的秩序维护，与民法不保护违法占有相矛盾，违反了法秩序统一性原理。所以，财产犯罪构成要件的主观要素应明确为“非法所有目的”。这种考量也是从刑法与民法各自调整的范围和功能不同的角度出发，基于刑法谦抑性原则和法秩序统一性原理得出的唯一正确结论。

（四）“非法占有目的”判断标准的重构与规范

前文已述，所谓“非法占有目的”，实际上就是“非法所有目的”。[②] 那么，“非法所有目的”意义上的“非法占有目的”中的“非法”与“占

① 参见周光权：《法秩序统一性原理的实践展开》，载《法治社会》2021 年第 4 期。

② 由于我国刑法中明确规定“非法占有目的”，故在本书行文中暂且仍以“非法占有”进行论述，下文亦同。

有”的内容是什么，换言之，应如何判断和认定财产犯罪行为人主观方面是否具有非法占有目的，具体的判断标准应如何把握。

1. 关于“非法”

所谓“非法”，是指行为人取得他人财产所有权的手段或方法是为民事法律所反对或禁止的，因而行为人取得的利益也是非法利益。有学者认为，德国刑法和日本刑法规定诈骗罪的成立要求行为人为了获得财产上的不法利益，这种规定不是要求诈骗罪的对象是“不法”利益，而是指“不法”地获得财产上的利益。“不法”本身是客观要素，需要根据民事法律规范判断。[①] 笔者对此表示认同。

2. 关于“占有”

德国刑法概论认为，所谓的非法占有目的包括两个要素：一是排除意思，是指行为人为了获得对财物的支配地位，意图在事实上持久地排斥或破坏他人对财物的支配关系。这被认为是非法占有目的的消极要素。二是取得意思，是指使财物成为自己或者第三者之物的意思，或者说行为人意图使自己或者第三者具有类似所有人的地位，而将所取得之物作为自己或者第三者所有之财物。这被认为是非法占有目的的积极因素。[②]

日本刑法学界的通说认为，非法占有目的包括排除意思和利用意思两个内容。排除意思是指排除权利人，将他人财物作为自己的所有物进行支配的目的。利用意思是指遵从对财物的用途，对之进行利用或处分的目的。[③]

在中国，刑法理论一直以来认为，盗窃罪、抢夺罪、抢劫罪、诈骗罪等取得型的财产犯罪，行为人主观上必须具有“非法占有目的”的成立要件。对“非法占有目的”的内容含义，学界的代表性观点有三种：一是不法所有目的说，即“以将公私财物非法转为自己或者第三者不法所有的目的”。[④] 二是由“排除意思”与“利用意思”构成说，前者重视的是法律

① 参见张明楷：《外国刑法纲要》（第3版），法律出版社2020年版，第528页。

② 参见张明楷：《外国刑法纲要》（第3版），法律出版社2020年版，第503－505页。

③ 参见张明楷：《外国刑法纲要》（第3版），法律出版社2020年版，第501页。

④ 高铭暄、马克昌主编：《刑法学》，北京大学出版社、高等教育出版社2014年版，第496页。

的侧面，后者重视的是经济的侧面。[①] 这种观点与日本刑法学界通说相同。三是排除意思说，即“永远占有他人财物的意思”。[②] 这种观点与日本团藤重光教授认为盗窃罪、诈骗罪的本质是侵犯所有权，所以非法占有目的的内容是作为所有人进行支配的意思的观点基本相同。对此，笔者认为：

首先，德国的刑法理论认为，非法占有目的包括排除所有权的排除意思和使财物成为自己或者第三者之物的取得意思，应当说，德国刑法理论考虑的很周到，从消极要素的排除所有意思与积极要素的取得所有意思两方面进行论证，把侵犯财产所有权的核心内容框定了，这是一个简单周全并且符合民法所有权定义及其制度功能的判断标准或方法。

其次，日本刑法学界在财产犯罪的侵犯法益上有本权说、占有说和中间说。占有说和中间说基本上只是涉及占有问题，与财产所有权的使用、收益、处分无关，所以非法占有目的“占有”中的利用意思包括对财物进行利用或处分的目的，显然不符合中间说的“占有”内容。针对占有说中的占有，如果之后还要对财物进行利用或处分，就不只是占有内容。本权说又称所有权说，该说认为财产罪的保护法益是财物的所有权及其他本权。如果本权说仅指所有权说，笔者同意。如果本权说又包括诸如担保物权、租赁权等的合法占有，笔者则不能苟同。所以，本权说即所有权说，非法占有目的中的占有包含排除意思和利用意思的内容基本准确。从侵犯所有权角度来讲，侵犯他人财产所有权，行为人一般会对他人财产进行利用，甚至处分。但是，如果行为人为了获取对财物的支配地位，意图在事实上持久地排斥或者破坏他人对财物的支配关系，类似于英国普通法一直要求盗窃罪、诈骗罪的行为人主观上具有“永久性剥夺他人财产的意图”,[③] 即只要行为人实施永久排除意思的行为，行为人侵犯他人财物所有权的犯罪即告完成。

最后，关于我国的刑法理论，不法所有目的说把“非法占有目的”的

---

① 参见张明楷：《刑法学》，法律出版社 2021 年版，第 1248 页。

② 黎宏：《刑法学》，法律出版社 2012 年版，第 718 页。

③ 张明楷：《外国刑法纲要》（第 3 版），法律出版社 2020 年版，第 507 页。

内容说成"不法所有目的"，实际上是把占有等同于所有，并没有揭示非法所有目的的内容。第二种观点采日本刑法学界通说，即非法占有目的包括排除意思和利用意思两个内容。笔者认为不可取，侵犯他人财产所有权，并非一定要有利用意思，如果甲盗窃乙的一幅名画后藏在家里，既没有使用，也没有进行处分，即没有利用意思，但甲仍然侵犯了乙的财物所有权，构成盗窃罪。第三种观点是可取的，即排除意思说，只要可以认定行为人具有"永久性剥夺他人财产的意思"的排除所有意思，财产所有权人实质上丧失了所有权，当然构成对财产所有权的侵犯。当然，德国刑法理论认为除了排除所有意思外，还应包括取得所有意思，从消极要素与积极要素两方面考虑，应当说是非常周全的。

综上所述，笔者认为，在我国的刑法理论和司法实务中，以非法占有为目的，应当就是以非法所有为目的，其内容包括排除所有权意思和取得所有权意思两方面，这既符合法理，又有助于刑民关联案件的处理，如区分民事欺诈与合同诈骗，区分盗窃、诈骗与不可罚的盗用、骗用行为等。至于诈骗罪乃至金融诈骗犯罪、合同诈骗犯罪，非法占有目的仍然是非法所有目的。尽管德国刑法规定的是非法获利目的，但笔者认为，这只是诈骗犯罪为了计算犯罪数额而作出的不同表述而已，以排除所有意思和取得所有意思两方面同样可以作为诈骗犯罪主观方面非法所有目的的判断标准。我国不少学者以德国刑法规定为依据，认为金融诈骗、合同诈骗等犯罪的排除所有意思应当理解为财产损失的故意，其实也是不矛盾的。盗窃罪和诈骗罪都会使财产所有人造成财产损失，只不过盗窃是"白拿"，而诈骗是"巧取"。在"巧取"中，行为人有时要给被害人一点"好处"或"诱饵"，或"部分归还"等，而这些"好处""诱饵""部分归还"等，在计算诈骗犯罪数额时，要给予扣除，扣除后的诈骗犯罪数额即为行为人非法获利数额，也为被害人财产损害的数额，这一点与盗窃罪的被害人财产损害的性质是相同的，只是诈骗类犯罪财产损害数额的计算方式不同而已。因此，盗窃罪和诈骗类犯罪，两者在不法所有目的的判断标准方面具有相同性。

3. 关于我国刑事实务判断方法的规范

需要特别探讨的是，我国司法实践中关于诈骗类犯罪主观方面“非法占有目的”的认定，基本上是以司法解释的方式，通过刑事推定进行认定。具体的司法解释有：一是1996年12月16日，《最高人民法院关于审理诈骗案件具体应用法律的若干问题的解释》（已失效）第2条的规定；二是2009年12月16日颁布，2018年11月28日修正，《最高人民法院、最高人民检察院关于办理妨害信用卡管理刑事案件具体应用法律若干问题的解释》第6条的规定；三是2001年1月21日，最高人民法院《全国法院审理金融犯罪案件工作座谈会纪要》第3条的规定；四是2011年1月4日，《最高人民法院关于审理非法集资刑事案件具体应用法律若干问题的解释》（已修改）第4条的规定；五是我国《刑法》第224条关于合同诈骗罪“非法占有目的”所列举的各种情形。

在我国的刑事实务中，以列举的形式对诈骗类犯罪“非法占有目的”进行刑事推定，没有从理论上和实体上明确“非法占有目的”的内涵和判断标准，而是以总结司法实务中形成的经验做法进行刑事推定，这是需要改进的。正如有的学者指出“非法占有目的”的刑事推定存在不少问题：首先，“将钱款用于从事非法活动”推定为非法占有目的，与挪用公款归个人使用从事非法活动是成立挪用公款罪而不是成立贪污罪的《刑法》第384条的规定存在矛盾；其次，以欺骗行为推定非法占有目的，架空了非法占有目的的独立地位，模糊了罪名之间的界限；最后，司法解释列举的情形是对实务经验的总结与归纳，在这些事实经验产生冲突时，如何分配不同证据事实在认定非法占有目的时的权重便成为难题，尤其是存在相反证据时，仅机械地重复司法解释的规定，难以应对辩方提出的反对意见，无法有效地提升裁判文书的释法说理水平。①

应当说，司法解释中列举的情形，主要强调的是行为人的还款意愿和还款能力两方面在非法占有目的的认定作用，这两方面确实对非法占有目

① 参见徐凌波：《金融诈骗罪非法占有目的的功能性重构——以最高人民检察院指导案例第40号为中心》，载《政治与法律》2018年第10期。

的的认定有着很重要的参考作用，但由于列举情形中的不合理，以及没有实体上具有非法占有目的的内容及判断标准，对司法实践必然产生负面影响。因此，无论是盗窃罪还是诈骗类犯罪的财产犯罪，其主观方面具有“非法所有目的”，而认定“非法所有目的”的内容和判断标准是“排除所有意思”与“取得所有意思”两个方面。对于诈骗类犯罪的“排除所有意思”与“取得所有意思”的解释，要从非法获利、造成被害人财产损害方面进行解释，这就是笔者对财产犯罪主观方面“非法占有目的”的理解。

（五）结语

至此，以非法占有为目的，实质上就是以非法所有为目的。侵犯占有的，一律归民法调整；侵犯所有权的，才有可能由刑法调整。“所有权受到宪法的保护，是因为它为个人的自由发展及其负责任的生活行为，提供了客观基础和物质手段”,[①] “刑法是基于宪法来保护财产法益的，而宪法所保护的是以所有权为核心的财产制度，所以刑法也应该主要保护所有权”。

二、以“情节显著轻微”的方法

我国《刑法》第13条的但书规定，具有出罪的指引功能。在刑民关联案件的实体判断中，但书规定的正确理解与应用至关重要，民法作为调整人身关系和财产关系的法律，当侵犯自然人、法人和非法人组织的人身关系的民事不法行为达到一定程度时，就要由刑法强力介入，而“情节显著轻微”中的“情节”，作为刑法介入民事不法行为一个关键节点，成为刑事犯罪与民事不法的一个重要判断方法。

（一）我国刑法但书规定的再解读

《刑法》第13条规定：“一切危害……社会的行为，依照法律应当受

① ［德］罗伯特·霍恩、［德］海因·科茨、［德］汉斯·G. 莱赛：《德国民商法导论》，楚建译，中国大百科全书出版社1996年版，第190页。

刑罚处罚的，都是犯罪，但是情节显著轻微危害不大的，不认为是犯罪。”这是我国刑法关于犯罪的概念。按照通说认为，大陆法系的犯罪定义是“立法定性+司法定量”模式，而我国采取的是“立法定性+立法定量”模式。[①]“情节显著轻微危害不大的，不认为是犯罪”，在刑法学界统称为“但书”。张明楷教授认为，“如果说刑法第13条的本文（但书前的内容）从正面规定了什么是犯罪，那么，但书则从反面说明了什么不是犯罪；正反两个方面的结合，使人们能够更加准确地理解犯罪概念”。[②]梁根林教授认为，我国《刑法》总则第13条后半段规定的但书，是该条前半段规定的一种例外、限制、补充或附加说明，是我国刑法犯罪立法定义的必要组成部分。[③]上述观点说明，但书规定是犯罪概念的反面补充。陈兴良教授根据但书规定，将情节和数额这种反映行为的法益侵害程度称为罪量要素。[④]把但书规定作为罪量要素来理解，得到我国刑法学者的广泛认可。有学者认为在罪量要素的属性上，社会危害性并没有揭示罪量的本质。罪量要素是违法的程度要素，既包括客观的违法要素，也包括主观的违法要素。[⑤]有的学者对罪量要素的主观认识与类型进行探讨，认为我国《刑法》分则条文中的罪状描述的“数额较大”“严重后果”“情节严重”等罪量要素，是各自罪名的主观要件的认识内容，在类型上相对应的有数额型罪量要素、后果型罪量要素、情节型罪量要素三种，[⑥]有学者根据我国刑法分则以各种形式规定的罪量要素，至少占现行《刑法》规定罪名的2/3，[⑦]对罪量要素在我国刑法中存在的形式进行类型分析，分为消极罪量要素与积极罪量要素、法定罪量要素与涵摄罪量要素、明示罪量要素与暗示罪量

---

① 参见储槐植：《我国刑法中犯罪概念的定量因素》，载《法学研究》1998年第2期。

② 张明楷：《刑法学》（第6版）（上），法律出版社2021年版，第118页。

③ 参见梁根林：《但书、罪量与扒窃入罪》，载《法学研究》2013年第2期。

④ 参见陈兴良：《作为犯罪构成要件的罪量要素》，载《环球法律评论》2003年秋季号。

⑤ 参见柏浪涛：《罪量要素的属性与评价》，载《上海政法学院学报（法治论丛）》2017年第1期。

⑥ 参见李国权：《罪量要素认识的实践样态与类型认定》，载《学海》2021年第3期。

⑦ 此处的罪量要素，依笔者理解，应为《刑法》分则条文中以“数额”“后罪”“情节”等描述的具有综合判断的罪量要素。

要素。[①]

我国刑法学者对《刑法》第 13 条犯罪概念的分析与揭示，有不少真知灼见。但是，从我国《刑法》第 13 条规定的渊源、文本内容、但书在刑法犯罪构成体系中的地位和功能来看是需要谨慎地审视的。

1. 我国刑法犯罪概念中的但书规定与犯罪构成要件的冲突

我国《刑法》第 13 条关于犯罪的规定，从“一切危害”开始到“都是犯罪”为止，列举了 14 项危害行为，并加上“以及其他危害社会的行为”的兜底规定以防遗漏。但书规定“情节显著轻微危害不大的，不认为是犯罪”。如果对比 1961 年 1 月 1 日起施行的《苏俄刑法典》第 7 条的规定，可以说我国《刑法》第 13 条脱胎于《苏俄刑法典》第 7 条，或者至少说是一脉相承的。《苏俄刑法典》第 7 条规定：“凡本法典分则所规定的侵害苏维埃的社会制度和国家制度、侵害社会主义客体和社会主义所有制、侵害公民的人身、政治权、劳动权、财产权以及其他权利的危害社会行为（作为或者不作为）以及本法典分则所规定的其他各种侵害社会主义法律秩序的危害社会行为，都认为是犯罪。形式上虽然符合刑事法律所规定的某种行为的要件，但是由于显著轻微而对社会没有危害性的作为或不作为，不认为是犯罪。”[②] 可见《苏俄刑法典》第 7 条的规定与我国《刑法》第 13 条的规定，两者的架构基本相同，内容却有较大的差别。一是《苏俄刑法典》把“没有社会危害性”的行为认定为不构成犯罪，我国《刑法》把“危害不大”的行为认定为不构成犯罪。二是《苏俄刑法典》没有像我国《刑法》第 13 条在“显著轻微”的行为之前，加上“情节”一词。三是《苏俄刑法典》认定犯罪分两步走，从形式要件（符合刑事法律所规定的某种行为的要件），再到实质要件（危害社会行为），我国《刑法》在认定犯罪上，体现了形式要件与实质要件的统一，可谓一步到位。根据我国《刑法》第 13 条规定中的“危害社会行为”“依照法律应当受到刑罚处罚的”，权威解释是，犯罪必须是同时具备以下三个特征的行为：

---

① 参见梁根林：《但书、罪量与扒窃入罪》，载《法学研究》2013 年第 2 期。

② 萧榕：《世界著名法典选编·刑法卷》，中国民主法制出版社 1998 年版，第 829 页。

(1) 具有社会危害性，即行为人通过作为或者不作为对社会造成一定危害。(2) 具有刑事违法性，即犯罪行为应当是刑法中禁止的行为。(3) 具有应受刑罚惩罚性，即犯罪是依照刑法规定应当受到刑罚处罚的行为。[①]这种遵循法条文本规定的解释，很像简化版的犯罪三阶层理论。“社会危害性”在德日刑法理论中称为法益侵害，法益侵害到一定程度，值得刑法处罚的即为可罚的违法性。“依照法律”为违反刑法禁止的行为，是犯罪构成的该当性。“应当受到刑罚处罚的”为有责性。当然，我国刑法关于犯罪的形式违法判断与实质违法判断相统一的构成要件，与三阶层要件是有较大的区别的，下面会作详细阐述。

由于我国刑法犯罪采用“立法定性＋立法定量”模式，[②]而一次性完成既定性又定量的刑法犯罪概念的规定，面对的是影响广泛且深远的具有平面式、耦合式的犯罪四构成要件理论，使这个“量”如何确定安放在何处极其困难。无论是立法定量，还是司法定量，这个“量”，有时在犯罪主观构件方面上；有时在犯罪客观构件方面；有时两者都有；有时主观方面构件多，客观方面构件少；有时客观方面构件多，主观方面构件少，如何拿捏这个“量”，以及这个“量”安放在何处最合适，是很困难的一件事。换言之，如何判定这个“量”，以及这个“量”安放在四个构成要件中的哪一个或哪几个上，是难以确定的。于是，我国有学者主张罪体、罪责、罪量三位一体的犯罪构成体系，并把罪量看作一个独立于犯罪主观要件和犯罪客观要件之外的罪量要件。[③]有学者从情节犯罪概念中的情节要件含有犯罪构成的“量”的作用的角度分析，认为情节要件是评价其他要件之后剩余的综合，是这类犯罪之构成要件的具体要件之一。[④]上述观点

---

① 参见王爱立主编：《中华人民共和国刑法解读》（第5版），中国法制出版社2018年版，第16－17页。

② “立法定量”这种提法值得推敲。“立法定量”中的这个“量”首先不是数额、数量中的“量”。其次，在我国《刑法》分则条文中以“情节严重”“情节恶劣”“严重后果”等表述而体现的“量”，是概括性和模糊性的，由于立法没有给出具体的“量”，司法解释、司法文件、指导案例，甚至省市检法的指导意见、会议纪要等，都有针对某些罪名的“量”。所以，这个“量”基本上是司法来定的。

③ 参见陈兴良：《作为犯罪构成要件的罪量要素》，载《环球法律评论》2003年秋季号。

④ 参见金泽刚：《论定罪情节与情节犯》，载《华东政法学院学报》2000年第1期。

作为犯罪概念中的罪量要素或情节要件中的“量”，是独立犯罪四构成要件之外的一个具体要件，即犯罪构成的第五要件。有学者将我国《刑法》分则中明确规定的“情节严重（情节恶劣）”作为犯罪成立的情节要求，这称为概括性定罪情节的情节犯。[①] 并认为概括性定罪情节虽然不是脱离于四要件之外的第五要件，却是该类犯罪之犯罪构成中的独特要件，与犯罪构成的其他要件并不能互相包含，是一个修正的犯罪构成。[②] 罪量要素也好，概括性定罪情节也罢，无非就是在我国传统的犯罪四个构成要件之外，寻找安放罪量要素中的“量”以及概括性定罪情节中的“量”作为犯罪定“量”在犯罪构成要件理论中的位置。然而，由于我国犯罪四构成要件是单一的、孤立的犯罪要素的聚合，相互之间缺乏内在的逻辑联系，很难找到这样一个没有争议的要件来作为逻辑始项，使其在后来面对逻辑顺序的诘难时难以自圆其说，成为一个不确定“从哪里开始”的理论。[③] 四要件理论对构成犯罪这种没有先后顺序、“一哄而上”的认定，存在逻辑顺序混乱的天然弊端，且因把正当防卫、紧急避险等出罪事由置放在犯罪成立条件之外而遭人诟病。在四构成要件存在如此多问题的情况之下，上述观点不管是把这个定罪的“量”的要素或情节，“打扮”成四构成要件之外的要件，还是四构成要件之外的修正犯罪构成，都是对我国犯罪构成要件这种有缺陷理论的再次冲击，其弊病以及对司法实践造成适用法律的困难甚至混乱，注定是没有生命力的。

那么，我国刑法对犯罪既定性又定量的模式，这个“量”能不能在三阶层理论中找到栖身之地呢？在大陆法系的刑罚理论中，犯罪三阶层理论是其通说，即构成要件的该当性、违法性和有责性。“构成要件符合性，是指案件的客观事实符合刑法所规定的具体犯罪的构成要件。”[④] 而按照刑法教义学通说，构成要件该当性的判断是“定型的、形式的判断”。[⑤] 这种

---

① 参见李翔：《情节犯研究》（第2版），北京大学出版社2018年版，第29页。

② 参见李翔：《情节犯研究》（第2版），北京大学出版社2018年版，第116页。

③ 参见车浩：《阶层犯罪论的构造》，法律出版社2018年版，第105页。

④ 张明楷：《刑法学》（第6版）（上），法律出版社2021年版，第166页。

⑤ 参见［日］大塚仁：《刑法概论》，冯军译，中国人民大学出版社2003年版，第130页。

判断是事实判断，是与价值判断想脱离的事实判断。概言之，构成要件的该当性，就是形式违法性的判断，即大陆法系中的刑事立法犯罪概念的定性不定量，是对犯罪类型的论述。犯罪三阶层理论要求只有在构成要件该当性的前提下，才能进行违法性的判断，之后再进行有责性的判断。三个要件彼此之间有着非常紧密的内在逻辑联系。正如有的学者所言："三个要件的递进过程，也就是犯罪认定的过程，在这一犯罪认定过程中，非罪行为不断被排除。"[①] 由于我国《刑法》关于犯罪的认定，是围绕四构成要件的一次性的认定。如果置换到三阶层犯罪构成理论上，则在犯罪构成该当性阶段就全部完成了犯罪的认定，而这显然与犯罪三阶层理论是不相符的。因此，我国《刑法》中规定的犯罪定量，无法在三阶层构成理论中找到合适的位置。

由于我国《刑法》第 13 条规定的犯罪概念中的定量，难以在四构成要件中找到具体的合适的位置，又无法与犯罪三阶层理论相匹配，立法定量成了悬在空中的一个要件要素，于是，司法实践中绝大多数把立法定量这个要件要素安放在《刑法》第 13 条规定上，这也是造成司法恣意和擅断的一个主要原因。对于需要入罪的行为，司法人员可以"情节严重"入罪；对于需要出罪的行为，司法人员则以"情节显著轻微"出罪，司法人员出入罪都有法律依据。如广西桂林一男子偷韭菜获利 8 元被判有期徒刑 6 个月并处罚金 1000 元。[②] 这种判决是对普通百姓朴素的公平观念的直接冲击。而裁判的逻辑是，《刑法》第 264 条规定多次盗窃的，处 3 年以下有期徒刑、拘役或者管制，并处或者单处罚金。根据 2013 年 4 月 2 日发布的《最高人民法院、最高人民检察院关于办理盗窃刑事案件适用法律若干问题的解释》第 3 条的规定，2 年内盗窃 3 次以上的，应当认定为"多次盗窃"。该男子 3 次偷菜获利 8 元，属于多次盗窃，应当受到刑事处罚。又如，流浪汉张某为果腹，于 2021 年 10 月 5 日中午，偷了餐箱内米饭，

---

① 陈兴良：《犯罪论体系：比较、阐述与讨论》，载陈兴良主编：《刑事法评论》（第 14 卷），中国政法大学出版社 2004 年版，第 26 页。

② 参见杨玲艳、秦璠：《灵川一男子上演现实版"偷菜"被判刑》，载微信公众号"灵川县人民法院"2021 年 11 月 18 日，https：//mp. weixin. qq. com/s/1xSldNnXPniHRbmP987hKg。

鸡公煲一份；10月5日晚上，偷了米线一份；10月6日中午，偷了米饭、炒菜一份；10月7日中午，偷了米线一份；10月9日中午，偷了盒饭两份；10月9日晚上，偷了米饭、水煮肉片一份。2021年10月5日至9日，流浪汉共盗窃饭菜6次，公安机关以流浪汉多次盗窃，属于“情节严重”，提请检察机关批准逮捕，检察机关没有支持公安机关提请的批准逮捕意见，随后公安机关作出撤销案件的决定。[①] 对于5天内盗窃饭菜6次，次数与数额都大于3次仅8元的盗窃行为，却以“情节显著轻微”不认为是犯罪为由，作出无罪不捕的决定。同为盗窃行为，次数多了1倍，数额肯定多了不止1倍的盗窃行为，流浪汉张某的行为被认定为不构成犯罪，另一个男子偷菜的行为却被认定为犯罪而受到刑事处罚，差距之大不能不令人深思。笔者绝不是不认同对流浪汉偷盒饭行为的处理，相反，笔者认为，这样处理的结果符合人文关怀与人道主义的温情暖意，生动体现了刑法谦抑性原则的核心内涵，是值得赞赏的。问题是，男子偷菜获利8元，为什么不认定为不构成犯罪而作无罪处理？如果放在三阶层理论上，上述两个案例，在三阶层的第二阶层即违法性上就可以出罪。而在我国刑法的犯罪概念及四构成要件理论上是勉为其难。一方面可以多次盗窃构成盗窃罪，另一方面可以情节显著轻微认定为不构成盗窃罪，司法的随意性显而易见。因此，为了科学地正确地认定罪与非罪，罪轻与罪重，必须对我国刑法犯罪概念进行修正：把《刑法》第13条中规定的“一切危害……以及其他危害社会的行为”，加上“符合刑事法律规定的，都是犯罪。但是，情节显著轻微的，危害不大的，不认为是犯罪”。这样修正的意义在于，对犯罪的认定，可以从形式判断再到实质判断，而但书规定的定量，可以融入《刑法》分则所规定的罪名的构成要件中综合加以判断。以三阶层理论来判断，也能从违法性和有责性方面进行出罪，体现了法秩序统一性原理和刑法谦抑性原则。

---

① 参见于潇、陈鑫欣、阴栓法：《流浪汉为果腹偷盒饭，需不需要动用刑罚?》，载《检察日报》2022年1月9日，第1版。

2. 我国《刑法》犯罪概念中的但书规定的功能定位

我国《刑法》规定的出罪事由只有正当防卫和紧急避险，而大陆法系刑法理论中的违法阻却事由包括法令行为、正当业务行为、自救行为、被害人承诺等以及责任阻却事由即阻碍责任成立之事由，如刑事责任年龄和责任能力、违法性认识错误、期待可能性等出罪事由，我国《刑法》没有规定。于是，在司法实践中，但书承担了一些本该由《刑法》规定而实际上没有规定的出罪事由，即超法规的出罪事由，但书具备了超强的出罪功能。一方面，在我国刑法现有犯罪概念及现行四构成要件理论下，这种出罪功能是非常需要的。另一方面，但书超强的出罪功能，在司法实践中也埋下隐患与风险，赋予了司法人员很大的罪与非罪的裁量权，上文两个案例很好地说明了这一点。

（1）但书规定的出罪指引功能

但书出罪的立法表达为“情节显著轻微危害不大的”不认为是犯罪，即但书出罪的条件是“情节显著轻微”与“危害不大”。在司法实践中，是否符合但书规定，主要考量的是情节因素，只要情节显著轻微的，都认定为无罪，是否“危害不大”也主要依托于情节轻重程度的判断。[①] 根据我国《刑法》的规定，情节分为情节显著轻微、情节轻微、情节严重、情节特别严重四种。[②] 一般情况下，情节显著轻微、情节轻微的危害行为，交由民商法或行政法调整，只有情节严重的危害行为才由《刑法》调整。于是行为危害性或法益危害性的“量”在没有达到“情节严重”时，就不构成犯罪。不过，根据我国《刑法》和《刑事诉讼法》的规定，“情节轻微”的，检察机关在诉讼程序上可以终结，作出不起诉决定。法院可以宣告其构成犯罪，但不予刑事处罚。所以，“情节轻微”的行为，还是构罪行为，只是根据具体情况，综合判断后，要么作不起诉决定，要么作免予刑事处罚的判决。

---

① 参见刘艳红：《形式入罪实质出罪：无罪判决样本的刑事出罪机制研究》，载《政治与法律》2020年第8期。

② 前两种见《刑法》总则第13条、第37条的规定，后两种散见于《刑法》分则的相关条文中。

在我国刑法理论上，但书规定中的“情节”要件，实质上是刑法理论中的狭义情节犯。情节犯是指《刑法》分则明文规定的以“情节严重”或“情节恶劣”作为犯罪构成要件要素或升降法定刑等级要素的犯罪类型。[①]情节犯分为基本情节犯、情节加重犯、情节减轻犯和情节特别加重犯四种类型。[②] 但书中的情节要件对应的是基本情节犯，即狭义上的情节犯，简称情节犯。

从但书中的情节要件规定，到刑法理论上的情节犯，但书的出罪功能，是通过《刑法》分则每个罪名的法条文本规定，通过四个构成要件或三阶层要件综合判断而实现。以故意伤害罪为例，根据2005年12月27日公安部发布的《公安机关办理伤害案件规定》第29条的规定，被害人伤情达不到轻伤的，应当依法予以治安管理处罚。2017年3月9日《最高人民法院关于常见犯罪的量刑指导意见》（已失效）规定，故意伤害致1人轻伤的，可以在2年以下有期徒刑、拘役幅度内确定量刑起点，即故意伤害罪中的伤害行为致人轻伤的，就不是情节显著轻微。没有造成轻伤的，就是情节显著轻微，不认为是犯罪。从四构成要件理论来看，其罪与非罪的判断依据主要是犯罪的客观方面和客体要件，如果造成轻伤，但尚未达到刑事责任年龄，或主观方面为过失，则罪与非罪的判断依据是犯罪的主观方面和主体要件。从三阶层要件理论来看，伤害行为未达到轻伤的，属于不该当的构成要件的判断阶段。达到轻伤的，如果是正当防卫、紧急避险、法令行为等，属于违法性的判断阶段。如果符合该当性、违法性，出现刑事责任能力，违法性认识、期待可能性等事由，属于有责性的判断阶段。换言之，但书出罪功能的判断，在我国刑法理论中是根据四构成要件理论，在德日刑法理论中是根据三阶层要件理论，而不能单一引用《刑法》第13条的规定作为出罪的依据。正如有的学者指出的那样：“《刑法》第13条但书的出罪功能不是表现在直接依据但书而认定某一行为不构成

① 参见徐雅玲：《剖析情节犯之“情节严重”》，西南政法大学2019年硕士学位论文。
② 参见徐雅玲：《剖析情节犯之“情节严重”》，西南政法大学2019年硕士学位论文。

犯罪，而只能表现在其指导法官实质地理解与适用犯罪构成的解释机能上。”[①] 但书规定在司法领域只是指引司法者在规范犯罪构成框架内把握罪与非罪的界限，指引司法者关注具体犯罪构成之罪量要素。[②] 张明楷教授也指出，司法者实现个案正义的努力，应当回归到犯罪构成的层面上，将不值得科处刑罚的违法、有责的行为，解释为不符合犯罪构成的行为，并以此为由宣告无罪，而不是直接以但书宣告无罪。[③] 这是防止司法恣意擅断以及避免动摇罪刑法定原则根基的正确做法。

同时，但书规定作为我国混合式犯罪概念“定性 + 定量”模式的体现，其实质是立法者给立法者的宣言。[④] 换言之，犯罪概念中的“定量”问题，正是但书规定的关注所在。而对犯罪“定量”问题的准确把握，既是罪刑法定原则的基本要求，也是刑法谦抑性原则的基本要求。正如有的学者所言，如果说谦抑性是刑法的“内在品质”，那么但书规定可以说是在善待社会危害性基础上的对刑法谦抑品质尤其是出罪功能的最好诠释。[⑤] 可以这样说，《刑法》分则每个法条文本个罪的认定，即罪与非罪的认定，都离不开但书规定的指引，或者说必须以但书规定为指引。那么，《刑法》分则上的每个个罪的罪与非罪的认定，都可以依据但书的规定，对犯罪构成要件进行综合判断，即便诸如故意杀人罪这样的重罪认定，也概莫能外。1987 年 6 月 27 日，被告人王某成为解除罹患重病濒临死亡的母亲夏某文的痛苦，在其母亲多次请求下，经主管医生被告人蒲某升为其前后开具共 175 毫克冬眠灵后，间接促进了被害人死亡。经两级法院审理后认为二被告虽属故意剥夺他人生命权利的行为，但患者夏某文的直接死因是肝性脑病，严重肝肾功能衰竭，不排除褥疮感染等原因，注射药量尚属正常范围，不是造成夏某文死亡的直接原因。综合全案具体案情，二被告人的

---

① 徐雅玲：《剖析情节犯之“情节严重”》，西南政法大学 2019 年硕士学位论文。

② 参见李翔：《情节犯研究》（第 2 版），北京大学出版社 2018 年版，第 229 – 231 页。

③ 参见张明楷：《刑法学》（第 6 版），法律出版社 2021 年版，第 120 页。

④ 参见李翔：《情节犯研究》（第 2 版），北京大学出版社 2018 年版，第 215 – 217 页。

⑤ 参见刘艳红：《形式入罪实质出罪：无罪判决样本的刑事出罪机制研究》，载《政治与法律》2020 年第 8 期。

行为仍属情节显著轻微危害不大，不构成犯罪。[①] 这个曾被称为“中国安乐死第一案”的裁判，在刑法学界引起了强烈的反响和讨论。张明楷教授认为：“在法律未允许实行积极安乐死的情况下，实行积极安乐死的行为，仍然构成故意杀人罪；既不能认为这种行为不符合故意杀人罪的构成要件，也不宜以刑法第 13 条的但书为根据宣告无罪。”[②] 并认为，“当刑法分则条文对犯罪成立条件的表述已经将情节显著轻微的情形排除在犯罪之外时，只要行为符合刑法分则规定的成立条件，就应当认定为犯罪，而不能以情节显著轻微危害不大为由宣告无罪”。[③] 梁根林教授认为：“立法者鉴于法益特别重大给予决定保护，在罪状中只对该法益的不法构成进行定性描述，绝对排除罪量要素的情况。故意杀人罪是其适例，甚至是唯一的适例。”[④] 上述两位教授的共同点是故意杀人罪等罪在《刑法》分则条文的犯罪成立条件或定性描述中，已将罪量要素（情节显著轻微）的情形排除在犯罪之外，所以不能根据但书规定宣告被告人无罪。上述观点值得商榷。《刑法》分则是否存在已将“情节显著轻微”的罪量排除在外的罪名。梁根林教授认为故意杀人罪是其适例。张明楷教授未指明，但从“当刑法分则条文对犯罪成立的表述已经将情节显著轻微的情形排除在犯罪之外时”的描述来看，观点并无不同之处。然而，《刑法》分则中类似故意杀人罪的规定，比比皆是。如《刑法》第 234 条规定，故意伤害他人身体的，处 3 年以下有期徒刑、拘役或者管制。《刑法》第 238 条的非法拘禁罪，《刑法》第 263 条的抢劫罪等，条文中均没有规定“情节严重”罪量，也没有规定“情节显著轻微”罪量，而司法解释仍可通过罪量规定，将其出罪。如抢劫罪是重罪，最高刑可以判处死刑。但是，《最高人民法院关于审理未成年人刑事案件具体应用法律若干问题的解释》（法释〔2006〕1 号）第 7 条规定：“已满十四周岁不满十六周岁的人使用轻微暴力或者威

---

① 参见最高人民法院中国应用法学研究所编：《人民法院案例选（1992—1999 年合订本［刑事卷］)》（上），中国法制出版社 2000 年版，第 387－390 页。

② 张明楷：《刑法学》（第 6 版），法律出版社 2021 年版，第 1109 页。

③ 张明楷：《刑法学》（第 6 版），法律出版社 2021 年版，第 120 页。

④ 梁根林：《但书、罪量与扒窃入罪》，载《法学研究》2013 年第 2 期。

胁，强行索要其他未成年人随身携带的生活、学习用品或者钱财数量不大，且未造成被害人轻微伤以上或者不敢正常到校学习、生活等危害后果的，不认为是犯罪。”

由此可见，《刑法》分则的每个条文罪名，都可以根据但书的指引，结合构成要件进行综合判断后，作出罪与非罪的认定。因此，不存在《刑法》分则对每个罪名的犯罪成立条件作出明确具体规定的情形，也不存在《刑法》分则已将情节显著轻微的情形排除在犯罪之外的规定。《刑法》分则每个条文罪名中的罪与非罪的认定，都必须以但书规定为指引，都必须以犯罪概念中的定量因素，也即但书规定的这种原则性的统括性的要求，结合包括《刑法》总则中的主体、主观方面、预备犯、自首等在内的与分则条文共同构成的犯罪要件去认定犯罪，特别是去限制犯罪圈的范围，从而恪守刑法的谦抑性原则。所以，“中国安乐死第一案”的判决，把犯罪概念中的但书规定，与故意杀人罪的构成要件结合起来进行综合判断，是具有示范和标杆意义的判决，值得称道。

（2）但书具有对刑法修正及司法解释的制约功能

这是一个长期以来被人忽视，也无人提及的问题。我国1979年《刑法》和1997年《刑法》，都是经过全国人民代表大会通过的。1979年《刑法》第10条和1997年《刑法》第13条，即但书规定，内容是完全相同的。换言之，但书中关于情节轻重的规定，无论是《刑法》总则的规定，还是《刑法》分则的规定，都是全国人民代表大会通过的。那么，全国人大常委会在刑法修正时，以及最高人民法院、最高人民检察院进行司法解释时，如果设定新罪与情节有关，是否超越权限，是否要受到包括但书在内的《刑法》总则规定及《刑法》分则关于情节方面规定的制约？这是一个需要认真回答的问题。在我国1997年《刑法》制定至今，全国人大常委会先后通过了11个刑法修正案，增加罪名200多个；最高人民法院、最高人民检察院通过的司法解释数以百计，也有不少是新增罪名的司法解释。然而，对于全国人大常委会通过刑法修正案及最高人民法院、最高人民检察院通过司法解释增加罪名的，还有增加刑期（当然也有减低刑期，以及废除少数罪名的死刑规定）的问题，却从来没有引起学界的重视，也从来没有学者对其提出疑问。在笔者看来，全国人大常委会通过修正案增加的罪名，以及最高人民法院、最高人民检察院通过司法解释新增的罪名，都是违反罪刑法定原则的。

罪刑法定原则是现代各国刑法普遍确立的一个原则，我国 1997 年《刑法》明确规定罪刑法定原则，内容包括两个方面：一是只有法律将某一种行为明文规定为犯罪的，才能对这种行为定罪判刑，而且必须依照法律的规定判刑。二是凡是法律对某一种行为没有规定为犯罪的，对这种行为就不能定罪判刑。罪刑法定原则，既是刑事立法原则，又是刑事司法原则。根据我国《立法法》第 7 条的规定："全国人民代表大会常委会制定和修改除应当由全国人民代表大会制定的法律以外的其他法律；在全国人民代表大会闭会期间，对全国人民代表大会制定的法律进行部分补充和修改，但是不得同该法律的基本原则相抵触。"那么，自从 1997 年《刑法》由全国人民代表大会通过以来，全国人大常委会至今已通过 11 个刑法修正案，这些刑法修正案增加的 200 多个罪名，都违反了《立法法》第 7 条规定的立法权限。以盗窃罪为例，1979 年《刑法》（全国人大制定）第 151 条关于盗窃罪的规定是这样表述的："盗窃、诈骗、抢夺公私财物数额较大的，处五年以下有期徒刑、拘役或者管制。"这说明 1979 年《刑法》关于盗窃罪的定量是"数额较大"。1997 年《刑法》（全国人大修订）第 264 条规定："盗窃公私财物，数额较大或者多次盗窃的，处三年以下有期徒刑、拘役或者管制，并处或者单处罚金。"1997 年《刑法》对盗窃罪的定量行为，在 1979 年《刑法》规定的"数额较大"的基础上再增加了"多次盗窃"这类盗窃行为，这个增加的犯罪行为是由全国人民代表大会通过的。然而，2011 年 2 月 25 日，第十一届全国人大常委会第十九次会议通过的《中华人民共和国刑法修正案（八）》，增加了入户盗窃、携带凶器盗窃、扒窃三类行为直接构成盗窃罪。这三类盗窃行为显然与 1997 年《刑法》规定的盗窃罪的盗窃行为不同。按照罪刑法定原则的要求，全国人大常委会显然无权补充。全国人大常委会直接修正、补充新的罪名，甚至连最高人民法院、最高人民检察院的司法解释中也直接增加新的罪名，然后再由全国人大常委会以修正案的方式最后予以确认。显然，这种刑法修正及司法解释行为，违反了《立法法》第 7 条及司法解释权限的规定。

从《刑法》第 13 条关于犯罪概念及但书的规定来看，但书中的“情节显著轻微”的情节要素，如果在《刑法》分则条文中的表述是明确的，如上文中盗窃罪在 1997 年《刑法》中的表述为“数额较大”和“多次盗窃”，那么，全国人大常委会及最高人民法院、最高人民检察院只能在该两种情形下再作出解释，不能再增加新的犯罪行为类型。如果有必要增加，按照《立法法》的规定，也只能由全国人民代表大会通过。例如，1997 年《刑法》第 214 条规定的销售假冒注册商标的商品罪，情节要素只有“销售数额较大”，而《刑法修正案（十一）》则修改为“非法所得数额较大”，并增加了“其他严重情节”。不少学者及司法人员担心犯罪圈的扩大，其中一个重要原因，就是忽视甚至架空了但书对刑法修正案及司法解释的限制功能。

（二）作为民事不法与刑事犯罪界分的情节严重的再认识

民事不法包括民事违约和民事侵权，民事不法与刑事犯罪的判别，基本上是民事侵权与刑事犯罪的判断，本书也是在此语境下展开的。

根据我国刑法规定，一种违法行为从民事侵权到刑事犯罪，其界分在于“情节严重”。因此，全面而准确地认定“情节严重”，是判断民事侵权与刑事犯罪的一个重要方法。如果一种民事侵权行为达到《刑法》规定的“情节严重”，则该种行为不仅要承担民事侵权的法律责任，而且要承担刑事犯罪的法律责任。如果一种民事侵权行为没有达到刑法上的“情节严重”，那么，该种行为仅是民事侵权行为，只承担民事法律责任或行政法律责任，而不能追究其刑事责任。如行为人把被害人打成轻微伤，受害人可以提起民事诉讼，要求行为人承担相应的民事法律责任；也可以向公安机关报案，要求公安机关对实施该殴打行为的行为人追究行政法律责任。

如果说《刑法》第 13 条规定的“情节显著轻微危害不大的”不认为

犯罪，是从出罪的功能出发来限制犯罪的成立条件，那么“情节严重”则是我国《刑法》总则与分则关于犯罪成立条件入罪上的限制。简言之，“情节严重”是入罪的条件，“情节显著轻微”是出罪的条件。以入罪和出罪的两个方面来限制犯罪圈，体现了刑法谦抑性的原则。

1. “情节严重”是犯罪定量的概括性表述

前已述及，我国刑法采用立法定性加定量的犯罪立法模式，而犯罪概念定量的概括性表述就是“情节严重”。

首先，对“情节严重”必须作个简要的说明。“情节严重”是情节犯的一种表现形式，情节犯不仅是“情节严重”这种形式或类型，笔者把以“情节严重”作为犯罪构成要件综合判断的情节犯来对待，而对情节加重犯、情节减轻犯和情节特别加重犯等类型不作阐述，是本书以外的另一类问题。

在我国《刑法》分则条文中，绝大多数法条是以“情节严重”作为罪与非罪的判断标准进行表述的。有学者对我国《刑法》分则的罪名中以“情节恶劣”和“情节严重”作为要件进行统计。[①] 其实，我国《刑法》分则条文中分别以“情节严重”“情节恶劣”“数额较大”“严重后果”等不同术语进行表述，将其作为罪与非罪的判断标准。同时，《刑法》分则条文中有的“情节严重”的表述，不是罪与非罪的判断标准，而是法定刑的升格刑的规定，如《刑法》第262条之二组织未成年人进行违反治安管理活动罪中的“情节严重”的规定，以及《刑法》第276条破坏生产经营罪中的“情节严重”的规定，即是如此。笔者认为，根据我国《刑法》总则与分则的规定，任何《刑法》分则个罪的罪与非罪的判断标准都必须以“情节严重”为依据，而无论《刑法》分则条文有没有出现“情节严重”等术语表述。

《刑法》分则条文中没有“情节严重”等术语出现是因为该罪罪行较重，如故意杀人罪，一般是“情节严重”，所以没有提醒，但并不否定该罪名不以“情节严重”作为罪与非罪的判断标准。而《刑法》分则条文中

① 参见张庆立：《我国情节犯立法的历程与趋向》，载《犯罪研究》2021年第2期。

以“情节严重”等术语表述，该罪一般较轻，所以要进行提醒。所以《刑法》分则条文规定“情节严重”“情节恶劣”“数额较大”等也好，不规定也罢，每个罪名罪与非罪的判断标准都离不开“情节严重”，概莫能外。

其次，对于同一术语的“情节严重”，《刑法》分则条文有的是作为区分罪与非罪判断标准的规定，有的则是作为法定刑升格条件的规定，这说明刑事立法语言的粗糙及立法技术的考虑不周，同一法律中的同一术语有不同的含义，这是不应该出现的逻辑错误。今后刑法进行修改或制定一部完整的刑法典时，必须引起足够重视并予以切实解决。除了“数额较大”是否归入“情节严重”之内可以进行再探讨外，“情节恶劣”“后果严重”等必须归入“情节严重”之内。对于法定刑升格刑的“情节严重”，应以其他术语表述，如“情节特别严重”等，纠正同一刑法中同一术语含义不同的逻辑错误。

2. “情节严重”是我国刑法中犯罪构成要件的组成内容

情节犯中的“情节严重”是我国刑法犯罪概念中的定量要求，其基本构成为《刑法》分则条文描述该罪的行为方式，每个个罪的基本行为即为刑法犯罪概念中的“定性”要求。在行为定性之后，对犯罪“定量”的要求进行综合判断，达到“情节严重”即为犯罪。所以，基本行为加上情节严重则成立犯罪。

我国传统的犯罪构成理论是四构成要件理论，认定一个行为构成犯罪，要根据犯罪主体、犯罪主观方面、犯罪客体和犯罪客观方面四个构成要件，综合判断后一次性完成，不像德日刑法通说的三阶层犯罪构成理论要求层层递进，逐步收缩，即构成要件该当性、违法性与有责性。那么，作为罪与非罪判断标准的“情节严重”中的“情节”有哪些，“情节严重”与我国刑法犯罪构成要件是什么关系，必须搞清楚。笔者认为，此处的“情节”要素在四个构成要件中都有存在的空间和理由，所以，作为罪与非罪判断标准中“情节严重”的“情节”，要从《刑法》总则与分则的具体条文中，以四个构成要件的任何一个要件中寻找“情节”要素，然后综合起来进行判断，认定是否达到“情节严重”的犯罪定量要求的标准。

如达到，则犯罪成立。没有达到，则按民事侵权或行政违法处理。如此，“情节严重”中的“情节”，是指对定罪有决定意义的各种主客观要件，属于定罪情节的范畴。而“情节”是定罪情节，犯罪构成又是定罪的唯一全部标准，那么，“情节严重”自然就成为犯罪构成要件的组成内容。需要注意的是，“情节严重”的“情节”要求，不是一个独立的犯罪构成要件，那种把“情节严重”中的“情节”要求，当作游离于四个构成要件之外的要件或要素的观点，是与《刑法》第13条规定以及犯罪构成要件理论相背离的。

有学者提出，要分别对“情节严重”中的“情节”和“严重”进行定性，认为情节犯中的“情节”是典型的概括性定性要素，是指代行为侵害法益或罪过程度的各种主客观事实，而“严重”则通过对违法性程度的表征，影响行为性质进而影响犯罪的成立，判断“情节严重”要结合行为“定性”和危害性“定量”两方面考察。① 笔者认为，“情节严重”一词的整体含义就是“定量”要求，把“情节严重”人为地割裂为“情节”与“严重”两个概念，进而进行不同的定性与定量，这不符合《刑法》第13条规定的本来含义。“情节”既包括行为，又包括危害性，两者不能割裂开来，“情节”是否“严重”是对行为违法性程度的综合性判断而作出的认定。

（三）“情节严重”在刑民关联案件实体判断中的司法适用

一个危害社会的行为，或者说是对法益侵害、威胁的行为，如果达到“情节严重”就构成犯罪。如果“情节显著轻微”就不认为是犯罪，是民事、行政违法行为，这就是我国《刑法》第13条但书规定的出入罪的指引功能和魅力所在。所以，我国有学者把“情节严重”称为积极定罪情节，把“情节显著轻微”称为消极定罪情节。② 一方面，“情节”成为《刑法》第13条犯罪概念的定量因素；另一方面，“情节”成为《刑法》

① 参见徐雅玲：《解析情节犯之“情节严重”》，西南政法大学2019年硕士学位论文。

② 参见李翔：《情节犯研究》（第2版），北京大学出版社2018年版，第204页。

分则罪名入罪与出罪犯罪构成的综合要素。

尽管“情节严重”作为积极的定罪情节，成为区分罪与非罪的主客观要素的综合标准，但“情节严重”对罪与非罪的判定来说，同样是一把“双刃剑”。《刑法》分则条文中的罪名，达到“情节严重”，就构成犯罪，没有达到“情节严重”，就不构成犯罪。所以，“情节严重”与其说是积极定罪情节，不如说既是入罪又是出罪的临界点。这样，本来是“情节严重”的行为，司法人员却判定为“情节显著轻微”而出罪。同样，本来是“情节显著轻微”的行为，司法人员却判定为“情节严重”而入罪。“情节严重”就成了司法人员认定罪与非罪非常“好用”的一个阀门。为了防止“情节严重”的滥用和理解上的偏颇，必须对“情节严重”作统一的具体化的规范。那么，谁有权确定“情节严重”的标准，“情节严重”的具体内容有哪些，这是两个必须确定的问题。

关于谁有权确定“情节严重”的标准，根据《刑法》和《立法法》的规定，确定“情节严重”标准的主体有全国人大常委会及最高人民法院、最高人民检察院。前者为刑法直接规定与立法解释，后者为司法解释。刑法规定与立法解释主要为概括式的。司法解释主要为列举式的，有时为列举式加兜底条款的混合式的。以刑法谦抑性原则对犯罪圈的限缩角度来看，刑法规定与立法解释以及司法解释对“情节严重”的标准界定，基本上是从出罪事由界定的。

1. 刑法的相关规定

我国刑法对达不到“情节严重”不认为是犯罪或不按犯罪处理的表述方式主要有：(1) 不认为是犯罪。如《刑法》第 13 条但书的规定及第 12 条的规定。(2) 不是犯罪。如《刑法》第 16 条的规定，行为在客观上虽然造成了损害结果，但不是出于故意或者过失，而是由于不能抗拒或者不能预见所引起，不是犯罪，即不可抗力与意外事件不是犯罪。(3) 不负刑事责任或不追究刑事责任。如《刑法》第 17 条的规定，不满 14 周岁实施故意杀人、故意伤害致人重伤或者死亡、强奸、抢劫、贩卖毒品、放火、爆炸、投毒的，不负刑事责任。《刑法》第 201 条规定，纳税人逃税的，经纳税机关依法下达追缴通知书后，补缴应纳税款，缴纳滞纳金，已受到行政处罚的，不予追究刑事责任。(4) 免除处罚。如《刑法》第 37 条的规定，对犯罪情节轻微不需要判处刑罚的，可以免予刑事处罚，但是可以根据事件的不同情况，予以训诫或者具结悔过、赔礼道歉、赔偿损失，或者由行政部门予以行政处罚或者行政处分。免除处罚的犯罪行为有两种处理方式：一种是检察机关对诉讼程序终结所作的相对不起诉处理；另一种是法院判决认定该行为构成犯罪，但免予刑事处罚，本书仅指前一种。关于刑法规定免除处罚的条款较多，除了《刑法》总则第 37 条总括规定外，还有防卫过当、避险过当、预备犯、从犯、胁从犯、未遂、自首等规定。免除处罚大多与从轻或减轻刑事责任并列规定在一起，仍然要根据具体案件的具体案情，综合判断后作出处理决定。

由于立法解释中涉及“情节严重”标准的规定极少，可以忽略不计，所以在此不作分析。

2. 司法解释的相关规定

由于我国犯罪概念中的定量绝大多数是概括性的规定，所以定量的具体化和统一性就由司法解释来承担。《刑法》颁布以来，最高人民法院、最高人民检察院以联合或单独的形式，就“情节严重”所作出的司法解释至少有 50 件以上，即对构成犯罪的“情节严重”的具体化规定。有学者对司法解释中有罪情形但“不认为是犯罪”的规定进行归纳，认为出罪事由有七种，分别是：(1) 盗窃、诈骗、抢劫近亲属财物一般不按犯罪处理；(2) 未成年人（14～16 岁）与幼女发生性关系情节轻微不认为是犯罪；(3) 盗窃、诈骗、恶意透支型的信用卡诈骗犯罪达到数额起点但情节轻微而不作为犯罪处理；(4) 强奸因后续通奸而不宜以犯罪论处；(5) 为生活所迫，出卖亲生子女的行为不构成犯罪；(6) 盗窃、诈骗未遂情节不严重一般不定罪处罚；(7) 因“双套引诱”而实施毒品犯罪的可免予刑事处罚。[①] 其实，除了上述七种情形的出罪事由外，对涉及侵犯财产为内容的犯罪，只要退赔到位，一般也可以作不起诉或免刑处理。如非法吸收公众

---

① 参见方鹏：《出罪事由的体系和理由》，中国人民公安大学出版社 2011 年版，第 42－61 页。

存款罪、非法集资及其帮助犯、利用未公开信息交易、信用卡诈骗罪、非法经营罪、诈骗罪、盗窃罪、拒不支付劳动报酬罪、虚假诉讼罪等近20个司法解释明确规定退赃退赔的，按情节轻微对待，可作不起诉处理决定。

3. 指导性案例

近年来，最高人民法院、最高人民检察院相继颁布了一大批指导性案例，其中不乏犯罪情节轻微或显著轻微的标准认定。如最高人民检察院第二十二批指导性案例（无锡F警用器材公司虚开增值税专用发票案，检例第8号），对涉案单位和4个责任人员，在F警用器材公司补缴全部税额并缴纳滞纳金后，认罪认罚，并在该公司完善治理制度基础上，检察机关对涉罪企业及有关人员作出不起诉决定，同时建议公安机关、税务机关对该公司作出行政处罚，并没收违法所得。

4. 司法人员的自由裁量

对于“情节严重”的犯罪定量问题，司法人员能否根据相关原则和法理进行认定，这是一个颇为复杂的问题。笔者认为，符合一定条件时，司法人员可以根据一定规则及刑法谦抑性原则，在符合法理的前提下，可以自由裁量，从而作出个案行为是“情节显著轻微”或是“情节轻微”行为，而不是“情节严重”的综合认定，对某种行为认定不构成犯罪，或不负刑事责任。例如，我国司法解释对盗窃、诈骗近亲属财物的行为一般不作犯罪处理，那么，对侵占近亲属财物的行为，根据“举重以明轻”的规则，同样可以不作犯罪处理。因此，在同一类型的犯罪分类下，较重罪名的行为，出现某一情形，司法解释认为不以犯罪论处，那么，较轻罪名的行为，出现同一情形，司法人员同样可以认为不按犯罪论处。如强奸后受害人多次自愿与行为人通奸的，同样不以犯罪论处。此外，在立法或司法解释对某种行为状况规定过于概括、抽象的情况下，对特殊情形下的行为，司法人员仍然可以根据诸如刑法谦抑性原则作出不以犯罪论处的决定。如上文中提及的，流浪汉在危困情况下，偷盒饭填饱肚子，虽然符合盗窃行为3次构成犯罪的规定，但仍然可以从行为人作为残疾人，在困顿下偷盒饭充饥，所偷财物价值不大等角度，综合全案事实，作出“情节显著轻微”的认定，即对“多次”盗窃行为内容的理解，从刑法谦抑性原则出发，作出从形式犯罪到实质不犯罪的认定。

综上，对于“情节严重”的认定，在正常情况下，要围绕“危害后果、特定要素、侵害法益、实施手段、主观恶性等角度，结合具体案情进行司法认定”。[①] 除此之外，还要考虑退赃赔偿，认罪认罚即被害人谅解情况。对于相近或同类的罪名，如果法益侵害或威胁较重的行为，没有被认定为“情节严重”，那么法益侵害较轻的行为当然不能认定为“情节严重”。对于民事侵权与刑事犯罪判断存在疑难的问题，当特别轻微罪的判断存疑时，要恪守刑法谦抑性原则，作出有利于被告人（嫌疑人）的结论。对于可能判处轻微罪短期自由刑或单处罚金的犯罪行为，尽可能往民事不法或行政违法方面去理解与处理，防止刑罚短期自由刑在服刑期的交叉传染，及行为人贴上犯罪标签后，给其本人及家人所带来的长期的严重的社会负面影响。

---

① 王恺丰：《往返顾盼："情节严重"的规则寻找与司法认定》，载《建设公平正义社会与刑事法律适用问题研究——全国法院第24届学术讨论会获奖论文》。

中篇

刑民关联案件的实体判断

刑民关联案件是一个涉及领域广泛，问题复杂，理论上的分类和司法实践中的做法莫衷一是的大问题。从刑民关联案件的情形来看，既有民事违法（民事违约与民事侵权）和刑事犯罪的判断的问题，又有刑民关联案件诉讼程序运行的问题。应当说，刑民关联案件实体问题的处理，是一个难度很大而又必须解决的问题。本篇就刑民关联案件的实体判断问题，选择司法实践中或有影响，或是典型的，或具有普遍性的刑民关联疑难案件 21 个，从刑法相关理论与民法相关原理出发，进行全面的论述，作出准确的判断与认定，切实解决司法实践中长期存在的难题。

第一章

民事纠纷与危害公共安全罪的判定

一、产品质量纠纷与以危险方法危害公共安全罪的判定

典型案例

林某名下有一部奥迪 A8 进口轿车，该轿车在大邦公司定期维保。2015 年 5 月 31 日，该轿车在大邦公司更换前两轮轮胎，支付费用 4000 多元。2015 年 6 月 19 日，该轿车在大邦公司更换后两轮轮胎，支付费用 4000 多元。2015 年 12 月，该轿车在高速公路上行驶时突然轮胎瞬间爆炸，所幸没有发生交通事故。2016 年 2 月，该轿车全部更换了四轮轮胎，支付费用 8000 多元。2016 年 5 月，该轿车在高速公路上行驶时，再次发生轮胎瞬间爆炸，车辆失控，轿车撞到隔离带上，造成轿车损坏，花去维修费 5 万多元。而后，车主林某经调查发现，大邦公司销售的“邓禄普”轮胎系从一个小店购买的，销售的轮胎不仅表面存在“起包”，连内表面也存在“起包”，产品质量存在严重问题。于是，林某向公安机关报案称，大邦公司老板黄某，明知奥迪 A8 车辆使用的是跑车级的高性能轮胎，却向小店购买有质量问题的轮胎冒充“邓禄普”轮胎，其在高速公路上行驶，不仅危及车辆及驾乘人员的自身安全，还会危及高速公路上行驶的其他车辆安全，并可能发生连环交通相撞的事故，危害公共安全，黄某的行为涉嫌以危险方法危害公共安全罪，要求追究黄某的刑事责任。黄某则辩称，本案系产品质量纠纷，不构成以危险方法危害公共安全罪。

法理评析

本案到底是产品质量纠纷，还是以危险方法危害公共安全罪，其区分的主要依据是黄某的行为是否符合以危险方法危害公共安全罪的犯罪构成要件，而这取决于对“其他危险方法”和“公共安全”的正确理解与认定。

（一）“其他危险方法”的理解与认定

根据权威解释，“其他危险方法”是指除放火、决水、爆炸以及投放毒害性、放射性、传染病病原体等物质以外的其他任何足以造成不特定多数人的伤亡或者公私财产重大损失的行为。[①] 由于以危害方法危害公共安全罪规定在《刑法》分则第2章中，并规定在《刑法》第114条和第115条之中，所以该罪不是兜底罪名，而是《刑法》第114条和第115条的兜底罪名。[②] 既然是《刑法》第114条和第115条的兜底罪名，那么，要正确理解以其他危险方法危害公共安全罪的内涵和外延，就必须正确理解放火罪、决水罪、爆炸罪、投放危险物质罪这几种罪名的内涵和外延。从放火、决水、爆炸、投放危险物质的行为和后果来看，只要实施上述几种罪名的任何一种行为，就会直接地而不是间接地，一次性地而不是多次性地造成不特定多数人的伤亡或财产重大损失。根据同类解释规则，《刑法》第114条与第115条规定的兜底罪名的兜底项与第114条与第115条规定的罪名的列举项属于同类，而判断同类的标准是“手段相似、性质相同、后果相当”。手段相似主要是指只要实施危险方法行为，就会一次性地、即时性地造成不特定多数人的伤亡或重大财产损失，行为人无法控制该重大后果。如果某行为是多次的或较长时间才造成上述结果，则不能认定为手段相似。性质相同是指侵害的法益相同，即公共安全。后果相当是指某行为直接地造成不特定多数人的伤亡或重大财产的损失。假如某一行为所

① 参见王爱立主编：《中华人民共和国刑法解读》（第5版），中国法制出版社2018年版，第181页。

② 参见高铭暄、马克昌主编：《刑法学》（第7版），北京大学出版社、高等教育出版社2016年版，第337页。

作用的仅是对公共安全具有辅助功能的人或者物，即行为对象，那么该行为就不能定为“危险方法”[①] 同类解释中的后果相当。

在这里，特别要对“不特定多数人的伤亡或者重大财产损失”作一个全面的理解。

不特定多数人的伤亡的不特定性指犯罪结果的不特定性的多数人，也就是说，在犯罪行为作用于特定的或者不特定的侵害对象后，其可能造成的后果难以预料，不可控制。[②] 如果行为针对特定的对象，发生后果特定，则不是“不特定多数人”。换言之，“不特定多数人”排斥“特定的多数人”“特定的少数人”“不特定的少数人”等情形。而“重大财产损失”的前提是对多数人的生命安全构成威胁。若是受到重大损失的仅有公私财产，并没有危害到其他人的生命安全，则不构成这一罪名。[③]

（二）“公共安全”的理解与认定

对“公共安全”的正确认定是正确认定危害公共安全罪以及以其他危险方法危害公共安全罪的关键。由于《刑法》没有就“公共安全”作出明确的规定，以致在司法实践中对“公共安全”的认定有扩大使用之嫌。根据学界普遍的观点，“公共安全”是指不特定多数人的生命、健康或重大公私财产的安全。[④] 这样定义公共安全仍然要作正确的理解。“不特定”是“公共”的核心概念，“多数人”是限定条件，只有把“不特定”与“多数人”结合起来，才能准确把握“公共安全”的范围，而且“不特定”与“多数人”只限定在对生命、健康安全的危害，不包括公共生活的其他方面。同时，不具有公共意义上的重大财产损失，不属公共安全范畴。换言之，财产安全必须是与不特定多数人生命、健康密切相关的公私财产的安全，这样才属于公共安全的范畴，单纯的财产安全不构成公共安全。

---

① 参见陆诗忠：《论“以危险方法危害公共安全罪”中的“危险方法”》，载《法律科学》2017 年第 5 期。

② 参见章璐璐：《危害公共安全罪中“公共安全”的界定》，华东政法大学 2018 年硕士学位论文。

③ 参见杨培华：《以危险方法危害公共安全罪的“危险方法”认定》，安徽大学 2019 年硕士学位论文。

④ 参见刘宪权主编：《刑法学》（第 3 版）（下），上海人民出版社 2012 年版，第 382 页。

本案中黄某销售产品质量存在问题的轮胎的行为，导致奥迪 A8 轿车发生爆胎的事故，林某花去维修费 5 万多元。轮胎是汽车的重要部件，它在行驶时发挥着承受各种变形、负荷力以及调节高低温的作用，要求有较高的承载性能、牵引性能、缓冲性能以及高耐磨性、耐屈挠性等，一旦轮胎质量存在问题，往往会造成车毁人亡及重大财产损失的严重后果。从这一点来看，销售不合格轮胎可能会导致不特定多数人伤亡或重大财产损失，似乎表面上符合“危险方法”特征。然而，仔细分析，黄某的行为不符合“危险方法”的特征。“危险方法”要求行为人实施行为时，具有致人伤亡或者重大财产损失的犯罪目的。本案中，黄某销售不合格的轮胎，显然不是要置林某于死地，主观上不具有危害公共安全罪的故意。从因果关系来看，“危险方法”只要行为人实施行为之后，就会一次性地、即时性地发生不特定多数人伤亡或者重大财产损失，无须借助第三方或者其他因素的介入，而黄某销售轮胎行为本身，不会直接地、一次性地造成车毁人亡或重大财产损失的危害结果。如果要发生交通事故，还要与轿车是否上公路甚至高速公路、车辆的操控性能、驾驶员的驾驶经验等联系在一起，因此不符合“危险方法”的基本属性与特征。

同时，轮胎生产、销售虽然要符合保障人身、财产安全的国家标准、行业标准，属于产品安全，但不属于公共安全范围。如果因为产品安全标准构成犯罪，根据《刑法》第 146 条的规定，只能构成生产、销售不符合安全标准的产品罪。而《刑法》第 146 条是规定在《刑法》分则第 3 章破坏社会主义市场经济秩序罪中，侵犯的法益是国家对产品质量的监督管理秩序，消费者的生命健康财产受到实际损害或危险，是产品质量秩序得不到保障而产生的后果而已。所以，本案中黄某的行为不构成以危险方法危害公共安全罪。

当然，黄某的行为有可能涉及销售不符合安全标准的产品罪或销售伪劣商品罪。但是，在本案中，黄某销售质量有问题的轮胎，没有直接造成经济损失 10 万元以上，以及销售伪劣商品金额在 5 万元以上，所以均不构成销售不符合安全标准的产品罪、销售伪劣商品罪。

本案中，林某可以根据《产品质量法》第40条以及《民法典》的相关条款，依法向人民法院提起民事诉讼，要求黄某承担相应的民事责任。林某可以按照《民法典》合同编的规定，要求黄某承担违约责任，或者可以按照《民法典》侵权责任编的规定，要求黄某承担民事侵权责任，这在民法理论上属于法规竞合，即民事请求权的竞合，由民事当事人选择确定。

二、买卖玩具枪的民事行为与非法买卖枪支罪的判定

典型案例

王某在网上买了3支玩具枪在公园旁摆摊经营打气球生意。李某认识王某，2018年2月20日，李某询问王某从哪里购买玩具枪，也想摆摊打气球。王某正好有其他事项要办理，就提议把3支玩具枪及附属物品卖给李某。经协商，李某以3000元买得3支玩具枪及附属物品。2018年3月25日，公安执勤人员在例行检查时，将李某带到派出所调查，次日，公安机关以非法买卖枪支罪刑事拘留王某和李某。3支玩具枪经鉴定，枪口比动能均为1.92焦耳/平方厘米。于是，公安机关报请检察机关批准逮捕。检察机关经审查认为，王某和李某主观上不具有非法买卖枪支的故意，从王某和李某个人认识及社会公众的普遍认识，该3支玩具枪不具有危险性和致伤力，不构成刑法意义上的“枪支”，遂作出不构成犯罪的不批准逮捕决定。

公安机关不服，申请复议，理由是王某和李某非法买卖的3支玩具枪，经过鉴定，枪口比动能达到1.8焦耳/平方厘米，根据公安部2007年发布的《枪支致伤力的法庭科学鉴定判据》第3条的规定，该3支玩具枪应当认定为“枪支”，王某和李某不具有买卖枪支的资格，所以其实施的行为构成非法买卖枪支罪。

法理评析

此类问题在司法实践中并非个例，需要认真处理。本案中，因买卖玩具枪的民事行为而被以非法买卖枪支罪立案。那么，这两者的区别在哪

里，这要从非法买卖枪支罪的犯罪对象、主观上的明知故意以及该行为是否危害公共安全三个方面来认定和判别。

（一）本案中，3支“玩具枪”不能认定为刑法意义上的“枪支”

《枪支管理法》第46条规定：“本法所称枪支，是指以火药或者压缩气体等为动力，利用管状器具发射金属弹丸或者其他物质，足以致人伤亡或者丧失知觉的各种枪支。”从这个定义可以看出，“致人伤亡或者丧失直觉”是认定枪支的特征之一。根据《枪支致伤力的法庭科学鉴定判据》起草人、公安部鉴定专家季峻的观点，这里伤亡的“伤”，是指“能够对人体造成轻伤以上的伤害，是在这个问题上的共识。但由于人体并非简单的均质目标，多部位结构复杂，功能各异。枪弹的同一能量命中部位不同，伤亡差别很大，即人体各部位所能承受的最低动能并不均匀”。“在制定刑事技术枪弹致人死亡的标准时应考虑到要害部位，考虑到最薄弱的部位。只要能够对人体眼睛这一人体最脆弱部位造成轻伤以上伤害即可，经试验测定，枪口比动能达到1.8焦耳/平方厘米时，就能够对眼睛造成轻伤。”[①] 造成伤亡中的“伤”认定为轻伤，本书认为具有合理性，因为构成轻伤是“枪支”致伤力的基本要求，而且致人轻伤，已构成犯罪。但致伤力以眼睛为要害部位，进而以枪口比动能达到1.8焦耳/平方厘米的标准认定为“枪支”，则是本书不能认同的。公安部2010年修订的《公安机关涉案枪支弹药性能鉴定工作规定》第3条规定，对不能发射制式弹药的非制式枪支，按照《枪支致伤力的法庭科学鉴定判据》的规定，当所发射弹丸的枪口比动能大于等于1.8焦耳/平方厘米时，一律认定为枪支。而2001年公安部发布的《公安机关涉案枪支弹药性能鉴定工作规定》的枪口比动能则以16焦耳/平方厘米为认定枪支标准，10年时间增加了近10倍，凸显了我国对枪支管理持越来越严的态度。但是，以枪口比动能为1.8焦耳/平方厘米为标准认定枪支，且以眼睛为要害部位，这种认定标准和认定方法是不科学的。关于“枪支”认定的标准，我国香港特区是7.077焦耳/平方厘米，我国台湾地区是20焦耳/平方厘米，俄罗斯是19焦耳/平方厘米，

---

① 季峻：《关于枪支杀伤力鉴定的讨论》，载《江苏公安专科学校学报》2000年第6期。

美国是21焦耳/平方厘米。[①] 由此可见，我国公安部的枪支认定标准，比其他国家和地区的认定标准要低很多，难怪有的网民强烈质疑1.8焦耳/平方厘米的威力还不如在淘宝上随意买到且没有任何管制限制的“弹弓”威力的1/8。[②] 以眼睛为要害部位作为测试标准是毫无科学的，若如此，“弹弓”也是“枪支”，岂不笑话？不管以什么方式伤害眼睛，只要达到轻伤，就构成犯罪，但反过来以1.8焦耳/平方厘米会导致眼睛损害达到轻伤程度，从而作为认定“枪支”的标准是片面没有道理的。根据《枪支管理办法》（已失效）第2条：“本办法所指的枪支（包括这些枪支所使用的弹药）是指非军事系统的下列枪支：军用的手枪、步枪、冲锋枪和机枪，射击运动用的各种枪支，狩猎用的有膛线枪、散弹枪、火药枪，麻醉动物用的注射枪，以及能发射金属弹丸的气枪。”《枪支管理办法》以列举的方法对枪支作出明确的规定。而本案中的“玩具枪”枪口比动能虽然超过1.8焦耳/平方厘米，但不在《枪支管理办法》第2条列举的枪支范围之内，不能认定为刑法意义上的枪支。即使对枪支认定存在争议，由于规定“什么是刑法中的枪支”这个概念或含义是事关犯罪与刑罚的问题，这个权限属于最高人民法院、最高人民检察院的司法解释范畴，公安部无权解释什么是刑法上的枪支问题。

（二）王某和李某主观上没有犯罪的故意

非法买卖枪支罪在主观上表现为故意，即明知是枪支而非法买卖。本案中，王某从网上购买了3支玩具枪的枪形物，而王某又转让玩具枪给李某。对王某与李某来说，玩具枪就是玩具枪，适用于摆摊打气球，不是用来危害公共安全的伤害他人的工具。作为两名农民，什么是枪口比动能他们从来没听说过，也从未有人告诉他们，他们摆摊打气球的地方人来人往，从来没有人告诉他们这是“枪支”。因此，无论是王某与李某的认识还是社会公众的认识，甚至不乏法律工作者的认识，摆摊打气球长期以来

① 参见陈志军：《枪支认定标准剧变的刑法分析》，载《国家检察官学院学报》2014年第5期。

② 瘦驼：《1.8焦耳/平方厘米的枪支认定标准，到底有多低?》，载搜狐网博客2017年1月5日，https：//m. sohu. com/n/481818815/。

是一项娱乐方式，把这种玩具枪等同于刑法意义上的“枪支”，是他们万万想不到的。实际上，社会大众从来就没有人因为使用玩具枪打气球而感到威胁与恐惧，玩具枪与危害公共安全无法挂钩。王某和李某主观上既没有能力，又没有可能对刑法管制下的“枪支”作一个清晰的判断。“如果按社会普通人的认识水平，大多数人没有认识到某种行为具有违法性时，则基本可以否定行为人具有违法性认识，因而可以否定犯罪故意。”① 所以，从主观不法这个角度来看，无法认定王某和李某对玩具枪就是“枪支”在主观故意上是明知的，王某和李某对玩具枪的性质及买卖玩具枪的行为性质无法作出非法买卖枪支的判断，正如王某和李某在公安机关的讯问笔录中所辩解的，如果玩具枪真的是“枪支”，具有杀伤力，他们就是有十个胆子也不敢去买，更不会摆摊打气球。

（三）王某和李某买卖玩具枪的行为，不具有达到犯罪程度的社会危害性

前已述及，本案的玩具枪不能认定为刑法上的“枪支”，即使对认定刑法上的“枪支”存在争议，那么，王某与李某的买卖行为是否达到犯罪程度（相当）的社会危害性呢，答案显然是否定的。首先，以玩具枪打气球在我国民间是一种娱乐活动，包括王某与李某在内的社会公众不会认为具有什么社会危害性。其次，根据公安机关的鉴定意见，涉案的 3 支玩具枪被认定为“枪支”，由于该“枪支”用于摆摊打气球，时间又短，加上王某与李某的主观认识因素，上述行为仍然可以根据《刑法》第 13 条的但书规定，认定为情节显著轻微，不认为是犯罪。实际上，在天津赵某华非法持有枪支案出来后，社会舆论一片哗然，为了谨慎认定“枪支”及入罪，2018 年 3 月 8 日公布的《最高人民法院、最高人民检察院关于涉以压缩气体为动力的枪支、气枪铅弹刑事案件定罪量刑问题的批复》（法释〔2018〕8 号）规定，对非法买卖以压缩气体为动力且枪口比动能较低的枪支的行为，在决定是否追究刑事责任以及如何裁量刑罚时，不仅应当考虑涉案枪支的数

① 刘子巍：《论刑法上的“枪支”及其认定》，载《刑法论丛》（2017 年第 3 卷），法律出版社 2018 年版，第 196 页。

量，而且应当充分考虑涉案枪支的外观、材质、发射物、购买场所和渠道、价格、用途、致伤力大小、是否易于通过改制提升致伤力以及行为人的主观认知、动机目的、一贯表现、违法所得、是否规避调查等情节，综合评估社会危害性，坚持主客观相统一，确保罪责刑相适应。《最高人民法院、最高人民检察院关于涉以压缩气体为动力的枪支、气枪铅弹刑事案件定罪量刑问题的批复》体现了常识主义的回归。虽然《最高人民法院、最高人民检察院关于涉以压缩气体为动力的枪支、气枪铅弹刑事案件定罪量刑问题的批复》在如何判断相当的社会危害性从而入罪的考虑因素很多，过于宽泛，但综合本案，仍然可以得出社会危害性很小，不具有入罪的条件。

综上所述，检察机关最后驳回了公安机关的复议申请。认定诸如“枪支”等违反行政法规的行政犯时，正如一位学者所提醒的那样：“司法工作人员在审理具体的案件时不能只是依赖于现有的行政标准，而是应该对法律条款进行认真的剖析，在法律中找到明确的原则及其限制。”① 这才是司法人员应有的认识与态度。刑法之治，是规范之治，正义之治，人性之治，谦抑之治。

三、交通事故民事侵权与交通肇事罪的判定

典型案例

许某驾驶一货车行驶在省道上，在用手机接听电话时，他一不小心把自己驾驶的货车撞到停在路边的陈某的一辆宝马汽车上，造成宝马汽车损坏，花去修理费45万元左右，许某赔偿30万元之后就无力再赔偿了。陈某向交警部门报案，经调查认定许某在本起交通事故中负全部责任。于是，公安部门以交通肇事罪向检察机关提请逮捕。检察机关审查后认为，根据相关司法解释，交通肇事造成公共财产或者个人财产直接损失，负事故全部或者主要责任，无能力赔偿数额在30万元以上的，才构成交通肇事罪。本案虽然造成个人财产损失45万多元，但许某已赔偿陈某30万元，

① 崔心觉：《非法持有玩具枪行为的刑法评价——以赵春华案为分析样本》，辽宁大学2017年硕士学位论文。

无力赔偿数额为 15 万多元，不符合交通肇事罪的立案标准，不构成交通肇事罪，遂作出不批准逮捕决定。

法理评析

民事违法的交通事故与交通肇事罪的区分标准或界限到底是什么？本书认为，“数额 + 情节”是区分的关键标准。

在我国的刑事立法与司法解释活动中，绝大多数罪名的入罪条件与犯罪数额与犯罪情节相关，尤其对财产犯罪以及主要导致财产损失的经济犯罪，数额标准大致上是一个入罪标准。“数额较大”“数额巨大”等在具体犯罪规定中比比皆是，由此在理论研究中产生了数额犯的概念。所谓数额犯，是指以一定数额作为犯罪构成要件的犯罪，[①]“数额”在阶层论犯罪构成体系中属于违法性要素，数额的多少体现了对法益侵害程度的大小，从而作为是否入罪的一个关键要素。

数额犯的直接依据是我国《刑法》第 13 条的规定，即但书规定，《刑法》分则中所有的犯罪，都应受到但书的规制。但书是对社会危害性的实质考察，因此是实质的非犯罪化规定，[②] 即但书起到实质意义的出罪作用。

在本案中，许某驾驶的货车发生了交通事故，造成陈某花去维修费 45 万多元，许某当即赔偿了 30 万元，仍然还有 15 万多元的维修费用无能力赔偿。根据我国《刑法》第 133 条的规定，违反交通运输管法规，因而发生重大事故，致人重伤、死亡或者使公私财产遭受重大损失的，处 3 年以下有期徒刑或者拘役。如何判断和认定“使公私财产遭受重大损失”，根据 2000 年 11 月 15 日发布的《最高人民法院关于审理交通肇事刑事案件具体应用法律若干问题的解释》第 2 条第 1 款第 3 项的规定：交通肇事造成公共财产或者其他财产直接损失，负事故全部或者主要责任，无能力赔偿数额在 30 万元以上，即构成交通肇事罪。换言之，只要有能力赔偿，或者赔偿一部分损失后无能力赔偿的数额在 30 万元以下的，就不能追究交通肇事罪的刑事责任。最高人民法院的这一司法解释，对交通肇事造成单

---

① 参见陈兴良：《刑法哲学》，中国政法大学出版社 1997 年版，第 579 页。

② 参见陈兴良：《但书规定的法理考察》，载《法学家》2014 年第 4 期。

纯的公私财产损失的，以数额作为入罪标准，其考虑合情、合理、合法，贯彻了但书的精神，体现了刑法谦抑的基本原则。当然，这一司法解释，也有学者提出反对意见：一是规定造成交通事故财产直接损失追究刑事责任与刑法对交通肇事罪的定义相矛盾。二是根据肇事者对事故中财产直接损失的偿还能力来判断其触犯刑法构成犯罪，与刑法的基本原则相矛盾。三是用偿还能力来判断其构成交通肇事罪，在办案实践中无法操作，也无法准确认定交通肇事罪的主体。[①] 还有学者认为，刑事责任与民事责任不可转换，以行为人有无赔偿能力作为定罪的标准之一，混淆了刑事责任和民事责任，缺乏法理上和立法上的支持，且有可能造成对法律面前人人平等原则的破坏。[②] 应当说，这种担心是有一定道理的，任何一种制度都不可能是十全十美的，都有利弊之分，关键是看利大于弊还是弊大于利。

笔者认为，交通事故，既是民事侵权，情节严重的又是刑事犯罪。交通肇事罪作为危害公共安全罪的一个罪名，侵犯的法益是不特定多数人伤亡或者重大财产损失。对于只是造成财产损失，且又是过失犯罪，如果民法能调整的，尽量以民事赔偿了事，只有当民法调整无效后，刑法才有必要介入，这是贯彻刑法谦抑原则中的补充性与宽容性的必然要求。本案中，许某不能赔偿的数额为 15 万多元，受害人陈某依法可以通过民事诉讼途径救济自己的权益，无须通过刑法这把“双刃剑”介入。实际上，类似因行为人造成财产损失，以 30 万元为刑事立案标准的早已有之，如 1999 年 9 月 16 日公布施行的《最高人民检察院关于人民检察院直接受理立案侦查案件立案标准的规定（试行)》规定，玩忽职守、国家机关工作人员签订、履行合同失职被骗案、环境监管失职案、商检失职案、动植物检疫失职案等几种过失渎职犯罪造成直接经济损失的立案起点规定为 30 万元，对这个立案起点数额，有学者呼吁有调高之必要。1998 年 3 月 17 日，《最高人民法院关于审理盗窃案件具体应用法律若干问题的解释》（已

---

① 参见欧居尚：《论缺乏偿还能力构成交通肇事罪》，载《重庆交通学院学报》2004 年第 2 期。

② 参见杨忠民：《刑事责任与民事责任不可转换——对一项司法解释的质疑》，载《法学研究》2002 年第 4 期。

失效）第6条第2款规定：盗窃公私财物虽已达到“数额较大”的起点，但情节轻微，全部退赃、退赔的可不作为犯罪处理。总之，无论如何，对造成财产损失的犯罪，规定一个适当的入罪数额，是我国刑事立法和司法解释的一个惯常做法和目标趋势。从刑法的发展方向来看，受害人的赔偿对某些轻微犯罪作出罪处理，也是一个趋势。对行为人来说，主动抵消前行为所犯之罪，自我实现非犯罪化的救赎，[①] 也是应当鼓励之举，所谓知错能改，善莫大焉。有学者指出，损害赔偿在一定条件下影响交通肇事罪的定罪量刑，其积极意义在于符合以被害人利益为导向的刑事政策；符合现代刑法的谦抑原则；符合对交通肇事罪刑事政策的发展趋势；符合过失损毁财物不负刑事责任的刑法基本原理；暗含了恢复性司法的精神。[②]

其实，我国交通肇事罪的民事赔偿规定是顺应世界潮流之举。自第二次世界大战以来，被害人的赔偿问题日益受到重视。而域外刑法理论之所以重视民事赔偿的刑法意义，主要是基于被害人地位的复归，刑法目的观变化，刑事政策的调整，恢复性司法的勃兴。[③] 而民事赔偿的刑法意义，在域外的一些国家和地区，主要表现在将赔偿作为一个量刑情节，将赔偿作为代替刑罚的一项措施，将赔偿作为适用缓刑、假释的重要条件或行为人必须履行的义务。[④] 在这种大背景下，我国刑事司法也借鉴域外的做法，高度重视民事赔偿对定罪量刑的影响，通过被告人与被害人之间的赔偿合作，恢复被告人破坏的社会关系，弥补被害人的损失和精神抚慰，取得被害人的谅解，促使被告人悔过自新，回归社会。这样，对于一些过失犯、偶犯，且罪行较轻的，在民事赔偿后，不按犯罪处理，是一个多赢的结案方式。因此，本案不按刑事犯罪处理是恰当的。

---

① 参见储槐植、闫雨：《“赎罪”——既遂后不出罪存在例外》，载《检察日报》2014年8月12日，第3版。

② 参见刘东根：《论刑事责任与民事责任的转换——兼对法释〔2000〕33号相关规定的评述》，载《中国刑事法杂志》2004年第6期。

③ 参见朱铁军：《民事赔偿的刑法意义》，载陈兴良主编：《刑事法评论》（第26卷），北京大学出版社2010年版，第193－196页。

④ 参见朱铁军：《民事赔偿的刑法意义》，载陈兴良主编：《刑事法评论》（第26卷），北京大学出版社2010年版，第192－193页。

第二章

民事纠纷与破坏社会主义市场经济秩序罪的判定

一、买卖药品行为与销售假药罪的判定

典型案例

2002年，陆某被查出患有慢粒白血病，当时医生推荐他服用瑞士诺华公司生产的“格列卫”抗癌药。但这种药品的售价是每盒23,500元，一名慢粒白血病患者每个月需要服用一盒，这让原本家境不错的陆某，很快捉襟见肘。2004年6月，陆某获悉印度有一种廉价但有效的仿制“格列卫”抗癌药，一盒售价仅4000元。陆某开始服用仿制“格列卫”，并于2004年8月在病友群里分享了这一消息。随后，很多病友让其帮忙购买此药。为了方便汇款，陆某在网上买了3张信用卡，其中一张给印度公司作为收款账户，另两张因无法激活被丢弃。2013年8月下旬，湖南省沅江市公安局在查办一网络银行卡贩卖团伙时，将曾经购买信用卡的陆某抓获。2014年3月19日，陆某被取保候审。7月21日，沅江市人民检察院以妨害信用卡管理罪和销售假药罪对陆某提起公诉。2015年1月27日，沅江市人民检察院向沅江市人民法院撤回起诉。2月26日，沅江市人民检察院对陆某依法作出不构成犯罪的不起诉决定。[1]

---

① 参见湖南省沅江市人民检察院不起诉决定书，沅检公刑不诉（2015）1号。

法理评析

关于陆某的行为是否构成犯罪，在实务界和法学界经历了较为激烈的讨论，清华大学劳东燕教授从六个方面对陆某行为的去罪化作了详细的分析：一是从“假药”概念入手，考察行为人是否实施了有偿转让行为；二是从“假药”概念入手，考察案中所涉药品是否属于“假药”；三是出售未经批准而进口的药品，如果没有达到司法解释所规定的定量要求，相关行为仍不能作为犯罪来处理；四是从危险的判断入手，考察是否存在严重危害人体健康的抽象危险；五是即使符合销售假药罪的构成要件，且认为对抽象危险的存在与否不允许进行反证，相关行为仍可能由于成立紧急避险而正当化；六是从有无期待可能性的角度，考察是否存在阻却罪责的情形。[①] 应当说，这篇论文较为全面地分析了陆某案出罪的事由和路径，具有很强的指导意义。笔者仅从“假药”与“销售”两个方面，分析陆某行为到底属于民法上的代购（代理）药品行为还是刑法上的销售假药行为。

（一）陆某购买的药品不能认定为假药

根据我国《刑法》第141条第2款，销售假药罪中的假药，是指依照《药品管理法》的规定属于假药和按假药处理的药品、非药品。按照2015年《药品管理法》第48条的规定，假药包括：（1）国务院药品监督管理部门规定禁止使用的；（2）依照本法必须批准而未经批准生产、进口，或者依照本法必须检验而未经检验即销售的；（3）变质的；（4）被污染的；（5）使用依照本法必须取得批准文号而未取得批准文号的原料药生产的；（6）所标明的适应症或者功能主治超出规定范围的。从上述规定可以看出，陆某案唯一可以“假药”定性的理由是必须批准而未经批准进口即销售的。从形式逻辑上说，结合《刑法》第141条与《药品管理法》第48条的规定，似乎可以得出销售未经批准的进口药品即构成销售假药罪的结论。而经过认真分析，这个结论是站不住脚的。

其一，药品作为广大人民群众日常生活的一个必需品，其安全与否关

---

① 参见劳东燕：《价值判断与刑法解释：对陆某案的刑法困境与出路的思考》，载《清华法学评论》2016年第1期。

乎百姓的身体健康和生命安全，药品的主要目的是治病救人。“如果以非药品或其他药品来代替治疗，非但不能达到治病救人的目的，反而会贻误病情，甚至危及使用者的生命安全。”[①] 因此《药品管理法》（2019 年修订）第 2 条规定，本法所称药品是指用于预防、治疗、诊断人的疾病，有目的地调节人的生理机能并规定有适应症或者功能主治、用法和用量的物质，包括中药、化学药和生物制品等。[②] 由此可见，以药品是否具有治疗功效为药品认定的实质标准，而不是以该药品是否经过有关单位批准为认定标准。很显然，陆某案中的格列卫药品，虽然未经我国有关部门批准，但该药品在印度是合法生产、销售的，“陆某案中的众多患者在服用经陆某帮助而购得的印度仿制药后，身体不仅没有受到伤害，反而具有治疗效果，有效延续了生命”。[③] 陆某购得的药品在国外合法注册，又具有治病救命的功能，这样的药品怎么能认定为“假药”呢？显然，沅江市人民检察院把陆某购买的格列卫抗癌药品，认定为《药品管理法》中的假药是不能令人接受的。换言之，陆某购买的格列卫抗癌药品不是假药，药品的真假应以药品的治疗功效为实质判断标准，2019 年 12 月 1 日施行的《药品管理法》删除了未经批准销售进口药品认定为假药的规定。

其二，从法益保护角度来看，销售假药罪放在“破坏社会主义市场经济秩序罪”一章中，仿佛本罪侵害的法益仅仅是药品管理秩序。实际上，销售假药行为侵害的主要法益是不特定多数人的生命健康安全，侵害药品管理秩序是次要法益。维护药品管理秩序的最终目的是实现老百姓的用药安全，即生命健康安全。因此，秩序维护与安全目的，孰本孰末，孰轻孰重，一目了然。正如有的学者所言：“仅从秩序价值的实现为目标的法是目光短浅的法，是没有前途的法，也是不可能创设良好秩序的法。法追求秩序又不满足于秩序，才能获得真正的秩序并有可能实现法的所有价

---

① 邵蓁蓁：《生产、销售假药罪若干问题研究》，安徽大学 2012 年硕士学位论文。

② 2015 年《药品管理法》第 100 条有基本相同的规定。

③ 劳东燕：《价值判断与刑法解释：对陆某案的刑法困境与出路的思考》，载《清华法学评论》2016 年第 1 期。

值。"[①] 陆某帮助众多白血病患者代购印度抗癌药品，病情得以控制并好转，陆某的行为，使众多患者生命健康安全得以改善，是一种对特定人群非常有益的行为。某种违反行政管理秩序的行为，即使在行政法上可以被认定为侵害了公共法益，但如果没有最终侵害个人法益，也只能是行政违法行为，而不能成为犯罪行为。[②] 陆某帮助他人代购抗癌药品的行为不应被认定为犯罪行为。

（二）陆某的代购药品行为不是销售假药行为

陆某案适用的《刑法》条文是第114条规定的生产、销售假药罪，但对何为"销售"，《刑法》没有作出具体规定。综观《刑法》分则条文的规定，与"买"、"卖"或者"买卖"有关的条文，处罚的行为人各不相同。如只对"买"的行为处罚（《刑法》第341条规定的非法收购珍贵、濒危动物罪，第344条规定的非法收购国家重点保护植物及制品罪，第345条规定的非法收购盗伐、滥伐的林木罪），这里的"收购"就是"买"的意思。只对"卖"的行为处罚（如《刑法》第325条规定的非法向外国人出售珍贵文物罪，第327条规定的非法出售文物藏品罪以及第341条和第344条），这里的"出售"就是"卖"的意思。对于"买卖"的行为可分为广义的"买卖"行为和狭义的"买卖"。狭义的"买卖"行为（如《刑法》第125条的买卖枪支罪，第280条的买卖身份证罪，第281条的非法买卖警用装备罪），对于狭义上的"买卖"行为，买的和卖的行为都要刑事处罚。而对于广义上的"买卖"行为（狭义上的买卖行为之外），主要有倒卖（《刑法》第228条及第326条）、贩卖（《刑法》第347条及第363条）、销售（《刑法》第126条、第140条至第150条、第214条、第215条、第218条、第283条共15个条文）、转让（《刑法》第228条）四种不同的术语表达（应当加以规范），虽然这四种术语表达不同，但内容和含义是相同的。如"倒卖国家禁止经营的文物"是指国家不允许自由

① 卓泽渊：《法的价值论》，法律出版社1999年版，第185－186页。

② 参见张明楷：《避免将行政违法认定为刑事犯罪：理念、方法与路径》，载《中国法学》2017年第4期。

买卖或者拍卖的文物，从中牟取利益的行为。①《刑法》第228条规定的非法倒卖土地使用权罪，在法条中开宗明义地规定“以牟利为目的”。“贩卖”（贩卖毒品罪）毒品是指非法销售毒品，包括批发和零售；以贩卖为目的收买毒品的，也属于贩卖毒品。②“贩卖”（贩卖淫秽物品罪）是指销售淫秽物品的行为，主观上“以牟利为目的”。③ 由此可见，“倒卖”、“贩卖”、“转让”与“销售”含义相同，都是以牟利为目的有偿转让行为。④在《刑法》分则规定的15个法条中的“销售”行为，都是只处罚销售的一方，而不处罚购买的一方。换言之，在销售型犯罪中，《刑法》把购买的行为排除在犯罪圈之外，去犯罪化。那么，作为购买行为的帮助行为自然也不构成犯罪。陆某案中，陆某并未以牟利为目的地有偿转让药品，而是为了其他病患者的利益，协助病患者向印度制药公司购买药品，其行为是购买行为的帮助行为，不符合销售假药罪只处罚出售一方的要件要求，不能纳入犯罪的范围。

从民事法律来看，销售行为可归入买卖合同范畴。《民法典》第595条规定：买卖合同是出卖人转移标的物的所有权于买受人，买受人支付价款的合同。在陆某案中，陆某通过借用或购买的账号，提供网银U盾，由病友向该账号支付药款后，将该药款转至印度某公司指定的张某霞账号，通知印度某公司向病友寄送药品，陆某的行为，在民法理论上是代理行为，而且是无偿代理，陆某的行为性质是购买者（病友）的代理人，仍然是购买行为，是合法的民事法律行为，因此，依法不能按犯罪处理。

---

① 参见王爱立主编:《中华人民共和国刑法解读》（第5版），中国法制出版社2018年版，第810页。

② 参见王爱立主编:《中华人民共和国刑法解读》（第5版），中国法制出版社2018年版，第859页。

③ 参见王爱立主编:《中华人民共和国刑法解读》（第5版），中国法制出版社2018年版，第897页。

④《增值税暂行条例实施细则》第3条规定，条例第1条所称销售货物，是指有偿转让货物的所有权。

二、借款合同纠纷与骗取贷款罪的判定

典型案例

犯罪嫌疑人林某锋（某汽车销售服务有限公司法人代表）自2014年5月至10月，伪造4份汽车购销合同，编制4份公司财务报表，向某兴业银行申请贷款3900万元，由华南某食品有限公司等作为保证担保，某房地产公司提供房屋及土地使用权为最高额抵押担保，担保的最高本金限额为4300万元，并办理了抵押登记。犯罪嫌疑人林某锋取得银行贷款后，一部分用于偿还银行欠款，一部分用于公司经营，还有少数部分用于偿还个人欠款。贷款期限1年期满后，犯罪嫌疑人无力偿还贷款。经银行催讨仍未偿还本金及利息，担保人亦未尽担保义务，银行于2016年5月起诉到法院，请求判令犯罪嫌疑人所在的某汽车销售服务有限公司偿还本金3900万元及按合同约定的利息、罚息、复利；保证人华南某食品有限公司对上述本金及利息承担连带清偿责任；银行有权对某房地产公司设定抵押的房产及土地使用权的拍卖、变卖或折价享有优先受偿权，优先受偿权的受偿范围以借款合同约定的最高本金限额4300万元为限。

在法院审理案件期间，抵押人某房地产公司向公安机关举报，公安机关于2016年9月12日以骗取贷款罪对林某锋立案侦查。据此，抵押人某房地产有限公司认为，本案林某锋涉嫌骗取贷款罪已被公安机关立案侦查，根据《民事诉讼法》第150条之规定，本案必须以另一案的审理结果为依据，而另一案尚未审结的，本案应中止审理。

法院审理后认为，"先刑后民"只有在民事案件的双方当事人又是刑事案件的犯罪嫌疑人和被害人，并基于同一法律关系中才能适用。从民事法律主体来看，本案的主体是债权人与债务人、各担保人，刑事案件的犯罪嫌疑人仅与借款纠纷的借款人重合，其责任主体与刑事案件的责任主体并不完全一致。从民事法律关系来看，本案涉及债权人与借款人之间的借款合同关系及借款人与各担保人的担保关系两种法律关系，而刑事案件的借款人涉嫌犯罪，并不涉及担保法律关系，民事纠纷和刑事犯罪作为独立

的两个事实，存在不同的法律关系，分别处理后不会发生冲突，即公安机关对涉嫌犯罪问题的追究，并不影响法院依据民事诉讼法审理本案民事合同纠纷。对合同效力进行判断和认定，属于民商事审判的范围，判断和认定的标准也应当是民商事法律规范，对本案合同效力的认定及有关款项数额的认定，均无须以刑事案件的审判结果作为依据，因此，对某房地产有限公司提出中止审理本案的主张，不予支持，法院于2017年10月作出判决，支持银行的诉讼请求。[①]

在法院判决后的2019年12月，公安机关以林某锋涉嫌骗取贷款罪提请检察机关批准逮捕。

法理评析

本案到底是借款合同纠纷还是骗取贷款罪是一个普遍存在而又典型的问题，此问题在司法实践中同案不同判的现象随处可见，因此，有必要进行深入的分析，鉴于本案是先刑后民还是刑民并行等诉讼程序选择问题，不在讨论范围，留待下篇中去详细探讨。笔者认为，本案是借款合同纠纷，林某锋的行为不构成骗取贷款罪。

（一）银行知情阻断骗取贷款罪的成立

骗取贷款罪，是指以欺骗手段取得银行或者其他金融机构贷款，给银行或者其他金融机构造成重大损失或者有其他严重情节的行为。[②] 骗取贷款罪不是典型的诈骗犯罪，主观上不需要行为人具有非法占有为目的，但该罪在客观上也体现为行为人实施了欺骗行为取得财产，继而给被害人造成损失。因此，骗取贷款罪也应当符合诈骗罪客观方面的逻辑构造，即行为人实施欺骗行为—对方陷入或者继续维持认识错误—对方基于认识错误处分（或交付）财产—被害人遭受财产损失。[③] 具体来说，就是借款人采取欺骗手段导致银行陷入错误认识，银行基于错误认识向借款人发放贷款

---

① 参见福建省莆田市中级人民法院民事判决书，（2017）闽03民初第189号。为了行文简洁，判决书中自然人作为保证人及个别程序问题，作了简略处理，但不影响本案所有解决的问题。

② 参见张明楷：《刑法学》（第4版），法律出版社2011年版，第685页。

③ 参见张明楷：《论诈骗罪的欺骗行为》，载《甘肃政法学院学报》2005年第3期。

从而给银行信贷资金造成重大损失或处于不能偿还的巨大风险之中。在实务中，许多行为人采取虚假销售合同、虚假财务报表等虚假材料，对此，银行大多数是知情的，甚至为了通过银行的程序审查，银行工作人员还指导行为人“补齐”相关材料。而银行工作人员之所以在知情情况下，审批发放贷款，是因为行为人提供了足额有效的担保人或担保物，银行不怕行为人还不了贷款，正所谓跑了和尚（行为人）跑不了庙（担保人或担保物）。至此，银行的知情切断了欺骗行为与取得贷款之间的因果关系。行为人提供虚假申请材料，银行工作人员知情，该行为不符合骗取贷款罪的行为构造和因果关系，因而不构成骗取贷款罪。

（二）银行没有遭受重大损失或者有其他严重情节

1. 骗取贷款罪所保护的法益是什么

银行是否遭受重大损失或有其他严重情节，是骗取贷款罪成立的要件之一。但是，长期以来，理论界的传统观点认为骗取贷款罪所保护的法益是国家对金融管理的秩序。[①] 如果按此观点，本案中的林某锋虚构购销合同，提供虚假财务报表等以欺诈手段骗取金融机构的贷款，该行为当然扰乱了正常的金融管理秩序，破坏了金融安全，构成骗取贷款罪。

但是，以抽象的金融管理秩序为本罪的法益，近年来遭到法学界和实务界的质疑和否定，不断有学者提出骗取贷款罪保护的法益为金融机构的信贷资金安全，[②] 因为抽象的金融管理秩序是虚无缥缈而不可名状的，其结果势必造成公权力过度介入私权领域，与罪刑法定原则似有抵牾。并且有学者认为，金融管理秩序与信贷资金安全之间是手段与目的关系。秩序的确定是为了一定目的服务的，不可能存在毫无目的的管理秩序，骗取贷款罪之所以强调对金融的管理秩序，其目的在于通过正常的金融管理秩序，可以合理有效地管理金融风险，保护金融机构的信贷资金安全。换言之，就骗取贷款的行为而言，实际上金融机构真正在乎的是其信贷资金的

---

① 参见高铭暄、马克昌主编：《刑法学》（第5版），北京大学出版社2013年版，第404页。

② 参见周光权：《刑法各论》（第3版），中国人民大学出版社2016年版，第225页；孙国祥：《骗取贷款罪司法认定的误识与匡正》，载《法商研究》2016年第5期。

安全与否，这才是本罪设立的目的之所在。[①] 应当说，这种理解和主张是符合立法本意和金融交易的要求。《刑法》关于骗取贷款罪的规定已经清楚地表明，该罪的犯罪对象是银行等金融机构的贷款，设立该罪旨在保护银行等金融机构信贷资金的安全。[②] 就银行等金融机构而言，在保障信贷资金安全的前提下，应当多鼓励金融产品交易，即使在金融产品交易过程中存在这样或那样的瑕疵问题，只要信贷资金安全有保障，刑法就不要介入，应当由民法或行政法介入调整。银行发放贷款的目的是追求利润，只要债务人或担保人能交付本金和利息，都不影响其目的的实现。

2. 信贷资金安全的含义

前文已述及，立法者设立骗取贷款罪的目的是保障银行等金融机构的信贷资金的安全，那么，信贷资金的安全又是什么是需要探讨的，从《刑法》第175条之一立法文本表述来看，行为人以欺骗手段取得贷款，必须给银行等金融机构造成重大损失或者有其他严重情节的，才构成犯罪。造成重大损失就是造成银行等金融机构实实在在的或者是已经发生的重大损失。这是一个客观的标准，容易掌握，当无多议。那么“其他严重情节”又是什么，至今无相关司法解释作出规定。《最高人民检察院、公安部关于公安机关管辖的刑事案件立案追诉标准的规定（二）》（法发〔2010〕22号）（2022年修订）对骗取贷款罪的立案标准进行了规定，第27条规定，具有下列情形之一的，应予立案追诉：一是以欺骗手段取得贷款、票据承兑、信用证、保函等，数额在100万元以上的；二是以欺骗手段取得贷款、票据承兑、信用证、保函等，给银行或者其他金融机构造成直接经济损失数额在20万元以上的；三是虽未达到上述数额标准，但多次以欺骗手段取得贷款、票据承兑、信用证、保函等的；四是其他给银行或者其他金融机构造成重大损失或者有其他严重情节的情形。对此有学者提出反对观点，认为一是该立案标准执行主体是公安机关与检察院，其内容规定

---

① 参见郑宏波：《法益视角下骗取贷款罪的实质解读与限缩适用》，载《黑龙江省政法管理干部学院学报》2017年第5期。

② 参见全国人大常委会法制工作委员会刑法室编：《中华人民共和国刑法条文说明、立法理由及相关规定》，北京大学出版社2009年版，第317页。

符合立案侦查和审查起诉的情形，但并不涉及审判，不应直接作为法院的定罪依据。二是司法实践中不少法院认为，只有对银行造成实际损害时，才能构成本罪，如果借款人提供足额担保，或提前归还借款，则不能构成犯罪。三是《刑法修正案（六）》将损失改为情节，但这里的“情节严重”所解决的，是针对部分损失难以认定的问题，而非完全没有损失的情形。“情节严重”是指造成银行损失但损失的具体数额和程度不能精确认定的情况，使银行的巨额资金陷入巨大风险，并与巨大损失具有相当性。[①] 笔者赞同上述观点。同时笔者认为，由于《刑法》第175条之一是把“重大损失”与“其他严重情节”并列规定，因此，骗取贷款罪中的其他严重情节，应当遵循刑法同类解释的要求，即从“手段相似、性质相同、后果相当”三个方面来把握同类解释标准。[②] 立法机关将重大损失与其他严重情节相并列而共同作为骗取贷款罪的成立要件，说明二者在不法内涵上相同或者相似。由于重大损失的考察重点在于是否现实地使信贷资金安全遭受不可回收的风险，因而，在对本罪的情节进行认定时，也应该从信贷资金安全是否存在现实风险的角度进行实质性的判断，也就是说，只有那些关乎信贷资金安全并与重大损失危害相当的情节，才称得上本罪的“其他严重情节”。[③] 综上所述，信贷资金安全，一看是否造成实际损失，二看是否形成实在的贷款风险（潜在的损失）。骗取贷款罪的法益就是信贷安全，其最低的入罪标准应限定为形成贷款风险，危及贷款安全。[④]

3. 足额有效担保的骗贷行为不构成骗取贷款罪

既然骗取贷款罪以骗贷行为造成银行等其他金融机构重大损失或形成贷款风险（潜在的损失）为成立要件，那么，接下来的问题就要对重大损失或风险作一个详细的分析。

---

① 参见陈少青：《担保贷款双重欺诈的犯罪认定》，载《政治与法律》2019年第1期。

② 参见余文唐：《刑法兜底规定的同类解释规则》，载魏东主编：《刑法解释》（2018年总第4卷），法律出版社2019年版。

③ 参见郑宏波：《法益视角下骗取贷款罪的实质解读与限缩适用》，载《黑龙江省政法管理干部学院学报》2017年第5期。

④ 参见孙国祥：《骗取贷款罪司法认定的误识与匡正》，载《法商研究》2016年第5期。

何为损失，词语上的含义，“损失”是指消耗或失去的东西。[①] 法律术语上的“损失”，是指可用货币表现出来的经济上的损害，包括受害人预期应当取得而由于加害人的行为未获得的收益。[②] 从普通词语及法律术语上来理解损失，只要银行在借款给行为人的同时，从行为人或第三人处获得足额有效的担保，银行就不存在诸如“消耗”“损失”“经济上的损害”等问题。简言之，银行不存在损失问题。无论行为人如何想方设法“骗取”贷款，只要有足额有效担保，就“跑了和尚跑不了庙”。银行在放贷时，真正在乎的是有无足额有效的担保，即信贷资金安全或风险的保障对行为人造假的贷款申请材料是不会真正关心的，也无法全面了解和掌握。正如典当行，[③] 在其支付当金给行为人（当户）时，典当行在乎的是当物（动产、不动产、财产权利）是否符合法定及典当行的要求，而不要求、不关注当户如何编造理由，当金如何使用，当户是否赎回当物。甚至当户不赎回当金时，典当行还希望如此。这也说明，当行为人（当户）在骗取典当行当金时，由于行为人提供了当物（相当于银行贷款中的担保），典当行的财产不会遭受损失。银行在放贷时，只要行为人提供了足额有效的担保，银行就不存在损失问题，当然也没有贷款风险问题。

以上仅从词语或法律术语的内涵上阐述提供足额有效担保的骗贷行为不构成骗取贷款罪。那么，从法理上来说，提供足额有效的担保，骗贷行为又是如何不构成骗取贷款罪呢？行为人（债务人）在骗取贷款中，银行要求债务人提供保证担保或物权担保。根据民法理论，主债权作为财产性利益已达成共识，与主债权具有相同权利性质的保证，自然也应属于财产性利益，“保证属于财产性利益”。[④] 既然保证属于财产性利益，那么，保

---

① 参见中国社会科学院语言研究所词典编辑室编：《现代汉语词典》，商务印书馆2015年版，第1248页。

② 参见《中华法学大辞典》编委会：《中华法学大辞典》（简明版），中国检察出版社2003年版，第651页。

③ 根据《典当管理办法》第3条的规定，典当是指当户将其动产、财产权利作为当物质押或将其房地产作为当物抵押给当行，交付一定比例费用，取得当金，并在约定期限内支付当金利息、偿还当金、赎回当物的行为。

④ 参见黎宏：《刑法学各论》，法律出版社2016年版，第289页。

证人都有全部清偿债务的义务。在保证担保合同设立之时，保证人为银行提供了财产性利益（保证），银行在发放贷款时，从保证人处获得了等价的财产权，财产从保证人转移到银行，银行不存在损失。

与保证属于财产性权益不同，有学者认为担保物权属于财物的法益，理由是担保物权被物权法保护，是债权人享有的支配权，担保物权直接导致担保人享有标的物的价值出现减损，与担保物权同属物权的权能指向对象均是财物，即担保物权属于财物的范畴。[①] 这样，在担保人为银行提供了物保时，银行在向行为人（债务人）发放贷款时，银行对标的物的价值享有排他性的支配权利。“担保物权虽然对债权实现起到保护作用，但其本身具有独立的不依附于债权的特定属性，它以获得标的物交换价值为内容，其效力及于标的物的变价形态，是对标的物价值的支配权”。[②] 银行在设立担保和发放贷款时，银行从担保人处获得等额的财产价值，银行没有遭受财产损失。

综上所述，借款人在骗取银行贷款时，如果主观上没有非法占有目的，提供了足额有效的担保，银行没有损失，借款人的行为不构成骗取贷款罪。这一点获得司法实务的认可。最高人民法院关于刘某等组织领导黑社会性质组织、故意杀人等死刑复核刑事裁定书（2015 年 1 月 27 日）认为，对汉龙集团有足额担保的骗取贷款罪应予改判。此案是在最高人民法院和最高人民检察院的直接指导下作出的判决，体现了最高司法机关的立场。

在有足额有效担保的骗取贷款行为不构成犯罪后，担保人为此遭受的损失，只能通过民事诉讼途径解决。因此，本案中林某锋的骗贷行为不构成骗取贷款罪。

三、合同欺诈与合同诈骗罪的判定

典型案例

被告人徐某某于2016 年 5 月 11 日向某汽车租赁公司（以下简称租赁

① 参见陈少青：《担保贷款双重欺诈的犯罪认定》，载《政治与法律》2019 年第 1 期。

② 高圣平：《物权法担保物权编》，中国人民大学出版社 2007 年版，第 10 页。

公司）租赁一辆雷克萨斯小车，每日500元，租期5天。被告人徐某某在签订租车合同时支付租金2500元，被告人徐某某租赁汽车后，伪造了该车辆的驾驶证、行车证，于2016年5月10日向刘某某借款人民币15万元，将该车质押给刘某某，被告人徐某某骗得借款后就无法联系。被告人徐某某将该骗取借款用于偿还债务、日常开销等。后被告人在租赁公司报案后，被公安机关抓获，该小车返还给租赁公司。经鉴定，该案车辆价值为人民币32万元。

检察机关认为，徐某某存在以租车的名义骗取车辆和伪造证件将租赁的汽车进行质押向他人借款的两个行为，均构成合同诈骗罪，数额为“32万元+15万元=47万元”。法院经审理认为，被告人徐某某在签订、履行合同过程中，隐瞒不履行合同的真实意思，以租车的名义骗取车辆，并进行质押借款，非法处分租赁公司的车辆，主观上具有非法占有目的，其行为构成合同诈骗罪（认定数额为32万元）。被告人徐某某把骗取的车辆质押向他人借款，应当认定为对骗取的汽车进行非法处置和变现的行为，刑法不再作重复评价，即徐某某质押车辆借款的行为不构成合同诈骗罪。

法理评析

本案涉及两个诈骗行为，是都构成合同诈骗罪，还是如法院判决的观点一样，后一个行为只是民事欺诈行为，需要细致探讨。

（一）以租车名义骗取车辆的行为构成合同诈骗罪

民事欺诈与合同诈骗罪的区分，在理论界可以说是众说纷纭，莫衷一是。通行的或者是主流的观点认为，民事欺诈与合同诈骗罪尽管可以从欺骗内容、欺骗程度方面进行区别，但关键是“要从行为人主观上是否具有非法占有目的进行区分，只有诈骗才具有非法占有目的，而民事欺诈包括刑事化的民事欺诈都没有非法占有目的”。[①] 换言之，主观上是否具有非法占有目的是区分民事欺诈与合同诈骗罪最重要的一个标准。

那么，什么是主观上的非法占有目的，对此，立法及司法解释都没有

---

① 陈兴良：《民事欺诈和刑事欺诈的界分》，载《法治现代化研究》2019年第5期。

作出明确具体的规定。

在理论界，我国刑法关于财产罪的主观目的的主流观点认为，非法占有目的包含排除所有与对财物进行利用和处分两方面的意思。[①] 简言之，非法占有目的为排除意思与不法获利意思两方面。但何为排除意思，何为不法获利意思，仍然存在不同的理解与认识，于是，在司法实践中，认定是否具有非法占有目的，需要通过司法推定来实现。“非法占有目的看似可以成为独立的标准，但是它是一种规范的标准，必须靠司法推定。”[②] 因此，最高人民法院先后出台了多个司法解释文件，对非法占有目的的司法推定情形作了具体的规定，如1996年12月16日《最高人民法院关于审理诈骗案件具体应用法律的若干问题的解释》（已失效）第2条规定的六种推定情形；2001年1月21日最高人民法院发布的《全国法院审理金融犯罪案件工作座谈会纪要》第3条规定的七种推定情形；2009年12月16日《最高人民法院、最高人民检察院关于办理妨害信用卡管理刑事案件具体应用法律若干问题的解释》（已修改）第6条规定的六种推定情形；2011年1月4日《最高人民法院关于审理非法集资刑事案件具体应用法律若干问题的解释》（已修改）第4条规定的八种推定情形等。但综观这些司法解释，认定非法占有目的无非强调还款意愿和还款能力两个方面。这种没有从实体上明确非法占有目的的内涵与判断标准，而是将焦点转向总结司法实务中形成的经验，以列举的方式规定了可以推定非法占有目的的具体情形，遭到学者的质疑和批判，并认为在现有的诈骗罪解释框架内，排除意思指的是给他人财产损害的意思，是诈骗罪故意的一部分，并且认为诈骗罪结果的财产损害受制于直接性原则，只有处分行为直接导致的财产损害才处于诈骗罪构成要件的保护范围之内。[③] 笔者同意该观点。诈骗罪包

---

① 参见徐凌波：《金融诈骗非法占有目的的功能性重构》，载《政治与法律》2018年第10期。

② 刘宪权、李振林：《集资类案件中刑民交错现象及其归宿》，法律出版社2017年版，第88页。

③ 徐凌波：《金融诈骗非法占有目的的功能性重构》，载《政治与法律》2018年第10期。

括合同诈骗罪是侵犯财产罪,[①] 而财产犯罪中的诈骗罪，侵害的当然是财产所有权。大陆法系中的《日本刑法典》和《德国刑法典》，也是如此规定的。《日本刑法典》规定："欺骗他人使之交付财物的，处10年以下惩役（第246条第1款）。"[②] 德国刑法界持相同的观点："只有当被害人遭受了财产损失，也即其财产整体上发生减损时，才能认定行为人符合诈骗罪的构成要件。"[③]

就本案而言，被告人徐某某在签订租车合同时，隐瞒了全面真实履行租赁合同的真实意思，以租车自用为名，行骗取车辆后进行质押借款之实。徐某某骗取车辆，根本不想履行合同，对车辆进行管控和处分，兼具排除意思与处分利用意思，是典型的非法占有目的。不过，徐某某的这种隐瞒租车目的，在刑法理论上是就自己意思的欺骗，"在采取'借用'的形式骗取他人汽车时，声称日后归还的，或者根本没有偿还贷款的意思而谎称一定偿还贷款的，属于就自己意思进行欺骗"。[④] 换言之，租车合同只不过是被告人徐某某骗取车辆的一个手段，其主观上具有非法占有租赁车辆的目的，符合合同诈骗罪的主客观构成要件，依法构成合同诈骗罪。

（二）将骗取的车辆质押并向他人借款的行为同样构成合同诈骗罪

徐某某骗取车辆后，伪造证件向刘某某借款15万元，并以该车辆进行质押，对徐某某的行为性质的认定存在三种观点。第一种观点认为，将骗取的车辆质押借款行为不构成合同诈骗罪，是一种合同欺诈行为。该观点认为，合同诈骗罪与民事欺诈的根本区别在于：合同诈骗罪是利用签订、履行合同而无对价占有他人财物；而民事欺诈是在签订、履行合同过

---

① 尽管合同诈骗罪规定在《刑法》分则第3章破坏社会主义市场经济秩序罪中，因此我国不少学者认为本罪侵犯的法益包括市场经济秩序和公私财产两个法益。但笔者认为合同诈骗罪是在合同签订、履行中侵害了公私财产，其核心法益是公私财产，至于侵犯市场经济秩序法益过于宽泛抽象，且应由行政法规判断，刑法不应介入。正像德国克劳斯·罗克辛教授所言："若保护的对象抽象及无法让人把握，则该对象也不能被看作是法益。"参见［德］克劳斯·罗克辛：《对批判立法之法益概念的检视》，陈璇译，载《法学评论》2015年第1期。

② ［日］西田典之：《日本刑法各论》（第6版），王昭武、刘明祥译，法律出版社2013年版，第197页。

③ 王钢：《德国判例刑法》，北京大学出版社2018年版，第212页。

④ 张明楷：《诈骗罪与金融诈骗罪》，清华大学出版社2006年版，第60页。

程中，通过欺诈方法，谋取非法利益。因此，是否无对价占有他人财物，是区分两者的关键。在以骗取的车辆质押借款的情况下，出借人的借款有车辆作为担保。一般来说，质押物的价值大于借款。因此，出借人尽管受到一定的欺诈，但借贷关系还是真实存在的。在被告人不能归还借款的情况下，出借人可以通过质押物受偿的方式实现自己的债权。就此而言，被告人与出借人之间的民事法律关系是客观存在的。[①] 第二种观点认为，被告人以非法占有为目的，在签订、履行合同过程中，骗取他人财物，其行为构成合同诈骗罪，依法应追究其刑事责任。质押汽车骗钱的诈骗行为应当认定是对骗取的赃物的非法处置和变现行为，刑法不再作重复评价。[②] 简言之，徐某某的第二个行为是销赃行为，刑法不予重复评价。第三种观点认为，徐某某的骗取车辆质押借款行为，构成合同诈骗罪，笔者赞同第三种观点。

关于第一种观点，徐某某将骗取的车辆用于质押借款的行为认定为民事欺诈，笔者认为是错误的。合同诈骗罪与民事欺诈区别的关键是行为人主观方面是否以非法占有（所有）为目的。在诈骗犯罪中，行为人具有非法占有目的，必然使被害人财产遭受损失。因此，被害人财产是否遭受损失是诈骗犯罪（包括合同诈骗罪）区别民事欺诈的关键。在本案中，徐某某伪造车辆证件，以车辆质押借款，从表面上看，徐某某为借到钱而以汽车进行质押，支付对价。刘某某好像取得质权，而实际上，由于徐某某伪造了汽车的行车证、驾驶证等证件，不拥有真实的汽车所有权，所以，汽车质押合同无效。合同无效则不发生合同履行的效力，被害人刘某某依法不能取得汽车质押的权利，刘某某当然不能通过质押物受偿的方式实现自己的债权，刘某某遭受财产损失是实实在在的，这样，徐某某将骗取汽车进行质押借款的行为就不是民事欺诈行为。

---

① 参见陈兴良：《合同诈骗罪的特殊类型之“两头骗”：定性与处理》，载《政治与法律》2016 年第 4 期。

② 参见国家检察官学院案例开发研究中心编：《中国法院 2015 年度案例 · 刑法分则》，中国法制出版社 2015 年版，第 57 – 60 页。参见福建省莆田市荔城区人民法院刑事判决书，（2016）闽 0304 刑初 721 号。

关于第二种观点认为，质押汽车骗（以借为名）钱的诈骗行为，应当认定是对赃物的非法处置和变现行为，刑法不再作重复评价。这种观点是自相矛盾且是错误的。一方面，该观点认为质押汽车骗钱是诈骗行为；另一方面把汽车质押借钱认定为赃物的非法处置和变现行为，即通常所说的销赃行为。诈骗行为与销赃行为是两个不同的概念，不能等同视之。即使把汽车认定为前一个行为的犯罪对象，即赃物。那么，对赃物的非法处置和变现行为是否都不构成犯罪？构成犯罪后刑法都不再评价？答案显然是否定的。一般情况下，销赃行为不构成犯罪，如把盗窃的电脑或摩托车等卖掉，买赃人是善意取得（此处的善意取得可能存在争议，但起码有争议），财产没有损失，销赃人没有造成新的法益侵害，当然不构成犯罪。至于买赃人若主观上知道是赃物而买赃，则买赃人构成掩饰、隐瞒犯罪所得、犯罪所得收益罪。由于买赃人犯罪，其也不存在法益受侵害问题，销赃人同样不构成犯罪。如果行为人把赃物毁弃，则没有侵害新的法益，对毁弃赃物行为刑法不予评价是合理的。但是，如果行为人在销赃时，侵害了新的法益，诸如把盗窃、抢劫而来的毒品又卖给别人，则侵害新的法益（公民的生命健康），构成贩卖毒品罪。正如张明楷教授所言："如果事后行为侵犯了新的法益，且不缺乏期待可能性，则应认定为数罪。例如，将盗窃的仿真品（价值数额较大）冒充文物出卖给他人，骗取财物的，应将盗窃罪与诈骗罪实行并罚。"① 本案中徐某某伪造汽车证件，并以汽车作质押借款，借款后逃匿，显然，徐某某的后一个行为侵害了刘某某的财产权益，且不缺乏期待可能性，刑法应当再评价。

笔者赞同第三种观点，即徐某某虽然把诈骗来的汽车（此时为赃物）质押借款，但此时汽车的行车证与驾驶证是伪造的，刘某某不能合法取得汽车的质押权利，利益受到损害，徐某某具有非法占有目的。同时，徐某某伪造汽车相关证件的行为构成伪造证件罪，这又是一个独立的罪名，必须依法予以定罪处罚，但由于这是徐某某的犯罪方法触犯了其他罪名，符合牵连犯的规定，依法只能择一重罪处罚，即只能按合同诈骗罪定罪处

---

① 张明楷：《无权处分与财产犯罪》，载《人民检察》2012 年第 7 期。

罚。如果把徐某某将骗取汽车质押（无效）借款行为认定为民事欺诈而不能追究其刑事责任，那么，对徐某某伪造汽车证件的犯罪行为，如果没有追究其刑事责任，显然放纵了徐某某的犯罪行为，违反罪责刑相适应的原则；如果追究其刑事责任，显然徐某某伪造汽车证件是为了骗取借款而伪造证件，并以伪造的汽车证件使被害人刘某某陷入错误认识，认为质押的汽车是徐某某的，是真实有效的，从而处分了自己的财物（借款），徐某某以他人汽车，提供虚假的质押担保而骗取借款，其行为构成合同诈骗罪。而徐某某在合同诈骗犯罪中，其犯罪手段又构成伪造国家机关证件罪，符合牵连犯的规定，按牵连犯处理是最恰当的。

因此，徐某某前后两个骗取的行为，都构成合同诈骗罪，应按合并罪名来处罚。本案中，检察机关起诉是正确的，而法院未把第二次合同诈骗罪的数额计入合同诈骗罪数额中是错误的。日本的刑法理论及判例也持此观点：将骗取的财物用作实施诈骗的手段，而另外获取了财物、财产性利益的，如果该行为又造成了新的法益侵害，则该行为并非共罚（不可罚的）事后行为，而是另外再成立诈骗罪，按照并合罪来处罚。① 我国刑法学界和实务界对此问题应当引起足够的重视，需要进行深入的研究，以期取得共识。

四、民事违约与信用卡诈骗罪的判定

典型案例

2014 年 1 月 3 日，陈某 1 向中国农业银行莆田分行秀屿支行申领卡号为 6259××××××××信用卡一张。自 2014 年 8 月始，被告人林某海向陈某 1 借用该信用卡。每月按 1.5 分利息给陈某 1。被告人林某海在没有还款能力情况下透支人民币共计 149,475.51 元。2016 年 4 月 29 日陈某 1 死亡后，被告人林某海向陈某 1 的妻子陈某 2 出具还款保证书一份，约定被告人林某海分期还清欠款，2016 年 5 月 15 日，被告人林某海向陈某 2 还款 18,770 元后不再还款。2016 年 11 月 25 日至 2017 年 12 月 9 日，中国

---

① 参见［日］西田典之：《日本刑法各论》（第 6 版），王昭武、刘明祥译，法律出版社 2013 年版，第 223 页。

农业银行莆田分行秀屿支行以信函、公告等方式多次向陈某2进行催收，陈某2也及时通知被告人林某海还款，被告人林某海仍未还款。2018年5月21日，被告人林某海被公安机关抓获。2019年1月3日，被告人林某海归还银行本金150,000元。

庭审中，被告人林某海的辩护律师提出如下辩护意见：一是本案是一种民事法律关系。被告人林某海向陈某1借信用卡使用，并约定按月利息1.5%支付利息，这是一种民间借贷行为，非刑事法律关系。二是被告人林某海不是恶意透支型的信用卡诈骗罪的主体。该罪的主体是持卡人，被告人林某海没有与农行签订协议，不是涉案信用卡的持卡人，把被告人林某海的实际用卡人评价为持卡人，属于类型解释，违反罪刑法定原则。在判例中，将实际用卡人列为被告人的都是将持卡人与实际用卡人作为共犯来处理的。三是被告人林某海不具有非法占有目的。其套现的现金用途是用于做生意，因生意失败无法还款。从还款意愿上看，其也多次表示愿意还款。四是本案不存在有效催收。农行相关员工在得知陈某1死亡后，通过EMS和公告的方式向陈某1催收并告知陈某2。

在法院审理期间，被告人林某海预缴罚金30,000元，莆田市秀屿区人民法院审理后认为，被告人林某海以非法占有为目的，违反信用卡管理规定，恶意透支信用卡本金130,705.51元，数额较大，其行为构成信用卡诈骗罪。被告人林某海的辩护人关于被告人林某海不构成恶意透支型信用卡诈骗罪的辩护意见与事实不符，法院不予采纳，于2019年5月21日判决：被告人林某海犯信用卡诈骗罪，判处有期徒刑1年6个月，缓刑2年，并处罚金人民币30,000元。[①]

法理评析

恶意透支型的信用卡诈骗犯罪案件占整个金融诈骗犯罪案件的80%以上。而对恶意透支型的信用卡诈骗罪的定罪量刑，又往往会涉及持卡人的认定、非法占有目的的认定、有效催收认定等，因此，本案的判决从某种

---

① 参见福建省莆田市秀屿区人民法院刑事判决书，(2019)闽0305刑初54号。

程度上反映出恶意透支型信用卡诈骗与民事违约（或民事纠纷）在认识与实践中的分歧与困惑，有必要作细致的分析与辨正。

（一）被告人林某海不是恶意透支型信用卡诈骗罪的持卡人

根据我国《刑法》第196条第2款的规定，恶意透支，是指持卡人以非法占有为目的，超过规定限额或者规定期限透支，并经发卡银行催收后仍不归还的行为。由此，对于构成恶意透支型信用卡诈骗罪的行为，必须要认定谁是持卡人。关于持卡人的认定，学界和司法实务界众说纷纭，尤其把实际用卡人不分青红皂白一律认定为恶意透支型信用卡诈骗罪中的“持卡人”的判决比比皆是，如本案中的被告人林某海作为实际用卡人也被法院认定为“持卡人”。

其实，“持卡人”就是信用卡申领合约中的申请人。各个商业银行在办理信用卡事项时，都会要求申请人提供自己真实的身份证（只限于真实的身份证，不包括虚假的身份证），发卡银行再向持卡人发放卡片、挂失卡片、放贷、通知以及催收等，上述事项都是与这个用真实身份证办卡的人（持卡人）发生业务关系，绝不会与这个持卡人之外的人直接发生业务关系。对此，中国人民银行及原中国银行业监督管理委员会颁布的规章也有同样的规定要求。如1996年1月26日中国人民银行颁布的《信用卡业务管理办法》（已失效）第36条规定：“信用卡仅限于合法持卡本人使用，持卡人不得出租或转借信用卡及其账户。”持卡人不得出租或转借账户，这个规定清清楚楚地告诉持卡人就是登记持卡人，绝不会包括实际使用信用卡的人，因为实际用卡人是无法也不能出租或转借账户的，即使要非法出租或转借账户，一定要加上“再”字，即不得再出租或转借账户。2011年1月13日，原中国银行业监督管理委员会发布的《商业银行信用卡业务监督管理办法》第36条规定，信用卡卡面应当对持卡人充分披露以下基本信息，包括发卡银行法人名称、卡片种类、卡号、持卡人姓名拼音、持卡人签名等。持卡人姓名拼音、持卡人签名，只能是登记持卡人才具有的权利和义务，即持卡人是法定的、唯一的，其他任何人都不享有在持卡人拥有的信用卡上署名、签字的权利。发卡银行从发卡申请材料审核到发卡，甚至到刑事报案或提起民事诉讼，针对的也只能是登记持卡人，即本书所指的恶意透支型信用卡诈骗罪的持卡人。《中国工商银行牡丹信用卡章程》第5条对持卡人更是作出开门见山的规定：“持卡人”指发卡机构申请牡丹信用卡并获得卡片核发的单位或个人。其他商业银行信用卡章程也有类似的规定。从民法上来看，持卡人是第一次与银行发生民事法律关系的单位与个人。

综上所述，恶意透支型信用卡诈骗罪中的持卡人就是登记的持卡人，除此之外使用该信用卡的人都不能称为持卡人，理论界和实务界通常把这种人称为实际用卡人，如本案中的被告人林某海即为实际用卡人。从民事法律关系来看，登记持卡人与发卡银行通过签订信用卡申领合约，成为借款合同（透支是一种特殊的借款行为）的一方当事人。实际用卡人对发卡银行而言，发卡银行既不知实际用卡人是谁以及透支的款项，发卡银行依法只能要求持卡人承担还款责任。实际用卡人透支款项，发卡银行也只能向持卡人催收。

实际用卡人不是恶意透支型信用卡诈骗罪中的持卡人，那么，实际用卡人恶意透支的行为能不能构成恶意透支型信用卡诈骗罪呢？答案只有一个，那就是持卡人与实际用卡人构成共同故意犯罪时，实际用卡人才能构成恶意透支型信用卡诈骗罪，除此之外，实际用卡人都不能构成恶意透支型信用卡诈骗罪（当然有可能构成冒用型信用卡诈骗罪等）。因为“我国《刑法》第196条第2款规定的持卡人是特殊身份，即恶意透支型信用卡诈骗罪是真正身份犯”。[①] 由于实际用卡人不具有恶意透支型信用卡诈骗罪的持卡人的特殊身份，所以不能独立构成恶意透支型信用卡诈骗罪。

（二）被告人林某海是否具有非法占有目的存疑

信用卡的本质是持卡人向发卡银行透支款项后按时还款，因此，持卡人与发卡银行之间的消费借贷关系，是一种合同法上的借款合同权利义务关系。持卡人透支分为善意透支和恶意透支两种。“行为人在主观上具有

① 张明楷：《论信用卡诈骗罪中的持卡人》，载《政治与法律》2018年第1期。

非法占有目的，这是恶意透支与善意透支的本质区别。”①

具有恶意透支的主体是信用卡申领人，即本书所指的持卡人，而不是实际用卡人。即使持卡人将自己的信用卡给他人（使用这种行为是信用卡业务管理办法和商业银行信用卡章程所不允许的），其产生的法律后果（还款付息等）仍然由持卡人承担，这是民法上合同相对性原则的必然要求。如果持卡人具有非法占有目的，而实际用卡人只不过是持卡人恶意透支的工具时，只能追究持卡人的刑事责任，这是刑法中所称的间接正犯，此时，真正支配构成要件实现的是持卡人而非实际用卡人。本案中，被告人林某海向陈某1借用信用卡，每月按透支数额的1.5%支付利息给陈某1。这样，实际用卡人林某海透支的款项就是陈某1借款借给林某海的款项，且林某海透支取现是经陈某1授权，实现其借款的目的。被告人林某海在通过透支而实现借款过程中，其还款义务的对象是陈某1，而不是发卡银行。被告人林某海透支借款中，其有部分还款（代陈某1向发卡银行转入款项），在因经营生意无力偿还借款时，向陈某1的妻子陈某2出具了还款保证书。至此，在恶意透支型信用卡诈骗罪中，被告人林某海不是持卡人，不存在恶意透支的问题。被告人林某海通过透支的方式实现对陈某1的借款，其间有还款，也有还款意愿，在经营困难无力偿还的情况下出具了还款保证书，主观上不具有非法占有目的。而且在案证据无法证明陈某1与被告人林某海构成共同犯罪，因此，被告人林某海的行为（就陈某1而言），不构成以借款为名的诈骗罪。被告人林某海的行为（就发卡银行而言），在没有构成共同犯罪的前提下，由于与发卡银行不存在恶意透支问题，当然也不存在非法占有目的问题，因而被告人林某海的行为不构成恶意透支型信用卡诈骗犯罪，其与陈某1之间的关系，是民事上的借贷关系。当然，在陈某1死亡后，如果被告人林某海主观上具有非法占有目的，透支款项，则应构成冒用型信用卡诈骗罪。

---

① 王爱立主编：《中华人民共和国刑法解读》（第5版），中国法制出版社2018年版，第446页。

（三）对被告人林某海判处有期徒刑是不当的

前文已述及，本案中被告人林某海不是规范意义上的持卡人，在没有证据证明其构成共同犯罪的情况下，被告人林某海通过信用卡透支方式实现对陈某1的借款，其主观方面和客观方面都不符合恶意透支型信用卡诈骗罪的构成要件。

退一步说，即使将被告人林某海（实际用卡人）的透支行为纳入恶意透支型信用卡诈骗罪，由于“经发卡银行催收后仍不归还”既不是犯罪构成要件要素，也不是责任要素，应当理解为客观处罚条件。这种理解既符合刑罚目的，又符合刑法外的利益衡量，还能使恶意透支型信用卡诈骗罪的处罚范围予以明确。[①] 笔者认同张明楷教授的观点。尽管客观上处罚条件在我国刑法学界及德日刑法学界仍有争议，但恶意透支型信用卡诈骗罪在所有信用卡诈骗犯罪中数量最大，案件适用法律问题最为复杂、疑难的情况下，把“经发卡银行催收后仍不归还”理解为客观处罚条件，在理论上是成立的，在实践中是有益的。2018 年 12 月 1 日施行的《最高人民法院、最高人民检察院关于办理妨害信用卡管理刑事案件具体应用法律若干问题的解释》（法释〔2018〕19 号）第 10 条规定：“恶意透支数额较大，在提起公诉前全部归还或者具有其他情节轻微情形的，可以不起诉；在一审判决前全部归还或者具有其他情节轻微情形的，可以免予刑事处罚……”从客观处罚条件出发，本条解释中的“可以”不起诉，“可以”免予刑事处罚，表述为“应当”更妥当。即使“经发卡银行催收后仍不归还”不按德日刑法中的客观处罚条件对待，那么按照我国刑法中的情节犯处理，把“可以”表述为“应当”同样具有恰当性。因此，本案中，即使对被告人林某海定恶意透支型信用卡诈骗罪，在被告人林某海归还透支款本金后，对其应当判处免予刑事处罚应是恰当的，一审法院判处有期徒刑 1 年 6 个月是不当的。

需要特别提出的是，恶意透支型信用卡诈骗犯罪是高发态势，主要原

---

① 参见张明楷：《恶意透支型信用卡诈骗罪的客观处罚条例——〈刑法〉第 196 条第 2 款的理解与适用》，载《现代法学》2019 年第 2 期。

因在于，部分股份制商业银行为抢占市场盲目滥发信用卡，成为诱发信用卡诈骗的重要因素；发卡银行弱化对持卡人的监管责任，不能及时发现或积极处理持卡人资信状况恶化可能导致还款风险的情况；各大商业银行在信用卡业务领域的无序竞争导致银行对信用卡申领的门槛过低，且疏于实质审查；商业银行间的竞争，使跨行联动信用监督体制与持卡人个人信用档案难以有效建立。[①] 因此，必须抓住机制建设堵塞漏洞这个“牛鼻子”，才能从根本扼制信用卡诈骗犯罪的发生。

五、保险合同纠纷与保险诈骗罪的判定

典型案例

2007 年 10 月，被告人洪某在新华人寿保险股份有限公司签署投保书，以投保附加险为前提，给付重大疾病 A 份额 10 万元。2010 年 6 月，洪某以患有肝癌为由申请理赔，该保险公司理赔洪某 10 万元。洪某在获取此理赔金后，明知不能再行投保重大疾病保险，仍隐瞒病史，于 2010 年 8 月至 10 月间，又先后在中国人寿保险股份有限公司、中国太平洋人寿保险股份有限公司、长城人寿保险股份有限公司、太平洋人寿保险股份有限公司、生命人寿保险股份有限公司、泰康人寿保险股份有限公司投保。2013 年 9 月后，洪某以患有重大疾病（肝癌）为由分别向上述 6 家保险公司申请理赔，意图骗取保险金共计 766,875.74 元。6 家保险公司发现洪某隐瞒病情，不予理赔。

驻马店市驿城区人民法院审理后认为，被告人洪某以非法获取保险金为目的，明知身患肝癌不能投重大疾病保险，却故意隐瞒事实真相，在同一时间段，分别向多家保险公司投重大疾病保险，意图骗取保险金766,875.74 元，数额特别巨大，其行为构成保险诈骗罪。洪某已着手实施犯罪，因意志以外的原因而未得逞，属犯罪未遂，予以减轻处罚。判决被告人洪某犯保险诈骗罪，判处有期徒刑 5 年 6 个月，并处罚金人民币 5 万元。

---

① 参见田宏杰：《恶意透支型信用卡诈骗案实证分析》，载《法学杂志》2018 年第 12 期。

一审判决后，被告人洪某提出上诉，认为其没有犯罪故意，长城人寿保险股份有限公司、太平洋人寿保险股份有限公司、生命人寿保险股份有限公司3家保险公司在给其办理保险手续前，对保险标的即其身体健康状况进行了体检，结论是身体健康，故其客观上没有实施诈骗行为；6家保险公司未履行向其询问和健康告知义务，认定其有隐瞒病史不成立等。被告人洪某的辩护人在二审中提出，驻马店市中心医院出具的刑事诉讼医学鉴定书及驻马店市人民检察院出具的技术性证据审查意见书，被告人洪某所患疾病不属于严重疾病；被告人洪某与保险公司之间的投保和理赔系民事纠纷，不属于刑法调整范围。

二审法院审理后认为，上诉人洪某曾因被医院诊断为肝癌得到保险公司赔付的保险金，即已明知患肝癌不能再行投人身重大疾病保险，此后其却隐瞒被诊断为肝癌的真相，致使保险人在违背真实意思的情况下与其订立保险合同，属于虚构保险标的，而后以患有肝癌为由向保险人申请理赔，意图获取保险金，其行为完全符合保险诈骗罪的构成要件。上诉人洪某虽然经鉴定不属于重大疾病，但其投保时自认为自身患有肝癌，却故意向保险人“隐瞒”保险危险，符合保险诈骗罪的主观构成要件，系认识错误的犯罪未遂，仍构成犯罪，于2015年7月27日裁定：驳回上诉，维持原判。①

法理评析

这是一个典型的保险合同纠纷与保险诈骗罪如何区分及协调的问题，司法实践中普遍存在。

（一）本案是否属于保险合同纠纷案件

要回答这个问题，首先要对我国《保险法》第16条进行正确的理解。我国《保险法》第16条规定：“订立保险合同，保险人就保险标的或者被保险人的有关情况提出询问的，投保人应当如实告知。

投保人故意或者因重大过失未履行前款规定的如实告知义务，足以影

① 参见河南省驻马店市驿城区人民法院刑事判决书，（2015）驻刑初字第38号；河南省驻马店市中级人民法院刑事裁定书，（2015）驻刑二终字第00049号。

响保险人决定是否同意承保或者提高保险费率的，保险人有权解除合同。

前款规定的合同解除权，自保险人知道有解除事由之日起，超过三十日不行使而消灭。自合同成立之日起超过二年的，保险人不得解除合同；发生保险事故的，保险人应当承担赔偿或者给付保险金的责任。

投保人故意不履行如实告知义务的，保险人对于合同解除前发生的保险事故，不承担赔偿或者给付保险金的责任，并不退还保险费。

投保人因重大过失未履行如实告知义务，对保险事故的发生有严重影响的，保险人对于合同解除前发生的保险事故，不承担赔偿或者给付保险金的责任，但应当退还保险费。

保险人在合同订立时已经知道投保人未如实告知的情况的，保险人不得解除合同；发生保险事故的，保险人应当承担赔偿或者给付保险金的责任……”

按照《保险法》第16条第3款的规定，洪某与六家保险公司签订保险合同，从签订合同之日起生效。即使洪某在签订合同时隐瞒过往病史包括癌症等关键信息，那么，六家保险公司有权解除保险合同的期限是自保险人知道解除事由之日起30日内，或自合同成立起2年内，此为除斥期间。本案中，六家保险公司（保险人）都已超过保险合同解除的除斥期间，合同解除权依法消灭，发生保险事故时，洪某依法有权要求保险人给付保险金的权利。

洪某在故意隐瞒病情的情况下投保，在保险合同成立2年后，按照合同约定有权要求保险人承担赔偿责任或者支付保险金，这在保险法理论上称为不可抗辩条款。

不可抗辩条款，又称无争议条款，或2年后不否定条款，指被保险人生存期间，从保险合同生效之日起满一定期限（通常为2年），无论何种事由，保险合同有效，保险人不得以投保人未如实履行告知义务为由，宣告保险合同无效。[①] 换言之，自保险合同生效之日起2年后，保险人不得以投保人在投保时未尽如实告知义务，存在故意或重大过失而隐瞒重要事

① 参见覃有土、樊启荣编：《保险法学》，高等教育出版社2003年版，第359页。

实为由，解除合同或主张合同无效并拒绝给付赔偿金。

不可抗辩条款产生于19世纪中后期，当时英国保险业遵循严格一致原则，投保人及被保险人的如实告知义务极为繁重，只要投保时存在故意或重大过失违反告知义务行为，保险人都可以据此拒绝赔付。这样的结果，既打破了投保人对人寿保险保险金的依赖性（投保人期盼保险金具有承担覆盖生活成本，保证医疗等功能），又助长了保险人对事先合同审核义务的轻视的风气，保险公司的公信力大幅受损，保险业面临前所未有的危机。① 于是英国伦敦信用公司于1848年首次在保险合同中规定不可抗辩原则，将不可抗辩原则引进合同条款并承诺其不会因任何理由抗辩超过2年的保险单，即保险合同成立一定期间后发生保险事故时，无论投保人在达成保险合同时是否尽到告知义务，保险合同效力不容置疑。此后，美国的曼哈顿人寿保险第一次在保单中适用不可抗辩原则。美国于1946年出台《不可抗辩示范法》，使不可抗辩条款变成强制性规定，任何一份人寿保险保单上都必须对不可抗辩条款作出规定，任何州都不除外。随后不可抗辩条款传至欧美各国，2008年《德国保险合同法》对不可抗辩条款作了三种分类规定，我国香港特区保险法在保险实践中，也有不可抗辩条款的规定。如今大部分国家的保险法将不可抗辩条款作为一个强制性法律规范加以规定。我国《保险法》也于2009年修改时作出了上述第16条的规定。

由此可见，不可抗辩条款是平衡投保人与保险人利益的法律设计，是保险实践积累下来的一个经验总结。合同解除权是形成权，依单方面的意思就能产生法律效力，这对未尽如实告知义务的投保人来说杀伤力很大。但合同解除权又不能力大无边，所以必须予以适当的限制，这种限制主要包括解除权事由和解除时间两个方面。本案中，洪某确有隐瞒病史，未尽如实告知义务。但是，六家保险公司均未在2年内行使合同解除权，解除权已消灭，洪某依法可以请求保险公司支付保险金，所以，本案是一起保

① 参见［美］肯尼斯·布莱尔、［美］哈罗德·斯基伯：《人寿保险》，洪志忠等译，北京大学出版社1999年版。

险合同纠纷案件。当然，洪某能否得到保险金要通过民事诉讼来解决。从在案证据来看，洪某的疾病经过司法鉴定及文证审查意见，不属于重大疾病，不符合保险合同约定的支付保险金的范围。

（二）本案是否属于保险诈骗犯罪案件

根据我国《刑法》第198条之规定，投保人故意虚构保险标的，骗取保险金，数额较大的，构成保险诈骗罪。本案中，洪某在2010年6月以患有肝癌为由申请理赔，在获得10万元赔偿金后，于2010年8月至10月，先后在六家保险公司投重大疾病险，并在保险合同经过2年后以同样的理由申请理赔，洪某主观上具有非法占有目的较为明显，其在签订保险合同时填写自己无重大疾病（虽然二审中经司法鉴定不是重大疾病，但洪某认为投保时是肝癌，应当是重大疾病，属于认识错误），隐瞒事实，企图骗取保险金，洪某的行为符合保险诈骗罪的构成要件，依法应当追究其刑事责任，所以本案属于保险诈骗犯罪案件。

（三）《保险法》第16条与《刑法》第198条冲突时怎么办

前文已述及，洪某根据《保险法》第16条规定的不可抗辩条款规定，有法定理由抗辩保险公司的合同解除权，换言之，保险公司经过2年后，保险公司合同解除权消灭，洪某取得支付保险金的请求权，这个请求权是受《保险法》保护的，是一种合法的利益诉求。那么，驻马店市中级人民法院根据《刑法》第198条之规定，从刑法的形式解释或文义解释出发，以保险诈骗罪（未遂）追究洪某的刑事责任是不适当的，甚至是错误的。理由如下。

1. 法秩序统一原理的必然结论

法律具有指引公民行为的作用，为公民行为提供规范标准是其社会功能的重要方面和体现。因此，各个部门法之间应当相互协调一致，避免冲突与矛盾，否则某个行为在这个部门法为合法行为，在另一个部门法则为违法行为，公民就会无所适从，人们就会陷入惶恐之中。这就是法学理论上所指的规范矛盾。规范矛盾一般是指一个行为在法律秩序中同时被禁止和允许，或者被禁止和被命令，也就是说，一个行为同时是合法的和违法的。[①] 而克服和避免规范矛盾，则是法秩序统一性的基本要求。“所谓法秩序的统一性，是指由宪法、刑法、民法等多个法领域构成的法秩序之间互不矛盾，更为准确地说，在这些个别的法领域之间不应作出相互矛盾、冲突的解释。例如，在某一法领域中被认为是合法的行为，在其他的法领域就不能认定为违法而加以禁止，或者不可能出现与之相反的事态。”[②] 遵循法秩序统一的原理，在合法性的判断层面，民商法中的合法行为，在刑法中理所当然要阻却违法。“在犯罪认定司法过程中，如果能够认定一个行为在其部门法中属于合法行为，那么，就可以排除其在刑法中的违法性，或者说是排除社会危害性，不能以犯罪论处。”[③] 就本案而言，洪某的保险理赔是受到《保险法》第 16 条保护的，即洪某的理赔请求是合法的。有学者认为，民法上的合法性，不能否认该行为仍然有社会危害性，从而对符合犯罪构成要件的行为按入罪处理。[④] 实务界持这种观点的大有人在。这种观点的错误之处就是其违反了法秩序统一性原理的基本要求（当然，《保险法》第 16 条立法的科学性与否下文还要阐述）。因此，洪某请求保险理赔的行为，既然符合《保险法》第 16 条第 3 款的要求，就是合法行为。刑法就不能再伸手过来，越界干预，洪某的行为根据《保险法》第 16 条的规定，阻却了犯罪。

2. 刑法谦抑性原则的必然要求

刑法谦抑性原则作为我国刑事司法的一个原则或一个重要理念，在司法实践中普遍应用。刑法理论通说认为，刑法谦抑性主要包括三层思想内涵：刑法调整范围的不完整性、刑法惩治手段的最后性以及刑罚制裁方式的克制性。[⑤] 刑法谦抑性的含义笔者在前面已有论述。刑法谦抑性中惩治

---

① 参见陈少青：《法秩序的统一性与违法判断的相对性》，载《法学家》2016 年第 3 期。

② 王骏：《违法性判断必须一元吗？以刑民实体关系为视角》，载《法学家》2013 年第 5 期。

③ 吴镝飞：《法秩序统一视域下的刑事违法性判断》，载《法学评论》2019 年第 3 期。

④ 参见金华捷、傅锐：《虚构标的型保险诈骗行为的刑民交叉问题分析》，载《江西警察学院学报》2014 年第 2 期。

⑤ 参见杨兴培：《犯罪的二次性违法理论与实践——单以刑民交叉类案例为实践对象》，北京大学出版社 2018 年版，第 198 页。

手段的最后性或补充性，表明刑法是民法、行政法的补充法、保障法，是社会利益保护的最后一种手段，因此，有学者称为刑法规范具有第二次规范的特征，[①] 即犯罪具有在违反民法、行政法后的违反刑法的二次性违法特征，是“出乎他法而入于刑法”。换言之，一种行为没有违反民法，或违反民法经过一段时间后出于政策考量而不能认定违反民法，且该行为产生的法律后果受民法保护，则该行为不能再认定为违法。所以，就本案而言，作为第一次法的《保险法》，对洪某的请求权行为给予保护，即该行为为合法，或称为拟制的合法，那么，作为第二次法的《刑法》，前置法（第一次法）认为是合法的行为，不能认定为刑事违法性。因此，刑法对民法上合法的行为，无须插足，也不能插足，更不能横加干预，这是刑法谦抑性原则的必然要求。司法实践中那种不顾民法已经明确予以保护的行为，直接认定为犯罪行为，是特别需要警惕和加以防范的。

3. 域外刑法典的规定可资借鉴

由于我国现行刑法和司法解释没有明确地排除民事合法行为的刑事可罚性，所以在理论界和实务界争议很大。对洪某这样的行为，依域外刑法规定，奥地利、德国、法国、芬兰、瑞士和西班牙六国刑法典大体可以分为两类规定：（1）在总则中明文规定合法行为免责，如法国、瑞士和西班牙；（2）在分则中明确指出获利的“非法性”，如奥地利、德国和芬兰。[②] 从上述六国的刑法规定来看对洪某行为的处理，首先考察其本国保险法对该行为的评价，如果该行为可以取得保险金，则不得对其进行刑事追诉。如果洪某的行为不能取得保险金，则可根据该国刑法分则的规定，对洪某的行为作进一步分析，作出是否追究其保险诈骗罪的决定。国外刑法的这种观点和判断模式是合乎法理的，值得我们借鉴。

---

① 参见杨兴培：《犯罪的二次性违法理论探究》，载《社会转型期间的刑事法理论》编委会编：《社会转型期间的刑事法理论》，法律出版社2004年版，第415页。

② 参见《法国新刑法典》《瑞士联邦刑法典》《西班牙刑法典》《奥地利联邦共和国刑法典》《德国刑法典》《芬兰刑法典》。转引自苗鸣宇：《从一起“骗保”案看我国刑法与保险法的完善》，载《中国青年政治学院学报》2008年第1期。

4. 不可抗辩条款的初衷使然

保险法中的不可抗辩条款设计的价值在于，一方面要求投保人须尽如实告知义务；另一方面要求保险人在法定事由和法定时间内行使保险合同解除权，以平衡投保人与保险人的利益。如果保险人丧失合同解除权后，刑法仍然可以介入，那么规定保险人的合同解除权就没有意义。同时保险人在签订保险合同时，明知投保人隐瞒保险标的，保险人可以不作调查，假装不知情，如果没有发生保险事故，则坐收保险费；如果发生保险事故，又可向公安机关举报，追究投保人的刑事责任，同样无须赔偿，保险人的这种投机行为违反了诚实信用原则。只有切实执行《保险法》第 16 条之规定，才能保障《保险法》第 16 条规定中的不可抗辩条款发挥其应有的制度价值。

最后，笔者特别就《保险法》第 16 条与《刑法》第 198 条相互矛盾提出以下两种立法完善意见。

第一种意见是修改《保险法》第 16 条第 2 款，即把“投保人故意或者因重大过失未履行前款规定的如实告知义务”中的“故意”一词删掉。这样投保人故意未尽如实告知义务被追究刑事责任就顺理成章，且在不可抗辩条款中排除故意（或欺诈与共谋）内容，这是世界大部分国家保险法的普遍规定。“国际上通行的不可抗辩条款，并不适用于投保人、被保险人恶意欺诈的情形。”① 还有一种建议就是可以保留“故意”的主观内容，但合同解除权可以延长，如在合同成立后 10 年内可以行使解除权，这样投保人基本上占不到便宜，又可以使保险合同继续履行，因为保险合同毕竟是一种射幸合同，可以允许合同双方当事人对赌。

第二种意见是修改《刑法》第 198 条第 1 项，把第 1 项内容删掉，这样，在保持《保险法》第 16 条规定不变的情况下（或对故意不履行如实告知义务规定合同解除权的时间为 10 年），删除《刑法》第 198 条第 1 项是保持保险法与刑法相互协调的必然要求。

---

① 陈航：《年龄误保条款与保险诈骗罪认定问题研析》，载《中国刑事法杂志》2006 年第 5 期。

六、借款合同纠纷与非法吸收公众存款罪的判定

典型案例

2000年1月至2001年1月，被告人林某杯以支付1.5%～2.5%不等利息的方法，向林某荣、黄某恩、林某通、林某飞、陈某英等10人借款，共计332,100元（检察机关指控借款数额为593,100元，法院只认定332,100元）。因被告人林某杯承包工程的工程款部分被拖欠，出借资金（检察机关指控从中赚取利息差，法院查明后不予认定）部分无法收回等原因，被告人林某杯除支付黄某恩3个月利息、归还林某勇借款18,400元，归还林某飞借款5万元外，其余借款本息均未归还。2003年4月28日，公安机关决定对林某杯涉嫌非法吸收公众存款罪立案侦查。2004年8月24日，被告人林某杯被公安机关抓获。

莆田市秀屿区人民法院于2004年12月29日作出（2004）秀刑初字第171号刑事判决书，判决被告人林某杯犯非法吸收公众存款罪，判处有期徒刑1年，并处罚金4万元，责令被告人林某杯退出非法吸收的存款523,700元，返还给各被害人。2005年2月3日，秀屿区人民法院作出（2005）秀刑监字第1号再审决定书，决定由秀屿区人民法院另行组成合议庭对本案进行再审。2005年5月9日，秀屿区人民法院作出（2005）秀刑再初字第1号刑事判决书，撤销该院（2004）秀刑初字第171号刑事判决书，改判被告人林某杯犯非法吸收公众存款罪，判处有期徒刑3年，并处罚金5万元，责令被告人林某杯退出非法吸收的存款523,700元，返还给各被害人。被告人林某杯不服，提出上诉。莆田市中级人民法院于2005年7月20日作出（2005）莆刑终字第3号刑事裁定书，驳回上诉，维持原判。2013年9月27日，福建省高级人民法院提审后作出（2013）闽刑再终字第9号刑事裁定书，撤销莆田市中级人民法院和秀屿区人民法院的上述裁判，将本案发回莆田市秀屿区人民法院重审。

莆田市秀屿区人民法院重审后认为，公诉机关指控被告人林某杯自2001年1月始向社会人员十多人吸收存款593,100元，证据不足，根据公

诉机关提供的证据，自2001年1月被告人林某杯借入款项仅为332,100元。被告人林某杯向林某英所借5万元，向林某泉所借6000元，发生在2000年前，所欠林某洪205,000元，不能确定时间，依法应不予认定。被告人林某杯向林某荣、黄某恩、陈某英等10人借入款项，人数相对较少，借款对象范围较小且相对特定，所借款项大部分为被告人林某杯主动提出，并非以散布吸储方式吸引他人把钱存放在其处，其行为性质不应认定为向不特定社会公众吸收存款。公诉机关指控被告人林某杯将借入款项转借他人赚取利息差，同样证据不足。因此，被告人林某杯的行为并未扰乱国家正常的金融管理秩序，公诉机关指控被告人林某杯犯非法吸收公众存款罪不能成立，判决被告人林某杯无罪。[①] 这起历经三级法院，历时10年的案件终于落下帷幕。

法理评析

民间借贷是一种广泛存在的民间融资活动，是平等民事主体之间的经济互动行为，它在一定程度上可以满足社会融资特别是小微企业的融资需求。从外观上看，民间借贷一般具有个体的、偶然的、互动式的融资形式，是一种游离于正规的金融体系之外的民事主体之间的自由自在的借贷关系。

由于民间借贷可以有若干个合同，而非法吸收公众存款一般也由数十个乃至更多的民间借贷合同组成。民间借贷是中小企业特别是小微企业融资的一个重要途径，具有主体多元性、行为隐蔽性、交易随意性和便捷性等特点，活跃于资本市场。民间借贷若不加规制，容易滑向非法吸收公众存款罪的泥潭，必须引起足够的重视。

由此可见，民间借贷与非法吸收公众存款罪是一个非常复杂的问题，有必要作一个深入的探讨。关于民间借贷与非法吸收公众存款罪的区别，学界有不少的分析。有观点认为，一是以借款对象是否具有不特定性作为区分标准。非法吸收公众存款行为是指未经中国人民银行批准，向社会不

---

① 参见福建省莆田市秀屿区人民法院刑事判决书，(2014) 秀刑再初字第1号。

特定对象吸收资金，出具凭证，承诺在一定期限内还本付息的活动，其本质在于违法向社会不特定对象吸收资金，扰乱国家金融秩序，具有较大的社会危害性。而民间借贷行为是机构或个人向特定公民借贷的行为，如向单位内部职工或亲友之间的借贷，受我国《民法典》合同编的保护，不具扰乱国家金融秩序和社会危害性特征。二是以吸收公众存款的数额、存户数量及给存款人造成的损失或其他严重后果等因素作为区分标准。依据是2001 年 1 月 21 日最高人民法院发布的《全国法院审理金融犯罪案件工作座谈会纪要》，指出非法吸收或者变相吸收公众存款的，要从非法吸收公众存款的数额、范围以及给存款人造成的损失等方面来判定扰乱金融秩序造成危害的程度。2010 年 12 月 13 日《最高人民法院关于审理非法集资刑事案件具体应用法律若干问题的解释》（已修改）第 3 条对非法吸收公众存款的人数、数额、造成损失等作了具体规定。三是以融资行为是否具备合法的民间融资行为目的单一性作为区分标准。民间借贷属于合法的民间融资行为，是以正常生产经营为单一目的进行融资。如原材料采购，补充短期流动，产品创新，扩大生产经营而融资。如果行为人是以货币、资本经营为目的进行融资的，则是非法吸收公众存款的行为。①

另有观点认为，民间借贷与非法吸收公众存款罪的区别应以借款的对象来分析，从是否以高息为诱饵来分析，从借款用途来分析。② 还有观点认为，民间借贷与非法吸收公众存款罪的区别有三个不同：一是吸收资金的目的不同，二是吸收资金的方式不同，三是合同遵守的态度不同。③

还有观点认为，应当借鉴英国的做法，将长期或多次以固定期限的还本付息方式吸收资金的行为界定为非法吸收公众存款行为，对于偶然发生的借贷行为，应视为合法民间借贷。④

---

① 参见刘宪权、李振林：《集资类案件中的刑民交错现象及其归宿》，法律出版社 2017 年版，第 80 – 85 页。

② 参见谌项羽：《非法吸收公众存款罪司法适用中若干问题研究》，贵州民族大学 2016 年硕士学位论文。

③ 参见蔡刘红：《非法吸收公众存款罪与民间借贷的界限之研究》，载《铜陵学院学报》2017 年第 2 期。

④ 参见彭冰：《非法集资活动的刑法规制》，载《清华法学》2009 年第 3 期。

更有观点认为，“非法性”是确定融资活动罪与非罪的界限，也是融资行为的刑事法律风险界定。[①]

笔者认为，虽然司法解释规定非法吸收公众存款罪要具有非法性、公开性、利诱性、社会性四个特征。但是，社会性（不特定性）可以包容公开性，而利诱性并不是非法吸收公众存款的唯一专利，民间借贷也具有利诱性特征，其利息有时比非法吸收公众存款的利息还高。而吸收存款的目的或用途的单一性（用于经营货币和资本），则是非法经营罪问题。吸收存款的数额大小，时间长短及是否偿还问题，不是与民间借贷区分的依据，而是非法吸收公众存款的罪轻罪重，以及是否免予处罚的问题。因此，民间借贷与非法吸收公众存款的区分标准主要有两个方面：一是非法性，二是不特定性。

（一）非法性

民间借贷是指自然人、法人、其他组织之间及相互之间进行资金融通的行为，[②] 是受我国合同法律保护的一种合法的融资行为。特别是在我国经济快速发展的今天，中小微企业对民间资金的需求急剧增多，而大量的民间资金为寻找利息更高的项目四处出动，两者一拍即合，民间资金成为中小微企业融资的一种重要渠道。而非法吸收公众存款行为具有非法性。公开向社会公众吸收存款及放贷是商业银行及其他金融机构的专属金融服务，任何单位和个人未经有关部门批准开展此项业务，是金融法律、法规及相关司法解释所禁止的行为，这就是非法吸收公众存款罪中非法性的含义，也是判断吸收公众存款行为合法与非法的基本法律依据。非法性具体为：一是根据国务院 2021 年 1 月 26 日颁布的《防范和处置非法集资条例》第 2 条之规定，非法集资是指未经国务院金融管理部门依法许可或者违反国家金融管理规定，以许诺还本付息或者给予其他投资回报等方式，向不特定对象吸收资金的行为。二是 2022 年 3 月 1 日实施的《最高人民法

① 参见王新：《“非法性”是确定融资活动罪与非罪的界限》，载《检察日报》2019 年 4 月 2 日，第 3 版。

② 参见《最高人民法院关于审理民间借贷案件适用法律若干问题的规定》第 1 条。

院关于审理非法集资刑事案件具体应用法律若干问题的解释》第1条规定："违反国家金融管理法律规定，向社会公众（包括单位和个人）吸收资金的行为，同时具备下列四个条件的，除刑法另有规定的以外，应当认定为刑法第一百七十六条规定的'非法吸收公众存款或者变相吸收公众存款'……"三是2015年修正的《商业银行法》第81条规定：未经国务院银行业监督管理机构批准，擅自设立商业银行，或者非法吸收公众存款、变相吸收公众存款，构成犯罪的，依法追究刑事责任。上述法律、行政法规及司法解释一致把"非法性"作为区分融资活动（包括民间借贷）罪与非罪的一个重要标准。这个"非法性"的内涵既包括未经有关部门批准而吸收公众存款，又包括借用合法经营的形式吸收资金。①

对于非法性的认定依据，2019年颁布的《最高人民法院、最高人民检察院、公安部关于办理非法集资刑事案件若干问题的意见》第1条规定："……应当以国家金融管理法律法规作为依据。对于国家金融管理法律法规仅作原则性规定的，可以根据法律规定的精神并参考中国人民银行、中国银行保险监督管理委员会、中国证券监督管理委员会等行政主管部门依照国家金融管理法律法规制定的部门规章或者国家有关金融管理的规定、办法、实施细则等规范性文件的规定予以认定。"即该意见把"予以参考"部门规章的前提限制在"国家金融管理法律法规仅作原则性规定"的领域。对"非法性"标准中的"借用合法经营的形式吸收资金"（实质标准），笔者认为，该规定模糊不清，易于造成打击扩大化的问题，且与"非法性"的立法初衷不相吻合。因为"非法性"应该仅指吸收公众存款时没有经过有关部门依法批准而构成非法，而"借用合法经营的形式吸收资金"是指吸收资金（注意，这里用的是"吸收资金"一词，而不是用"吸收公众存款"一词，这两个词既有联系，又有区别，在此不展开论述）的方式。如果借用合法经营的形式吸收资金，不一定构成非法吸收公众存款罪（有的可能构成），例如，甲有一个收益颇好的项目，需要大量的资

① 参见《最高人民法院关于审理非法集资刑事案件具体应用法律若干问题的解释》（2010年）第1条。

金，除了甲自有的资金外，甲还向其亲朋好友介绍了该项目，有 40 多人投资，甲吸收资金 60 多万元，最后甲都归还了本息，能说甲借用合法经营的形式吸收资金，从而构成非法吸收公众存款罪吗？显然不能或不应该构成犯罪。当然，集资人以相关项目为名，以高额回报为诱饵，大量筹措民间资本后，投资人没有直接参与经营或直接分享项目的利益，则实际上集资人是在变相吸收公众存款及放贷，构成非法吸收公众存款罪，即集资人必须是间接融资行为违反了《商业银行法》的有关规定。换言之，前置法是解释金融刑法的重要依据，是认定金融犯罪的必经程序。[①] 如果是融资行为而且将资金直接真实地用于生产经营，则是民间借贷行为，没有违反金融法和合同法律等前置法的规定，是合法的民事法律行为。

（二）不特定性

民间借贷中的借款人是向特定的人（包括少数人和多数人）进行融资。而非法吸收公众存款罪中的借款人（集资人）是向不特定的人（只能是多数人，根据司法解释起点是 30 人）筹措资金，即不特定性。之所以把特定性与不特定性作为界分民间借贷与非法吸收公众存款罪的一个界分，是因为特定对象之间的融资行为，双方极为熟悉，彼此相互了解，就出借人而言，一般不存在信息不对称及借款人欺诈等问题，双方意思表示真实一致，当然属于正常的民间借贷行为。相反，借款人针对不特定对象筹措资金，出借人不晓得借款人的相关情况，如经营项目、盈亏情况、信用等，容易上当受欺诈。同时，由于出借人与借款人之间的信息不对称，借款人大多会产生虚假宣传，隐瞒相关真实情况，从而使出借人的资金处在较高的风险之中，从而引发社会不稳定问题。借款对象的不特定性，一方面破坏了金融管理秩序；另一方面使出借人的财产遭到损失。当不特定对象达到一定数量时，融资行为就由民间借贷行为演变成非法吸收公众存款行为。

有学者认为，民间借贷与非法吸收公众存款罪的区别还包括以高息为

---

① 参见杨兴培：《犯罪的二次性违法理论与实践》，北京大学出版社 2018 年版，第 185－186 页。

诱饵，以及借款用途（或吸收资金目的）来分析。在民间借贷中，同样存在高息的情况，如果借款利率没有高于银行贷款利率，出借人一般是不会借出资金的（无偿的及低息帮助的除外）。至于借款用途，如果是用于正常的生产经营、消费等，当然与非法吸收公众存款无关。如果是用于货币、资金经营，则属于非法吸收公众存款的“非法性”范畴之内，而不能在非法性内涵之外再增加一个所谓的区别标准，这在逻辑上是讲不通的。

因此，笔者认为，民间借贷与非法吸收公众存款罪的区别应当坚持两点论：一是非法性，二是不特定性。

就本案而言，法院认定被告人林某杯不构成非法吸收公众存款罪的理由是借款对象范围较小且相对特定，所借款项大部分为被告人林某杯主动提出，并非以散布吸储方式来吸引他人把钱存放在其处，亦不被认定为向不特定社会公众吸收存款，即法院认定被告人借款对象不具有不特定性（笔者认为根据案情主要在亲友及认识的人之间借款），但法院对非法吸收公众存款的非法性没有说理，这是没有说服力的。

在非法吸收公众存款罪的认定和处理上，司法实践中特别要引起警惕和克服的就是，当借款人的借款对象众多，款项数量巨大，借款人不能到期还本付息，出借人集体上访时，出于维稳需要，有的公安机关往往先控制借款人，以非法吸收公众存款罪立案，从而使非法吸收公众存款罪成为一个“口袋罪”。所以，对非法吸收公众存款罪，必须严格坚持非法性与不特定性这两个标准，准确区分与民间借贷的界限。

最后，笔者还要简单讲一讲非法吸收公众存款罪的去留问题。这个问题，学者已有探讨。笔者认为，如果非法吸收公众存款及放贷，本身就是一个非法经营罪的问题，用不着再设一个非法吸收公众存款罪。打着合法经营的旗号，以非法占有为目的，吸收或变相吸收资金，应当以非法集资诈骗罪论处。如果没有以非法占有为目的，以各种欺诈手段筹措资金用于生产、经营、消费等，应当以民事欺诈行为进行处理。因此，非法吸收公众存款罪应当予以废除。

七、买卖合同行为与非法经营罪的判定

典型案例

2014 年 11 月至 2015 年 1 月，被告人王某军未办理粮食收购许可证，未经工商行政管理机关核准登记并颁发营业执照，擅自在临河区白脑包镇附近村组无证照收购玉米，并将所收购的玉米卖给巴彦淖尔市粮油公司杭锦后旗蛮会分库，经营数额为 218,288.6 元，获利 6000 元。2015 年 3 月 27 日，被告人王某军主动到巴彦淖尔市公安局经侦大队投案。内蒙古自治区巴彦淖尔市临河区人民法院审理后认为，被告人王某军没有办理粮食收购许可证及工商营业执照买卖玉米，其行为违反了当时的国家粮食流通管理有关规定，构成非法经营罪。鉴于被告人王某军案发后主动到公安机关投案自首，主动退缴全部违法所得，有悔罪表现，对其适用缓刑确实不致再危害社会，于 2016 年 4 月 15 日作出（2016）内 0802 刑初 54 号刑事判决，认定被告人王某军犯非法经营罪，判处有期徒刑 1 年，缓刑 2 年，并处罚金人民币 2 万元；被告人王某军退缴的非法获利人民币 6000 元，由侦查机关上缴国库。宣判后，王某军未上诉，检察机关未抗诉，判决发生法律效力。

此后，最高人民法院于 2016 年 12 月 16 日作出（2016）最高法刑监 6 号再审决定，指令内蒙古自治区巴彦淖尔市中级人民法院再审。再审后，法院认为，原判决认定的原审被告人王某军于 2014 年 11 月至 2015 年 1 月，没有办理粮食收购许可证及工商营业执照买卖玉米的事实清楚，其行为违反了国家粮食流通管理有关规定，但尚未达到严重扰乱市场秩序的危害程度，不具备与《刑法》第 225 条规定的非法经营罪相当的社会危害性、刑事违法性和刑事处罚必要性，不构成非法经营罪。原审判决认定王某军构成非法经营罪适用法律错误，检察机关提出的王某军无证买卖玉米的行为不构成非法经营罪的意见成立，原审被告人王某军及其辩护人提出的王某军的行为不构成犯罪的意见成立。2017 年 2 月 4 日，巴彦淖尔市中级人民法院作出（2017）内 08 刑再 1 号刑事判决：（1）撤销临河区人民

法院（2016）内0802 刑初 54 号刑事判决；（2）原审被告人王某军无罪。[①]

法理评析

此案作为最高人民法院第 19 批指导案例 97 号，在法学界和实务界引起很大反响。此后，本案被评为“2017 年推进法治进程十大案例”之一，学界对本案也纷纷撰文进行评析，以下是笔者的分析意见。

（一）王某军的行为不是非法经营行为

我国《刑法》第 225 条规定的非法经营罪，是从 1979 年《刑法》规定的投机倒把罪中分化出来的一个罪名。《刑法》第 225 条规定：“违反国家规定，有下列非法经营行为之一，扰乱市场秩序，情节严重的，处五年以下有期徒刑或者拘役，并处或者单处违法所得一倍以上五倍以下罚金；情节特别严重的，处五年以上有期徒刑，并处违法所得一倍以上五倍以下罚金或者没收财产：（一）未经许可经营法律、行政法规规定的专营、专卖物品或者其他限制买卖的物品的；（二）买卖进出口许可证、进出口原产地证明以及其他法律、行政法规规定的经营许可证或者批准文件的；（三）未经国家有关主管部门批准非法经营证券、期货、保险业务的，或者非法从事资金支付结算业务的；（四）其他严重扰乱市场秩序的非法经营行为。”由于本条规定过于简单甚至模糊，加上法官、检察官对该条规定理解存在扩张倾向，自由裁量权过大，本罪被理论界诟病为“口袋罪”，本案即是一个典型的案例。特别是该条第 4 项的规定，正如陈兴良教授所言：“这一规定既有空白罪状，又有罪量要素，同时还有兜底行为方式和行为方法，几乎汇集了所有与刑法明确性相悖的立法方式。”[②]

为此，最高司法部门及相关部门，自 1998 年 12 月至 2015 年 5 月，先后以司法解释、会议纪要和通知的方式，出台了 19 份相关文件，[③] 涉及支

---

① 参见最高人民法院于 2019 年 1 月 28 日发布的 97 号指导性案例。

② 陈兴良：《刑法的明确性问题：以〈刑法〉第 225 条第 4 项为例的分析》，载《中国法学》2011 年第 4 期。

③ 参见张明楷：《刑法学》（第 5 版），法律出版社 2016 年版，第 839 页。

付结算、出版、电信通信、食品药品、食盐、烟草、网络服务、股票、彩票、基金、毒品等领域。2011 年 4 月 8 日，《最高人民法院关于准确理解和适用刑法中“国家规定”的有关问题的通知》第 3 条规定，各级人民法院审理非法经营罪案件，要依法严格把握《刑法》第 225 条第 4 项的适用范围。对被告人的行为是否属于《刑法》第 225 条第 4 项规定的“其他严重扰乱市场秩序的非法经营行为”，有关司法解释未作明确规定的，应当作为法律适用问题，逐级向最高人民法院请示。“最高司法机关作为全国性的司法机关，对各地发生的，需要解释为兜底条款的行为类型往往会有一个更为谨慎的、通盘的考虑，且作出司法解释之前也会召开专家论证会，听取社会各界意见，因此更有利于采取一种合类型解释的立场。”①

应当说，最高人民法院的司法解释和通知要求，从防止非法经营罪适用范围的扩大化方面确实起到了一定的警醒限缩作用。但是，司法解释只是简单地把“其他严重扰乱市场秩序的非法经营行为”列举化，仍然没有具体的判断标准或解决方法，以至于类似王某军这样的非法经营罪的案件普遍存在。例如，自 2019 年 3 月海关总署、全国打私办发布了《关于开展打击整治非设关地成品油等重点商品走私专项行动的通知》以来，全国各地法院对向非直接走私人购买走私成品油（主要是柴油，且闭杯闪点 > 60℃），② 以非法经营罪定罪量刑的比比皆是。非法经营罪的“口袋化”问题仍然得不到切实有效的解决。究其原因，主要是司法人员对《刑法》第 225 条规定理解不透彻。对在经济领域中开展的各项专项活动，各级政府重刑事打击，轻其他手段调整。而在刑事打击中，非法经营罪是一个非常“好用”的罪名，由此造成了非法经营罪的滥用。

因此，有必要结合王某军案，对非法经营罪的认定进行分析。

1. 正确理解“违反国家规定”的含义

根据《刑法》第 225 条第 4 项认定非法经营罪的前提条件是经营活动

---

① 姜涛：《经济刑法之兜底条款应由司法解释予以明确》，载《净月学刊》2017 年第 4 期。

② 柴油闭杯闪点 > 60℃的，不属于《危险化学品目录》（2015 年）中的危险化学品，经营时不需要行政许可，所以不存在非法经营罪问题。

违反了国家规定。而根据《刑法》第 96 条之规定，违反国家规定是指违反全国人民代表大会及其常委会制定的法律和决定，国务院制定的行政法规、规定的行政措施、发布的决定和命令。2011 年《最高人民法院关于准确理解和适用刑法中“国家规定”的有关问题的通知》对此作出明确规定，认为以国务院办公厅名义制发的文件，符合以下条件的亦应视为刑法中的“国家规定”：（1）有明确的法律依据或者同相关行政法规不相抵触；（2）经国务院常务会议讨论通过或者经国务院批准；（3）在国务院公报上公开发布。除此之外的地方性法规、部门规章、政府规章均不在“国家规定”的范畴之内。在理解违反国家规定时，必须明确四个方面的内容：一是国家规定的内容必须明确并无异议，这是罪刑法定原则的要求。二是国务院规定的行政措施、发布的决定和命令必须是具有“实体性”内容的决定，而不是“授权性”的法规文件。如在涉及成品油方面，《国务院对确需保留的行政审批项目设定行政许可的决定》（以下简称《国务院许可决定》），就是一种内容不明确，没有按照行政法规制定程序出台的“授权性”的法规文件。而“授权性”决定与“实体性”决定在效力层级、内容明确性、后果可控性等方面具有一定的差异，因此不能被认定为《刑法》意义上的“国家规定”。[①] 三是引用“国家规定”应考虑规范的时间效力和服从政策指引。[②] 要注意国务院制定行政法规的依据和生效的时间，同时注意证照改革政策对非法经营罪的认定影响。四是司法解释在参照“国家规定”时，作为前置法的“国家规定”是司法解释之前已经实实在在就存在的，而不能是司法解释之后才颁布的“国家规定”。同时，前置法中的“国家规定”一定要有刑罚的设置才能追究非法经营罪的刑事责任。如果前置法中仅规定一定的行政责任而没有规定刑事责任，说明“立法者认为该行为承担行政责任足以保护被侵害的合法权益和抑制该类型的

---

① 参见潘志勇、陶李盈：《非法经营罪“限制买卖物品”的边界与认定——涉“成品油”非法经营案的实践反思》，载《法治论坛》2019 年第 2 期。

② 参见卢建平、楼伯坤：《对非法经营罪状要素司法认定的新思考》，载《人民检察》2018 年第 11 期。

违法行为，而不需要动用刑罚手段”。[①] 这也是刑法谦抑性原则的基本要求。

2. 正确理解专营、专卖和限制买卖物品的范围

司法实践中，有些司法人员对专营、专卖物品以及限制买卖物品的范围认识不准确，扩大适用范围，使一些正常的买卖行为被强行纳入专营、专卖或限制买卖范围，王某军收购玉米的行为就是如此。所谓专营，通常是指政府授予的专营权，主要是具有垄断性质的服务或某些特殊权利，根据现行法律、行政法规的规定，只有食盐是专营的。所谓专卖，是指国家对某种消费品的生产和销售，由专卖部门独占经营和管理的制度。根据现行法律规定，只有烟草是专卖的。专营、专卖物品以外的限制买卖物品，只有爆破器材、麻醉药品、毒性药品、精神药品或者放射性药品这几种。[②] 换言之，专营、专卖的物品就是特指食盐和烟草，而限制买卖物品主要包括两类：一类是高度危险品，另一类是关乎国计民生的稀缺品。[③]

从经济学视角来看，专营、专卖制度的实质是国家自己经营高税高利的特殊物品，控制其产销的质量和数量，进而增加财政收入，达到富国利民之目的。[④] 以此类推，其他限制买卖的物品应当是与国家垄断经营的商品具有同质的物品，而且这些物品是侵害公众身体健康或国家税收的特殊物品。显然，本案中王某军收购的玉米不属于专营、专卖及限制买卖物品。

3. 正确理解“其他严重扰乱市场秩序的非法经营行为”

要正确理解《刑法》第 225 条第 4 项的规定，首先必须正确理解《刑法》第 225 条第 1 项至第 3 项的规定。从《刑法》第 225 条前 3 项规定的

---

① 张得胜：《非法经营罪兜底条款适用的规范路径——以王力军收购玉米案为例》，载《北京政法职业学院学报》2018 年第 1 期。

② 参见卢建平、楼伯坤：《对非法经营罪状要素司法认定的新思考》，载《人民检察》2018 年第 11 期。

③ 参见潘志勇、陶李盈：《非法经营罪“限制买卖物品”的边界与认定——涉“成品油”非法经营案的实践反思》，载《法治论坛》2019 年第 2 期。

④ 参见贾康、吴才麟：《实行烟酒专卖及调整相关税收的探讨》，载《财政研究》2000 年第 2 期。

行为的性质来看，主要包括两类行为的限制：一是未经许可或批准而进入特定领域从事经营的行为，二是直接买卖经营许可证或批准文件的行为，两者侵犯的都是行政许可制度，保护的是社会主义市场经济秩序中特殊市场的准入秩序。[①] 换言之，只有保护市场经济中特殊市场的准入秩序，需要行政许可的事项，才能适用《刑法》第225条第4项的兜底条款。从同类解释的规则要求来看，同类解释规则的基本内涵为列举式条款中兜底项的解释事项只限于与列举项同类的事项，从“手段相似、性质相同、后果相当”这三个方面来把握同类标准。因此，“其他严重扰乱市场秩序的非法经营行为”应当是侵犯了国家的特殊市场准入制度，而不是任何严重扰乱市场秩序的经营活动。[②] 简言之，违反特殊市场的准入制度（行政许可制度），情节严重的，是正确理解“其他严重扰乱市场秩序的非法经营行为”的核心要义。

当然，如此理解“其他严重扰乱市场秩序的非法经营行为”仍有被滥用的空间。特殊市场的准入制度，特殊在哪里，似应进行限缩和具体化。有学者认为从非法经营罪罪质的目的解释出发，指出非法经营罪是经济转型时期下的立法产物，肩负着保护社会主义市场经济秩序的重要使命。根据《烟草专卖法》第1条、《食盐专营办法》第1条、《外汇管理条例》第1条、《货物进出口管理条例》第1条、《证券法》第1条、《期货交易管理条例》第1条以及《刑法》第225条第1～3项之规定，国家垄断行业的市场准入和提供公共服务并且直接关系公共利益的，需要国家审批具备特殊资质的行业准入。换言之，非法经营罪设立的根本目的在于维护国家特殊经济利益、经济安全和公共健康利益。[③] 本书对此观点表示赞同。一言以蔽之，“其他严重扰乱市场秩序的非法经营行为”就是对特殊行业的特殊许可，而不是任何严重扰乱市场秩序的经营活动。

---

① 参见张得胜：《非法经营罪兜底条款适用的规范路径——以王力军收购玉米案为例》，载《北京政法职业学院学报》2018年第1期。

② 参见张金钢：《非法经营罪的扩张：态势、挑战与应对》，载《河南司法警官职业学院学报》2019年第6期。

③ 参见陈昊：《非法经营罪罪质的教义学分析》，载《江西警官学院学报》2019年第9期。

本案中，王某军收购玉米的行为，虽然玉米属于粮食范畴，但玉米作为一种极其普通的粮食，在日常流通中，既不属于专营、专卖的物品，也不属于“限制买卖物品”，更无须对经营玉米行为设定特殊许可制度（下文还要详细阐述），因此，王某军收购玉米行为，不符合《刑法》第225条第1项至第3项的经营活动，也不符合《刑法》第225条第4项要求的“特殊行业的特殊许可”的经营活动，王某军的收购玉米行为不符合非法经营罪的构成要件，王某军的收购玉米行为无罪。

（二）王某军的行为是合法的买卖行为

王某军收购的玉米，上文已分析过，既不是专营、专卖物品，也不是其他限制买卖物品，是一种很普通的粮食，所以无法纳入《刑法》第225条第4项规定的行为中。王某军向农民收购玉米，是一种再普通不过的即时清偿的买卖合同关系，没有违反民事法律规定，买卖合同合法有效。对一个合法有效的合同行为，要认定为构成犯罪的非法经营行为，显然在法理上是站不住脚的，是违反法秩序统一性原理的，在实践中是有害的。王某军从农民各家各户收购的玉米，卖给了粮站，不仅没有扰乱粮食收购的市场秩序，而且联通了农户与粮站之间的供需关系，在一定程度上纾解了农户卖粮难及粮站收购难的困难，这种对商品流通起顺畅作用的行为，何罪之有？

有不少学者提出，王某军无证收购玉米，违反《粮食流通管理条例》相关规定，即违反国家规定，属于行政违法行为。[①] 本书认为，王某军收购玉米卖给粮站的行为，不是《粮食流通管理条例》中的“收购”行为，根据该条例第54条之规定，粮食收购，是指为了销售、加工或者作为饲料、工业原料等直接向种粮农民或者其他粮食生产者批量购买粮食的活动。请注意，这里是粮食收购，是为了销售，即向社会民众销售，正如粮站收购粮食要向社会民众销售一样，王某军收购粮食卖给粮站，不是向社

---

① 参见吴镝飞：《法秩序统一视域下的刑事违法性判断》，载《法学评论》2019年第3期；阮齐林：《刑事司法应坚持罪责实质评价》，载《中国法学》2017年第4期；本案中再审法院与最高人民法院也坚持此观点。

会民众销售，所以王某军收购玉米的行为，不是《粮食流通管理条例》中的“收购”行为。

同时，从《行政许可法》第13条规定来看，[①] 王某军收购玉米的事项，可以不设也无须设定行政许可，这与《粮食流通管理条例》中规定的收购行为相呼应，王某军收购玉米的行为是一种合法的民事买卖关系。换言之，王某军的行为不具有社会危害性，在行为不具有成立犯罪所要求具备社会危害性的情况下，行为的刑事违法性当然无从谈起。王某军的行为不是“情节显著轻微危害不大，不认为是犯罪”的行为，而是民事合法的行为，不具有刑事违法性，这是法秩序统一性原理的必然要求。

退一步说，即使有人非要把王某军收购玉米的行为认定为违反《粮食流通管理条例》中的收购行为，属于违反行政许可制度行为。但是，这种违反普通行政许可与非法经营罪中违反特殊许可是两种不同的许可，不能混为一谈。违反普通许可是行政违法，即使情节严重构成犯罪，能触犯的罪名也不是非法经营罪，而是其他罪名，如非法采矿行为违反行政许可，但其触犯的罪名只能是非法采矿罪，而不是非法经营罪。那么，王某军收购玉米的行为也是违反普通行政许可，不能构成非法经营罪。

（三）对最高人民法院97号指导案例的评析

最高人民法院97号指导案例的裁判要点有两点：一是对《刑法》第225条第4项规定的“其他严重扰乱市场秩序的非法经营行为”的适用，应当根据相关行为是否具有与《刑法》第225条前3项规定的非法经营相当的社会危害性、刑事违法性和刑事处罚必要性进行判断。二是判断违反行政管理有关规定的经营行为是否构成非法经营罪，应当考虑该经营行为是否严重扰乱市场秩序。对于虽然违反行政管理有关规定，但尚未严重扰乱市场秩序的经营行为，不应当认定为非法经营罪。

从最高人民法院97号指导案例的裁判要点第一点中，看不出王某军

---

① 《行政许可法》第13条规定：“本法第十二条所列事项，通过下列方式能够予以规范的，可以不设行政许可：（一）公民、法人或者其他组织能够自主决定的；（二）市场竞争机制能够有效调节的；（三）行业组织或者中介机构能够自律管理的；（四）行政机关采用事后监督等其他行政管理方式能够解决的。”

收购玉米的行为是否具有刑事违法性，但从内蒙古自治区巴彦淖尔市中级人民法院（2017）内08刑再1号刑事判决书中可以看出，王某军的行为具有刑事违法性，但尚未达到与非法经营罪相当的社会危害性和刑事处罚必要性。裁判要点第二点认为，王某军的行为违反行政法规，即违反国家规定，但尚未严重扰乱市场秩序的经营行为，不构成犯罪。简言之，最高人民法院的观点是王某军的行为是违反国家规定的具有刑事违法性，即社会危害性的经营行为，但尚不具有与非法经营罪相当的社会危害性和刑事处罚必要性，故不构成非法经营罪。

本案在一审判决后，被告人王某军不上诉，检察机关没有抗诉，发生法律效力后，最高人民法院提起再审，并指令巴彦淖尔市中级人民法院进行再审，最终改判王某军无罪，反映了最高人民法院对非法经营罪这个社会关注的“口袋罪”的高度重视，并明确表明了慎重适用该罪名的态度，对此应当给予赞扬。

但是，最高人民法院对97号指导案例的两点裁判要点，笔者仍然不满意，甚至持反对意见，理由如下。

一是王某军的收购行为不是《粮食流通管理条例》中所指的收购粮食的行为，上文对此已分析过。从刑法解释的角度来说，价值判断与解释技术构成刑法解释的两大支柱。合理的价值判断需要借助解释技术才能实现，只有通过灵活运用解释技术，才能将外在的合理的价值判断整合入刑法体系之中。[①] 王某军在各分散的农户手中收购玉米，赚取微薄的差价利润，然后卖给粮站，而不是销售给不特定的社会民众，这是连接农民与粮站的纽带，市场秩序没有被破坏，而流通渠道得以畅通，节省了运输和购买粮食的费用，从而促进了粮食的交易效率，为农民的生活带来了便利，也为粮站集中收购粮食提供了途径。农民和粮站对王某军的收购行为都是满意的。因此，王某军走村串户收购玉米的行为，是社会主义市场经济鼓励的行为，实质上是有利商品流通和经济发展的，也符合《粮食流通管理

① 参见劳东燕：《价值判断与刑法解释：对陆勇案的刑法困境与出路的思考》，载《清华法学评论》2016年第1期。

条例》第1条所规定的目的，刑事对此要作出实质的价值判断，即不具有社会危害性。此时，王某军的收购玉米的行为，要通过目的解释和体系解释的方法，得出不是《粮食流通管理条例》中“收购”行为的结论，从而使刑法解释的结论具有合理性。同时，在经济犯罪的刑法解释中，“只有建立在常情、常识、常理基础，为公众接受并认可的解释才是合理的解释”。[①]

从逻辑学上说，如果某人害怕粮荒，向农民收购粮食超过万元，那么，这与王某军的行为没有两样，是不是也构成收购粮食的行为？答案显然是否定的。可惜的是，最高人民法院97号指导案例并没有注意到王某军行为具有促进粮食流通的有益性，反而以尚未达到与非法经营罪相当的社会危害性和刑事处罚必要性进行说理，其眼界显然是不够高远的，也是没有说服力的。

二是有人认为我国人多地少，粮食是一个国家和民族赖以生存的基础，粮食安全不仅关系到市场经济秩序，而且也是国家长期稳定的保证，所以收购粮食要行政许可。笔者不认可这种观点，在“春风杨柳万千条，六亿神州尽舜尧”的年代，我国的土地比目前要多得多，人口还不到目前的一半，而且大量种粮，为何还出现缺粮问题。正如一位经济学家所言，“吃不吃得饭，不是种粮的土地多与少的问题，不是粮食多与少的问题，而是收入高与低的问题。人们不是因为粮食少而挨饿的，而是因为贫穷出不起价才挨饿的，见过穷人挨饿的，却没有见过富人挨饿的”。[②] 换言之，粮食的问题，说到底是收入的问题，而不是收购实行行政许可的问题（储备粮除外）。所以，不管是从刑法学角度，还是从经济学角度，王某军收购玉米的行为，都是应该鼓励的行为，而不是限制甚至处罚的行为。退一步说，即使非得将王某军收购玉米的行为认定为违反行政许可行为，那也仅仅是违反普通行政许可的行为，只受行政法调整，刑法不能介入，无须介入。政府和市场自由之间的关系，是经济学者或行政学者所关注的重要

---

① 毛玲玲：《经济犯罪与刑法发展研究》，法律出版社2017年版，第166－167页。

② 谢作诗：《没有市场失灵这回事》，中国发展出版社2016年版，第16页。

内容，而刑法学者多是从刑法谦抑性原则或补充性原则出发，对非法经营罪的罪质进行探讨，没有将行政权力对市场自由干预的限度纳入刑法视野中。[①] 最高人民法院97号指导案例没有对王某军的行为及非法经营罪作出有理有据有力的分析，是非常令人遗憾的。

八、股权转让行为与非法转让、倒卖土地使用权罪的判定

典型案例

2003年3月，被告人朱某甲、吴某夫妇注册成立了义乌市某化妆品有限公司，分别占60%和40%股份，由被告人朱某甲任法人代表。2007年6月29日，被告人朱某甲、吴某以义乌市某化妆品有限公司名义取得了某镇工业区一块面积3358.18平方米的工业用地，土地出让金人民币109万余元，契税人民币3万余元。后因资金紧缺等原因，一直未按规定开发，有出售意图。

2009年8月，因有购买意向的杨某甲曾经委托傅某打听消息，当傅某通过熟人得知被告人朱某甲欲出售该工业用地消息后，就将该信息告知杨某甲，并带其前去查看了该地块现状：只围了围墙，平整了场地。杨某甲看后表示满意。接着，傅某帮助杨某甲和被告人朱某甲谈妥成交价格，介绍以股权转让方式买卖工业用地是合法的等，促成了该工业土地交易。2009年8月17日，买卖双方在傅某办公室签订了由傅某拟写的义乌市某化妆品有限公司股份转让协议书，并一同前往工商局办理公司变更登记手续。这样，义乌市某化妆品有限公司的工业用地以330万元人民币的价格，由被告人朱某甲、吴某夫妇出售给了杨某甲、盛某夫妇。

法院经审理后认为，被告人朱某甲、吴某以牟利为目的，违反《土地管理法》规定，非法倒卖土地使用权，情节特别严重，其行为均已构成非法倒卖土地使用权罪。被告人朱某甲、吴某犯罪后自动投案，如实供述自己的罪行，系自首，依法均可以减轻处罚。被告人朱某甲、吴某获得土地

---

① 参见陈昊：《非法经营罪罪质的教义学分析》，载《江西警官学院学报》2019年第9期。

使用权后，未按出让合同的规定进行投资开发利用，就以股权转让的形式将土地作价非法转让、倒卖牟利，其实质是倒卖土地使用权，故辩护人提出被告人朱某甲没有以牟利为目的转让土地使用权，以转让股权的形式转让土地使用权的合同是有效的，股权转让不等同于土地转让，不构成非法倒卖土地使用权罪的辩护意见，与法不符，不予采纳。判决：被告人朱某甲犯非法倒卖土地使用权罪，判处有期徒刑2年6个月，缓刑3年，并处罚金人民币16.5万元；扣押在案的被告人朱某甲、吴某的违法所得人民币2,168,992.02元予以没收，由扣押单位义乌市公安局上缴国库。[①]

法理评析

在公司转让股权中，公司的土地使用权作为公司财产的一部分一并转移，到底是合法的民商事行为，还是非法转让土地使用权的犯罪行为，在学界和实务界基本上形成两种针锋相对的意见。一种意见认为是合法的股权转让行为，另一种意见认为构成非法转让、倒卖土地使用权罪（如本案），而且这场争议仍然没有定论。因此，有必要进行认真细致的分析，以期最终达成共识。

（一）本案被告人的行为是合法的股权转让行为

正确理解股权转让行为，首先应当准确认识股权的含义和特征。

从公司法理论来说，股权、股份、股东三个概念密切联系。一般来说，股东乃股份的持有人，是股份的法律主体。享有股东资格的基础就是持有股份，而“单位化的股东资格，就是股份”。[②] 每一股份代表着一个股东资格，每一个股东资格都含有股东权，即股权。“所以，从股东权的角度而言，股份与股权为同一术语，可以互用。可以说，拥有股份，取得股东资格与享有股权是同时发生的，甚至可以说股东资格就是股权的同义词。”[③] 所以，从股东权角度来讲，股权、股份、股东三个概念可以互用。当然，股份还指资本之成分，为股东之财产，及股份系表彰股票之价值的

---

① 参见浙江省义乌市人民法院刑事判决书，（2014）金义刑初字第2867号。

② 参见刘俊海：《股份有限公司股东权的保护》，法律出版社2004年版，第36页。

③ 蔡福华：《公司解散的法律责任》，人民法院出版社2005年版，第71－72页。

意义。[①] 至此，股东权与股份既有联系又有区别。股份特指股东拥有公司资产的份额，股权指股东对公司所拥有的权利（包括对公司资产的权利，但又不限于此），同时，股份全部转让，股东权（股权）即消灭，由受让人取得股东权。股份部分转让，股东权没有消灭。因此，股东对公司拥有的股权，是一个权能比股份的权能大得多的权利。股权是一种独立的特殊的民事权利，是团体性权利和个体性权利的统一，是请求性权能和支配性权能的统一。[②]

根据我国《公司法》的规定，股东可以用货币出资，也可以用实物、知识产权、土地使用权等可以用货币估价并可以依法转让的非货币财产作价出资。由此可见，股权（股东所拥有的权利）是股东暂时失去投资财产所有权（包括土地使用权）的对价，从而取得对公司的权利。换言之，股东以土地使用权出资取得股权，或者公司成立后取得土地使用权，土地使用权的价值就内化在股权上，但股权的财产价值又不仅仅限于土地使用权价值上。从民事权利上讲，是一种前文说过独立的特殊的民事权利，与土地使用权的民事权利迥然不同。

作为股权的法律性质之一的支配性权能，如处分权能，主要表现为股权转让、股份质押等，必须通过公司的股东会的具体行为来实现。换言之，股份转让（全部股份转让即为股权转让，股东资格由受让人所代替）是股东的一个基本权利。股权自由转让原则是现代公司制度的灵魂，也是公司发展为当前世界范围内最主要商事组织形态的根本原因。[③] 作为世界各国公司法普遍承认的股权自由转让原则，我国《公司法》持相同态度。我国《公司法》第 71 条规定："有限责任公司的股东之间可以相互转让其全部或者部分股权。股东向股东以外的人转让股权，应当经其他股东过半数同意……" 第 137 条规定，"股东持有的股份可以依法转让"（指股份有限公司的股份转让）。这是股权自由转让原则的立法表述。

---

① 参见梁宇贤：《商事法要论》，台北，三民书局 1992 年版，第 113 页。

② 参见蔡福华：《公司解散的法律责任》，人民法院出版社 2005 年版，第 73－77 页。

③ 参见白慧林：《股权转让热点问题规则与实践的考量》，法律出版社 2014 年版，第 192 页。

本案中，被告人朱某甲、吴某作为义乌市某化妆品有限公司的股东，把各自持有的股份分别转让给杨某甲、盛某二人，并依法办理股权变更登记，股权转让合法有效。这样，义乌市某化妆品有限公司的股东变更为杨某甲、盛某二人，由其二人行使包括土地使用权在内的公司财产的权利，这是一种完全符合我国《公司法》要求的行为，即合法的股权转让行为。

（二）本案被告人的行为不构成倒卖土地使用权罪

首先，法秩序统一性原理要求一个部门法中合法的行为，不得在另一个部门法中认定为违法；否则，就会造成法秩序内部的逻辑混乱。[①] 对此，德国克劳斯·罗克辛教授明确指出：对于一个行为的合法性或者违法性，必须在所有的法律领域中统一地确认。在刑法中，民法性或公法性的许可能够排除行为的违法性。如果将得到其他法律许可的行为作为犯罪处理，会造成令人难以接受的价值矛盾，也违背将刑法作为社会政策最后手段性的辅助作用。这种法秩序统一性的原理必须得到全面承认。[②] 换言之，如果一个行为在民商法或行政法上是合法的行为，在刑法上是不可能构成犯罪的，即民商法、行政法上的合法行为，排除了犯罪的存在。本案中，朱某甲、吴某的股权转让行为，完全符合《公司法》的相关规定，是合法的民商事行为，完全排除了犯罪的存在。有观点认为，以转让公司股权名义转让土地使用权，属于以股权转让形式掩盖非法倒卖土地使用权目的的行为。[③] 这种观点在学界和实务界具有一定的代表，其标志性的词语是“名义上是……实质上是……”“以……之名行……之实”“以……形式掩盖……目的的行为”，[④] 这种笼统的以刑事实质“刺破”民商事外观实质

---

① 陈兴良：《刑民交叉案件的刑法适用》，载国家检察官学院编：《秉鉴持衡大讲座》，中国检察出版社2019年版，第110页。

② ［德］克劳斯·罗克辛：《法国刑法学总论》（第1卷），王世洲译，法律出版社2005年版，第397页。

③ 参见浙江省永嘉县人民法院刑事判决书，（2016年）浙0324刑初字第578号；浙江省温州市中级人民法院刑事裁定书，（2017）浙03刑终字399号。

④ 吴加明：《“以股权转让方式转让土地使用权”行为的司法认定》，载《政治与法律》2018年第12期。

判断的裁判规则，是以偏概全的做法。揭开民商事合法的面纱从而认定其为刑事犯罪，必须具备前提条件，笔者认为，至少要具备两个条件：一是一种行为既是民事法律行为又是刑事犯罪行为，如合同诈骗罪中的签订合同行为又是虚构事实、隐瞒真相的行为，以借条形式的借款行为又是受贿行为。二是双方恶意串通，损害国家利益、社会公共利益以及他人的合法权益。那种滥用“以……之名行……之实”从而认定一种民事法律行为是犯罪行为的做法，是对刑事实质刺破民商事外观的实质判断的片面理解，更是对法秩序统一性原理和罪刑法定原则的公然违反。本案中，股权转让行为与土地使用权转让行为是两个性质完全不同的行为范畴。从财产性质来看，股权是一种独立的特殊的民事权利，具有共益权和自益权的内容，股权既不能归到物权，也不能归到债权。[①] 股权是股东享有的，并由公司法或公司章程所确定的多项具体权利的综合体。[②] 土地使用权，根据我国《民法典》第344条之规定，属于用益物权。股权的共益性或股权的团体性权利是土地使用权所没有的内容或权能。所以，股权转让不能等同于或实质于土地使用权转让，当然不能适用同一行为既是民事法律行为，又是刑事犯罪行为的“刺破面纱”的做法。

其次，股权转让行为不能与转让土地使用权行为画等号。前文已述及，股权与土地使用权是两种法律性质迥然不同的民事权利，两者不能画等号。同时，转让公司股权，公司中的土地使用权似乎也由受让后的新的股东所掌控，有学者就以房地产公司股权转让为例认为，一方面，房地产公司的股权转让虽然没有导致公司拥有的土地使用权发生权属变更，但转让股权的股东已经实质上从土地使用权的增值中获得了收益，其具有与公司直接转让土地使用权相似甚至相同的经济利益；另一方面，取得该股权的股东也获得了对土地使用权的实质控制、支配并获利的权利，该种权利以股权转让的形式实现，但其根基仍然在于土地使用权本身特有的资源性

---

① 参见蔡福华：《公司解散的法律责任》，人民法院出版社2005年版，第74页。

② 参见最高人民法院民事判决书，（2014）民终字第264号。

和财产权属性，股权转让事实上可以达到土地使用权转让的效果。①

其实，不管是股东以土地使用权入股，还是公司通过挂牌拍得土地使用权，土地使用权都有可能升值或贬值，而无论升值或贬值，都由公司承受。在公司分红之前或解散清算之前，股东是不能从土地使用权中得到利益的。而土地使用权的转让，转让人是从土地使用权中直接获取利益的。所谓通过股权转让实质上可以达到土地使用权转让的效果是没有依据的错误结论。实际上，公司或个人通过拍卖竞得土地使用权，谁出价高，谁竞得，完全以价格为标准，说明主体资格一般是不受限制的，只有土地使用权使用年限、转让条件是有要求的。

通过股权转让，转让人与受让人均从转让中获利，实现了双赢，何错之有？何罪之有？房地产上市公司每天都在进行股份转让，也包含了土地使用权的价值，难道也定非法转让土地使用权罪不成？

本案中，义乌市某化妆品有限公司的股东朱某甲、吴某把股权转让给杨某甲、盛某夫妇，该公司的资产收益、参与重大决策和选择管理者等权利由转让方转移到受让方，而作为公司资产的建设用地使用权，仍登记在该公司名下，土地使用权的公司法人财产性质没有发生改变，且公司在股权转让时即使全部是土地使用权的价值，公司股权转让的性质也不能变为土地使用权转让。

最后，被告人的行为不符合非法转让、倒卖土地使用权的构成要件。根据我国《刑法》第228条之规定，非法转让、倒卖土地使用权罪，是指以获取经济利益为目的，违反土地管理法规，非法转让、倒卖土地使用权，情节严重的行为。而“违反土地管理法规”，根据立法解释，是指违反《土地管理法》《森林法》《草原法》等法律以及有关行政法规中关于土地管理的规定。从全国人大立法的原意来看，《刑法》第228条涉及两个罪名，一是非法转让土地使用权罪，二是非法倒卖土地使用权罪。非法转让土地使用权，是指违反土地管理法律、法规的规定，将依法管理和持

① 参见夏克勤、郭嘉：《供给侧改革背景下以股权转让方式实现土地使用权流转行为之法律规制》，载《法律适用》2017年第9期。

有的土地使用权擅自转让给他人的行为。非法倒卖土地使用权，是指违反土地管理法律、法规的规定，将土地使用权进行倒卖，从而牟利的行为。[①]全国人大常委会法工委刑法室对两个罪名的解读，区别之处在于非法转让土地使用权罪的前提是转让人已经依法取得土地使用权，之后为了牟利，违反土地管理法规而转让土地使用权；而非法倒卖土地使用权罪则是转让人在未依法取得土地使用权的情况下，为了牟利而买卖（倒卖）土地使用权。

本案中，被告人朱某甲、吴某的公司，依法取得建设用地使用权，即使非法转让，也不构成非法倒卖土地使用权罪，而本案法院却判处被告人朱某甲、吴某犯非法倒卖土地使用权罪，适用法律错误。

那么，本案中，被告人朱某甲、吴某是否构成非法转让土地使用权罪呢，答案是否定的。其一，本案中的土地使用权由义乌市某化妆品有限公司持有，朱某甲、吴某并没有持有土地使用权，没有依法取得土地使用权，何来非法转让呢，正所谓皮之不存，毛将焉附？其二，本案中，朱某甲、吴某并没有违反刑法意义上的“土地管理法规定”。前文已述及，朱某甲、吴某转让的是股权，而不是土地使用权。退一步说，假使朱某甲、吴某形式上转让股权，实际上是转让土地使用权，该行为也不是刑法意义上的“违反土地管理法规”。本罪是行政犯，必须由行政法这个前置法认定刑事责任。我国现行《城市房地产管理法》第39条规定：“以出让方式取得土地使用权的，转让房地产时，应当符合下列条件：（一）按照出让合同约定已经支付全部土地使用权出让金，并取得土地使用权证书；（二）按照出让合同约定进行投资开发，属于房屋建设工程的，完成开发投资总额的百分之二十五以上，属于成片开发土地的，形成工业用地或者其他建设用地条件……”第66条规定：“违反本法第三十九条第一款的规定转让土地使用权的，由县级以上人民政府土地管理部门没收违法所得，可以并处罚款。”由此可见，违反《城市房地产管理法》第39条第1款第

---

① 参见王爱立主编：《中华人民共和国刑法解读》（第5版），中国法制出版社2018年版，第528页。

2 项之规定，在法律责任的承担上没有刑事责任，立法上已明确这种违法行为只承担行政责任。可是，司法实践上对违反《城市房地产管理法》第 39 条的行为几乎都以非法转让土地使用权罪追究刑事责任，本案就是一个例证。无视《城市房地产管理法》第 39 条及第 66 条，在没有前置法规定的情况下，错误理解《刑法》第 228 条规定，导致大量出入人罪，应当得到高度重视和坚决纠正。

实际上，依法取得土地使用权后进行转让（包括继承）是民事权利的应有之义，只是在转让时要有规制条件。1990 年 5 月由国务院发布的《城镇国有土地使用权出让和转让暂行条例》（已修改）第 19 条规定："土地使用权转让是指土地使用者将土地使用权再转让的行为，包括出售、交换和赠与。未按土地使用权出让合同规定的期限和条件投资开发、利用土地的，土地使用权不得转让。"《城市房地产管理法》第 39 条也规定了转让条件。而违反此规制条件的法律责任就是《城市房地产管理法》第 66 条规定的行政责任。由是观之，我国土地管理法规对已取得土地使用权（证书），没有按规定转让土地使用权的，其法律责任只有行政责任。不仅如此，非法转让集体土地使用权，非法转让国有划拨土地使用权的行为，也承担行政责任。[①] 所以，那种不分青红皂白，只要违反土地管理法规，如没有达到开发总额投资要求，改变土地用途等，转让土地使用权的，一律以非法转让土地使用权罪追究刑事责任，是教条主义、机械主义、简单主义的错误做法。

那么，如何正确理解《刑法》第 228 条规定的非法转让土地使用权罪、非法倒卖土地使用权罪，根据我国《土地管理法》第 2 条第 3 款的规定："任何单位和个人不得侵占、买卖或者以其他形式非法转让土地。土地使用权可以依法转让。"第 74 条规定："买卖或者以其他形式非法转让土地的……构成犯罪的，依法追究刑事责任。"《土地管理法》未对倒卖行为作出规定。笔者认为，买卖也好，转让也好，倒卖也罢，都是转让行为，其共同点是在尚未依法取得土地使用权证书的情况下实施的转让行

---

① 参见《土地管理法》第 82 条、《城市房地产管理法》第 66 条。

为，这种情形之下的转让土地使用权的行为，才是《刑法》第228条规定的非法转让土地使用权罪的真正含义，包括城市出让土地合同签订后，未缴纳或未足额缴纳土地出让金，从而在没有取得土地使用权证书的情况下转让土地使用权的；在集体土地尚未征收为国有土地的情况下转让土地使用权的；在国有划拨土地尚未取得批准证书的情况下转让土地使用权的；以及已经取得土地使用权证书后，因违法被撤销，在被撤销后又转让土地使用权的等，上述行为才构成非法转让土地使用权罪。

在司法实践中，以股权转让方式转让土地使用权，不认定为犯罪的案件已大量出现。[①] 在民事诉讼中，以股权转让方式转让土地使用权认定合同有效的情况比比皆是，甚至有的法院在民事判决中，直接认定股权转让行为不构成犯罪。[②] 对此，最高人民法院的相关民事判决也体现了相同的观点。[③]

综上所述，行为人在依法取得土地使用权（证书）后实施转让行为的，无论以什么方式转让土地使用权，也无论转让土地使用权是否违反了土地管理法规，其法律后果只能是行政责任（主要是）或民事责任，与刑事责任无关。只有在行为人没有依法取得土地使用权（证书）的情况下实施转让行为，情节严重的，才构成非法转让、倒卖土地使用权罪。

九、民事胁迫行为与强迫交易罪的判定

典型案例

2007年6月19日9时许，被告人李某生在北京东城区东南门内大街“花家怡园”餐厅附近，以帮助指导店面装修为名，将被害人孙某然带至河北省燕郊经济开发区冀东油田招待所1209房间，要求向孙某然借款人

---

① 参见吴加明：《“以股权转让方式转让土地使用权”行为的司法认定》，载《政治与法律》2018年第12期。

② 参见河南省高级人民法院民事判决书，(2014) 豫法民二终字第46号；江苏省高级人民法院民事裁定书，(2014) 苏商再终字第0006号。

③ 参见最高人民法院民事判决书，(2013) 民一终字第138号；最高人民法院民事判决书，(2013) 民二终字第264号。

民币100万元。遭孙某然拒绝后，李某生持刀威胁，并致孙某然左、右手及左肩部等多处受伤（鉴定为轻伤）。孙某然被迫打电话与其亲友联系借款几十万元，但均未借到。后孙某然起草并签署了内容为“本人借给李某生人民币100万元，在2007年6月23日之前全部到位，当日先付15万元”的借款合同，并起草了“合作协议”，该协议由孙某然、李某生双方签字，正文内容为“本人孙某然借给李某生100万元。李某生愿付20%的利息，共计120万元，在2009年12月31日之前分3批还清；李某生将自己的房产作为抵押，且李某生无报酬代理孙某然与北京工美公司的纠纷”。后二人回到北京。在北京就医时，李某生因害怕被警方发现而逃跑，次日被抓获归案。

北京市东城区人民法院认为，被告人李某生以非法占有为目的，采用暴力手段，以借款为名，欲强行劫取他人钱财，并致人轻伤，其行为侵犯了他人的人身权利和财产权利，已构成抢劫罪，应依法惩处。被告人李某生当场使用暴力，迫使他人“借款”，并强迫他人当场筹借部分款项，不属于在市场交易中强买强卖商品、强迫他人提供服务或者接受服务的强迫交易行为，检察院指控被告人李某生犯强迫交易罪的定性不当，应予以纠正。被告人李某生虽未得到数额巨大的钱财，但其在抢劫过程中致被害人轻伤，属于犯罪既遂，判决被告人李某生犯抢劫罪，判处有期徒刑6年，并处罚金人民币12,000元。

一审宣判后，李某生以其是向孙某然借款，没有非法占有目的，其行为构成强迫交易罪为由提出上诉。

北京市第二中级人民法院经审理后认为，关于李某生所提上诉理由，经查，在案的借款合同、合作协议是在孙某然被李某生持刀致伤后所写，李某生供称其在作案前已有70万元的负债，并没有为所谓的土石方工程作任何准备，本人名下亦无任何房产，表明李某生没有任何能力归还借款，故其行为系以“借款”为名强行劫取财物，具有非法占有的主观故意，李某生的上诉理由不能成立，不予采纳，裁定驳回上诉，维持原判。①

---

① 参见最高人民法院刑事审判第一、二、三、四、五庭主办：《中国刑事审判指导案例·03》（增订第3版），法律出版社2017年版，第573－574页。

法理评析

本案检察机关以强迫交易罪起诉，法院以抢劫罪定罪量刑。强迫交易罪近十年来发生得较为频繁，涉及诸多领域和诸多行业，特别是成为黑社会组织非法控制行业，攫取社会财物资源的一种常用手段，社会涉及面广，社会危害性大，司法实践中经常涉及此罪与彼罪、罪与非罪的认识分歧，尤其是强迫交易行为具有较大的模糊性，与民商事纠纷常常纠结在一起。笔者结合本案，对强迫交易罪与抢劫罪的认定问题，强迫交易罪与民事胁迫的界分问题，进行分析探讨。

（一）本案李某生的行为是否构成抢劫罪

抢劫罪是指以非法占有为目的，当场使用暴力胁迫或者其他方法，强行劫取公私财物的行为。按照通说，抢劫罪有“两个当场”，当场使用暴力、威胁或其他方法，当场劫取公私财物，这是抢劫罪与其他罪如强迫交易罪、敲诈勒索罪等的一个重要区别。就抢劫罪与强迫交易罪的区别而言，笔者认为，一是主观目的不同。抢劫罪的主观方面是以非法占有为目的，而强迫交易罪的主观方面是为了正常的市场交易活动。2005 年 6 月 8 日发布的《最高人民法院关于审理抢劫、抢夺刑事案件适用法律若干问题的意见》第 9 条规定，从事正常的商品买卖、交易或者劳动服务的人，以暴力、胁迫手段迫使他人交出与合理价钱、费用相差不大财物，情节严重的，以强迫交易罪定罪处罚；以非法占有为目的、以买卖交易、服务为幌子采用暴力、胁迫手段迫使他人交出与合理价钱、费用相差悬殊的钱财的，以抢劫罪定罪处罚。虽然这个司法解释是从索取超出正常交易价钱、费用的钱财的角度出发，以主观方面的目的不同来划分抢劫罪与强迫交易罪的界限，而主观方面的目的不同，本来就是区分抢劫罪与强迫交易罪的一个标准。只不过，强迫交易中的差价过多，过于悬殊，就突破了交易的实质，不属于真正意义上的交易，不能被评价为强迫交易罪。二是客观方面的不同。抢劫罪在客观方面表现为使用暴力、胁迫或其他方法，强行劫取公私财物。强迫交易罪在客观方面表现为以暴力、胁迫手段，强迫他人与之交易。虽然两罪在客观方面都体现了暴力、胁迫（当然抢劫罪还有

"其他方法"，在此不作比较说明）。那么，两罪的暴力和胁迫（威胁）是否含义相同，笔者认为是不同的。

首先，抢劫罪中的"暴力"，是指犯罪人对财物的所有者、管理人实施暴力侵袭或者其他强制力，包括捆绑、殴打、伤害直至杀害等使他人处于不能或者不敢反抗状态当即抢劫财物的方法。所谓"胁迫"，是指当场使用暴力相威胁，对被害人实行精神强迫，使其产生恐惧，不敢反抗，被迫当场交出财物或者不敢阻止而由行为人强行劫走财物。[①] 抢劫罪中的暴力包含了致人重伤和死亡的后果，这是毋庸置疑的。那么，强迫交易罪中的暴力是否也包含重伤和死亡的后果呢？这在学界和司法实践中是有争议的。主要有两种观点：一种观点认为，以轻伤为限："如果强迫交易罪中的暴力超出轻伤的程度，即造成了重伤和死亡的结果，则应按照相关犯罪论处，不成立强迫交易罪。"[②] 这种观点似乎得到全国人大法工委刑法室的肯定。[③] 另一种观点认为，强迫交易罪的暴力程度没有必要作限制。"强迫交易罪行为人使用了暴力手段并造成被害人伤亡，就如同抢劫罪中的行为人抢劫致人伤亡一样，伤亡后果仍然属于强迫交易罪范围内的构成，无需另作评价。"[④] 笔者原则上同意第一种观点，但是对第一种观点作一定的修正，即强迫交易罪行为人使用暴力致人重伤、死亡的，应当是故意致人伤亡，而不是过失致人伤亡。同时，对于故意致人伤亡的，属于牵连犯，应当按牵连犯的处理原则，择一重罪处罚，因为强迫交易罪的主观方面是为了交易，为了交易故意伤害致人重伤甚至死亡，已超出强迫交易罪的主观故意范畴，当然属于牵连犯。且强迫交易罪的刑期是 10 年以下有期徒刑，如果故意伤害致死，甚至故意杀人致人死亡，刑期是有期徒刑、无期徒

---

① 参见王爱立主编：《中华人民共和国刑法解读》（第 5 版），中国法制出版社 2018 年版，第 623 页。

② 陈家林、孙仁丕：《强迫交易罪若干问题探讨》，载《郧阳师范高等专科学校学报》2000 年第 2 期。

③ 参见王爱立主编：《中华人民共和国刑法解读》（第 5 版），中国法制出版社 2018 年版，第 525 页。

④ 庞一超：《强迫交易罪的认定——以"吊模宰客"案件为视角》，华东政法大学 2013 年硕士学位论文。

刑，甚至死刑，显然，如果只定强迫交易罪，则违反罪刑相适应的原则。

其次，抢劫罪的胁迫与强迫交易罪的威胁，是否有程度的不同呢，笔者认为应有区别。从理论上讲，抢劫罪要“当场”劫取财物，所以胁迫的程度要重，而强迫交易罪只是为了交易，所以威胁的程度要比抢劫罪轻一点，但是这个量化到什么程度是较为困难的。如果一个行为人强迫交易行为的威胁程度达到抢劫罪的胁迫程度，不定强迫交易罪而定抢劫罪，肯定是荒唐的。所以，强迫交易罪中的威胁与抢劫罪的胁迫，尽管可能存在程度的轻重，但难有明确的标准，无论是抢劫罪中的胁迫还是强迫交易罪中的威胁，只要给被害人产生心理上的、精神上的强制性、恐惧感，使其不敢或者不能反抗，无论其强制力程度多么严重，都构成了胁迫（威胁）。但是，抢劫罪中的胁迫，只能对人身实施暴力威胁，而强迫交易罪的威胁，不仅包括暴力威胁，还包括非暴力，如揭露他人隐私等。强迫交易罪的威胁，既对人身实施暴力威胁，也可以对财物实施暴力威胁。

结合本案，被告人李某生持刀向被害人实施暴力进行“借款”，至孙某然轻伤，不管是抢劫罪还是强迫交易罪，都符合暴力要求。问题是，本案法院定抢劫罪，（而且是既遂）是值得商榷的。前文已述及，抢劫罪必须符合“两个当场”的要求，即当场实施暴力与胁迫行为当场劫取财物。被告人向被害人实施借款，由被害人起草并签署了借款100万元的借款合同，被告人李某生愿以房产作为抵押，以及无报酬代理孙某然与北京工美公司的纠纷。那么，100万元的借款是什么性质的财产？显然，法院判决认定100万元的借款属于财物范畴。笔者认为，这种认定不符合抢劫罪对“财物”的要求。100万元借款从民法上讲是财产性权利，而财产性权利是可以成为抢劫罪对象的，但其前提应是属于被害人的财产性权利。而本案中被害人受暴力强制出借款项，被告人李某生拥有形式上的财产性权利，但他不能自己劫取自己的财物。假如在被害人孙某然已支付100万元借款的情况下，被告人李某生持刀威胁取回借条，此时孙某然的财产性权利（借条上的债权请求权）才受到侵害，这才是抢劫罪的犯罪对象。所以，本案中李某生的行为对象不是孙某然的财产性权利，不符合抢劫罪的构成要件。

特别需要提出的是，法院根据司法解释，认定李某生抢劫既遂（没有实际劫取到钱）在理论上是有争议的。对于抢劫罪普通犯既、未遂标准，是否以获取财物（或财产性权益——笔者注）作为成立抢劫罪既遂与未遂的划分标准。[①] 仅以暴力致人轻伤以上就认定抢劫罪既遂，那么，如果一个行为人实施暴力进行抢劫致人轻伤，而一个被害人身无分文，另一个被害人则身上有100万元存折，按照司法解释都认定为抢劫罪既遂，既不符合抢劫罪构成要件的当场劫取财物要素，又不符合罪刑相适应的原则，出现法律适用上的混乱。

此外，本案中，被告人李某生在主观上具有非法占有目的的认定也是值得探讨的，法院以李某生在"借款"前已有70余万元负债，李某生在"合作协议"中所写的用于抵押的房产并不存在，李某生所称承包了天津汉沽的填海工程，据有关证人证实并未成功，认定李某生在客观上并没有还款能力，主观上也没有还款意愿，从而认定李某生主观上有非法占有他人财物的目的。笔者认为，这一认定是轻率的。因为孙某然即使签署借条，并不必然会借款给李某生，李某生借到款项后，并不必然不用于正常的生活、生产经营上，面对诸多不确定的因素，法院想当然地认定具有非法占有财物的目的，缺乏有力的证据支持。

（二）本案李某生的行为是否构成强迫交易罪

本案中，法院认为不能构成强迫交易罪的理由有：一是借款行为不属于强迫交易罪中"交易"的范围。借款既不是买卖商品，也不是提供或者接受服务，不符合该罪所指的"交易"。二是写借条和承诺替被害人解决纠纷，也不属于强迫交易罪中所指的"交易"。从《刑法》对强迫交易罪罪状的表述来看，本条保护的是市场经济秩序，惩治的是那些通过不公平的交易来牟取非法经济利益的行为，因此，只有发生于商业经营活动中的才可能成立本罪。被告人李某生以写借条和承诺替被害人孙某然解决纠纷为对价，强迫被害人借款的行为，不在该罪罪状的文义所涉范围之内，不

① 参见曾祥云：《论抢劫罪之既遂与未遂》，载《法制与社会》2019年第19期。

是强迫交易罪所指的“交易”。[①]

由此可见，法院判决的逻辑是，借款既不是商品，也不是服务，所以不是强迫交易罪中的“交易”。同时，交易只能发生在商业经营活动中，而李某生与孙某然之间的民间借款，不是商业经营活动，所以也不是“交易”。那么，民间借贷到底是不是交易（服务交易）？交易行为是不是只发生在商业经营活动中？这是两个必须弄清楚的问题。

1. 民间借贷应是服务交易

“交易”是强迫交易罪的目的行为，是强迫交易罪客观要件的核心。从法律行为的角度来看，交易是一种民事法律行为，只要满足民事法律行为的一般要件，即行为人具有相应的民事行为能力；意思表示真实；不违反法律、行政法规的强制性规定，不违背公序良俗，[②] 交易行为就有效。从合同法律角度来看，交易是一种具有交换特征的，双方、有偿、非人身性的合同。[③] 从经济学角度来看，交易是一种商品、服务与金钱的相互交换。交易成立需要具备两个条件：一是交易应当存在交换行为，二是交易应当有相应的对价。[④] 有学者从强迫交易罪中的“交易”独有特征来认识“交易”，即“交易”具有合法性（标的物和交易行为合法）、有偿性（等价交换）、强迫性（被害人的非自愿性）以及市场性（商品服务本身具有市场性）四个特征。[⑤] 从上述不同学科、不同角度观察，借款属于服务，属于交易的对象。其一，民间借贷是指自然人、法人、其他组织之间及其相互之间进行资金融通的行为。[⑥] 借款合同是借款人向贷款人借款，到期返还借款并支付利息的合同。[⑦] 由此可见，借贷是一种合同行为，其本质就是交易。其二，2014 年发布的《最高人民检察院关于强迫借贷行为适用

---

① 最高人民法院刑事审判第一、二、三、四、五庭主办：《中国刑事审判指导案例·03》（增订第 3 版），法律出版社 2017 年版，第 575 页。

② 参见《民法典》第 143 条。

③ 参见叶阳：《强迫交易罪客观方面研究》，南昌大学 2008 年硕士学位论文。

④ 参见庞一超：《强迫交易罪的认定》，华东政法大学 2013 年硕士学位论文。

⑤ 参见周燕灵：《论强迫交易罪的若干疑难问题》，华东政法大学 2019 年硕士学位论文。

⑥ 参见《最高人民法院关于审理民间借贷案件适用法律若干问题的规定》第 1 条。

⑦ 参见《民法典》第 667 条。

法律问题的批复》（以下简称《2014 年批复》）中明确规定“以暴力、胁迫手段强迫他人借贷，属于刑法第二百二十六条第二项规定的‘强迫他人提供和接受服务’，情节严重的，以强迫交易罪追究刑事责任”。因此，借贷属于强迫交易罪中的“服务”。把强迫借款行为解释为强迫交易罪中的提供服务行为，合情、合理、合法。

2. 服务交易不一定只发生在商业经营活动中

服务交易大多数发生在商业经营活动中，但也发生在日常生活中。本案法院判决认为民间借贷不是商业经营活动，言下之意，至少一方要以经营为业，这种观点是不全面的。强迫交易罪侵犯的客体是正常的市场经济秩序，而服务本身就具有市场性，行为人存在强迫提供服务时，即侵犯服务所在行业交易秩序，情节严重的，当然构成强迫交易罪。

综上所述，结合本案，被告人李某生持刀实施暴力（致人轻伤），强迫孙某然借款给他，即强迫提供服务交易，尽管交易未成，但造成孙某然轻伤，且借款数额达 100 万元，属于情节严重，其行为构成强迫交易罪。

（三）民事胁迫行为与强迫交易罪的区别何在

自然人、法人和非法人组织，在民事活动中应当遵循平等、自愿、诚信的民法基本原则，这是公民社会和市场经济正常运转的必然要求。就交易双方当事人而言，所做出的交易或不交易，应当根据自己的自由意志，不受外界任何因素的影响，否则形成的合同是可撤销的合同。对此，大陆法系等国家（地区）如德国、日本、法国、意大利、瑞士等的民事胁迫立法均作了规定。《法国民法典》的胁迫立法多达 5 条，如第 112 条规定：“凡行为的性质是使正常之人产生印象，并使其发生身体或财产面临重大且迫切危害的恐惧者，成立胁迫。关于此问题，应考虑受胁迫人的性别、年龄及个人情况。”①

笔者之所以在这个案例评析上加上民事胁迫这个问题，是因为司法实践中对于应用较为广泛频繁的强迫交易罪案件的法律适用上，几乎看不到与民事胁迫的分析与区别，即没有以民法思维来观察强迫交易罪问题，这

---

① 《法国民法典、民事诉讼法典》，罗结珍译，国际文化出版公司 1997 年版，第 810 页。

是一个必须引起关注的问题。

关于民事胁迫行为与强迫交易罪的区别，几乎看不到文章。可能的原因如下：一是民事立法至今未对民事胁迫作出具体明确的规定，刑事立法至今也未对威胁给出明确的定义。二是民法学界与刑法学界就此问题没有进行交流互动，以至于民法学界与刑法学界各管各的“一亩三分地”。笔者认为，以刑事思维和民事思维共同审视民事胁迫与强迫交易罪问题，必定有助于案件的正确处理。

关于民事胁迫，虽然立法没有作出明确定义，但最高人民法院的司法解释对胁迫是这样解释的：“以给公民及其亲友的生命健康、荣誉、名誉、财产等造成损害或者以给法人的荣誉、名誉、财产等造成损害为要挟，迫使对方作出违背真实的意思表示的，可以认定为胁迫行为。”[①] 学界通说认为，构成民事胁迫须符合以下要件：一是须有胁迫行为。二是须有胁迫故意。三是胁迫须为非法。四是被胁迫人因胁迫而陷入恐惧，并因恐惧而为意思表示。五是被胁迫人所作意思表示违背其真实意思，并且符合胁迫人的意愿。[②] 其实，民事胁迫的含义及构成要件，何尝不是强迫交易罪中“威胁”的含义及构成要件，两者的区别之一就是胁迫（威胁）的强度有所不同罢了。合同法所规范的“胁迫”属于意思表示瑕疵的一种情形，与欺诈、显失公平一起成为可撤销的民事法律行为。由此可见，民事胁迫与强迫交易罪中的威胁相比，威胁程度肯定比胁迫强。“使对方产生恐惧心理的胁迫”（狭义胁迫，可以是合同法上的胁迫），“足以压制对方反抗的胁迫（最狭义的胁迫，不能是合同法上的胁迫）”。威胁中的强暴力威胁（最狭义的胁迫）对另一方来说，无意思表示可言，自然直接归入强迫交易罪范畴，此为区别之一。

民事胁迫与强迫交易罪中的威胁的区别之二是，当民事胁迫的程度达到“情节严重”时，就构成强迫交易罪。换言之，情节是否严重是区别民

---

① 参见《最高人民法院关于贯彻执行〈中华人民共和国民法通则〉若干问题的意见（试行）》（已失效）第69条。

② 参见王轶：《论我国合同法中的“胁迫”》，载《四川大学学报（哲学社会科学版）》2019年第1期。

事胁迫与强迫交易罪的一个标准。

关于强迫交易罪中“情节严重”问题，2008年6月发布的《最高人民检察院、公安部关于公安机关管辖的刑事案件立案追诉标准的规定(一)》第28条对强迫交易罪的“情节严重”规定了六个方面的内容。学者也对“情节严重”作了细致的探讨。如认为多次实施或者一次对多人实施强迫交易的行为；因为强迫交易受到两次以上行政处罚后再次实施强迫交易的行为；强迫交易罪非法获利数额较大或者给他人造成较大损失；采用暴力威胁手段强迫交易导致被害人受到轻微伤以上损害；强行出售质量不合格的产品，或者提供的服务质量低劣；强迫交易造成恶劣的社会影响。① 有的学者作了量化规定探讨，认为下列情形为“情节严重”：一是强迫交易致人轻微伤的；二是强迫交易三次以上；三是强迫数额1万元以上，或者违法所得2000元以上的；四是强迫交易伪劣产品数额5000元以上，或者违法所得数额1000元以上的；五是其他情节严重的。笔者认为，这些探讨都是有益的，虽然数额及违法所得的认定可以再探讨，但思路值得肯定。

本案中，被告人李某生持刀实施暴力，强迫被害人孙某然提供借贷服务，数额达100万元，属于情节严重的强迫交易行为，已构成强迫交易罪。如果本案被告人李某生只是口头或一般的胁迫，并没有达到被害人不敢或不能反抗的程度，则本案只能构成民事胁迫，被害人孙某然可以向法院或者仲裁机构提起撤销权之诉，确认该民事法律行为无效。

---

① 参见罗朝辉：《论强迫交易罪中的交易行为》，载《企业家天地》2007年第12期。

第三章

民事纠纷与妨害社会管理秩序罪的判定

一、民事侵权行为与寻衅滋事罪的判定

典型案例

2019年10月15日21时许，A小区的停车位上，陈某歪歪斜斜地停了小车，物业管理人员李某和张某立即过来要求陈某把小车停正，陈某既不挪动小车，也不说话，李某和张某忍不住破口大骂陈某，甚至夹杂着粗言野语。此时，陈某从小车里出来，与李某和张某对骂，双方争吵起来。陈某的朋友唐某见状上去劝和，李某和张某指着唐某的鼻子说，不关你的事，走开！唐某恼火起来说，老子今天就要管这事！李某和张某两人气势汹汹地向唐某围过来，唐某二话没说，挥拳向李某和张某就是三拳，其中李某被打中头部，流了鼻血。张某肩部和胸部青一块紫一块，后在他人劝解及派出所赶到后，事态平息。经过鉴定，李某和张某均为轻微伤。2019年11月12日，公安机关对唐某以涉嫌寻衅滋事罪刑事拘留。2019年11月17日公安机关对唐某以涉嫌寻衅滋事罪向检察机关提请批准逮捕。

本案在审查批准逮捕中，检察机关形成两种意见。一种意见认为，犯罪嫌疑人唐某在小区的公共场所，借故生非，随意殴打他人，致两人轻微伤，情节恶劣，其行为构成寻衅滋事罪。另一种意见认为，犯罪嫌疑人唐某在听见被害人李某和张某粗言野语骂陈某，并引起争吵时，出于好意劝架，却遭到被害人李某和张某的斥责，一时性起，挥拳殴打他人，事出有

因，而且针对特定人李某和张某殴打，在他人劝解及派出所赶到后，很快平息事态，唐某的行为属于民事侵权行为或违反治安管理法的行政违法行为，不构成寻衅滋事罪。

在审查逮捕期间，唐某真诚悔过，主动赔偿李某和张某医疗费、误工费等共2万多元。

法理评析

寻衅滋事罪是从1997年《刑法》中的“大口袋罪”流氓罪分解出来的一个罪名。之后，全国人大常委会的刑法修正案及最高人民法院、最高人民检察院的司法解释，对寻衅滋事罪的罪状及法律适用都作了相关规定。但是，由于寻衅滋事罪沿袭了流氓罪的罪名基因，其在罪状和构成要件方面具有抽象性、多样性、包容性、伸缩性及兜底性，使寻衅滋事罪在司法实践中被广泛适用，且有扩大或滥用之嫌，寻衅滋事罪又被法学界和实务界戴上新“小口袋罪”的帽子。微信公众号《法观界》2019年12月25日发表了一篇题为《2020年，你惹不起的寻衅滋事罪!!!》，文章列举了2019年被定为寻衅滋事罪的10个案例的十种情形，引发人们的担忧。特别是我国《刑法》第293条规定的寻衅滋事罪中的“随意殴打他人，情节恶劣的”，所发生的刑事案件，占寻衅滋事罪案件的绝大多数，是一个不容小觑的问题，有必要进行细致、全面、准确的分析。

从我国《刑法》第293条规定的寻衅滋事罪四种情形或四种行为方式来看，前三种行为方式从民法角度来讲，都是民事侵权行为，第四种行为方式基本上也可以说是民事侵权行为，因为起哄闹事，造成公共场所秩序严重混乱的，若发生人身损害和财产损失的，行为人应承担民事责任，此时的民事责任应为民事侵权责任。当然，在民事侵权与寻衅滋事罪之间，既可以是独立的法律责任，也可以既承担民事侵权责任，又承担寻衅滋事罪（民事侵权行为，情节严重的）的刑事责任。而笔者为何以民事侵权与寻衅滋事罪区别为标题，主要目的在于，“随意殴打他人，情节恶劣的”的随意殴打型的寻衅滋事罪在司法实践中被大量适用。而随意殴打型的寻衅滋事罪与伤害行为（只能是轻伤及以下）构成的伤害罪要作细致的区别。如果一个行为是随意殴打行为，造成两人以上轻微伤的，就构成寻衅滋事罪。如果一个行为是伤害行为，造成两人以上（甚至3人以上）轻微伤的，则既不构成寻衅滋事罪，也不构成故意伤害罪。所以，随意殴打行为或故意伤害行为，从民法角度来看，都是民事侵权，但当行为性质及后果不同时，则会涉及罪与非罪、此罪与彼罪的重大问题。因此，很有必要对随意殴打行为与故意伤害行为作一个细致的比较，从而正确地适用法律。

（一）随意殴打行为与故意伤害行为的区别

寻衅滋事罪中的“随意殴打他人，情节恶劣的”可能造成他人轻伤、重伤甚至死亡的后果，这就与故意伤害罪、故意杀人罪的客观要件形成了关联，导致了定性上的争议。对“随意殴打他人”致人重伤或死亡的行为，学界和实务界通常的观点是定故意伤害（重伤）罪、故意杀人罪。尽管定故意伤害罪、故意杀人罪的理论依据有转化犯、想象竞合犯等主张，但有一点则非常明确，寻衅滋事罪中的“随意殴打他人”不包括致人重伤、死亡的后果。其主要理由有：一是随意殴打他人，必然涉及对他人使用暴力。按照暴力行为的危害程度，可以将其划分为严重暴力、一般暴力和轻微暴力三种。严重暴力是指行为人实施暴力造成他人重伤和死亡的情形。一般暴力是指介于轻微和严重之间的暴力，也即造成轻伤和重伤之间的危害结果。[①] 对寻衅滋事罪中的“殴打”的暴力程度，理论上一般认为，根据本罪的补充性特征以及本罪的法定刑设置来看，本罪的暴力仅指轻微暴力和一般暴力，不包括严重暴力。二是寻衅滋事罪的法定最高刑为5年有期徒刑，而故意伤害罪（致人重伤）、故意杀人罪的刑期为3年以上直至死刑，从罪刑相适应的原则来看，寻衅滋事罪的法定刑决定了它在客观方面不能包含重伤、死亡的危害后果。三是我国《刑法》规定，聚众斗殴罪、刑讯逼供罪、暴力取证罪、虐待被监管人罪中，出现伤残、死亡结果的，按照故意伤害罪（致人重伤）、故意杀人罪论处。以此类推，寻衅滋事罪同样无法涵盖致人重伤、死亡的情况。

---

① 参见姚春艳：《论刑法中暴力的学理类型》，载《湖南科技学院学报》2008年第10期。

随意殴打他人致人轻伤如何定性问题，实务界有定寻衅滋事罪的，也有定故意伤害罪的。笔者认为，如果能认定“随意殴打”致人轻伤，就应当定寻衅滋事罪，毕竟殴打与伤害是两个不同的概念，同时殴打的前面还有“随意”的定语。这样，当一种行为被定性为随意殴打行为时，造成的后果不管是轻微伤还是轻伤，只要情节恶劣的（轻伤后果肯定是情节恶劣），就构成寻衅滋事罪。如果一种行为被定性为伤害行为，则必须造成轻伤及以上的后果，才能构成故意伤害罪。

那么，随意殴打致人轻伤定寻衅滋事罪与故意伤害致人轻伤定故意伤害罪（如果是轻微伤就不构成故意伤害罪，只能按民事侵权或行政违法来处理），两者的区别又在哪里，这是一个极具争议的问题，观点可谓五花八门，眼花缭乱。如有的认为可以从主观故意是破坏公共秩序故意，还是实施伤害他人身体的主观故意考虑；从侵害对象是否具有特定性考虑；从客观实施行为是侮辱行为还是伤害身体行为方面考虑；从行为实施的场所考虑，无论场所是否为公共场所。① 有的从故意内容、行为人客观表现、侵犯的对象、侵犯的客体、对人体伤害限度、事出是否有因、案件发生的场所、既遂标准等进行区分。有的从犯罪构成要件的四个方面进行区分，即从客体、客观方面、主体、主观方面进行区分。② 笔者认为，上述种种观点，从某个角度观察，都有一定的合理性，都反映了两种行为的某些特征，但仔细分析都过于宽泛，实务上的可操作性不强，理论上的分析针对性也不强。笔者认为，随意殴打型致人轻微伤或轻伤与故意伤害行为致人轻微伤或轻伤可以从法律解释中探寻两者行为的含义与特征中进行区别。正如学者所说的，“刑法分则条文并非界定具体犯罪的定义，而是以抽象性，一般性的用语描述具体犯罪类型”。③ 而要把抽象性、一般性的用语描述，应用到具体个案的法律适用中，必须探寻法条的真实含义，这就产生了法律解释。“对刑法的解释，总是从刑法用语的含义出发，得出符合刑

---

① 参见常乃月：《浅析“随意殴打型”寻衅滋事罪与故意伤害罪的区别》，载《知识文库》2017年第18期。

② 参见孟庆华：《寻衅滋事罪的理论与实践》，人民出版社2014年版，第2-3页。

③ 张明楷：《罪刑法定与刑法解释》，北京大学出版社2004年版，第2-3页。

法目的的解释结论。如果进行语义解释还不能得到符合刑法目的的结论，就要采取其他解释方法，直到得出符合刑法目的的解释结论为止。”①

法律条文可谓由“字句”组成，欲明确法律的意义，必先了解其用词遣字，确定其字句的意义。② 所以法律解释应以文义解释为先。“文义解释，指依照法文用语之文义及通常使用方式而为解释，据以确定法律之意而言。盖法律为社会生活之规范，为全体社会构成分子而设，故须以通常意义而为解释也。”③

从我国《刑法》第293条规定的随意殴打型的寻衅滋事罪来看，要准确适用该项法律，必须对“随意”与“故意”，“殴打”与“伤害”几个词句进行文义解释。

1. 对“随意”的理解

首先，从“随意殴打”他人来看，“随意”属于副词，“殴打”属于动词，副词修饰动词的语法结构，与“故意伤害”的“故意”修饰“伤害”的语法结构是相同的，因此“随意”属于主观要素，即主观要件，与“故意”主观要件大致相同。其次，“随意”是无事生非，借故生非。④ 随意，顾名思义，就是随时随地随自己意思，其殴打他人是无事生非，没有起因不讲理由、不分时间、不分地点、不看是谁、不择手段，这是一种。另一种是借故生非，即行为人殴打他人会有一个“借口”，但是，这个“借口”违反生活常情常理和社会公序良俗，换言之，这种“借口”是借题发挥，小题大做，就像有的学者所说，寻衅滋事罪的本质特征是用“厚颜无耻、卑鄙下流、蛮不讲理、逞强要横、寻求刺激、发泄情绪、小题大做、借故生非等”流氓一样的思想行为去破坏社会秩序。⑤ 寻衅滋事罪中的随意殴打他人的主观动机有特殊的要求，即它的本质特征，这是故意伤

---

① 张明楷：《罪刑法定与刑法解释》，北京大学出版社2004年版，第2-3页。

② 参见杨仁寿：《法学方法论》，中国政法大学出版社2004年版，第134页。

③ 杨仁寿：《法学方法论》，中国政法大学出版社2004年版，第133页。

④ 具体参见《最高人民法院、最高人民检察院关于办理寻衅滋事刑事案件适用法律若干问题的解释》第1条规定中使用了“无事生非”与“借故生非”两种情形，应当说较为准确。

⑤ 参见姚海华主编：《刑事实务——办案技能与疑难解析》中国法制出版社2017年版，第510页。

害罪所不具有的主观动机的特殊要求。有学者认为应按照“一般人理性”对行为进行双重置换，从而判断殴打行为是否“随意”，即当一般人从犯罪人的角度思考，也不能接受犯罪人的殴打行为时，该殴打行为是随意的。[①] 最后，把主观上的“随意”与客观上的“随意”结合起来，才能更加清楚地认识“随意”。因为“随意”虽然是主观上的，但是，主观因素是能够被客观行为反映出来的，即所谓的透过现象看本质。如一个人在公共场所见人就打，或者别人不小心碰到了行为人一下，行为人不听解释，不接受道歉大打出手，连劝解的人也不放过，上述这些行为表现，可以推定行为人是“随意”殴打他人。

而故意伤害罪中的“故意”，虽然也属于主观要件，这一点与“随意殴打他人”中的“随意”是相同的。但是，“故意”伤害他人是事出有因，而且这个原因是伤害行为产生的主要原因力（寻衅滋事中的殴打行为的原因，则是行为人自身的原因起主导作用，与被害人关系不大），同时这个原因在客观上与伤害行为具有对等性，一般是由于婚恋、家庭、邻里、债务等纠纷引起，伤害对象一般是特定的，伤害地点一般不会选择在大庭广众之下，伤害动机一般不是逞强耍横、寻求刺激、发泄情绪等，与“随意殴打他人”中的“随意”形成鲜明的对比。而且“故意”伤害的目的是伤害他人的健康，而“随意”殴打的主要目的是通过殴打他人的流氓动机来破坏社会秩序。

2. 对“殴打”与“伤害”的理解

一般来说，殴打与伤害在刑法语境中的含义是不同的。殴打是指造成人体暂时性的疼痛，但不损害人体健康的行为；而伤害是指损害他人肢体器官，组织完整性和正常机能的行为。殴打也可能造成一定的人体损害，但该损害并不是伤害罪意义上的对人体健康的损害。[②] 因此，严格来说，寻衅滋事罪中的殴打是不能涵盖轻伤的范围，但考虑到轻伤的结果与殴打

---

① 参见陈兴良：《定罪的基本原则》，载《检察日报》2009 年 11 月 6 日。

② 参见高铭暄、马克昌主编：《刑法学》，北京大学出版社、高等教育出版社 2011 年版，第 466 页。

的结果较为接近，且寻衅滋事罪的法定刑为5年以下有期徒刑，而故意伤害造成轻伤的法定刑为3年以下有期徒刑，将殴打适当扩大解释为涵盖轻伤，并不违背刑法正义的要求，并且《最高人民法院、最高人民检察院关于办理寻衅滋事刑事案件适用法律若干问题的解释》也是这样的解释结论。[①] 同时，笔者认为，殴打致人轻伤（包含过失致人重伤），比单纯的故意伤害致人轻伤（过失致人重伤），性质更加恶劣，以寻衅滋事罪的5年以下有期徒刑追究刑事责任，比以伤害罪（轻伤）的3年以下有期徒刑追究刑事责任，更符合罪刑相适应的原则。退一步说，行为人的殴打行为致人轻伤，如果也符合故意伤害罪，属于一个行为触犯两个罪名的想象竞合犯，那么，根据想象竞合犯的法律要求，也要择一重罪处罚，即以寻衅滋事罪定罪处罚。

3. 从随意殴打与故意伤害众多异同点中综合判断，随意殴打与故意伤害有许多相同点或者交叉，也有许多不同点

通过众多异同点的综合判断，基本上能分辨出随意殴打与故意伤害的区别。从动机来看，随意殴打是出于违反社会公序良俗，逞能斗狠、寻求刺激等，故意伤害则不是。从事出有因来看，故意伤害一般是由于纠纷引起的，原因力与伤害具有对等性。而随意殴打是无事生非，借故生非（笔者称为非典型纠纷）。从发生的场所来看，随意殴打一般或多数是发生在公共场所，故意伤害的行为人一般会选择在偏静处，当然不排除在公共场合的临时纠纷而实施伤害行为。从打击手段来看，随意殴打手段呈现较大的随意性，一般表现为拳打脚踢，使用作案工具是在案发地就地取材，一般没有事先准备作案工具。故意伤害为了报复泄愤，一般会事先准备作案工具。故意伤害的行为，多选择要害部位，对人身造成较大损伤。从犯罪对象来看，随意殴打一般是临时起意，犯罪对象具有不特定性。故意伤害的犯罪对象，一般是事先选定的，即使临时发生纠纷伤害他人，对象也是特定的。有学者专门就“殴打”的构成特点进行归纳：一是只要是针对人

---

① 参见《最高人民法院、最高人民检察院关于办理寻衅滋事刑事案件适用法律若干问题的解释》第2条、第7条。

的身体行使有形力，即使没有接触人的身体，也属于殴打。二是殴打不以具有造成伤害结果的危险性为前提。三是不是针对人的身体行使有形力，不宜认定为殴打。四是适用有形的方法不等于行使有形力。这是殴打不以造成伤害（轻伤以上）为前提。[①] 总之，只要随意殴打与故意伤害不同的“点”越多，各自的性质、目的、构成要件就越明显，就越容易判断是随意殴打行为还是故意伤害行为，从而准确适用法律，这就是综合判断的方法。

此外，随意殴打他人，情节恶劣的，才构成寻衅滋事罪，这在刑法理论上称为情节犯，即以“情节恶劣（情节严重）”作为《刑法》分则中某个罪名犯罪构成的要件。“情节犯是我国刑法中保障人权和保护社会的集中体现。”[②] 而故意伤害属于结果犯，“结果犯应包括以下两个基本特征，第一，结果犯中的结果是认定犯罪既遂形态的犯罪构成要件；第二，结果犯中的结果是认定犯罪既遂必须确认的法定结果”。[③] 换言之，伤害行为必须造成轻伤结果以上才构成犯罪，哪怕有几个轻微伤结果，都不构成故意伤害罪。随意殴打型的寻衅滋事行为，由于是情节犯（可能包含行为犯，也可能包含结果犯的情形），所以没有要求造成轻伤以上作为构成犯罪的必备条件，随意殴打他人致2人以上轻微伤的，按照司法解释就属于情节恶劣，构成寻衅滋事罪，这也是殴打行为与伤害行为的一个区别。

需要说明的是，无论是随意殴打行为还是故意伤害行为，严格意义上讲，都是民事侵权行为，或与民事侵权行为的聚合，它们之间并不像“楚河汉界”那么清楚，或者是不可逾越的鸿沟。对某一行为是认定为随意殴打行为还是故意伤害行为，在只出现轻微伤的情况下，涉及罪与非罪（民事侵权行为）的界限问题。而刑事犯罪与民事侵权分属于刑法与民法（侵权责任法），而刑法与侵权法的功能和目的是不同的，两者对法益的保护方式也是不同的，侵权法侧重于民事赔偿，当事人之间可以私了，体现私

---

① 参见孟庆华：《寻衅滋事罪的理论与实践》，北京大学出版社2014年版，第63页。

② 李翔：《情节犯研究》（第2版），北京大学出版社2018年版，第2页。

③ 李翔：《情节犯研究》（第2版），北京大学出版社2018年版，第176页。

法自治。刑法侧重于对侵害法益行为的惩罚，当事人之间不能私了。故意伤害的行为造成轻微伤的，当事人之间可以自行了结。所以，在寻衅滋事罪中，区分随意殴打行为与故意伤害行为具有罪与非罪的意义，而加入民事侵权的解读，也许对寻衅滋事罪的认定会更加全面而清晰。

（二）本案中唐某的行为是故意伤害行为

本案中，李某和张某因与陈某停车不规范发生争吵，本来这是一件小事，但是，李某和张某却破口大骂陈某，甚至粗言野语相向，这是李某和张某的不对。出于好意，唐某上前劝和，却遭到李某和张某的严厉斥责，唐某怒火中烧，偏偏要管这个“闲事”。在李某和张某气势汹汹地向唐某围拢过来时，唐某挥拳向李某和张某打击，造成李某和张某两个轻微伤的结果。从唐某实施行为的动机来看，不是无中生有，借题发挥，而是在劝和中遭到斥责，并有可能遭到围攻的情况下挥拳打人。唐某击打的对象是李某和张某，在他人劝架时，并没有扩大打击对象，事后唐某主动赔偿被害人的各种费用，态度诚恳。通过分析全案，笔者认为，唐某不是随意殴打他人，扰乱公共秩序，而是为了“教训”李某和张某，用拳头打击他们头部、胸部等部位，具有明显的故意伤害行为特征，由于故意伤害罪是结果犯，必须造成轻伤结果以上才构罪。本案中李某和张某的伤情为轻微伤，所以唐某的行为不构成故意伤害罪，唐某依法应当承担民事侵权责任，以及可能承担治安处罚的行政责任。正如有学者所归纳的那样，随意殴打他人与故意伤害他人表面上很难判断出来，但是如果能从流氓动机、破坏社会秩序中判断具有嗤之以鼻、厚颜无耻、卑鄙下流、蛮不讲理、逞强耍横、寻求刺激、发泄情绪、无事生非、小题大做、借故生非与一般理性人相差太大的情况，就认定寻衅滋事罪。如果不能明显地判断出来，表明不明显，或者争议过大，就不认定寻衅滋事罪。①

---

① 参见姚海华主编：《刑事实务——办案技能与疑难解析》，中国法制出版社2017年版，第513页。

二、民事诉讼捏造事实与虚假诉讼罪的判定

典型案例

被告人陈某斗与陈某平（已另案判决）系亲属关系。陈某平等人长期在朝阳市双塔区上海城804办公室，以未取得任何经营手续的“百佳商业”公司为名，由陈某平负责提供大部分放贷资金，从事高利贷活动。在向他人出借高利贷款时所签订的借条，均刻意不填写出借人。2018年5月17日，陈某斗受陈某平之托，在陈某平提供的王某、霍某借条上签名，以原告身份到朝阳县人民法院提起民事诉讼。在人民法院开庭审理过程中，陈某斗、陈某平隐瞒王某、霍某向陈某平借款并部分归还的事实，骗取法院作出王某全额全部归还陈某斗80,000元人民币及利息，霍某全额归还陈某斗48,000元人民币及利息的判决。2019年3月21日，陈某斗主动到朝阳县公安局投案。

辽宁省朝阳县人民法院审理后认为，被告人陈某斗捏造法律关系和事实，提起民事诉讼，妨害司法秩序，其行为已构成虚假诉讼罪，应予惩罚。被告人陈某斗经传唤，主动投案，并如实供述犯罪事实，构成自首，可以从轻处罚；陈某斗在庭审时认罪认罚，可以从宽处罚。判决被告人陈某斗犯虚假诉讼罪，判处有期徒刑6个月，缓刑1年，并处罚金1万元。[①]

法理评析

本案是一起看似简单，实则值得探讨的虚假诉讼罪案件。从大的方面来看，本案到底是民事纠纷案件（隐瞒部分民事事实）还是虚假诉讼罪？从具体方面来看，本案涉及虚假诉讼罪的保护法益问题、捏造事实的认定问题、虚假诉讼罪与诈骗罪的竞合问题等。

（一）虚假诉讼罪的保护法益问题

关于虚假诉讼罪的保护法益，我国《刑法》第307条之一规定的是“妨害司法秩序或者严重侵犯他人合法权益的”。由于该规定不够明确，学

① 参见辽宁省朝阳县人民法院刑事判决书，（2020）辽1321刑初1号。

界对此众说纷纭。有主张单一法益的，也有主张是两种法益的，还有主张选择性法益的。主张单一法益的又有妨害司法秩序的法益及严重侵害他人合法权益的法益。目前主流的观点是主张妨害司法秩序的单一法益，以及主张妨害司法秩序和严重侵害他人合法权益两者居其一就构成犯罪的选择性法益。如学者汪涵治认为，虚假诉讼罪的犯罪客体（保护法益）是司法秩序，他人合法权益无法作为本罪客体：其一，他人合法权益不具有作为犯罪客体的独立语词内涵，需要结合司法秩序界定，即"利用妨害司法秩序的行为侵害他人的合法权益"。其二，从体系解释角度上看，其他妨害司法秩序犯罪同样也可能侵害他人的合法权益，如在妨害作证罪中，也有可能侵害他人的财产权益，为何不认为妨害作证罪之客体也包括他人的合法权益？其三，综观之前的刑法规定，从未出现过"合法权益"这一概念。"合法权益"概念本是民事法律概念，将民事法概念直接作为本罪客体是否产生犯罪圈随意扩大的恶果？其四，"他人合法权益"的概念远远广于刑法中人身权利、民主权利和财产权利的集合概念，作为犯罪的直接客体"他人合法权益"语义范围远大于作为犯罪同类客体的人身权利？民主权利或财产权利，那么，这样的直接客体又有何归纳意义呢？认为妨害司法秩序不仅包含严重破坏司法程序的结果，还可能包含通过获得错误的裁判结果侵害他人合法权益的结果。严重侵害他人合法权益作为虚假诉讼罪的结果，只是妨害司法秩序的一种表现形式。[①] 有学者从逻辑关系上主张，虚假诉讼行为实际侵犯到他人合法权益，必然已侵犯到国家正常司法秩序，在虚假诉讼语境下对他人合法权益的侵犯，不可能脱离对国家司法秩序的侵犯而单独存在，但《刑法修正案（九）》第 35 条将两个法益以"或者"作选择性并列，认可可能存在他人合法权益单独被侵犯的情形，该法条因此出现了逻辑瑕疵。[②] 还有学者尖锐地指出，把"严重侵害他人合法权益"作为虚假诉讼罪的成立条件之一，具有相当的不合理性。一是

---

① 参见汪涵治：《民事纠纷解决请求权视角下的虚假诉讼罪再考察》，载《湖北经济学院学报（人文社会科学版）》2019 年第 7 期。

② 参见曾粤兴、卢义颖：《罪与非罪及其关系——刑民意义上的虚假诉讼》，载《学术探索》2018 年第 5 期。

不符合形式逻辑。二是不符合虚假诉讼罪法益保护的要求。三是出现处罚上的不协调。四是与《刑法》第 307 条之一第 3 款的规定存在重复。五是不符合竞合论的教义学原理。[①] 应当说，否定“他人合法权益”作为本罪保护法益，是有一定说服力的，当然，该主张中“他人合法权益”不能作为犯罪保护法益的独立语词内涵，以及“合法权益”作为民法概念不能直接作为本罪保护法益的观点有失偏颇。民法上“他人合法权益”的内涵是广泛而丰富的。虚假诉讼行为作为民法上侵犯“他人合法权益”的二次违法，刑法当然要保护民法上保护不了或保护不力的“他人合法权益”。又如，财产权利作为民事法上的一个概念，同样可以用在财产犯罪的保护法益上，甚至连本罪的罪名，也是从民诉法上的虚假诉讼直接搬到刑法上作为罪名直接规定。

另一种主张以张明楷教授为代表，认为虚假诉讼罪侵犯的法益，应当立足于法律条文本身的含义来解释，借鉴德日刑法的一种理论，即选择性保护法益说。认为只要虚假诉讼行为构成妨害司法秩序或者侵害他人合法权益中的一种，便具有违法性，而不要求像传统理论对复杂客体的规定一样，必须同时妨害司法秩序与侵害他人合法权益，才能成立犯罪，虚假诉讼罪的保护客体不是我国传统刑法理论所称的随机客体或者选择性客体（这种客体是针对结果加重犯或者情节加重犯而言），是真正意义上的选择性客体。[②] 这种主张从文义解释角度来讲是恰当的，得到实务界的认可。但是，这种主张美中不足的是，既然“在现实生活中，为了单纯地妨害司法秩序而以捏造的事实提起民事诉讼的现象几乎不可能发生。换言之，凡是以捏造的事实提起民事诉讼的行为人，都是为了使自己获得某种利益，进而侵害他人的合法权益”。[③] 那么，为什么本罪保护的法益是选择性保护法益而不是单一法益，似乎有不说理或至少没有把理说透之嫌。毋庸置疑，虚假诉讼罪必定妨害司法秩序，但是，对虚假诉讼行为引发司法机关

---

① 参见苏永生：《虚假诉讼罪的“严重侵害他人合法权益”》，载《法学杂志》2019 年第 7 期。

② 参见张明楷：《虚假诉讼罪的基本问题》，载《法学》2017 年第 1 期。

③ 张明楷：《虚假诉讼罪的基本问题》，载《法学》2017 年第 1 期。

所采取的一系列措施，都会侵犯公民的合法权益。“作为个人法益的公民合法权益与作为超个人法益的国家司法秩序，两者只应该是量的区别，不应该存在质的差异……两种法益的地位应该是平等的，因此，采取‘选择性法益’说也是合理的。”① 除此之外，笔者认为，有些虚假诉讼行为妨害司法秩序轻微，但对他人合法权益造成重大损害，如起诉他人后，又迅速撤回起诉，但已对他人合法权益造成重大损害。又如，被告人起诉他人借款100万元，但被告人隐瞒了债务人已归还5万元的事实。此时，很难认定被告人妨害司法秩序（因被告人有诉权，且绝大多数诉讼请求是合法的），但若判决债务人归还100万元，则被害人（债务人）遭受5万元的损失。5万元的损失，肯定可以认定为“严重侵犯他人合法权益”（该行为构成诈骗罪，数额为5万元）。而此时以虚假诉讼行为中“严重侵犯他人合法权益”作为保护法益，则是顺理成章之事。综上，笔者赞同虚假诉讼罪的法益为选择性保护法益。

（二）虚假诉讼罪中“捏造事实”的正确认定

“捏造事实”是否限于无中生有型？我国《刑法》第307条之一对虚假诉讼罪中的“捏造事实”并没有作出明确规定。全国人大法工委刑法室主任王爱立主编的《中华人民共和国刑法解读》（第5版），把“捏造事实”解读为“凭空编造的不存在的事实”。② 这里的“不存在的事实”没有指明是全部不存在的事实还是部分不存在的事实，即捏造全部事实还是捏造部分事实。最高人民法院刑四庭负责人就虚假诉讼刑事案件司法解释答记者问中说明，为了保护人民群众的合法诉权，明确规制对象，确定适当的处罚范围，将《刑法》规定的虚假诉讼罪限定为“无中生有型”捏造事实行为。最高人民法院法官③在《〈关于办理虚假诉讼刑事案件适用法律若干问题的解释〉的理解与适用》中明确指出，“研究认为，虚假诉讼罪

---

① 吴立志、王明婷：《虚假诉讼罪法益问题研究》，载《怀化学院学报》2018年第2期。

② 参见王爱立主编：《中华人民共和国刑法解读》（第5版），中国法制出版社2018年版。

③《最高法刑四庭负责人就虚假诉讼刑事案件司法解释答记者问》，载民主法制网2018年9月27日，http：//www. mzyfz. com/cms/fazhixinwen/xinwenzhongxin/fazhijujiao/html/848/2018 - 09 - 27/content - 1363055. html。

中的‘捏造’，应当是指无中生有、凭空虚构；捏造的‘事实’，应当是足以对起诉能否获得人民法院受理以及人民法院作出何种裁判的结果产生影响，属于民事案由范围内的事实”。并给出具体的理由：首先，根据一般理解，“捏造”一般是指完全没有依据，仅凭自己的想象臆造事物，与“杜撰”“虚构”等基本属于同义词。其次，从立法本意来看，《刑法》增设虚假诉讼罪的目的，主要是依法惩治不具有合法诉权的行为，故意捏造事实，制造自己具有诉权的假象，意图骗取人民法院裁判文书，达到非法目的行为。最后，《刑法修正案（九）》（草案一次审议稿）明确虚假诉讼罪中的“捏造事实”是属于案由范围内的事实。[①] 总而言之，官方解读“捏造事实”是捏造全部事实，而不包括捏造部分事实。有的学者持相同的观点，认为“部分篡改事实”的案件一般不以虚假诉讼罪认定。如果虚假诉讼罪的行为模式也包含了隐瞒部分债务的情形，将会导致原告在举证责任中承担比较大的犯罪风险。[②]

然而，部分学者和实务界并不这么认为。张明楷教授认为，无论是全部捏造还是部分捏造，都会对司法秩序的妨害，二者都可能构成该罪。[③] 还有学者认为，“捏造”的本质确实是无中生有，即伪造出来不存在的事实。可是不能说只有捏造完全不存在的民事纠纷才属于“捏造”。虽然存在原本的民事纠纷，但分割来看，就虚增的金额部分来说不能认为双方有民事纠纷，其实也是一中无中生有的“捏造”。[④] 需要说明的是，捏造部分事实，实际上包括隐瞒部分事实（如借款 20 万元，债务已归还 2 万元，而债权人否认予以隐瞒），以及由原告篡改部分事实（如借款 35 万元篡改为 135 万元等）。“捏造事实的外延范围，不仅应包括积极地虚构事实，也应包含消极地隐瞒事实。”[⑤] “消极的隐瞒”则体现为不作为，入罪的根据

---

① 参见周峰、汪斌、李加玺：《〈关于办理虚假诉讼刑事案件适用法律若干问题的解释〉的理解与适用》，载《人民司法》2019 年第 4 期。

② 参见程莉航：《虚假诉讼罪的司法适用》，广西大学 2019 年硕士学位论文。

③ 参见张明楷：《虚假诉讼罪的基本问题》，载《法学》2017 年第 1 期。

④ 参见杨智博：《论虚假诉讼罪中的“捏造事实”》，载《湖北警官学院学报》2019 年第 4 期。

⑤ 纪长胜：《虚假诉讼罪的认定与适用》，载《人民司法》2017 年第 7 期。

在于隐瞒案件事实也是对案件事实的一种不真实反映，其危害性与“积极的虚假”具有等价性。[①] 应当说，捏造事实不但包括捏造全部事实与捏造部分事实，而且捏造事实的行为包括积极地虚构与消极的隐瞒。有学者认为，部分捏造事实更容易引起司法程序的启动，可能更容易侵犯他人合法权益，全部捏造事实和部分捏造事实在本质上没有区别，因此，应当以虚假诉讼罪论处。[②]

笔者完全赞同虚假诉讼罪中的“捏造事实”包括捏造部分事实或隐瞒部分事实，理由除了上述学者阐述之外，笔者认为，从现行的法律及相关的司法解释中也可以得出肯定的结论。其一，我国颁布的《民法典》第7条明确规定民事主体从事民事活动，应当遵循诚信原则，秉持诚实，恪守承诺。篡改也好，隐瞒也罢，都是违反诚信原则的行为。其二，2019年10月14日修正的《最高人民法院关于民事诉讼证据的若干规定》（以下简称《证据若干规定》）第63条规定，当事人应当就案件事实作真实、完整的陈述。当事人故意作虚假陈述妨碍人民法院审理的，人民法院应当根据情节，依照《民事诉讼法》第111条的规定进行处罚。当事人“真实”的陈述，应当与其主观认知相一致。当事人“完整”的陈述，强调当事人的陈述不能是片面的、局部的，而应当是对案件事实完整的陈述。要求当事人完整的陈述案件事实，是积极层面的真实义务，目的在于防止当事人刻意隐瞒、歪曲事实真相。[③]《证据若干规定》关于当事人对案件事实必须作真实、完整陈述的规定，为民事诉讼中捏造、隐瞒、篡改部分案件事实追究虚假诉讼罪提供坚实的法律基础，为制止民事诉讼成为当事人的“谎言竞技场”，推动诚信社会的建设，具有重要的意义。其三，2019年4月9日出台的《最高人民法院、最高人民检察院、公安部、司法部关于办理“套路贷”刑事案件若干问题的意见》（以下简称《意见》）第1条对“套路

---

① 王然：《虚假诉讼罪中“捏造事实”的认定——以借贷案件中使用空白格式借款合同为视角》，载《司法体制综合配套改革与刑事审判问题研究——全国法院第30届学术讨论会获奖论文》。

② 参见周立伟：《虚假诉讼罪若干问题研究》，华东政法大学2019年硕士学位论文。

③ 参见最高人民法院民事审判第一庭编著：《最高人民法院新民事诉讼证据规则理解与适用》（下），人民法院出版社2020年版，第581页。

贷”常见手法规定了五种情形：（1）制造民间借贷假象。（2）制造资金走账流水等虚假给付事实。（3）故意制造违约或肆意认定违约。（4）恶意垒高借款金额。（5）软硬兼施“索债”。这条规定的前四种情形，都存在部分捏造或隐瞒事实的情况，与虚假诉讼罪有关。《意见》第2条对五种情形加以明确，规定可以追究诈骗罪、虚假诉讼罪的刑事责任。其四，从诉权理论来讲，民事诉权的性质是程序性人权，但渗透着民事实体权益的因素。[①] 当事人行使诉权，由于涉及实体权益，且诉权涉及的事实是捏造的，那么，捏造的事实属于民事案由范围内的事实，反映了案件涉及的民事法律关系的性质。因此，一方面，要保护当事人的诉权；另一方面，要对诉权进行规制，以“保护司法过程的纯洁性，即整个司法过程中不得有任何虚假的事实与内容。司法过程的纯洁性，是司法秩序的基本内容”。[②] 因此，对部分捏造、隐瞒、篡改的事实，都应当认定为虚假诉讼罪中的“捏造事实”。

当然，对当事人以外的人捏造事实（包括部分事实），由于其不能“提起民事诉讼”，不符合虚假诉讼罪的犯罪构成，只能以妨害作证罪或伪造证据罪追究其刑事责任。对于当事人篡改部分事实牵连伪造公司、企业公文印章罪的，按照《刑法》关于牵连犯的规定，追究其刑事责任。

（三）关于本案判决的评析

通过上述分析，可以对民事纠纷与虚假诉讼罪的区别归纳为两个方面。一是当事人提起民事诉讼时，如果就诉讼标的计算方式、标准等法律认识问题，对法律规定的内容的理解不同，以及出于诉讼策略考虑而增加标的额，则不属于虚假诉讼中的“捏造事实”，只能按民事纠纷审理。二是当事人捏造部分事实，在当事人提起民事诉讼中，如果捏造部分事实不是严重侵害他人合法权益且妨害司法秩序轻微，则不按虚假诉讼罪追究其刑事责任，可按照《民事诉讼法》第111条之规定，对相关当事人进行罚款、拘留等民事制裁。换言之，妨害司法秩序和侵害他人合法权益，情节

① 参见田平安、柯阳友：《民事诉权新论》，载《甘肃政法学院学报》2011年第5期。

② 张明楷：《虚假诉讼罪的基本问题》，载《法学》2017年第1期。

显著轻微的，按民事纠纷处理，不追究虚假诉讼罪的刑事责任。

就本案判决而言，陈某斗"借款"给王某、霍某，从《民法典》关于委托代理的规定来看，只要经陈某平追认，陈某斗借款事实没有捏造，陈某斗提起民事诉讼（经陈某平同意）就是没有违反法律规定的，是行使诉权的表现，这方面没有妨害司法秩序。存在问题的是，陈某斗在庭审中，隐瞒了借款人王某、霍某已归还部分款项的事实，即陈某斗隐瞒（捏造）部分事实（判决书没有载明隐瞒部分事实，即已归还的款项事实），符合虚假诉讼罪的构成要件，捏造事实，提起民事诉讼，原则上可以构成虚假诉讼罪。但是，如果本案捏造部分事实即款项数额不大，则可按情节显著轻微不认为是犯罪处理。当事人可提起民事诉讼，在依法作出民事判决后，同时对陈某斗进行民事制裁。

三、典当行为与掩饰、隐瞒犯罪所得罪的判定

典型案例

2014 年 7 月至 11 月，时任华昌珠宝有限公司北京分公司区域经理詹某忠，在负责辽宁省全省区域范围内的营销与客户维护期间，利用职务之便，多次将公司的黄金镶嵌玉石首饰产品向北京乾通典当有限公司及辽宁沈阳鑫源宝寄卖商行典当套现共计价值 3,766,616 元，占为己有。其中，詹某忠向辽宁沈阳鑫源宝寄卖商行朱某典当黄金 9885.3 克（每克行情价 241 元不等），套现人民币 140 万元左右，占为己有。2015 年 8 月 26 日，詹某忠犯职务侵占罪，被法院判处有期徒刑 9 年。

2015 年 7 月 8 日，莆田市公安局涵江分局以涉嫌掩饰、隐瞒犯罪所得、犯罪所得收益罪，对犯罪嫌疑人朱某立案侦查，2015 年 7 月 25 日对犯罪嫌疑人朱某刑事拘留，2016 年 5 月 6 日变更为取保候审。

检察机关查明，2014 年 7 月至 11 月，詹某忠利用职务之便，将华昌珠宝有限公司北京分公司黄金镶嵌玉石首饰中的 9885.3 克黄金，在犯罪嫌疑人朱某经营的辽宁沈阳市沈河区鑫源宝寄卖商行典当套现人民币 140 万元左右，犯罪嫌疑人朱某后向华昌珠宝有限公司退还黄金 1460.29 克。

本案在审查起诉时，出现两种截然不同的观点。

第一种意见认为，现有证据不足以认定犯罪嫌疑人朱某主观上明知是犯罪所得而予以收购（典当），应作不起诉决定，理由是：(1) 依照辽宁公安机关出具的情况说明，证实犯罪嫌疑人朱某在初步核实了詹某忠的身份及所在公司后，实施了上述典当行为。由于詹某忠时任华昌珠宝有限公司北京分公司区域经理一职，从表见代理的角度出发，其具有对外处理公司财产的权利，朱某有足够理由对此予以信任，应认为其已尽到注意义务。(2) 李某主观上是否明知是赃物。根据掩饰隐瞒犯罪所得罪的相关司法解释规定，可以通过认定"明显低价"来推断行为人主观上明知，但目前"明显低价"没有明文规定的差价幅度，且本案的收购差价与北京乾通典当有限公司类似，无法以收购价格来推断其主观明知是赃物而予以收购。(3) 犯罪嫌疑人虽无典当的经营资质，但实际上实施了典当行为，并遵守了典当的基本规则与要求，且朱某在本案之前就多次实施典当行为，并非专为本案所涉财物而特地超出经营范围实施典当，且詹某忠在典当过程中也有赎回部分金镶玉，故两人之间符合形式上的典当关系，不能以朱某超出经营范围实施典当行为来推定其主观上具有明知之故意。

第二种意见认为，朱某的行为涉嫌掩饰隐瞒犯罪所得罪，应当提起公诉，理由是：(1) 物品价格。黄金价格相对透明，差价额度小。本案中犯罪嫌疑人朱某以30元至50元不等的差价收购金镶玉，应认定为"明显低价"。(2) 物品特征。詹某忠在典当物品时，强行取下金镶玉中玉石，对物品价值造成损毁性影响，行为异常性明显，犯罪嫌疑人朱某对此不可能毫无察觉，但仍然接受典当，主观上具有明显的故意。(3) 物品凭证。本案中詹某忠在典当物品时，向犯罪嫌疑人朱某出示了货物出货单，证明涉案金镶玉系已出售给客户的货物，其系以个人名义而非公司名义典当，超越了其职权范围，犯罪嫌疑人朱某关于其误信詹某忠系代表公司典当金镶玉的辩解不客观。(4) 事后表现。案发后，犯罪嫌疑人朱某逃匿，且赃物去向不明（这一点与事实不符，且与事实推定无关）。因此，朱某在主观方面可以推定其明知，在其明知是赃物的情况下而予以典当，其行为符合掩饰、隐瞒犯罪所得罪。

莆田市涵江区人民检察院最后采纳第一种意见，以朱某不构成犯罪为由作出不起诉决定。[①]

法理评析

就本案而言，区分是典当的民事行为还是掩饰、隐瞒犯罪所得罪的刑事犯罪行为，关键是朱某主观方面是否明知典当物品是赃物，若是，则构成犯罪；若不是，则是民事法律行为。因此，围绕本案，必须正确认定掩饰、隐瞒犯罪所得罪中行为人主观方面的明知。同时，附带阐述行为人善意收赃和恶意收赃的法律后果及处理方式。

（一）掩饰、隐瞒犯罪所得罪中的“明知”的认定

一般来说，《刑法》分则中的“明知”，根据法律和司法解释，通说认为是指知道或者应当知道，掩饰、隐瞒犯罪所得罪中的“明知”也不例外。《最高人民法院关于审理洗钱等刑事案件具体应用法律若干问题的解释》第1条、《刑法》第191条及第312条规定的“明知”应当结合犯罪嫌疑人的认知能力、犯罪所得及其收益的种类及数额等进行认定，具有下列情形之一的，可以认定被告人明知系犯罪所得及其收益，但有证据证明确实不知道的除外：（1）知道他人从事犯罪活动，协助转换或者转移财物的；（2）没有正当理由，通过非法途径协助转换或者转移财物；（3）没有正当理由，以明显低于市场价格收购财物的；（4）没有正当理由收取高于市场的手续费；（5）协助关系密切的人转换或者转移与其职业或财产状况明显不符的财物的；（6）其他可以认定行为人明知的情形。

最高人民法院对掩饰、隐瞒犯罪所得罪中的“明知”认定，采取的是推定的方式，因为该司法解释中“但有证据证明确实不知道除外”，是推定构成条件的反证和辩解。有学者也把上述司法解释中的“明知”解读为采取推定的方法，并提出在司法实践中，除了司法解释中的几种情况外，推定“明知”应重点审查以下内容：一是交易的时间、背景；二是交易地

---

① 参见福建省莆田市涵江区人民检察院不起诉决定书，涵检公刑不诉（2016）61号。

点、交易方式是否非常隐秘，是否在非公开场所交易；三是交易价格是否明显低于市场中间价格；四是物品特征是否被拆整为零、改头换面；五是行为人的职业状况；六是本犯的一贯表现，赃物犯是否了解本犯的品行。[①]

其实，上述司法解释中第一种情形“知道他人从事犯罪活动”，认定行为人主观方面是“明知”不属于推定，而是通过直接证据的直接认定。因为“知道”显然不是“应当知道”。只有通过间接证据的间接证明，才有可能存在推定问题。当然，把“应当知道”解读为“推定明知”，在学界存在不同的观点。其一，司法解释中大量使用“应当知道”一词，多数属于行为“应知”的范畴，基本不涉及刑事推定问题。[②] 如上述司法解释中的第一种情形就是如此。其二，“应当知道”是否意味着本罪包含过失，容易让人误解。[③] 而根据刑法规定，本罪是故意犯罪。其三，刑事推定必须有明确或充分的证据，[④] 对掩饰、隐瞒犯罪所得罪中“明知”的“应当知道”属于事实推定，同样要有明确或充分的证据，而事实推定对案件事实的证明是在基础事实之上，以经验法则为桥梁，直接得出推定事实这一结论。因此，事实推定是一种间接证据证明的推理活动。[⑤] 有学者认为规范层面的“应当知道”是“间接证明”指引性规定和推定规定的混合体，且前者占据大多数。从无罪推定等基础司法理念出发，应严格解释既有规范，将推定的存在空间限缩在最低限度。[⑥] 笔者认同上述学者的观点。“应当知道”与事实上知道，或可能知道是不同的。本罪中的“应当知道”，可以采取推定的方法，但如有的学者所言，控方仍然需要承担相当程度的

---

① 参见史卫忠、李莹：《掩饰、隐瞒犯罪所得、犯罪所得收益罪——司法认定疑难问题探讨》，载《人民检察》2014年第6期。

② 参见周光权：《明知与刑事推定》，载《现代法学》2009年第2期。

③ 参见史卫忠、李莹：《掩饰、隐瞒犯罪所得、犯罪所得收益罪——司法认定疑难问题探讨》，载《人民检察》2014年第6期。

④ 参见黄巍巍：《毒品犯罪中主观明知的刑事推定研究》，云南大学2017年硕士学位论文。

⑤ 参见沈晶：《论事实推定与间接证据证明的关系》，载《黄冈师范学院学报》2006年第2期。

⑥ 参见郭晶：《刑事推定的构造与“应当知道”的认定——以推定之逻辑构造为基础》，载《中国刑事法杂志》2012年第8期。

证明责任，至少包括：一是对赃物客观存在的举证；二是对赃物来源有疑问的说明。如果行为人对这两点未作任何辩解或辩解明显不合理，则推定成立。[①] 概言之，本罪中的“明知”（包括应当知道），主要应通过直接证据认定，同时重视应用间接证据形成证据链进行认定，这种证明方法都不是刑事推定。只有在认定基础事实上，通过经验法则，[②] 直接推定事实的，才是事实推定，即推定明知。推定的核心是应用基础事实，当证明中断时，借助经验法则，变更证明对象，从而得出推定事实。

就本案而言，詹某忠典当黄金饰品时，朱某主观方面是否“明知”该黄金饰品是赃物，从本案的证据来看，无法推定出朱某明知黄金饰品是赃物。从物品价值来看，朱某以30元至50元不等的差价收当黄金，同样地，北京乾通典当有限公司收购詹某忠黄金时，差价最高为58元，朱某的收购价符合市场规律，不存在“明显低于市场价格”。从物品特征来看，詹某忠典当物品时，强行取下金镶玉中的玉石，对物品价值造成损毁性影响，行为异常。而朱某的辩解是，黄金有价，玉石无价，且其不懂玉石，故不接受玉石典当。朱某经营的商行，之前寄售的金镶玉饰品也是去玉留金的做法，本案中的另一典当公司即北京乾通典当有限公司也是采取这种做法，并无二致。所以，不接受玉石典当，而把金镶玉中的玉石去掉，属于正常现象，不能认定典当的物品特征为异常现象，从而进行推定。从物品凭证来看，詹某忠典当物品时，向朱某出示了货品售货单，出示名片介绍自己是华昌珠宝有限公司北京分公司区域经理，并提供身份证。朱某向公安机关查询，证实詹某忠没有前科及在逃人员，身份真实。同时朱某通过业内人士，查询证实詹某忠所在公司的真实性，朱某经营的鑫源宝寄卖行，经营提示“出示有效证件”“拒收赃物”等字样。詹某忠在典当过程中，也有赎回部分黄金饰品。这样，朱某对典当物品及詹某忠的身份已经尽到了谨慎查验的义务，朱某有理由相信詹某忠的身份及典当物品的真实

---

① 参见周光权：《明知与刑事推定》，载《现代法学》2009年第2期。

② 经验法则是人们对社会的某种现象，在反复实践后逐渐掌握其内在规律的一种认识。经验法则是事物之间一种具有盖然性的外在联系，是一种按照归纳法所得出的判断和结论，允许人们对经验法则的推定提出反证，以推翻该推定。

性，不能推定朱某认为典当物品是赃物，在主观上是“明知”。退一步讲，控方就主观明知的要件事实进行推定，辩方反证该要件事实只要“引起合理怀疑”即达到证明标准,[①] 显然，朱某的反证已达到这一要求。因此，本案中，无论从证据的直接或间接证明，还是从推定的反证与辩解来看，均不能认定朱某对典当物品是赃物，在主观方面是“明知”，朱某的行为不构成掩饰、隐瞒犯罪所得罪。当然，朱某对公司产品以个人身份典当，且数量达 140 多万元，从民事责任的角度来讲，还是存在轻微过失的。

（二）朱某收赃行为的民事责任探讨

本案犯罪嫌疑人朱某在被公安机关抓获后，向华昌珠宝有限公司退还黄金 1460. 29 克。这里涉及的问题是当典当的物品是赃物时，原物主、犯罪嫌疑人（出典人）及典当行（承典人）对典当的赃物该如何处理，如何承当民事责任?

首先需要说明的是，本案中朱某成立的是寄卖行，但其从詹某忠那里，以典当（出具凭证、收取费用、约定赎回条件等）的方式，收到黄金饰品，实质上形成典当法律关系，本案例的分析和探讨就此展开。

关于典当法律关系，我国是有“章”可循，无“法”可依。目前用于规范典当行的是2005 年4 月1 日施行的，由商务部和公安部颁布的《典当管理办法》，属于部门规章。由此，我国对典当业的法律规定层次低，粗糙疏漏，而最高人民法院的态度只是重申对典当行依照《典当管理办法》开展业务的支持，并对典当当金利率和典当综合费用作出原则性的规定，对收赃问题采取回避的态度。

对于典当行收当盗赃物问题，从民法角度看是一个盗赃物物权，准确讲是质权之取得问题。而各国民法典对收当盗赃物质权之取得问题，几乎没有明确规定，唯可类比的是各国民法典对盗赃物之所有的善意取得的规定。[②]

---

① 参见郭晶:《刑事推定的构造与“应当知道”的认定——以推定之逻辑构造为基础》，载《中国刑事法杂志》2012 年第 8 期。

② 参见胡坚:《论典当行误收当资赃物之处理》，载《重庆大学学报（社会科学版）》2004 年第 3 期。

对于盗赃物所有权的善意取得问题，从世界许多国家规定来看，归纳起来，主要有三种：一是对于盗赃物不适用善意取得，善意占有该物之人不能取得该盗赃物的所有权，并且对失主的返还请求权应无条件满足。二是认为除金钱或无记名证券外，盗赃物之物权一般不适用善意取得，失主有权在一定时期之内向善意占有人请求返还，但善意地在拍卖场所或公开市场或由贩卖与其物品同种之物的商人处购买的盗赃物，失主向善意占有人要求返还该盗赃物的，应当偿还善意占有人为此而支付的价金。三是认可盗赃物的善意取得，失主不可请求返还。[①] 我国《民法典》物权编第311条规定了善意取得制度，但对盗赃物能否适用善意取得未置可否，而权威的观点是盗赃物不适用善意取得。"之所以不规定盗赃物的善意取得，立法考虑的是，对被盗、被抢的财物，所有权人主要通过司法机关依照《刑法》、《刑事诉讼法》、《治安管理处罚法》等有关法律的规定追缴后退回。"[②] 这种学理解释不是从善意取得的核心要义出发，而是从保护被害人角度进行解释，与善意取得含义相差甚远。"善意取得作为一项重要的民事法制度，是指行为人无权处分他人的财产，受让人取得该财产时出于善意，则受让人将依法即时取得对该财产的所有权或他物权的法律制度。"[③] 善意取得的目的在于保护善意受让人的利益，而不是保护被害人的利益，以保障交易安全。就被害人利益保护和典当行利益保护而言，"一刀切"地或者唯一以其善意取得是否适用盗赃物情形，很难平衡被害人和典当行的利益。

实际上，我国学者及相关规章，就典当行收当盗赃物的法律风险早就进行了探讨和规定。学者从收赃的主观状态来看，区分为善意收赃和恶意收赃。恶意收赃指典当行于收当时期知道或者应当知道当户出当的为赃物

---

① 参见胡坚：《论典当行误收当资赃物之处理》，载《重庆大学学报（社会科学版）》2004年第3期。

② 全国人大常委会法制工作委员会民法室编：《中华人民共和国物权法条文说理、立法理由及相关规定》，北京大学出版社2007年版，第195页。

③ 最高人民法院民法典贯彻实施工作领导小组主编：《中华人民共和国民法典物权编理解与适用》（上），人民法院出版社2020年版，第525页。

而仍然与之交易，收受该赃物为当物并发放当款的行为。善意收赃是指典当行于收当时，依法对当物的权属和来源尽了必要的查验义务，不知道或者不应当知道当物为赃物或来源不明的物品而予以收当，典当行并向当户支付了相应的当款行为，之后当物被依法确认为赃物。[①] 对于恶意收赃行为，各国的典当立法均明确对其予以禁止，取消典当许可资格、罚款甚至追究刑事责任。我国《典当管理办法》规定，对恶意收赃的赃物予以扣押并依法处理，对行为人视情况对其给予行政处罚或者追究刑事责任。

对于善意收赃行为，我国《典当管理办法》没有区分善意收赃与恶意收赃及其处理方式。2001 年 8 月 8 日国家经贸委出台的《典当行管理办法》（已废止）第 41 条规定："典当行发现或者怀疑当物为赃物，应当立即向公安机关报告。典当行收当赃物，如经公安机关确认为善意误收的，原物主应当持当物所有权证据办理认领手续，按典当行实付当金数额赎取当物，但可免交当金利息和其他费用。"这一规定划分了善意收赃与恶意收赃，善意收赃行为的当物赎取，必须支付当金的处理原则，是值得肯定的，但不足之处是规定过于简单，不够细致。对于善意收赃行为，必须平衡失主与典当行之间的利益问题，既要保护典当行的正常发展，又要保护社会秩序，实现公平价值。有学者认为，鉴于我国《民法典》物权编未规定赃物善意取得制度，为妥善处理典当行中无法避免的收赃问题，典当业立法可以借鉴我国台湾地区"当铺业法"的做法，确立典当业依法收当的处理原则：一是典当行依法定程序和要求收当，当物被认定为赃物的，原物主应向典当行返还当本及同期银行贷款利息、综合服务费用，从而赎回当物。二是典当行虽依法收当但存在轻微过失，当物被认定为赃物的，原物主以原当本、保管费向典当行赎回当物。三是典当行收当时存在明显或者重大过失，当物被认定为赃物的，典当行应无偿向原物主返还当物。[②] 笔者认为，上述处理善意收赃行为的规则是可行的，当然对第二种处理方

---

① 参见胡宗仁：《典当行善意收赃制度探讨》，载《暨南大学学报（哲学社会科学版）》2011 年第 2 期。

② 参见胡宗仁：《典当行善意收赃制度探讨》，载《暨南大学学报（哲学社会科学版）》2011 年第 2 期。

式可以再探讨，如以原当本赎回当物，不收保管费。在立法作出明确规定之前，司法实践中可参照上述处理规则处理善意收赃行为。

结合本案中朱某的收赃行为，从证据上判断，应当是善意收赃行为，但朱某对价值140多万元的黄金饰品及詹某忠与公司之间的关系，在查验上还是存在一定过失的，这种过失是轻微过失。公安机关在詹某忠所在公司没有支付当金赎回黄金饰品，而是直接追缴返还给詹某忠所在公司，这种做法是不合适的。

四、医疗损害赔偿纠纷与医疗事故罪的判定

典型案例

2011年12月21日，被害人罗某1在泸州市江阳区通滩中心卫生院经检查诊断患有胆囊结石和慢性胆囊炎。2011年12月23日，在未做好充分术前准备且没有执业医师指导的情况下，该院中医执业医师、临床职业助理医师被告人黄某友作为主刀医生为罗某1施行了“胆囊切除、胆总管探查、T管引流术”。手术过程中，被告人黄某友先将罗某1的胆囊切除，在探查胆总管时发现罗某1有胆管结石，被告人黄某友继续将结石取出后因没有准备大小合适的“T”管，手术无法继续进行。随后，该院联系其他医院医生携带合适的“T”管前往会诊并继续手术。手术后造成罗某1梗阻性黄疸、肝功能受损，后罗某1到其他医院诊治。后经解放军第三军医大学新桥医院确诊为梗阻性黄疸，胆管损伤，胆道狭窄、慢性胆管炎，并行“胆道损伤修复+胆管空肠吻合术”。经泸州市公安局物证鉴定所鉴定，罗某1损伤评定为重伤二级。泸州市医学会鉴定：罗某1首次手术后出现的梗阻性黄疸，肝功能损害及此后多次的住院治疗（尤其是肝门部胆肠吻合术）与泸州市江阳区通滩中心卫生院的诊疗活动有直接关系，属于三级乙等医疗事故，泸州市江阳区通滩中心卫生院承担主要责任。经四川华西法医学鉴定中心鉴定：泸州市江阳区通滩中心卫生院对罗某1实施的医疗行为存在过错，该过错与罗某1的损害后果之间存在一定的因果关系，其参与度为60%～70%。

法院另查明，被告人黄某友在诊疗活动中存在以下严重不负责任行为：(1) 胆囊结合可能存在继发性胆管结石的可能，医方对此认识不足，术前未与患者做相应的沟通及术前准备；(2) 术中发现有胆总管结合，需要更改手术方案，未与患者家属充分沟通，并征得理解与同意，未尽到告知义务；(3) 在患者意识清醒，为成年人的情况下，未按医疗规范要求患者本人签字同意手术，且签字人也并非患者法律上的亲属，又无患者的委托同意书；(4) 医方在患者术后未按诊疗常规在术后半个月以后行"T"管造影，了解胆道通畅度和连续性的情况下，医方要求患者带"T"管至少6~9个月，又不能说明原因；(5) 手术记录极不规范；(6) 胆囊切除术不应视为一般执业活动，手术主刀医生为助理执业医师，应该在职业医师指导下开展诊疗活动，泸州市江阳区人民法院于2016年2月16日，以被告人黄某友犯医疗事故罪，判处拘役5个月。[①]

法理评析

本案中，被告人黄某友在诊疗过程中存在过失行为，致患者罗某1经鉴定为重伤二级。泸州市医学会事故技术鉴定为三级乙等医疗事故，医方承担主要责任，四川华西法医学鉴定中心鉴定医方对罗某1事实的医疗行为存在过错，该过错与罗某1的损害后果之间存在一定的因果关系，其参与度为60%~70%。这个看似正常的医疗事故案件，涉及的问题却不少。被告人黄某友的医疗过错是否达到过失？医疗事故中的医学会鉴定与法医鉴定的结论，如何采信？与医疗事故罪的因果关系如何？事故参与度达到多少才能追究医疗事故罪？如本案中事故参与度为60%~70%的情况下，追究了被告人黄某友的医疗事故罪的刑事责任。同样发生的医疗事故，司法实践中对事故参与度的要求大相径庭，如在被告人杜某某的医疗事故案中，杜某某的医疗过失行为造成苏某某死亡，黑龙江新讼司法鉴定中心鉴定事故参与度为50%，哈尔滨工业大学医疗司法鉴定中心鉴定事故参与度为10%，而法院认定被告人"严重不负责任"，对事故参与度是否采纳，

---

① 参见四川省泸州市江阳区人民法院刑事判决书，(2015) 江阳刑初字第561号。

未置可否，最终以医疗事故罪判处杜某某有期徒刑2年6个月。[①] 在被告人王某荣医疗事故致被害人潘某某死亡案件中，医方的过错参与度为40%，法院仍然对被告人王某荣以医疗事故罪，判处有期徒刑1年6个月，缓刑3年。[②] 在被告人谢某检医疗事故案中，被告人的医疗过程致患者何某2最终死亡，中山大学医学鉴定中心鉴定，医方的诊疗行为存在违反医疗常规和不足之处，与患者何某2死亡之间存在直接的因果关系，原因力为主要因素，过错参与度为80%，法院却以“现有证据不能证实被告人谢某检在诊疗患者何某2的过错存在严重不负责任的情形，并造成何某2死亡”，判决被告人谢某检无罪。[③] 在原告李某与被告淮南新康医院医疗损害责任纠纷案中，原告李某在淮南新康医院生产后，该医院对李某之子的诊疗过程中存在过错，致李某之子脑残（最终死亡），南京金陵司法鉴定所鉴定医方过错造成李某之子脑残的过错参与度为75%，而本案则按民事案件处理。[④] 从上述列举的几个案例来看，医疗损害责任纠纷与医疗事故罪如何区别，在司法实践中较为混乱，因此，有必要就医疗损害责任纠纷与医疗事故罪的区别，作一个详细而深入的探讨，以结束这种混乱局面。笔者认为，医疗损害责任纠纷与医疗事故罪的区别，主要有以下三个方面的区别。

（一）主观过失方面的区别

行为人在医疗过程中，存在过失行为，这是追究行为人医疗损害赔偿（行为人是职务行为，民事责任由其所在单位承担）和医疗事故罪的起点。换言之，没有医疗过失，就不存在医疗损害赔偿或医疗事故罪。那么，民事上的医疗损害赔偿与刑事上的医疗事故罪，其过失及含义是否相同，需要仔细甄别。

就医疗事故的医疗损害赔偿而言，医疗事故的性质存在违约与侵权竞合的情况，司法实践及理论中基本上选择确定医疗事故的侵权性质。而根

---

① 参见黑龙江省克东县人民法院刑事附带民事判决书，(2015) 克东刑初字第51号。

② 参见河南省息县人民法院刑事判决书，(2019) 息刑初字第124号。

③ 参见广东省东莞市第一人民法院刑事判决书，(2105) 东一法刑初字第3261号。

④ 参见安徽省淮南市田家庵区人民法院民事判决书，(2014) 田民一初字第02352号。

据现行侵权构成的四要件通说，主观过失为其构成要件之一。在民法学界，医方事故包括责任事故和技术事故，还包括医疗差错。[①] 医疗差错，是指虽有诊疗护理错误，但未造成病员死亡、残疾、功能障碍的情形。[②] 医疗技术事故是指在诊疗护理工作中，因医务工作者技术过失，造成病员死亡、残疾、功能障碍的事故。[③] 医疗事故中的技术事故和医疗差错不能构成刑事犯罪，只能通过民事赔偿来解决受害人的损害问题。而医疗事故中的责任事故则既可能涉及刑事责任，又可能涉及民事责任，存在区分的必要性和重要性。因此，本书讨论的主观过失，仅指发生责任事故的医疗事故中的主观过失，这是民法上与刑法上主观过失的区别之一。

关于刑法上与民法上的过失内涵及程度，中外刑法理论通常认为，过失就是对注意义务的违反，这是过失的本质所在。医疗事故罪的过失在我国《刑法》第335条表述为医务人员由于“严重不负责任”，这种具有可责性的“严重不负责任”的心理态度，就是医疗事故犯罪过失的表现，“严重不负责任”与“过失”是浑然一体的。[④]“严重不负责任”是医疗事故罪主观要件中的过失的不同表述而已。另外，其包含的一层含义是“重大过失”，民法则无此要求。

医疗事故罪中违反注意义务的过失，包括违反结果预见义务和违反结果避免义务过失。结果预见义务是指医务人员在实施医疗行为过程中应小心谨慎，对其行为可能造成的危害结果有所预见的义务，包括对危害结果发生可能性的预见，对医疗行为与危害结果之间因果关系的预见，以及对行为违法或可能违法的预见三方面内容。结果避免义务是指在预见医疗行为可能造成危害结果的基础上，保持谨慎态度，避免危害结果发生的义务。[⑤] 换言之，刑法上的过失，在与故意分开的同时，不但关注结果预见

① 参见杨立新：《侵权法论》（上），吉林人民出版社1998年版，第552页。

② 参见杨立新：《侵权法论》（上），吉林人民出版社1998年版，第552页。

③ 参见滕飞：《论医疗事故罪》，载《世界最新医学信息文摘》2015年第103期。

④ 参见李希慧、宋久华：《医疗事故罪之“严重不负责任”辨析》，载《人民检察》2012年第21期。

⑤ 参见李希慧、宋久华：《医疗事故罪之“严重不负责任”辨析》，载《人民检察》2012年第21期。

义务，而且关注结果避免义务。刑法理论上的这种把结果预见义务和结果避免义务相提并论视为注意义务内容，表明行为违反注意义务不是刑事归责的内容本身，而是判断行为人是否具有过失的依据，刑事归责的依据，仍然还要考察主观上的判断，即行为人是否预见或认识到危害结果的发生，并以此作为承担刑事责任的依据。而侵权法具有的行为人与被害人之间公平分担损害的补偿功能，只要行为人有违反注意义务的特定行为和损害结果，则可能对其进行过错归责，而不问行为人的个别心理状态如何，过失在侵权法中是作为违法性判断的根据而存在，侵权法对过失的认定采用客观标准，而不是刑法对过失的认定采用主观标准。

此外，刑法上的医疗注意义务的一般标准，应当采用同领域中普通性质医务人员的一般标准。这个标准要比侵权法上的标准要严，范围要小，并且这个标准要适当考虑行为时的特殊情况。因为刑法以惩罚、预防犯罪为己任，侵权法以赔偿、补偿损害为功能追求。医疗行为极具专业性和复杂性，从刑法的谦抑原则出发，只有对那种极端不负责任的过失行为才动用刑罚，一般的医疗损害事故，从侵权法角度出发，轻微过失、一般过失、重大过失均能被追究责任，其过失的认定标准，即行为人的注意义务，应以善良管理人的注意（抽象的轻过失）为标准，善良管理人的注意仍是合理人的注意。[①] 并且不考虑行为人的特殊情况，以及根据《民法典》第 1222 条之规定，医疗机构的过失可以通过推定来认定，医疗事故罪中的过失，要求行为人具有刑法规范意义上的过失，即重大过失，这是侵权法上过失与刑法上过失的又一个区别。

（二）损害结果方面的区别

就医疗损害赔偿而言，只要医疗机构或医务人员的过失（侵权法上习惯用过错，包括故意和过失）行为造成患者生命健康的损害，无论损害结果的大小为何，医疗机构或医务人员（大多是医疗机构）都要承担相应的赔偿责任。而医疗事故罪则不同，我国《刑法》第 335 条规定，医务人员

① 参见周雪梅：《刑事犯罪与民事侵权比较研究》，西南财经大学出版社 2013 年版，第 127－128 页。

由于严重不负责任，造成就诊人死亡或者严重损害就诊人身体健康的，处3年以下有期徒刑或者拘役。由此可见，构成医疗事故罪，必须有造成就诊人死亡或者严重损害就诊人身体健康的后果。“严重损害就诊人身体健康”，主要是指造成就诊人严重残疾、重伤、感染艾滋病、病毒性肝炎等难以治愈的疾病或者其他严重损害就诊人身体健康的后果。[①] 重大医疗过失行为，造成就诊人死亡的，事实状态明确。而“严重损害就诊人身体健康”的解释，仍然存在模糊和不确定之处，学界主要有医疗标准说、法益标准说和折中说三种。[②] 2008年4月29日发布的《最高人民法院关于审理非法行医刑事案件具体应用法律若干问题的解释》（已修改）第3条规定，“严重损害就诊人身体健康”是指：（1）造成就诊人中度以上残疾、器官组织损害导致严重功能障碍的；（2）造成3名以上就诊人轻度残疾、器官组织损伤导致一般功能障碍的。虽然该司法解释是针对非法行医中的“严重损害就诊人身体健康”，但最高人民法院研究室负责人在解读该司法解释时指出：“严重损害就诊人身体健康”是《刑法》第335条和第336条都规定的损害后果之一，不能将两罪的后果标准完全割裂开来。《人体重伤鉴定标准》（已失效）针对的是外力伤害，不能全面反映医疗行为对人体健康造成的损害程度，医疗事故的分级标准，参照了人身重伤、轻伤鉴定标准，因此，《医疗事故分级标准（试行）》已经涵盖了这些鉴定标准的内容，是目前最完全和最权威的标准。[③] 笔者基本上赞同上述观点。理由是：

其一，医疗事故罪是业务过失犯罪，我国《刑法》规定过失致人重伤的才构成犯罪，那么，医疗事故罪也应当在医疗过失造成损害结果上，以重伤为起点和基本原则。其二，由于《医疗事故分级标准（试行）》列举的各类情形广于《人体重伤鉴定标准》，所以，医疗事故中有的等级不能在重伤鉴定标准内找到相对应的伤情，必须把两者结合起来，将相当于重

① 王爱立主编：《中华人民共和国刑法解读》（第5版），中国法制出版社2018年版，第828页。

② 杨丹：《医疗刑法研究》，中国人民大学出版社2010年版，第142页。

③ 刘岚：《明确罪与非罪标准，严明非法行医犯罪——访最高人民法院研究室负责人》，载《人民法院报》2008年5月12日，第5版。

伤的一定等级的医疗损害认定为“严重损害就诊人身体健康”的标准。例外的情况是，医疗事故“造成三名以上就诊人轻度残疾、器官组织损伤导致严重功能障碍的”也认定为“严重损害就诊人身体健康”。这种标准既符合刑法法理，也符合刑法谦抑原则，更符合对就诊人身体健康的刑法保护。

（三）因果关系方面的区别

刑法上的因果关系，一般来说，是指犯罪行为与对定罪量刑有价值的危害结果之间引起与被引起的合乎规律的联系。[①] 具体到医疗事故罪中，就是医务人员重大过失行为与就诊人死亡或严重损害就诊人身体健康之间存在直接的必然的因果关系。医疗事故罪中的因果关系，从我国刑法上来看，有其特殊表现形式，原因在于医疗事故中的因果关系具有专业性、多因性、不可预测性的特点。[②] 也正是医疗事故罪中的因果关系专业性、多因性和不可预测性的特点，导致医疗事故罪中的因果关系的认定标准莫衷一是，主要有直接因果关系说、相当因果关系和疫学因果关系说三种。直接因果关系说为我国大陆刑法多数学者所支持，相当因果关系说为我国台湾地区学者的主流观点，疫学因果关系说为我国一批年轻学者所欢迎。[③] 笔者认为，三种学说各有其优缺点，司法实践中重要的是准确而精细地认定医疗过失行为与损害结果之间具有刑法规范意义的作用力与联系程度，即医疗事故的参与度，这一问题，有赖于医学鉴定或司法鉴定（下文再讨论）的解决。

侵权法上医疗损害赔偿中的因果关系，与医疗事故罪中的因果关系存在较大差别。其一，医疗事故罪中的因果关系，作为侵权法上的医疗损害赔偿的因果关系，如果造成损害后果的主体是 1 名或多名医务人员，且 1 名或多名医务人员都构成医疗事故罪，那么，因果关系是相同的。如果造成损害后果是多名医务人员，只有 1 名医务人员构成医疗事故罪，其他医

---

① 参见朱秀恩：《“医疗事故罪”若干法律问题探析》，载《医学与法学》2016 年第 1 期。
② 参见赵诗敏：《医疗事故罪中因果关系的认定标准》，载《法制与社会》2020 年第 12 期。
③ 参见赵诗敏：《医疗事故罪中因果关系的认定标准》，载《法制与社会》2020 年第 12 期。

务人员不构成医疗事故罪，那么，医疗损害赔偿中的因果关系，是所有医务人员的过失行为造成严重后果的因果关系。换言之，1 人或 2 人以上共同过失犯罪，刑法上的因果关系只是犯罪行为人与犯罪结果之间具有的因果关系。侵权法上的因果关系，则是不管是否构成医疗事故罪，只要过失行为导致损害结果都认定具有因果关系，并要承担相应的赔偿责任。其二，医疗损害赔偿包括医疗事故、技术事故和医疗差错，后两种赔偿所具有的因果关系，与医疗事故罪中的因果关系毫不相干。而医疗事故罪中的因果关系，原因对结果发生的力道，必须达到一定的程度，才是医疗刑法上的因果关系，即具有多少事故参与度的因果关系，才是医疗事故罪中的因果关系（有学者认为医疗事故罪中的因果关系的参与度要达到75%，才能追究医疗事故罪）。而侵权法上的医疗损害赔偿中的因果关系，则强调原因对结果的发生有作用力即可，哪怕事故参与度为1%，也要承担医疗损害赔偿的民事责任。换言之，医疗事故罪中的因果关系，与医疗损害赔偿中的因果关系，原因对结果的作用力和联系程度在量上是有较大差别的。

在医疗损害赔偿与医疗事故罪中的因果关系上，不能不谈事故参与度问题。

事故参与度是由日本昭和大学医学教授、日本赔偿医学会会长渡边富雄首先提出，它是确认人身伤亡因果关系的一个指标。“事故参与度”最初是为了解决道路交通事故与受害人死亡、伤残等后果的因果关系而设定的标准，由于交通事故和医疗事故在认定和处理方法的相似性，我国学者将事故参与度运用于解决医疗事故中。但在事故参与度的级差界分上，存在莫衷一是的主张。渡边富雄教授以10%参与度作为一个级差，从0%到100%一共将事故参与度分为十一级。[①] 日本学者若杉长英教授“以外因的相关判断标准”，以25%的参与度作为一个级差，将事故参与度分为五级。[②] 我国学者将事故参与度理论用于医疗事故过失行为的分级标准有六

---

① 参见李德祥：《日本现代医学发展与赔偿医学》，载《日本医学介绍》1993 年第 5 期。

② 参见朱广友：《医疗纠纷鉴定：因果关系判定的基本原则》，载《法医学杂志》2003 年第 4 期。

级（第一级为0%，第二级为30%，第三级为50%，第四级为60%，第五级为80%，第六级为100%）;[①] 也有主张事故参与度超过50%的，超过75%的，参与度为60%到100%的，[②] 真可谓众说纷纭。目前比较让人接受的观点是将过错参与度分为五个等级，以25%为一个分级标准，事故参与度75%以上，过失行为与损失结果为必然因果关系。[③] 我国医疗事故专业技术鉴定中心的事故参与度分级标准，也是采用0%、25%、50%、75%、100%五个标准。[④] 这种划分方法，以同等比例划分五个等级，具有灵活性和科学性。同时与公安部发布的交通事故损伤参与度的行业标准——以25%为标准划分为五个等级——保持一致。[⑤] 此外，从合法替代行为产生损害可能性出发，事故参与度越小，合法替代行为产生损害可能性越大。事故参与度越大，合法替代行为产生损害可能性越小。“只有在合法替代行为阻却危害结果实现与患者自身因素致死可能性差额达到50%以上时，才能认定刑法因果关系的绝对力量，即事故参与度实现75%以上。”[⑥] 笔者赞同事故参与度达到75%时，是追究医疗事故罪的一个前提条件，一次性造成3人以上伤亡的，事故参与度可以在50%左右。

由于医疗事故往往是由医务人员（包括多名医务人员）过失、疾病、患者自身行为、患者特殊体质、医疗技术及自然力等多种因素介入而产生。因此，医疗事故因果关系的特殊性和复杂性，需要引进事故参与度理论来解决事故发生过失行为和中介因素原因力的大小，从而进行实际责任的划分与承担，这显得非常必要和重要。而对事故参与度精准的定量分

---

① 参见张秦初、刘新社主编：《防范医疗事故与纠纷——写给医生》，人民卫生出版社2000年版，第428页。

② 参见徐国辉等：《医疗纠纷因果关系鉴定92例分析》，载《河南科技大学学报》2010年第1期。

③ 参见陈海燕：《医疗犯罪中因果关系的认定》，载《常州工学院学报（社科版）》2010年第5期。

④ 参见杨丹：《医疗刑法研究》，中国人民大学出版社2010年版，第162页。

⑤ 参见彭梦玮：《论我国医疗事故罪因果关系的认定标准》，上海师范大学2019年硕士学位论文。

⑥ 徐娇：《一级甲等医疗事故的民刑区分——以因果关系为视角》，吉林大学2014年硕士学位论文。

析，离不开鉴定。在我国，有医学会组织相关专家进行医疗事故技术鉴定的医学鉴定和医疗鉴定机构的医疗损害鉴定的司法鉴定。根据2018年10月1日施行的《医疗纠纷预防和处理条例》第36条之规定，医学鉴定和司法鉴定在损害程度、医疗过错、因果关系、责任程度等内容是一致的。笔者认为，医学鉴定和司法鉴定既可以合二为一，又可以分别鉴定，但鉴定人员应当从具有医学、法学、法医学的专家库中选择，同时在鉴定结论中要单列一项对医务人员过错参与度的认定，以决定对其是否追究医疗事故罪的刑事责任。当然，对鉴定意见，司法人员在办案中要进行审查。一份高质量的鉴定报告，在分析说明中应当意见明确、依据充分、方法可靠、分析全面、条理清晰、逻辑严密、术语准确。[①] 因为鉴定意见仅仅是意见（当然是非常重要的意见），是否采纳，如何采纳，要对因果关系作综合分析后确定。

综上所述，构成医疗事故罪在主观方面要求有重大过失，医疗损害赔偿则无此限制，且医疗损害赔偿可以适用过错推定原则；构成医疗事故罪在后果上必须造成死亡、严重损害就诊人身体健康的后果，医疗损害赔偿无此限制，只要有损害就要赔偿；构成医疗事故罪中的因果关系的参与度要求达75%以上，医疗损害赔偿则无此限制。

结合本案，被告人黄某友在给被害人罗某1诊疗施行手术过程中，存在漏诊、术前准备不足、没有尽到告知义务、没有在执业医师指导下施行手术，术中损伤胆管等严重过失行为，并造成被害人重伤二级的后果，被告人的过失行为与损害结果又有因果关系，基本上符合医疗事故罪的构成要件。但本案有一个疑点就是，因果关系的参与度经鉴定仅为60%～70%，按通常的要求，参与度应为75%，特殊情况下可以少一点，如死亡3人以上的参与度为50%以上就可以。法院在认定被告人黄某友构成医疗事故罪时，对该事故参与度是否采纳，及如何采纳没有进行详细而有说服力的分析和评判就作出有罪判决，这是令人遗憾的。

---

① 参见张纯兵、杜志淳：《医疗损害司法鉴定因果关系分析及参与度鉴定》，载《中国司法鉴定》2015年第5期。

第四章

侵犯个人隐私权行为与侵犯公民个人信息罪的判定

典型案例

2009年3月至12月，时任北京京驰无限通信技术有限公司（以下简称京驰公司）运维部经理的被告人谢某冲，利用中国移动通信集团北京有限公司授予其所在公司开展手机定位业务的权限，先后多次为被告人刘某亮、程某郊、张某英等人提供了90余个手机号码进行定位，非法获利人民币9万元。其中，刘某亮从谢某冲处非法获取手机定位40余个，并将其中部分转卖给程某郊。刘某亮还从程某郊处非法获取通话清单等信息近10条。程某郊通过刘某亮从谢某冲处非法获取手机定位30余个，后用于公司调查或转卖给他人，程某郊还从他人处非法获取座机名址、移动手机名址、公民个人信息近10条，后转卖给刘某亮。张某英从谢某冲处非法获取手机定位10余个。

北京市第二中级人民法院认为，被告人谢某冲为电信单位工作人员，违反国家规定，将本单位在履行职责或者提供服务过程中获得的公民个人信息出售给他人，情节严重，其行为已构成出售公民个人信息罪。被告人刘某亮、程某郊、张某英以购买方式非法获取公民个人信息，情节严重，其行为已构成非法获取公民个人信息罪。刘某亮与程某郊的部分行为构成共同犯罪。鉴于四被告人归案后能如实供述自己的罪行，可酌情从轻处罚，判决被告人谢某冲等四人2年2个月至1年5个月不等的有期徒刑，并处罚金。[①]

法理评析

一是本案涉及的手机号码定位，座机名址、移动手机名址是否属于侵犯公民个人信息罪中的公民个人信息，抑或民法上的隐私权？二是各被告人的行为是否都构成了侵犯公民个人信息罪，抑或民事上的侵权行为？这些问题，都涉及民事侵权与刑事犯罪的区分问题，有必要进行深入的探讨。

（一）公民个人隐私权的属性与保护

隐私权的概念最早见于1890年由美国学者沃伦与布兰德斯在《哈佛法学评论》发布的一篇名为《论隐私权》的文章，其实质是政治或宪制意义上个人自由在法律上的表述。[②] 在美国，隐私权是宪法中的一项基本权利，同时也是作为一项包含名誉权、肖像权等各种具体人格权的一般人格权，即隐私权也是一种民事权利。德国法中的隐私权在人格权发展过程中逐步借鉴美国法中的隐私权概念，逐渐地形成和完善，并作为公民的基本权利规定在《德国基本法》中，提升了隐私权的法律地位。因此，在德国，隐私权同时属于宪法意义上的一般人格权及私法意义上一般人格权的范畴。[③] 在法国，自1970年修改《民法典》，增加隐私的保护后，隐私的概念和内容就不断扩展，逐步涵盖了多项人格权益。[④] 从上述的美国、德国、法国等国家的隐私权规定及发展来看，隐私权是一种涵盖各类人格权益保护的民事权利。

在我国，自人格权制度产生之时，就形成了具体人格权体系，隐私权

---

① 参见最高人民法院刑事审判第一、二、三、四、五庭主办：《中国刑事审判指导案例·02》（增订第3版），法律出版社2017年版，第730－731页。

② 参见高富平：《个人信息保护：从个人控制到社会控制》，载《法学研究》2018年第3期。

③ 参见王泽鉴：《人格权的具体化及其保护范围·隐私权篇》（上），载《比较法研究》2008年第6期。

④ 参见王利明：《隐私权概念的再界定》，载《法学家》2012年第1期。

只不过是具体人格的一种。[①] 隐私权在我国立法中首先出现在《侵权责任法》（已废止）第 2 条中，是一种与其他人格权利并列的民事权利。我国《民法典》颁布后，隐私权被规定在人格权编中。对侵犯包括隐私权在内的各种人格权所产生的民事责任，《民法典》侵权责任编作了具体规定，从而形成了隐私权在人格权编确认，在侵权责任编加以保护的法律体系。根据我国《民法典》第 1032 条的规定，笔者认为，隐私权是法律赋予公民享有的对其个人与公共利益无关的私人生活安宁和私密空间、私密活动、私密信息决定不被他人刺探、侵扰、泄露、公开的一种具体人格权。根据我国《民法典》第 1033 条的规定，隐私权包括私人生活安宁、私密空间、私密活动、私密部位、私密信息五个方面内容。

关于隐私权的法律保护方面。各种立法各不相同。在我国，由于隐私权经历了从传统意义上的隐私权利到现代意义上的隐私权再到网络隐私权的发展过程，特别是在信息社会的大数据时代，对隐私权的表现形式及其保护，必须引起足够的重视。只有全面正确认识隐私权，才能全面正确保护隐私权。虽然《民法典》第 1033 条规定了对隐私权侵害行为的五种情形，但学者普遍认为隐私权包括私人生活安宁和私人信息秘密两个方面。其中，私人生活安宁包括排除对私人正常生活的骚扰；禁止非法侵入私人空间；对个人自主决定的妨碍。[②] 至于私人信息秘密，《民法典》简称为私密信息。那么，什么是私密信息，目前尚未有正式或权威解释。有学者从工业和信息化部颁布的《信息安全技术公共及商用服务信息系统个人信息保护指南》（以下简称《个人信息保护指南》）中将个人信息分为个人一般信息和个人敏感信息出发，提出“个人敏感隐私信息，即指关涉个人隐私核心领域、具有高度秘密性，对其公开或利用将会对个人造成重大影响的个人信息，如有关性生活、基因信息、遗传信息、医疗记录、财务信息等个人信息”。[③] 认为我国大陆《个人信息保护法》应当以“个人敏感隐

① 参见王利明：《隐私权概念的再界定》，载《法学家》2012 年第 1 期。
② 参见王利明：《隐私权概念的再界定》，载《法学家》2012 年第 1 期。
③ 张新宝：《从隐私到个人信息：利益再衡量的理论与制度安排》，载《中国法学》2015 年第 3 期。

私信息”概念对个人信息进行类型化区分。我国台湾地区“个人资料保护法”第6条对个人敏感信息进行了类型化列举。笔者认为，结合我国大陆《个人信息保护指南》第3.7条规定的“个人敏感信息”的定义及列举的内容，个人敏感信息与个人敏感隐私信息两者的内容有相同之处，应当对两者内容经过逐项比对分析和社会实证调研后，根据国民一般认识和文化背景，确定隐私权中秘密信息的范围。

2021年11月1日实施的《个人信息保护法》第28条规定，“敏感个人信息是一旦泄露或者非法使用，容易导致自然人的人格尊严受到侵害或者人身、财产安全受到危害的个人信息，包括生物识别，宗教信仰、特定身份、医疗健康、金融账号、行踪轨迹等信息，以及不满十四周岁未成年的个人信息”，并规定了敏感个人信息的处理规则，对完善隐私权的特别保护，迈出了坚定的一步。

在隐私权的保护中，对隐私权中的私人生活安宁和私人信息秘密的保护应当有所区别。

对私人生活安宁的隐私权法律保护，应侧重于民法保护和刑法保护，行政法上的保护居于次要。作为传统意义上隐私权中的私人生活安宁，是私人不愿告人或不愿公开的个人事项，是“个人得以从公共生活和公共视线退出，在日益扩张的公权力之下和日益紧张的社会生活中仍然享有独处的时空，个人可以真实地生活，发展个性而不受他人支配和操纵”。[①] 这是个人享有自由和尊严精神性的一项人格权。以侵害私人生活来追究侵权人的民事责任，即侵权人应当以停止侵害、赔礼道歉和赔偿损失等方式承担民事责任。而对于以侵害他人私人信息为内容的隐私权的民法保护，由于私密信息属于公民个人信息的范畴，而公民个人信息的利用具有财产利益，所以对私密信息的民法保护，除了要求侵权人承担精神损害赔偿之外，也要求侵权人承担财产损失赔偿责任。在网络中，网络个人隐私信息的财产权，可以通过合同的约定来实现。

---

① 张新宝：《从隐私到个人信息：利益再衡量的理论与制度安排》，载《中国法学》2015年第3期。

对于侵害隐私权的刑法保护，我国《刑法》及《民法典》已明确，隐私权中的私密信息归入公民个人信息权，因此，以侵害私密信息为内容的隐私权的行为，情节严重的，可以侵犯公民个人信息罪追究其刑事责任。针对侵害以私人生活安宁为内容的隐私权的刑法保护，我国《刑法》视情分别以侮辱罪、诽谤罪、非法侵入他人住宅罪、侵犯通信自由罪等来追究其刑事责任。笔者认为，随着信息时代、大数据时代的发展，侵犯隐私权的现象日趋广泛而严重，有必要在《刑法》中单独设立侵犯隐私权罪的罪名，切实有效保护隐私权人的人身自由和人格尊严。

（二）公民个人信息权的属性与保护

随着信息社会的到来和发展，公民个人信息的重要性越来越被人们认识。个人信息作为一项重要的社会资源，在给人们带来方便和利益的同时，也被人们滥用与泄露，给信息主体带来困扰与损害。因此，个人信息的保护也越发严重与紧迫。自 1973 年瑞典颁布了第一部全国性的《瑞典数据法》后，美国、德国、英国、韩国等国家紧随其后，相继颁布了个人信息保护法律。

从 2000 年开始，我国立法机关开始重视对公民个人信息的保护，先后在相关立法或决定中，对公民个人信息的定义及保护作出规定。当然，这些规定还是过于简单，不够全面。2017 年颁布的《民法总则》（已失效）第 111 条规定自然人的个人信息受法律保护。2021 年 1 月 1 日施行的《民法典》第 1034 条至第 1039 条，对公民个人信息的定义、收集、使用、删除、更正和保护等作出较为全面的规定。2021 年 11 月 1 日施行的《个人信息保护法》是个人信息保护的专门法律。应当说，我国对公民个人信息权的认识在不断深化，对公民个人信息权的保护日趋加强。当然，对公民个人信息权的保护仍需完善。

1. 公民个人信息含义的解读

我国《刑法修正案（七）》和《刑法修正案（九）》设立了“侵犯公民个人信息罪”，但对公民个人信息的含义没有作出规定。2017 年 5 月 8 日发布的《最高人民法院、最高人民检察院关于办理侵犯公民个人信息刑事案件适用法律若干问题的解释》（以下简称《解释》）第1条规定：“公民个人信息”，是指以电子或者其他方式记录的能够单独或者与其他信息结合识别特定自然人身份或者反映特定自然人活动情况的各种信息，包括姓名、身份证件号码、通信通讯联系方式、住址、账号密码、财产状况、行踪轨等。《解释》对公民个人信息的定义是“身份识别 + 活动情况”。而2016年11月7日通过的《网络安全法》第76条第5项规定：“个人信息，是指以电子或者其他方式记录的能够单独或者与其他信息结合识别自然人个人身份的各种信息，包括但不限于自然人的姓名、出生日期、身份证件号码、个人生物识别信息、住址、电话号码等。”《网络安全法》对公民个人信息的定义少了“个人活动情况”的内容，只有身份识别的内容。而《民法典》第1034条规定，个人信息是以电子或者其他方式记录的能够单独或者与其他信息结合识别特定自然人的各种信息，包括自然人的姓名、出生日期、身份证件号码、生物识别信息、住址、电话号码、电子邮箱、健康信息、行踪信息等。《个人信息保护法》第4条规定，个人信息是以电子或者其他方式记录的与已识别或可识别的自然人有关的各种信息，不包括匿名化处理后的信息。《民法典》及《个人信息保护法》对公民个人信息的定义是一脉相承，也是把自然人身份可识别性人作为个人信息的本质特征和核心要素来对待，可识别性成为个人信息的唯一法律标准，所以，《解释》第1条对公民个人信息的定义，加上“特定自然人活动情况”作为认识公民个人信息的另一个标准，在《民法典》及《个人信息保护法》颁布实施后，应当予以删除，以保持公民个人信息概念的科学性与统一性，不至于在司法实践中引起混乱。笔者认为，可以把《解释》第1条关于公民个人信息定义中的“特定自然人活动情况”，根据不同情况，有的纳入个人私密信息中，有的在不具可识别性的情况下，不按个人信息处理，可以按数据处理。①

① 在大数据时代背景下，个人信息与个人数据既有联系，又有区别。个人数据是将个人信息进行数据库化之后，可以通过计算机检索的方式获取的构成个人数据库的个人信息，两者存在交叉与部分重合的关系，在此不展开论述。

《解释》在关于公民个人信息内容的概括列举中列举的“账号密码信息”和“财产状况信息”，在《民法典》中公民个人信息内容的概括列举中没有出现，笔者认为要作具体分析。“账号密码信息”，有学者认为《解释》把其归入可识别特定自然人身份的信息，不仅牵强，而且自相矛盾，[①]即“账号密码信息”不具有身份的可识别性，已成为学者的共识。[②]笔者赞同此种观点，《民法典》删除《解释》中的“账号密码信息”列举项是正确的。但是，《民法典》删除《解释》中的“财产状况信息”列举项则值得商榷。行政机关记载公民个人不动产的信息，以及诸如车辆、船舶、林木等特殊动产信息，这些财产状况信息属公民个人私密信息（需要财产状况公开的特定人群除外），且能识别公民个人身份，符合《民法典》中关于公民个人信息定义要求，应当属于公民个人信息中的秘密信息。至于《民法典》中概括列举内容中增加“行踪信息”，同样值得探讨。一般情况下，行踪信息（如手机定位）是动态的，单纯依据行为的位移变换并不能确定特定的自然人，且通过诸如手机定位的行踪信息，手机不一定是要识别身份的那个人持有。所以行踪信息本身一般是不具有身份的可识别性，而且行为人获取行踪信息一般不是为了去识别个人身份，而是针对其背后的财产利益或人身权益。因此，在一般情况下，行踪信息不符合公民个人信息的定义要求，不应归入公民个人信息。但是，例外的情况是，如果手机持有者确定，事先知道行为人只是跟踪其行踪，此时身份已确定，其行踪属于个人隐私，那么，此时行踪信息则属于公民个人信息中的秘密信息。

2. 公民个人信息权的保护

公民个人信息是一项含有隐私权内容但又超越隐私权的权利，它是兼

---

① 参见于志刚：《“两高”侵犯公民个人信息司法解释之研读》，载《浙江社会科学》2017年第10期。

② 参见于冲：《侵犯公民个人信息罪中“公民个人信息”的法益属性与入罪边界》，载《政治与法律》2018年第4期。

有精神性权利与物质性权利及公民自由权利部分等的综合权利，[①] 其权利具有人身属性、经济属性和社会属性的多重属性。[②] 尽管如此，公民个人信息的主要特征仍然是人身特性，所以，我国《刑法》把侵犯公民个人信息罪规定在“侵犯公民人身权利、民主权利罪”一章中，我国《民法典》把公民个人信息的保护规定在人格权编中。公民个人信息权显著的人身特性与多样性，决定了公民个人信息保护的重点和方法与隐私权保护应有所不同。

公民个人信息的内涵是丰富的，范围是广泛的，保护的侧重点在于预防，而行政执法的主动性、广泛性、具体性和强制性的特点，决定了公民个人信息的保护应当首选行政法调整，及时、有力、高效地加以保护。行政执法部门应当对公民个人信息的收集、存储、使用、加工传输、提供、公开等行为违法时，及时地加以制止，并进行必要的行政处罚。

公民个人信息中的秘密信息，以及公民个人信息的使用等，尤其是公开的个人信息，以利用优先，应当以民法保护为主，通过《民法典》中人格权编、合同编及侵权责任编相关条款加以调整，以维护公民个人信息的自决权和其他合法权益。

公民个人信息权的综合性权利特性，决定了公民个人信息刑法保护的不可或缺性及重要性，个人信息保护的基本目的是保护人的尊严。确保个人信息安全是《个人信息保护法》的重要立法目标。个人信息不安全因素主要有两个方面：一是在数据的正当使用、存储和传输过程中可能存在的泄露风险。二是来自外部的恶意攻击、盗取。[③] 个人信息又是社会交往和社会运行的必要工具或媒介。工具性质决定了个人信息的社会性、公共性。[④] 公民个人信息兼具的精神性、财产性、安全性与公共性的综合性权

---

① 参见刘艳红：《侵犯公民个人信息罪法益：个人法益及新型权利之确证》，载《中国刑事法杂志》2019 年第 5 期。

② 参见于冲：《侵犯公民个人信息罪中“公民个人信息”的法益属性与入罪边界》，载《政治与法律》2018 年第 4 期。

③ 参见高富平：《论个人信息保护的目的》，载《法商研究》2019 年第 1 期。

④ 参见高富平：《论个人信息保护的目的》，载《法商研究》2019 年第 1 期。

利的特点，决定了在行政法和民法调整无力后，必须请刑法“出场”，以有效地打击侵犯公民个人信息，情节严重的违法行为。

（三）公民个人隐私权与公民个人信息权的异同点

1. 两者相似之处

第一，二者的权利主体都限于自然人。第二，二者均体现了个人对其私人生活的自主决定，都能够彰显人格尊严与人格自由。第三，二者在客体上存在交叉。一方面，许多个人信息都是人们不愿让他人知晓的私密信息，这些信息被记录在特定主体上，可以与姓名等组合直接或者间接指向特定主体，同时满足个人信息和隐私两种性质；另一方面，部分隐私保护的客体，通过技术处理方面得以记录为个人信息。

2. 两者不同之处

第一，二者的客体不同。隐私主要是一种私密性的信息或私人活动，个人信息注重的是身份识别性（隐私权中除了私密信息外不要求身份识别），个人信息既包括私密信息也包括非私密信息，个人信息无法包含生活安宁的隐私以及没有形成记录的隐私。此外，隐私不限于信息的形态，隐私还可以体现为个人的生活安宁、私人活动等形式，个人信息则要求必须以固定化的信息方式记载下来。第二，从权利内容来看，个人信息权益主要是指对个人信息的支配与自主决定，隐私权的重心在于防范个人秘密不被非法披露，不在于这类信息的控制与利用。第三，从保护方式来看，对个人信息的保护更侧重于预防，而对隐私的保护则更注重事后救济。[①]由于隐私权与个人信息的内容存在交叉，所以《民法典》第1034条规定，个人信息中的私密信息，适用有关隐私权的规定，没有规定的，适用有关信息保护的规定，即在侵害个人信息中侵害个人私密信息，则适用隐私权的保护规定，主要体现在适用过错责任承担侵权责任的规定上。在隐私权的保护规则没有具体规定，或不能有效地对受害者进行救济时，受害人可以依有关个人信息保护的规则，保护自己的合法权益。

---

① 参见最高人民法院民法典贯彻实施工作领导小组主编：《中华人民共和国民法典人格权编理解与适用》，人民法院出版社2020年版，第366－368页。

（四）关于本案被告人行为的定性与处理分析

本案中，被告人谢某冲为他人提供90余个手机号码定位，非法获利人民币9万元。被告人刘某亮从被告人谢某冲处非法获取手机定位40余个，从被告人程某郊处非法获取通话清单信息10条。被告人程某郊从被告人谢某冲处获取手机号码定位30余个，从他人处非法获取座机名址、移动手机名址等信息近10条。被告人张某英从被告人谢某冲处非法获取手机定位10余个。

本案涉及的信息有手机号码定位、通话清单、座机名址与移动手机名址三种信息形态。我国《民法典》第1034条明确规定个人信息是识别特定自然人的各种信息，即强调个人信息的识别性，这是个人信息的本质特征。“识别性是通过特定信息能够追到特定的自然人的特性。”[①] “可识别性是指个人信息与信息主体存在客观确定的可能性，简单来说，这些个人信息能够直接或者间接地指向确定的主体。”[②] 本案中，手机号码定位及通话清单，如果不是事先知悉了行为人，单纯地依据行为的位移变换及通话时间与内容，并不能够确定特定的自然人，既不能归入直接识别，也不能归入间接识别。因为“间接识别应根据识别是获取的信息且可以结合已知的公开信息，但不能使用事后知悉的信息”。[③] 而本案法院在判决理由中，没有说明获取的行为踪迹是否事先已知悉行为人，若不知悉，则不是个人信息中的信息，若已经知悉行为人，则属于个人信息中的私密信息。公民个人的行为踪迹属于公民个人隐私权的生活安宁内容，不为他人跟踪和披露。所以，本案的判决理由没有对个人信息及私密信息说明和说理，不能不说是一个遗憾。同样，座机名址与手机名址是否属于个人信息，本案判决同样没有说理。假如本案中的被告人在不是事先知悉其情况下，该信息不具有可识别性，不是公民个人信息中的信息，就不能用侵犯公民个人信息罪对这类行为进行规制，则本案全案无罪。但手机定位、通话清单及手

---

① 晋涛：《刑法中个人信息“识别性”的取舍》，载《中国刑事法杂志》2019年第5期。

② 于冲：《网络刑法的体系构建》，中国法制出版社2016年版，第218页。

③ 晋涛：《刑法中个人信息“识别性”的取舍》，载《中国刑事法杂志》2019年第5期。

机名址等，属于个人隐私范畴，可以用民事法律进行调整。

假如本案中各被告人事先知悉了手机定位、通话清单、手机名址等信息，那么各被告人的行为就属于侵犯公民个人信息中的私密信息。对侵犯公民个人信息的行为，根据《解释》第5条规定的“情节严重”才构成犯罪。而情节严重的认定标准有：一是信息类型和数量。非法获取出售或者提供行踪轨迹信息、通信内容、征信信息、财产信息这四项的，入罪标准为50条以上。对住宿信息、通话记录、健康生理信息、交易信息等其他可能影响人身、财产安全的信息，入罪标准为500条以上。二是违法所得数额。违法所得5000元以上为入罪标准。三是信息用途。如果“知道或者应当知道他人利用公民个人信息实施犯罪，向其出售或者提供”即为情节严重。四是主体身份。如果是在履行职责或者提供服务过程中获得的个人信息，出售或者提供给他人的，认定情节严重的数量、数额标准减半计算。五是主观恶性。曾因侵犯公民个人信息受过刑事处罚或者2年内受过行政处罚，又非法获取、出售或者提供公民个人信息的，视为情节严重。

基于前面假设的前提，本案中的被告人谢某冲非法提供他人行踪信息90余条，非法获利人民币9万元，被告人刘某亮非法获取行踪信息40余条，非法获取通话清单信息近10余条，两被告人的行为均已构成侵犯公民个人信息罪。被告人程某郊处非法获取通话清单信息10条。被告人程某郊和张某英非法获取的私密信息均不是50条，其行为不构成侵犯公民个人信息罪。

第五章

民间借贷与借贷型受贿罪的判定

典型案例

李某系某市建设局副局长，陈某系某建设工程有限公司的法人代表。2014 年 5 月，因违法串通招投标，陈某所在的公司被市建设局行政处罚，李某分管该业务。2015 年 3 月，张某（某房地产开发有限公司法人代表）找李某协调在建商品房验收及办证等事宜，李某均交代下属予以办理。2015 年 11 月的一天，张某在与李某聊天时说，公司在开发一个新楼盘，需要大量的资金，已向民间以 20% 的利息借款 500 万元，张某问李某若有闲钱可以借给他，月利率可按 3% 计息。李某听后，遂向陈某借款 50 万元，说月利率按 1% 计息。陈某刚好有一笔 100 万元的钱借给他人月利率也是 1%。于是，陈某提前收回 50 万元出借款，借给李某。李某把 50 万元借给张某，月利率 3% 计息。李某与张某，陈某与李某的借款都出具借条。在之后的 3 年里，李某对陈某的借款，本息按约定都已偿还。张某对李某的借款本金 50 万元及 2 年的利息计 36 万元也按约定全部偿还。2018 年 2 月，张某因行贿涉案被审查，供出于 2015 年 11 月向李某借款 50 万元，并支付 2 年利息计 36 万元给李某，本息如期偿还。2018 年 3 月，李某以涉嫌受贿罪被立案侦查，在对李某的定罪及受贿数额上存在较大争议。对于李某向陈某借款 50 万元，并按约定支付利息，属于正常的民间借贷，是合法的民事法律行为。而对于李某借款给张某 50 万元，收取利息 36 万元，存在两种观点，一种观点认为李某的行为构成受贿罪，但在数额认定上有的主张定 36 万元，即收取利息全部定受贿数额，有的主张定 12 万元（36 万元减去张某本来向他人借款的月利率为 2%，计 24 万元），有的主张定 24 万元（李某已支付利息 12 万元给陈某，实得利息 24 万元。）另一种观点认为李某不构成受贿罪。李某得知张某确实需要资金，且由张某主动提起，李某在借款过程中及借款本息归还后，均没有利用职务之便为张某谋取利益，不符合受贿罪的构成要件。至于月利率为 3%，属于高利率，但也没有超过 2015 年《最高人民法院关于审理民间借贷案件适用法律若干问题的规定》（已修改）（以下简称《民间借贷司法解释》）第 26 条规定的利率，是合法的民间借贷，即使利率超过法律规定，该利息只是不受法律保护而已，不能以受贿论处。同时根据最高人民法院发布的《全国法院审理经济犯罪案件工作座谈会纪要》（以下简称《纪要》）关于“以借为名索取或者非法收受财物行为的认定”的规定，李某借款给张某收取利息，与以借为名索贿或收贿不同，把行为定为受贿罪并无法律依据。

法理评析

本案是一起较为典型的民间借贷与借贷型受贿交叉关联案件，就如同以交易形式、干股形式、合作投资名义形式、赌博形式等收受贿赂一样，到底是民事法律行为还是实质上的受贿行为，两者交织在一起，具有复杂性和隐蔽性。同时，在受贿数额的认定上，也存在较大的争议，需要仔细甄别。

（一）民间借贷与借贷型受贿的区别

那么，民间借贷与借贷型受贿的区别界限在哪里，学界和司法界提出种种“锦囊妙计”，主要有：其一，认定借贷型受贿要从以下六个方面，综合全案事实与证据，准确作出司法认定。一是借款双方的身份、职业以及相互关系（出借人与借款人是否存在管理与被管理关系，私人情感如何）；二是借款手续是否完备（没有书面借款的，受贿可能性高，有书面借款的也可能存在受贿）；三是借款的用途（真实的或是虚构的）；四是有无还款行为；五是有无催款行为；六是借款与履职行为有无内在联系。[①]其二，认定把握通过放贷收取利息这种新型受贿的核心和关键形式，要从双方关系、借贷意愿、借贷理由、借贷手续、还款时间等几个方面进行审查。[②] 其三，认定以民间借款的名义掩盖受贿目的，可以通过重点审查该贷款合同产生的时间、原因是否符合常理，从中找出与受贿的关系，通过重点审查借贷双方主体之间的真实关系，以及通过重点审查借贷双方是否针对职务行为进行过约定，综合认定行为人是否构成受贿。[③] 其实，学者的种种主张，都没有超越《纪要》第3条第6项的规定，《纪要》规定以借款为名索取或者非法收受财物行为的认定，应当根据以下因素综合判定：（1）有无正当、合理的借款事由；（2）款项的去向；（3）双方平时关系如何、有无经济往来；（4）出借方是否要求国家工作人员利用职务上的便利为其谋取利益；（5）借款后是否有归还的意思表示及行为；（6）是否有归还的能力；（7）未归还的原因；等等。《纪要》的这种规定，与其说是民间借贷行为或受贿行为的区别认定，不如说是运用各种证据和事实，对到底是包装着的民间借贷还是受贿行为的一种综合判断，即主要是根据证据来综合认定，连事实推定都算不上。换言之，《纪要》的规定，不是作为民间借贷与受贿罪的区分标准，而是运用证据戳破披着民法外衣实质上为受贿行为的一种判断方法。

民间借贷与借贷型受贿的区别，应从其各自特征、构成要件中提炼出他们的区分标准。笔者认为，民间借贷与借贷型受贿的区别是，借贷行为是合法的意思自治还是掩盖下的钱权交易的意思自治。

意思自治原则既是我国民法的基本原则之一，也是合同法的一项基本原则。意思自治原则在我国《民法典》中是以自愿原则加以规定的。《民法典》第5条规定，民事主体从事民事活动，应当遵循自愿原则，按照自己的意思设立、变更、终止民事法律关系。自愿原则是《民法典》合同编

---

① 参见曹坚：《如何认定借款型受贿犯罪》，载《检察日报》2016年10月23日，第3版。

② 参见王秋杰：《放贷型受贿与民间借贷行为的审查判断要点》，载《中国检察官》2018年第6期。

③ 参见陈霄：《借贷型受贿犯罪研究》，华东政法大学2015年硕士学位论文。

中意思自治的扩展和进一步抽象，自愿原则的实质内涵是意思自治。[①] 意思自治原则要求合同当事人在不违反法律和公序良俗的前提下，享有充分的合同自由，合同完全体现当事人自己的意志，可以根据自己的意志设定权利和义务。意思自治在合同效力中，要求当事人的意思表示真实，即当事人在自觉、自愿的基础上做出符合其内在意志的行为。如果意思表示不真实，则会影响合同的效力，或无效，或撤销，甚至是刑事责任的后果。所以，我国《民法典》第143条明确规定了民事法律行为效力的三个条件：行为人具有相应的民事行为能力；意思表示真实；不违反法律、行政法规的强制性规定，不违背公序良俗。民间借贷行为作为合同的一种，作为一种民事法律行为，同样不能离开意思自治和意思表示真实的法律要求，否则其效力可能导致无效，甚至要承担刑事责任的法律后果，如以民间借贷为掩盖，实则是行贿与受贿行为，那么，合同双方当事人（行贿人与受贿人）就会被追究行贿罪和受贿罪。合法的民间借贷，是不违反法律和公序良俗的真意表示；以民间借贷形式，行受贿之实质，是一种表面上符合民事法律行为条件，实质上是隐蔽的“权钱交易”的受贿行为。换言之，合法的真意表示与通过借贷型形式实施“权钱交易”行为，是区分民间借贷与借贷型受贿的一个最显著的标准。民间借贷是自然人、法人、其他组织之间进行资金融通的行为，借款双方当事人在借款之前及借款时，不存在直接的职务上的管理与被管理关系。双方当事人在借款时都明白是为了资金融通；出借人没有要求借款人为其谋取利益，借款人也没有利用职便为出借人谋取利益（尽管“为他人谋取利益”是否受贿罪的构成要件，在学界上存在争议，[②] 但我国《刑法》条文是明明白白写着国家工作人员利用职务便利，非法收受他人财物，为他人谋取利益的，是受贿罪），一言概之，没有以民法外观行实质的“权钱交易”目的，是民间借贷行

---

① 参见最高人民法院民法典贯彻实施工作领导小组主编：《中华人民共和国民法典总则编理解与适用》（上），人民法院出版社2020年版，第56页。

② 参见马硕：《受贿罪疑难问题探究》，华东政法大学2015年硕士学位论文；蔡哲铠：《受贿罪若干问题的研究》，广东财政大学2017年硕士学位论文；张伟：《受贿罪构成要件涵摄下的“为他人谋取利益”》，载《现代法学》2018年第3期。

为。反之，借款人（受贿人）与出借人以民间借贷为掩盖，行行贿之实，则民间借贷是形骸，受贿是实质，借款人构成受贿罪（行贿人是否构成行贿罪要视情况而定，如是否被索贿，是否谋取不正当利益等）。

同样，出借人（受贿人）利用职务便利，指利用本人职务范围内的权力，即自己职务上的主管、负责或者承办某种公共事务的职权所造成的便利条件，① 为借款人谋取利益，向借款人借贷收息，出借人（受贿人）这种以民间借贷形式收取利息的行为，收取的利息即为贿赂款，其构成受贿罪的原理与以民间借贷为名收受贿赂的原理是相同的。有学者认为《纪要》中所规定的以借为名，并不当然包括国家工作人员贷款收息。② 当然，有学者认为可以根据 2007 年 7 月发布的《最高人民法院、最高人民检察院关于办理受贿刑事案件适用法律若干问题的意见》（以下简称《意见》）第 4 条之规定，将贷款收息的受贿方式归类到“其他委托理财”的范畴之内，从而将贷出型受贿解释为委托理财型受贿。③ 笔者认为，国家工作人员贷款收息与以民间借贷为名收受贿赂的本意确实不同，后一个行为是把借款本金全部认定为贿赂款，而前一个行为只把利息认定为贿赂款，本金与贿赂款无关。而把贷款收息行为归入委托理财型受贿范畴，在法理上也是讲不通的。委托理财是行为人把自己的资金委托他人代为投资证券、期货等金融产品并取得一定回报的行为。委托理财是在金融产品中理财，回报是不确定的且有风险，而贷款收息是民间融资，收取的利息是明确的，出借人不承担经营风险，所以贷款收息行为不能归入委托理财型的受贿。实际上，贷款收息的利息，如果是“权钱交易”的对象，自然是受贿，无须归入哪个类型的受贿，也与能不能归入什么类型的受贿无关。

结合本案，李某向陈某借款，并按约定还本付息，尽管李某与陈某具有管理与被管理的关系，但陈某并无利益输送给李某，李某虽然作为国家工作人员按照纪律要求，不能从事民间放贷活动，但这是违纪行为，李某

---

① 参见陈霄：《借贷型受贿犯罪研究》，华东政法大学 2015 年硕士学位论文。

② 参见陈霄：《借贷型受贿犯罪研究》，华东政法大学 2015 年硕士学位论文。

③ 参见赵煜：《借贷型受贿数额认定要具体分析》，载《检察日报》2014 年 5 月 21 日，第 3 版。

与陈某的民间借贷行为，从民事法律来看，并无违反法律之处。但是，李某向陈某借款后，以月利率3%的利息放贷给了张某，张某因公司经营上的方便，需要李某“关照”，所以以高于向他人借款利息率2%的利率3%向李某借款，这多出的1%利率的利息即为李某与张“权钱交易”的对象，李某的借贷收息，名义上是民间借贷，实质上以民间借贷为名，行收取利息的受贿行为。正如有的学者所言，借款行为的发生，请托人、国家工作人员之间事实上形成了一种利益共同体：就国家工作人员而言，为请托人谋取利益，等于是在保护自己的资金安全和固定收益；就请托人而言，向国家工作人员借款、付息，等于买了一张公权力庇护的“保票”，这种行为具有权钱交易的本质。[①] 因此，李某的行为构成受贿罪。

（二）借贷型受贿犯罪的数额认定

在贷款收息行为的受贿犯罪中，利息数额的认定，关系到罪与非罪，是否处以刑罚的重要问题，必须仔细斟酌。对此，学界和司法实践中存在主观认识标准和客观标准两种意见。主观认识标准可以分为以请托人认识为标准和以国家工作人员认识为标准，第一种标准即请托人主观上认为是超出合理水平部分的利息款，才是贿赂款；第二种标准即国家工作人员主观上已经认识到利息款超出合理部分的为贿赂款。客观标准又可以分为四种：一是以请托人向普通第三人借款的利率水平为标准，二是以同期银行贷款利率的四倍为标准，三是以同期当地同行业民间拆借资金的最高利率为标准，四是以同期银行贷款利率为标准。超出上述四种标准之外的利息部分，即为贿赂数额。[②] 对于以主观认识标准和客观标准应当扣除合理利息的各种观点，有学者认为这些观点试图为公权力确定“合理价格”显然不当，上述“借贷行为”具有权钱交易本质，根据民事法律该行为无效，根本不存在部分利息是国家工作人员应得的，部分是不应得的问题。同时这些观点不具有司法实践操作性，如客观标准说的问题在于很难找到一个

---

① 参见豆忠娟、李菲：《关于民间借贷关系中真实性和合法性的探讨——以利息形式受贿案件为例》，载《农村金融研究》2015年第11期。

② 参见豆忠娟、李菲：《关于民间借贷关系中真实性和合法性的探讨——以利息形式受贿案件为例》，载《农村金融研究》2015年第11期。

普适于所有案件的标准。[①]

笔者认为，单纯的主观认识标准和单纯的客观标准，都不符合刑法的主客观相统一的责任原则，因而是不可取的。但是，一律对合理利息不予扣除的观点也是难以成立的。公权力固然不能出让、收买，但在受贿罪中，公权力是被“定价”的，所以才叫收买。无论行贿受贿双方对合理利息（笔者认为称为合理利息更准确）如何认识，以什么利息或利率为参照标准，这些其实都不重要，更不存在所谓的标准问题。只要民间借贷一方当事人以支付合理利息之外的利息给另一方当事人（受贿人），另一方当事人利用职务便利，为他人谋取利益而收取利息，这部分的利息即为贿赂款。如果借款人不需要借款，那么，作为出借人的国家工作人员，硬要借款给借款人，那么，借款人在不愿意的情况下借款，其付给出借人的利息，无论如何约定，所支付的利息都是贿赂款，不能也无须按什么标准来计算受贿数额。就本案而言，张某因公司经营需要资金，以月利率 2% 向他人借款。在张某主动向李某提出可以借款给他，并称利息按月利率 3% 计算的情况下，李某出借资金 50 万元给张某，月利率 3% 。在之后的两年中，李某共收取利息计 36 万元。张某本来向他人借款 50 万元，两年需支付利息为 24 万元，这部分利息支付张某没有行贿的意思。而张某对付月利率 1% 的利息共 12 万元，则是张某为了搞好与李某关系，希望日后得到李某关照，张某有行贿的故意，李某收取利息与其职权有关，因此 12 万元的利息是权钱交易的贿赂款。至于张某支付的利息中，有一部分是合法的，有一部分是非法的（或称为无效的），在民法上是能够成立的。我国《民法典》第 156 条规定：“民事法律行为部分无效，不影响其他部分效力的，其他部分仍然有效。”《民法典》第 156 条主要指以下两种情形：(1) 合同标的之数量或合同存续期限违反禁止性规定，且法律对此无特别规定；(2) 合同的内容或当事人具有可分性，除去一部分内容或排除某一

① 参见豆忠娟、李菲：《关于民间借贷关系中真实性和合法性的探讨——以利息形式受贿案件为例》，载《农村金融研究》2015 年第 11 期。

当事人，合同的本质不会被改变。[①] 本案属于第一种情形，即合同标的之数量（利率）违反禁止性规定。由于我国现行刑法及民法均没有禁止国家工作人员的借贷行为，因此，张某由于融资需要支付给他人按月利率2%计算的利息，支付给李某，这部分利息并无违法，不应计入受贿数额（至于李某的违纪行为，只能按违纪处理）。当然，新加坡关于规范公务员而制定的《行为与纪律》准则中“公务员不得向任何受其职务管辖或与其有公务关联的人借贷金钱，或使自己承担债务”[②] 值得借鉴，这是一种快刀斩乱麻的做法，有其合理性，需要立法上的明确规定。

---

① 参见朱广新：《合同总则研究》（上册），中国人民大学出版社2018年版，第325页。

② 孙国祥：《贿赂犯罪的学说与案解》，法律出版社2012年版，第471页。

第六章

民事纠纷与侵犯财产罪的判定

一、维权索赔行为与敲诈勒索罪的判定

典型案例

2012年3月，犯罪嫌疑人薛某峰、施某雄、薛某祥、郭某琼等人经商议成立工作室，专门投诉网络平台上使用“极限词”（使用“最高级”“国家级”“最佳”等用语）广告用语的经营者，并要求经营者根据我国《消费者权益保护法》第55条的规定进行赔偿。之后，在未经工商注册登记的情况下，4名犯罪嫌疑人在仙游县枫亭镇一出租房二楼成立工作室，犯罪嫌疑人薛某峰负责受理和传授投诉索赔技巧，犯罪嫌疑人施某雄负责收集投诉所需的淘宝、支付宝账号等工具，犯罪嫌疑人郭某琼负责管理财务。同时，工作室招聘5名员工，专门开展投诉索赔业务。

2017年3月至12月，该工作室在“天猫”网购平台上专门购买使用“极限词”广告用语的商品，未经拆封、使用，便在“全国12315互联网平台”上投诉经营者违反《广告法》第9条的规定，涉嫌虚假宣传，要求经营者根据《消费者权益保护法》第55条的规定进行索赔。工商部门受理后，要求经营者与工作室员工联系，协商解决被投诉事宜。在与经营者沟通过程中，工作室员工均以可以撤销工商投诉为由，要求经营者支付赔偿金。但对工商部门未受理或经营者不愿意赔偿的，工作室员工均无后续索赔行为，经查，该工作室共投诉8371家“天猫”店铺，索赔金额共计

371,192.9元。

被害人周某荣在“淘宝”“天猫”上经营一家服装店“上海五精服饰有限公司”，多次被该工作室员工告知使用“极限词”而向上海工商部门投诉，双方在赔偿问题没有达成一致意见，被害人周某荣于2017年7月向莆田市公安局城厢分局报案，后嫌疑人陆续被抓获归案，并于2019年1月31日移送检察机关审查起诉。

检察机关审查后，对本案的处理，存在两种意见。一种意见认为，四犯罪嫌疑人的行为不构成犯罪，其投诉索赔请求权于法有据，主观上不具有非法占有为目的，其通过行政机关主张权利的索赔方式不具有违法性，索赔金在法律允许的范围内，不具有社会危害性，应当作绝对不起诉。另一种意见认为，四犯罪嫌疑人以营利为目的进行投诉索赔，不应认定为消费者，四犯罪嫌疑人的行为是利用法律的漏洞对经营者实施要挟，具有一定的社会危害性，应当以敲诈勒索罪提起公诉。

法理评析

消费者在购买商品后，发现产品质量有问题，或产品作虚假宣传，以向媒体曝光或相关部门投诉为由，要求经营者按《消费者权益保护法》及《食品安全法》、《药品管理法》等相关法律规定索赔，特别是消费者知假买假时，以上述理由要求索赔，在司法实践中大量存在。对这种知假买假情况，大体上存在正当维权行为（包括有的过度维权）属于民法调整，以及过度维权行为可能属于刑法调整（敲诈勒索罪）两种观点，导致出现不少同类案件不同判决的混乱状态。“权利行使与敲诈勒索”不仅成为我国司法实践中争论不已的问题，在日本学界，这个问题同样争论不已。我国《刑法》规定的敲诈勒索罪与《日本刑法典》规定的恐吓罪基本相同。在日本实务界，第二世界大战后的判例认为，权利的行使“只要在该权利的范围之内，并且，其方法没有超出社会一般观念所能容忍的程度，就不会产生任何违法的问题。但如果逾越了上述范围、程度，就属于违法，可成立恐吓罪”。但在司法实践中，对“容忍限度”则难以把握，没有判例仅凭手段违法这一点而成立犯罪。[①] 德国司法实践中，对过度维权的入刑标准是消费者客观上是否有法律上的权利依据，私力救济是否合法、合理，消费者客观上没有维权依据，但主观上认为有权获得赔偿，此类行为归属于民法规制范围。[②] 因此，对消费者在维权中涉及的敲诈勒索罪，必须谨慎对待，以民法原理与刑法犯罪构成及相关行政法规定为依据，综合加以认定，笔者认为，维权索赔行为与敲诈勒索罪的区别有以下几方面。

（一）行为人主观上是否以非法占有（所有）为目的

消费者在经营者处购买商品，如果商品质量存在瑕疵或存在欺诈等情形，消费者可以根据相关法律，向经营者要求惩罚性赔偿，这是消费者行使民事权利的正当要求。如果消费者散布虚假不实之词或歪曲夸大商品的缺陷，以恶意相告，以非法占有为目的，向经营者索取财物，则可能涉嫌敲诈勒索罪。本案中薛某峰等四人，知假买假，向工商行政部门投诉后，向经营者索要赔偿，主观方面到底是正当行使民事请求权的目的，还是非法占有目的，这是区分民事维权赔偿行为与敲诈勒索罪的一个重要方面。为此，首先必须明确消费者的含义以及知假买假甚至职业打假人主张民事赔偿的行为是否合法。

薛某峰等四人应属于消费者的范畴。薛某峰等四人知假买假，是否具有消费者身份，能否向经营者主张消费权利及惩罚性损害赔偿请求权，在案件讨论中，一种观点认为，2017 年 5 月 19 日发布的《最高人民法院办公厅对十二届全国人大五次会议第 5990 号建议的答案意见》（以下简称《答复意见》）规定："我院在《最高人民法院关于审理食品药品纠纷案件适用法律若干问题规定（法释〔2013〕28 号)》第三条规定：'因食品药品质量问题发生纠纷，购买者向生产者、销售者主张权利，生产者、销售者以购买者明知食品、药品存在质量问题而仍然购买为由进行抗辩的，人民法院不予支持'。该条规定从保护人民群众生命健康权出发，明确了在

---

① 参见［日］西田典之：《日本刑法各论》（第 6 版），王昭武、刘明祥译，法律出版社 2013 年版，第 237 页。

② 参见陈丹：《消费者过度维权与敲诈勒索罪界限探究》，载《山西农业大学学报（社会科学版》2016 年第 3 期。

食品、药品领域，消费者即使明知为假冒伪劣仍然购买，并以此诉讼索赔时，人民法院不能以其知假买假为由不予支持……但就现阶段情况看，职业打假人群体（或称职业举报人、职业索赔人）及其引发的诉讼，出现许多新变化和新发展，其负面影响日益显著，不宜将食药纠纷的特殊政策推广适用到所有消费者保护领域……知假买假行为有形成商业化趋势，出现了越来越多的职业打假人、打假公司（集团），其动机并非为了净化市场，而是利用惩罚性赔偿为自己谋利或对商家进行敲诈勒索……上述行为严重违背诚信原则，无视司法权威，浪费司法资源，我们不支持这种以恶惩恶，饮鸩止渴的治理模式……我们认为目前可以考虑在除购买食品、药品之外的情形，逐步限制职业打假人的牟利性打假行为。我们将根据实际情况，积极考虑阳国秀等代表提出的建议，适时借助司法解释、指导性案例等形式，逐步遏制职业打假人的牟利性打假行为。”因此，薛某峰等四人是职业打假人，购买的商品是食药商品之外的，不属于消费者范围，其权利主张不受《消费者权益保护法》的保护。应当说，这种观点在学界和实务界有一定的代表性。但是，《答复意见》的观点仍然是值得商榷的。其一，《答复意见》不是司法解释，不具有法律效力。其二，《答复意见》违反《消费者权益保护法》的规定。《消费者权益保护法》第55条规定的3倍惩罚性赔偿，并没有限制在食品药品领域，而是所有的商品或者服务有欺诈的，经营者都要承担惩罚性赔偿，食品如果有欺诈的，要“假一赔十”。其三，《答复意见》自相矛盾。《答复意见》一方面再次肯定了司法解释中关于知假买假可以要求赔偿的正当诉求；另一方面认为职业打假人的动机并非为了净化市场，而是为自己谋利，或者敲诈勒索，是一种以恶惩恶、饮鸩止渴的行为，这种逻辑混乱的表达方法，有点“丈二和尚摸不着头脑”的感觉。其四，即使《答复意见》有效，其也表明逐步限制职业打假人的牟利性打假行为，要适时借助司法解释、指导性案例等形式，逐步遏制职业打假人的牟利性打假行为。可至今最高人民法院尚未以司法解释、指导性案例等形式，规制职业打假人的行为。

无论如何，司法解释及《答复意见》肯定了知假买假行为人的正当索赔请求权，换言之，知假买假人仍为消费者。不仅如此，2014 年 1 月 26 日，最高人民法院发布的指导性案例 23 号“孙某山诉欧尚超市有限公司江宁店买卖合同纠纷案”，也明确了消费者明知食品不符合安全标准而购买的，有权主张 10 倍惩罚性赔偿，即知假买假人为消费者，但认为消费者应当限于个人，不应当包括单位（法人或者非法人组织）。[①] 关于消费者仅限定在个人，下文还要评论。

此外，最高人民法院于 2014 年 2 月 12 日给《中国消费者报》回函中,[②]，以及 2015 年 6 月 16 日召开的新闻通报会，通报了 10 起消费者维权典型案例，最高人民法院民一庭负责人就依法维护消费者合法权益接受了记者的采访，两次重申了个人知假买假应受《消费者权益保护法》的保护。[③]

实际上，根据《消费者权益保护法》第 2 条关于“消费者为生活消费需要购买、使用商品或者接受服务，其权益受本法保护”之规定，消费者应该是与经营者和生产者相对应的一个概念，判断一个自然人或单位是不是消费者，应以其购买的商品性质为标准，只要购买的商品是生活资料，其不是生产者，购买的商品不是为了经营，即为《消费者权益保护法》第 2 条规定的消费者。那种以知假买假不是用于生活消费，所以不能认定为消费者的观点，实质上是把购买目的作为消费者的判断标准，这不但于法无据，于理不通，而且使消费者的身份更难以认定，如果一个人买了商品后，一部分自用，一部分送人，一部分用于打假，那么，这个人是不是消费者？显然，以购买目的为判断消费者的标准是荒唐的。消费者将商品买回来，用不用，如何用，是消费者个人的事，不能因此而否定其不是为了生活消费。

---

① 参见吴光侠：《〈孙银山诉欧尚超市有限公司江宁店买卖合同纠纷案〉的理解与参照——消费者明知食品不符合安全标准而购买可十倍索赔》，载《人民司法》2015 年第 12 期。

② 参见任震宇：《〈最高人民法院回函本报〉知假买假者也是消费者》，载《中国消费者报》2014 年 2 月 17 日，第 1 版。

③ 参见罗书臻：《最高法院向媒通报十起消费者维权典型案例》，载《人民法院报》2015 年 6 月 16 日，第 1 版。

所以，本案中薛某峰等4人知假买假仍然是消费者，其有权依《消费者权益保护法》索要赔偿，这种索赔是合法的，主观上不存在非法占有目的。即使是职业打假人，也有权索赔，《消费者权益保护法》并没有把职业打假人排除在消费者之外，在私权上，法无明文禁止即可为。何况，知假买假多少次才算职业打假，恐怕也是一个说不清楚也不需要说清楚的问题。正如一份判决书所诘问的那样："不知情的消费者不会打假，如果又不准知情的消费者打假，那消费者权益保护法是消费者的保护法吗？那是制假售假者的保护法！"①

（二）行为人在客观上是否具有威胁、要挟的行为

我国《刑法》第274条规定的敲诈勒索罪，是指以非法占有为目的，对公私财物的所有人、保管人使用威胁或者要挟的方法，勒索公私财物的行为。② 敲诈勒索罪的威胁、要挟行为，是能够引起他人心理恐惧的精神强制方法。③ 那么，消费者发现经营者提供的商品有欺诈行为的，或者消费者发现经营者明知商品有存在缺陷仍然向消费者提供，造成消费者损害的，消费者通过向相关行政部门投诉，或者以向媒体曝光为由，向经营者索赔（特别是高额索赔，甚至漫天要价），是否视为向经营者"威胁、要挟"，从而可能涉嫌敲诈勒索罪？学界存在有罪说与无罪说两种对立的观点。④ 本案在讨论中，有观点认为，经营者使用"极限词"对商品进行宣传，违反了《广告法》第9条的禁止性规定，消费者据此向市场管理部门投诉是合法行为。但是，犯罪嫌疑人以不撤案投诉相威胁索取财物，手段非法，符合敲诈勒索罪的行为特征。在学界，当消费者以向媒体曝光为由，索要财物时，也认为是敲诈勒索行为。主要理由有：一是以媒体曝光的形式揭露产品的缺陷，给企业造成压力和精神强制的情况是现实存在

---

① 参见山东省青岛市中级人民法院民事判决书，(2019) 鲁02民终第5328号。

② 参见王爱立主编：《中华人民共和国刑法解读》(第5版)，中国法制出版社2018年版，第646页。

③ 参见高铭暄、马克昌主编：《刑法学》(第5版)，北京大学出版社、高等教育出版社2011年版，第521页。

④ 参见徐光华：《从典型案件中的"同案异判"看过度维权与敲诈勒索罪》，载《法学杂志》2013年第4期；温建辉：《维权过度无罪论》，载《聊城大学学报(社会科学版)》2014年第2期。

的，即使产品存在缺陷很小，但一旦被媒体曝光也会给企业带来巨大损失，甚至是灾难性后果。[①] 二是舆论监督是一项涉及公共利益的权利，行为人是否向媒体曝光已经沦为与经营者讨价还价的筹码，与其说是索赔，不如说是交易，索要的财物实为“掩口费”的性质，而非行为人所主张的“赔偿金”性质，行为人以向媒体曝光作为一项要挟对方的工具，是一种“公器私用”的权利滥用行为，其在手段上并不具有正当性。[②]

笔者认为，消费者购买的商品发现有欺诈行为或者经营者明知提供的商品有缺陷，消费者以向有关部门投诉告发，或者以向媒体曝光为由，向经营者索赔，是一种正当的维护民事权利的行为，理由如下：

其一，当消费者的权益受侵害时，消费者选择向行政部门投诉或向媒体曝光，均是消费者应有的权利选择。我国《消费者权益保护法》第 39 条规定，“消费者与经营者发生消费者权益争议的，可以通过下列途径解决：（一）与经营者协商和解；（二）请求消费者协会或者依法成立的其他调解组织调解；（三）向有关行政部门投诉；（四）根据与经营者达成的仲裁协议提请仲裁；（五）向人民法院提起诉讼”。由此可见，各种向消费者维权的大门是敞开的，消费者的选择权是多样的。

其二，举报、控告和监督经营者的经营行为，是消费者的一项权利。我国《消费者权益保护法》第 15 条规定，消费者有权检举、控告侵害消费者权益的行为。第 6 条规定，国家鼓励支持一切组织和个人对损害消费者合法权益行为进行社会监督。大众传媒有对损害消费者合法权益行为进行监督的权利。既然消费者通过媒体曝光是社会监督的一种权利，那么，消费者以向媒体曝光为由，向经营者索赔，是一种合法、正当维权手段，所起的作用是威慑作用，与威胁、要挟无涉。作为消费者的一种权利，既可以行使，也可以放弃，用与不用舆论监督权，与是否滥用舆论监督权，是完全不能挂钩、不能混淆的两种性质不同的权利行使。

---

① 参见李会彬、戴罡：《过度维权行为构成敲诈勒索罪的司法认定》，载《河北法学》2016 年第 9 期。

② 参见高翼飞：《索赔还是勒索：民刑分界的模糊地带——如何区别消费纠纷中的“维权过度”与敲诈勒索》，载《犯罪研究》2011 年第 6 期。

其三，报刊、电视、网络等大众媒体进行舆论监督，决定权不在消费者，消费者只能通过大众媒体行使舆论监督权，而消费者的舆论监督权，“曝光、发布的维权前提是事实只要客观正当，即使给侵权商家生产经营造成一定不利影响，也不能认定为‘恶害’，而是商家自身侵权行为招致的风险。商家在消费者采取曝光、发布行为后的‘心理状态’与其说是敲诈勒索罪规范意义上的恐惧，还不如说是对说自己先前违法侵权行为即将公之于众的不安与焦虑，是一种‘做贼心虚’，给付赔偿金也不是基于恐惧心理交付财产”。[①] 我们应当鼓励知假买假人特别是职业打假人，通过各种合法的手段，向经营者索赔。“他们尽管存在一些个人私利或者出于私利的动机，但他们的行为不仅合法，而且客观上他们在为民请命替天行道，是有利于社会进步，有利于人民福祉的事情。”[②]

就经营者而言，消费者并未阻止其表达自己观点的权利，经营者也可以对曝光的问题作出说明和澄清，消费者并没有对经营者强制和压迫。在假冒伪劣产品处处存在的今天，人民群众对此是深恶痛绝的，除了政府更严厉打击和管控外，发挥消费者特别是职业打假人的民间监督力量至关重要，让制假售假者成为过街老鼠人人喊打。哪怕是过度维权，如高额索赔、反复索赔、手段非法索赔等，[③] 正如有的学者认为那样，过度维权本质上是一种认识错误，是一种对超过索赔限度的疏忽大意的过错心理，即使造成他人财产损失，也不构成敲诈勒索罪。[④] 特别是高额索赔的过度维权，消费者对索赔的数额难有一个确定的数额，尤其是造成人身损害时，因赔偿问题属于民事意思自治，消费者与经营者都可能追求利益最大化，只要是双方协商的结果，都是意思自治的体现，哪怕是高额赔偿，法律都不予限制。“美国虽设立‘史特拉奖’，在该案件之后，美国对维权的认识越来越高，很多美国生产商加强了对商品的质量检测和防护的重视，无疑

---

① 甘珏昇：《消费者维权过度与敲诈勒索罪界限的研究》，载《法制与社会》2020 年第 5 期。

② 温建辉：《维权过度无罪论》，载《聊城大学学报（社会科学版）》2014 年第 2 期。

③ 参见陈丹：《消费者维权过度与敲诈勒索罪界限探究》，载《山西农业大学学报（社会科学版）》2016 年第 3 期。

④ 参见温建辉：《维权过度无罪论》，载《聊城大学学报（社会科学版）》2014 年第 2 期。

也优化了民众的安全生活软环境。”①

因此，对知假买假，尤其是职业打假人（包括单位打假）都应当鼓励和保护，这是价值选择问题，是枪口对准谁的问题。当然，如果消费者无中生有，故意夸大事实，向经营者恐吓，索取财物，则可能构成敲诈勒索罪，给经营者的商誉造成经济损失的还要承担相应的民事责任。

结合本案，犯罪嫌疑人薛某峰等四人，向经营者购买商品后，就有向经营者索赔的法律事实。在经营者违反广告法作虚假宣传的情况下，犯罪嫌疑人薛某峰等人向工商部门投诉，是行使权利的一种方式，具有正当性。在经营者向薛某峰等四人协商赔偿，薛某峰等四人在购买商品支付价格三倍以内获得不同数额的赔偿在民事上是合法的。对于向工商部门投诉未受理或者经营者不愿意赔偿的，薛某峰等四人均无后续索赔行为，因此，经营者向薛某峰等四人的赔偿，是双方意思自治的体现，属于民事法律行为的合法行为。薛某峰等四人以民事法律关系为基础，通过投诉，与经营者达成赔偿协议，主观上没有非法获利的目的，客观上没有实施威胁、要挟行为，是正当的合法的维护民事权益的行为，检察机关最后对薛某峰等四人作出不构成犯罪的绝对不起诉决定。

二、工资支付纠纷与拒不支付劳动报酬罪的判定

典型案例

2011 年 8 月 12 日，福建某建设工程有限公司委托吴某某、程某某与县房地产开发公司签订闽侯县城新区经济适用房二期配建廉租房 6 – 11#、幼儿园及附属工程施工合同。2011 年 8 月 25 日，吴某某、程某某与被告人鲍某某签订协议书，并将该经济适用房二期工程以包工包机械不包料的方式转包给鲍某某。2012 年 6 月，鲍某某又将该经济适用房二期工程中的 6、10、11 号楼的工程以包工方式转包给马某某、阳某某，双方约定按月进度每月底计量，7 月 10 日发放进度 80% 的工程款，剩下 20% 工程款等

① 沈禹馨：《过度维权与敲诈勒索罪的界分》，天津师范大学 2017 年硕士学位论文。

项目全部完成后，春节前付清。2012年6月，马某某、阳某某带领其班组共计19人进场施工，并按照合同约定领取6月工程款人民币90,720元，7月工程款90,000元。2012年9月8日，鲍某某为领取8月工程款，填写了一份14万元支款凭单，吴某某、程某某在该支款凭单上签名确认，并将支款凭单交给鲍某某以领取8月工程款。2012年9月12日，因未领到8月工程款14万元，马某某、阳某某等人到闽侯县劳动局投诉，并到闽侯县政府上访。当时，在县政府的协调下及县劳动局的监督下，由项目部吴某某一方代垫付给马某某班组的8月工程款14万元。

2012年9月19日下午，闽侯县劳动监察大队通知被告人鲍某某于9月20日下午到项目部现场核对工程量，并通知相关部门到场见证。9月20日下午，鲍某某来到现场，但未对工程量进行确认，中途匿身回避。9月28日，马某某、阳某某到县劳动局监察大队投诉鲍某某拖欠工资。经有关单位和个人对马某某班组9月完成的6、10、11号楼的工程量进行测量核对，并按照鲍某某和马某某签订合同的约定，计算出马某某班组9月应领的工程款为316,528元。同日，县劳动局向被告人鲍某某发出（2012）劳监令字（005）号限期改正指令书，要求被告人鲍某某在3个工作日内支付阳某某等71名农民工工资95.07万元，并在2012年10月11日前把改正情况以书面形式报县劳动监察大队。2012年10月9日，鲍某某向县劳动局书面答复限期整改指令书。2013年1月15日，项目部吴某某、程某某再次垫付马某某班组9月全额工程款318,020元，以及6、7、8月按合同约定余下的20%工程款91,650元，两项合计409,670元。

2013年6月19日，被告人鲍某某到闽侯县公安局治安大队投案。

福建省闽侯县人民法院审理后认为，被告人鲍某某逃避支付劳动者的劳动报酬，共计409,670元，数额较大，且经政府有关部门责令支付仍不支付，其行为构成拒不支付劳动报酬罪。鲍某某犯罪后自动投案，如实供述自己主要的罪行，系自首，依法可以从轻或减轻处罚。鲍某某已将409,670元预存在法院账户以返还垫付单位，并取得了谅解，依法可以从轻处罚。判决被告人鲍某某犯拒不支付劳动报酬罪，判处有期徒刑1年，缓刑1年

6个月,并处罚金2万元。被告人鲍某某交至本院账户的409,670元，返还给垫付单位福建某某建设工程有限公司。

一审判决后，被告人鲍某某上诉称：(1) 其与马某某、阳某某之间签订的协议书性质属于劳务分包合同，不是劳动合同，不属于《劳动合同法》调整的劳动报酬纠纷。(2) 一审法院认定2012年9月工程款为318,020元事实不清，证据不足。(3) 上诉人不是支付劳动报酬的义务主体。(4) 上诉人不存在“拖欠”工程款的情况。(5) 上诉人并未收到福建某某建设工程有限公司支付的工程款20万元。(6) 上诉人不存在拒不支付劳动报酬罪的主观故意，请求撤销一审判决，改判被告人鲍某某无罪。

福建省福州市中级人民法院审理后认为，原审判决上诉人鲍某某构成拒不支付劳动报酬罪事实不清，证据不足，理由如下：首先，本案涉及的2012年9月工程款协议约定的支付时间为2012年10月10日，2012年6月至8月20%工程款协议约定的支付时间为项目全部完成后，即春节(2013年2月10日）之前。闽侯县人社局劳动保障监察大队在协议约定的付款时间尚未成就时便于2012年9月28日向上诉人发出限期整改指令书，该行政行为不符合法定程序，依法不能认定为政府有关部门的责令支付行为。其次，拒不支付劳动报酬罪的客观方面表现为以转移财产、逃匿等方法逃避支付劳动者的劳动报酬，或者有能力支付而不支付劳动者的劳动报酬。在案的证据无法证明上诉人鲍某某存在隐匿财产或者逃匿等拒不支付劳动报酬的行为。最后，上诉人是否系支付劳动报酬的义务主体没有查清。判决撤销福建省闽侯县人民法院（2015）侯刑初字第170号刑事判决；上诉人鲍某某无罪。①

法理评析

拒不支付劳动报酬罪是2011年5月1日《刑法修正案（八)》新规定的一个罪名，其立法的初衷是：“近些年来，一些地方用工单位拖欠或不支付劳动者劳动报酬的现象比较突出，大量务工人员工资被拖欠，严重侵

① 参见福建省福州市中级人民法院刑事判决书，(2015) 榕刑终字第951号。

犯劳动者的合法权益，有的甚至引发群体性事件和诸多社会矛盾，成为影响社会稳定的重要隐患。”① 拒不支付劳动报酬罪实施10年来，仍然有许多问题争议不断，结合本案，笔者就工资支付纠纷与拒不支付劳动报酬罪的区别发表一孔之见。

（一）拒不支付劳动报酬罪的主体问题

这是一个看似简单，甚至已明了的问题，然而，仔细研究，仍然需要准确界定。

从我国《刑法》第276条之一第1款第2项的规定来看，本罪的主体是自然人和单位，而且自然人放在第1款，意为主要犯罪主体。2013年1月23日施行的《最高人民法院关于审理拒不支付劳动报酬刑事案件适用法律若干问题的解释》第7条，重申对不具备用工主体资格的单位和个人，可以成为该罪的犯罪主体。考察用工单位与劳动者两者的对应关系，就会发现行政法上的用工单位与刑法上的用工单位是有较大区别的。

根据我国《劳动法》第91条、《劳动合同法》第85条及《劳动保障监察条例》第26条之规定，对用工单位不支付劳动者报酬的行为，由政府有关部门责令其支付。行政法上的劳动者的对应主体是用工单位，个人是不具备用工主体的。2005年原劳动和社会保障部发布的《关于确立劳动关系有关事项的通知》第4条规定：建设施工、矿山企业等用人单位将工程（业务）或经营权发包给不具备用工主体资格的组织或自然人，对该组织或自然人招用的劳动者，由具备用工主体资格的发包公司承担用工主体资格。承担用工主体资格，就是由用工主体发放工资或报酬。《最高人民法院关于审理拒不支付劳动报酬刑事案件适用法律若干问题的解释》第1条解释劳动报酬的含义时，依据的法律就是《劳动法》《劳动合同法》等法律，显然《劳动法》与《劳动合同法》是调整用人单位和劳动者的法律，“欠薪”的主体是用人单位。《劳动法》第2条规定：“在中华人民共和国境内的企业、个体经济组织（以下统称用人单位）和与之形成劳动关

---

① 王爱立主编：《中华人民共和国刑法解读》（第5版），中国法制出版社2019年版，第651页。

系的劳动者，适用本法。国家机关、事业组织、社会团体和与之建立劳动合同关系的劳动者，依照本法执行。”综上所述，从劳动法律、法规及规章的相关规定来看，用人单位与劳动者必须形成劳动关系，用人单位不支付劳动者的劳动报酬，劳动监察部门才有权利责令支付，才可能构成拒不支付劳动报酬罪。这里特别要对《劳动法》第2条规定的个体经济组织进行说明。个体经济组织是指经工商行政管理部门登记注册，并领取营业执照的个体工商户。个体工商户可以雇工。如果个体经济组织没有领取营业执照而雇工，根据《劳动保障监察条例》第33条之规定，对无营业执照或者已被依法吊销营业执照，有劳动用工行为的，劳动保障部门仍然可以对之进行监察，那么，没有领取营业执照，而实际雇工，形成事实上的劳动关系，可以视为用人单位。显然，《刑法》第276条之一第1款的犯罪主体是单指自然人，这就与劳动法律对劳动关系主体的规定产生了冲突。“根据劳动法的规定，自然人直接无法成立劳动关系。”① 没有劳动关系，何来劳动报酬？接下来要探讨的是，司法实践中争议很大的是建筑业中的“包工头”能否成为拒不支付劳动报酬罪的主体？建筑业中由于农民工的知识水平低，维权意识薄弱，“包工头”违法用工大行其道，必须切实加以研究，以准确打击违法用工的入罪行为。

关于“包工头”能否成为拒不支付劳动报酬罪的主体，有学者主张，在多层转包的情况下，只要符合“没有前者就没有后者”的条件关系，就可设定个人（包工头）为犯罪主体。② 笔者认为，这种不考虑“用人单位”为前提的以条件说为依据来认定拒不支付劳动报酬罪的主体，不符合“欠薪”入罪的主体初衷要求。有学者认为，在工程转包、分包情境下产生拒不支付劳动报酬的基本场域，存在劳动报酬支付义务的转移，即支付义务并不必然由用人单位承担，其他方基于委托代理、合同义务转移等法律关系发生劳动报酬支付义务的转移。（1）若直接与民工签订或口头约定合同的包工一方，系具有相关资质的合法单位，则该包工一方可以认定系

① 周宝妹、郎俊义：《拒不支付劳动报酬罪的解读》，载《人民司法》2012年第11期。

② 参见蒙娜：《拒不支付劳动报酬罪若干问题研究》，载《中国刑事法杂志》2013年第3期。

与民工成立劳动关系的用人单位，该包工头或者其他直接责任人员可以构成该犯罪主体。（2）若直接与民工签订或口头约定合同的包工一方系自然人即包工头，在收到上一级转包、承包方的相关劳动报酬支付款项后逃避支付的，构成本罪。（3）若直接与民工签订或口头约定合同的包工一方未收到发包方予以支付的款项，追究因义务转移负有支付义务而未履行义务的一方的刑事责任，其他各方无须承担刑事责任。① 笔者认为，这种观点同样存在不以用人单位为前提的问题，且以是否收到发包方款项作为追究刑事责任的一个标准，是没有法律及法理依据的。还有学者主张，如果包工头实际上已经作为投资人注册成立建筑公司，即是以组织形式雇用劳动者的，那么该包工头所成立的组织和包工头本人可以成为本罪的犯罪主体；如果包工头仅是一个自然人，将其适用本罪是不合适的。② 笔者基本上赞同这种观点，同时应当增加一种情形，即包工头以班组名义承包工程，并以书面或口头形式与民工签订合同的，包工头在收到工程款（包括民工工资）后，拒不支付给民工工资的，由于此时的班组可以视为个体经济组织，只是没有登记，但是仍然应纳入劳动保障监察范围，必须支付劳动报酬，此种情形的包工头则构成本罪的犯罪主体。这样，属于民法调整的雇用关系和劳务关系，拒不支付相关报酬的行为，不用纳入本罪的规制范畴。

（二）劳动报酬的界定问题

我国《刑法》对拒不支付劳动报酬罪中"劳动报酬"的含义并没有作出具体明确的规定，《最高人民法院关于审理拒不支付劳动报酬刑事案件适用法律若干问题的解释》则照抄原劳动部1995年发布的《关于贯彻执行〈中华人民共和国劳动法〉若干问题的意见》第53条的规定，劳动者的劳动报酬一般包括工资、奖金、津贴、补贴、延长工作时间的工资报酬以及特殊情况下支付的工资等。按照劳动报酬的外延界定，加班费属于延

① 参见洪灶发：《拒不支付劳动报酬罪中的逃避支付问题》，载《中国检察官》2014年第3期。

② 参见周宝姝、郎俊义：《拒不支付劳动报酬罪的解读》，载《人民司法》2012年第11期。

长工作时间的工资报酬，自然应归入劳动报酬范围。社会保险金、经济补偿金、双倍工资差额属于社会保险福利、劳动保护等方面的费用，不会危及劳动者的基本生活，不用纳入拒不支付劳动报酬罪的行为对象，因为从增设本罪的背景来看，本罪主要打击危及劳动者基本生活保障的行为。[1]

划定劳动报酬范围的目的在于劳动报酬或者工资，刑法要给予特殊的保护。劳动报酬或者工资是一种特殊的债权，这种特殊的债权是关乎劳动者及其家人的生活与生存，是比国家税收、普通债权更应受到法律保护的一类法益。[2] 按照美国法部分学者的观点，税收具有强烈的公益性质，能以单纯违反债务履行的行为施以刑罚。[3] 税收体现的是一种国家与纳税人之间关乎国计民生极其重要且特殊的债权债务关系。“税收是一种公法上的债权。”[4] 具有优先权性质，且顺位摆在物权优先权之前。对税收这种公法上的特殊债权，我国《刑法》第203条规定对逃避追缴欠税的行为追究其刑事责任。那么，顺位摆在税收这种债权优先权之前的劳动报酬的特殊债权优先权，[5] 纳入《刑法》保护范围是顺理成章之事。概言之，具有优先权性质的债权，《刑法》要给予特殊保护，这就是我国《刑法》将拒不支付劳动报酬罪列入侵犯财产罪一章的理由。

当然，尽管《刑法》把劳动报酬这种特殊债权列入保护范围，但是，为了体现刑法的谦抑性原则，拒不支付劳动报酬罪在犯罪构成要件上，特别规定了“经政府有关部门责令支付仍不支付”的客观要件，同时也体现了劳动报酬纠纷应尽量交由民法、行政法去调整的精神。

（三）对本案二审判决的评析

本案福州市中级人民法院以事实不清、证据不足为由，改判被告人鲍某某无罪。现对二审判决的理由评析如下：

---

① 参见喻海松：《〈关于审理拒不支付劳动报酬刑事案件适用法律若干问题的解释〉的理解与适用》，载《人民司法》2013年第7期。

② 参见王骏：《拒不支付劳动报酬罪立法正当性之再视》，载《法治研究》2017年第5期。

③ 参见胡天赐：《损害债权罪之可责性探讨》，载《财产法暨经济法》2012年第29期。

④ 蔡福华：《民事优先权新论》，人民法院出版社2002年版，第20页。

⑤ 我国《海商法》《企业破产法》等法律，明确规定劳动报酬的优先权顺位在税收的优先权顺位之前。

一是根据《刑事诉讼法》的规定，二审审理后，认为本案存在事实不清、证据不足的情况，要么发回重审（已发回重审的除外），要么在查清事实后改判。本案中，二审判决没有说明哪种事实查清后，仍然构成拒不支付劳动报酬罪，比如，上诉人是否系支付劳动报酬的义务主体的事实是可以查清的。因此，二审笼统地说本案事实不清，证据不足，从而改判上诉人无罪，是不能令人信服的。

二是县人社局劳动保障监察部门责令支付的时间，早于上诉人与马某某、阳某某约定支付工程款（主要是劳动报酬，因为约定是包工不包料）的时间，从而认定该责令支付的行政行为不符合法定程序，依法不能认定为政府有关部门的责令支付行为。鲍某某支付给马某某、阳某某9月的工程款约定到期时间为10月10日，责令支付时间为9月28日，提前了12天。但是，鲍某某于2012年10月9日书面答复限期改正，说明鲍某某没有支付工程款给马某某等人是故意的，并表态改正，但直到2013年6月19日到公安机关投案这段时间，鲍某某均无异议，尽管该责令支付行为存在瑕疵，但在鲍某某事后仍认可的情况下，该责令支付行为应当有效。

三是二审法院认定在案的证据无法证明上诉人有逃避、藏匿等拒不支付劳动报酬的行为，这也是有疑问的。就算最后的工程款到期时间是2013年2月10日，那么，上诉人直至2013年6月19日才到公安机关投案，在长达4个多月的时间里，上诉人到底在哪里，做了什么事，事后为什么又将工程款409，670元预存在法院账户上，二审判决没有交代清楚。一般来说，只有逃匿的，才会出来投案。二审判决在此节上没有说理，同样存在疑问。

四是二审法院认定上诉人是否系支付劳动报酬的义务主体没有查清，笔者认为这种认定是错误的。本案中，建设工程公司把承包的经济适用房等工程，部分转包给鲍某某，鲍某某又分包给马某某、阳某某，马某某、阳某某组织其班组共19人进场施工。本案中，鲍某某仅以个人身份承包工程，再以个人分包给马某某、阳某某，可见，鲍某某是以自然人的身份而不是以个体经济组织的身份出现在本案中，因此，鲍某某不符合拒不支付劳动报酬罪的主体资格，依法不构成拒不支付劳动报酬罪，二审法院没有以此理由判决鲍某某（上诉人）无罪是令人遗憾的。

此外，本案中把工程款数额等同于劳动报酬数额是错误的。尽管本案中的工程款大部分是劳动报酬（工资），但是肯定有鲍某某扣除的相关费用，如所谓的利润、开支款等，一、二审法院对此没有区分分析，也是错误的。

最后，值得一提的是，拒不支付劳动报酬罪中经“政府有关部门责令支付”而不支付的，这里的“政府有关部门”，即人力资源和社会保障部门，其他部门均无权责令支付。因为政府职能部门是依法（劳动法律法规）行使职权的部门。就劳动保障监察而言，只有人力资源和社会保障部门有此职权。同时，“政府有关部门”容易造成政出多门或相互推诿，从而不利于劳动者合法权益的保护。

三、网络服务收费与网络诈骗罪的判定

典型案例

某 App 软件系 A 公司开发的一款经相关部门审批和备案的网络交友软件，为用户提供文字聊天、真人语音和视频聊天等网络交友服务。该 App 软件包含收费服务项目，用户可以充值成为 VIP 会员，也可以充值给主播打赏。其中普通 VIP 可以与女主播视频、语音和文字聊天，超级 VIP 可以每天免费与任何女主播视频 5 分钟，私信文字聊天服务免费。该 App 软件运行期间，A 公司共收取用户充值费用 200 余万元。

用户在使用 App 软件过程中，A 公司通过软件系统消息、防诈骗提醒等方式声明：平台已接入云鉴黄系统，任何转账约会、有偿服务都是诈骗行为，提醒用户切勿相信任何“充值 VIP 可获得非法利益或者可获得非法服务”等推介行为。平台欢迎用户参与监督举报，将对不适当的推广行为严加监管，并对涉黄主播将予以永久封号禁播处罚，情节严重者，将依法移交给相关执法机关。

2020 年 7 月，A 公司与 B 公司签订合同，B 公司成为 A 公司一级代理

商。双方约定，B 公司在不得违反国家法律、法规规定的前提下对该 App 软件进行网络推广，吸引用户使用该 App 软件并注册和充值。用户充值后，B 公司与 A 公司进行对账和分成，其中会员充值款 B 公司提成比例为 100%，打赏充值款 B 公司提成比例为 25%。B 公司员工许某某等人在进行网络推广时，未经 A 公司同意，各自通过 QQ 聊天等方式虚构了该 App 软件可以推荐“线下见面”“约炮”的女主播，诱导网络用户注册并充值。其后，某地公安机关在日常网络巡查中发现上述事实，对 B 公司员工许某某等人以涉嫌诈骗罪立案侦查，并以 A 公司收取的会员费和打赏费 200 余万元作为诈骗数额，移送检察机关审查起诉。

法理评析

B 公司员工许某某等人在网络推广中，虚构“同城交友、线下约炮”事实，诱导用户到 A 公司开发的 App 软件注册并充值，后按照 B 公司与 A 公司的合同约定获取分成的行为是否应当以诈骗罪追究刑事责任？

笔者认为，B 公司员工许某某等人虚构事实，推广该 App 软件并收取分成款的行为不构成诈骗罪。

（一）A 公司与用户之间成立网络服务合同关系，收取会员费具有合同依据

根据《民法典》第 133 条之规定，民事法律行为是民事主体通过意思表示设立、变更、终止民事法律关系的行为。在本案中，A 公司开发的 App 软件经审批和备案为网络用户提供真人语音、文字聊天和视频聊天等网络交友服务。用户通过充值支付合同对价，获取 A 公司提供的相应网络服务，与 A 公司就提供网络服务达成合意，双方主体适格，意思表示真实，不违反法律、法规规定，成立的网络服务合同关系，依法受民事法律关系调整。

现有证据证实，在用户使用 App 软件及进行充值前，A 公司通过系统消息、防诈骗提醒等方式，声明该软件不存在涉黄有偿服务行为，平台严禁违规推广和网络诈骗行为，并提醒用户如果存在违法犯罪情形，欢迎参与监督举报。由此可见，A 公司已对可能存在的违法犯罪情形进行了必要

的告知与提醒。作为具有民事行为能力的网络用户，在使用软件和充值服务过程中，应当知晓上述告知和提醒，并对充值服务的法律后果承担相应的法律责任。双方如就合同履行发生纠纷，可以依法通过民事纠纷途径解决。

法秩序统一性原理是处理不同部门法之间的矛盾时所必须遵守的原则。在办理刑民关联案件中，遵循法秩序统一性原理尤为重要。对于在民商法上是合法的行为，绝不能成为刑法上的犯罪行为。A 公司按照网络服务合同约定，与用户成立网络服务合同关系，其收取充值费用具有合同依据，受民法保护，基于法秩序统一性原理，该行为同样受到刑法保护。

（二）B 公司员工许某某等人的行为不构成诈骗罪

1. 本案 B 公司员工的行为不符合诈骗犯罪的基本构造

刑法学界通说认为，诈骗犯罪的基本构造是行为人实施欺骗行为—对方陷入或者继续维持认识错误—对方基于认识错误处分财产—行为人取得或者使第三者取得财产—被害人遭受财产损失，而本案不符合上述诈骗犯罪的基本构造。

从用户的角度来看，用户在使用软件过程中，A 公司通过“系统消息”“温馨提醒”“官方防诈骗提醒”等渠道，明确提醒用户该平台已接入云鉴黄系统，严打涉黄等违法、违规行为，官方的上述通告和告知完全可以使网络用户在充值 VIP 进而处分财产前明知该平台不存在相关涉黄项目和服务。因此，用户进行充值不是基于错误的认识，而是按照网络服务合同约定进行充值后获得了相应网络服务，充值金额是 A 公司提供网络服务的合法收入，与诈骗犯罪无关，不能认定为诈骗犯罪范畴的财产损失。

从 B 公司的角度来看，用户的所有款项均是充值到 A 公司账户，B 公司并未直接向用户收取费用，B 公司与用户之间没有发生任何民事法律关系。B 公司的员工仅存在虚假推广行为，用户如何成为 A 公司开发的 App 软件会员，以及用户与 A 公司之间如何进行服务与收费，B 公司及其员工不知情，也与其无关。

2. A 公司与 B 公司成立民事合同关系，受民事法律保护

根据《民法典》第 465 条之规定，依法成立的合同，受法律保护。在

本案中，A 公司与 B 公司就 App 软件的网络推广达成协议，系双方为推介 App 软件而成立的无名合同，意思表示真实，没有证据证实该合同违反法律、法规规定，依法受法律保护。因此，B 公司依据合同约定获得相应的分成同样具有合同依据。

3. A 公司与 B 公司之间不具有诈骗犯罪的共同故意

在本案中，A 公司与 B 公司签订的合同明确约定了推广行为不得违反国家法律、法规，A 公司也提示了违规推广和违规行为的法律风险和举报渠道，可以证实 A 公司主观上没有进行虚假推广的故意。本案没有证据证实 A 公司为了非法获利而与 B 公司进行共同诈骗的共谋，也没有证据证实 B 公司员工许某某等人虚构事实，推广该 App 软件系与 A 公司共谋后作出。因此，不能认定网络服务收费的 A 公司与虚假推广该 App 软件的 B 公司在主观上具有诈骗的共同故意。

A 公司与 B 公司没有共同犯罪的犯意联络，不能成立诈骗共同犯罪。B 公司实行虚假推广 App 软件行为，与 A 公司收取充值款项的行为，双方由于不存在事前与事中的犯意联络，所以 A 公司与 B 公司的行为模式也不符合诈骗犯罪的基本构造。

综上，B 公司员工许某某等人的行为不能认定为刑法意义上的诈骗犯罪行为。

（三）关于本案的几点思考

网络犯罪尤其是网络诈骗犯罪，近几年迅速蔓延，参与的人员中有相当一部分是刚刚涉足社会的学生，处理起来要特别慎重，一定要恪守刑法谦抑性原则。在网络诈骗犯罪中，刑民关联案件普通存在，刑事法律关系和民事法律关系相互交织，正确认定和区分不同性质的法律关系，对分别适用不同法律、依法追究行为人法律责任具有重要意义。

其一，就刑事案件而言，司法机关办的不仅是案件，更是行为人及其家人的人生。一个人被贴上犯罪标签后，其信用、回归社会、就业等，一生受影响，而且该影响会波及子女。长期以来，在办理涉财产类案件中，办案人员对于网络诈骗犯罪，未能正确区分民事法律关系和刑事法律关系，特别是在办理诈骗案件中，一些办案人员错误地认为只要行为人实施了欺骗行为且受害人存在财产损失，即可以认定为构成诈骗犯罪。这种简单主义、教条主义和机械主义的办案思路，实质上是对我国刑事犯罪理论的曲解和诈骗犯罪构成要件的误读，应当在刑事办案中坚决予以摒弃。

其二，应当坚持法秩序统一性原理。民法上合法的行为，在刑法上当然也是合法的行为，这是合目的论层面上法秩序统一性原理的必然要求。法秩序统一性原理是一项非常重要的原则，在司法实践中尤其在刑民关联案件中是一个长期不被认识的问题，必须引起足够的重视。在涉财产类刑事案件中，往往存在民事法律关系，这就需要运用民法思维，在考察民商法对当前案件基本立场的基础上对案件事实和行为定性，如民事法律关系合法、行为人取得财产具有合同依据和法律依据，按照法秩序统一性原理，则不能认定为犯罪。如行为人取得财产不具有合法性，则还应当结合犯罪构成该当性、违法性和有责性等对行为是否需要追究刑事责任作出认定。

其三，应当坚持刑法的谦抑性原则。“温和的法律能使一个民族的生活方式具有人性；政府的精神会在公民中间得到尊重。”刑法不是万能的，是其他部门法的补充法、担保法和保障法。刑法谦抑性原则包含补充性和宽容性的价值蕴涵，不仅要将刑法作为保护法益的最后手段，更要使刑法具有人文关怀的底蕴。如果适用民事、行政手段足以抑止某种违法行为时，就不用将其规定为犯罪；如果适用较轻的刑罚足以抑止某种犯罪行为时，就不应适用较重的刑罚。以本案的虚假宣传为例，实质上是B公司员工许某某等人为追求利益最大化，未经A公司同意，诱导用户在A公司开发的App软件注册、充值而做出的造谣行为。对于这种行为，可以依据我国《治安管理处罚法》等法律规定，对其处以拘留、罚款、没收违法所得等行政处罚，依法追究其行政责任即可。

下篇

刑民关联案件的程序运行

程序的正确运行是为了实体的公正处理。本篇主要围绕刑民关联案件审理程序的相关规定，刑民关联案件审理程序的标准确定，刑事追缴、责令退赔与民事权利救济的冲突及协调，刑民关联案件裁判认定事实的相互影响，刑事犯罪与合同效力认定的关系等司法实践中遇到的五个理论难题，展开深入细致的论述，以揭示刑民关联案件程序运行的法理，寻找解决问题的办法。

第一章

刑民关联案件审理程序选择的标准

一、刑民关联案件审理程序的相关规定评述

关于刑民关联案件审理程序的相关规定，从1979年起到2019年年底的40年间，最高人民法院、最高人民检察院、公安部先后单独或联合以答复、通知、规定、司法解释等形式，出台十多个相关司法文件，具体如下。

1. 1979年2月2日颁布的《人民法院审判民事案件程序制度的规定（试行）》（已失效）在第6部分裁判的第6条明确规定：民事案件通过调查审理，发现有需要追究刑事责任的，可按刑事附带民事或先刑事后民事处理。虽然该规定已于1991年4月9日失效，但该规定系最早关于民事案件中发现刑事犯罪，按"刑附民"或"先刑后民"处理，[①] 这种规定和主张后来逐渐深入司法人员人心，至今仍有很深的烙印。该规定的弊病是，民事案件在审理中发现有刑事犯罪的，不加区别地、没有理由地按先刑后民处理，是传统的"重刑轻民"思想的表现，并且在程序上也没有提出可操作性的具体做法，如民事案件是中止审理，还是全案移送等，含混不

---

① 有学者认为我国最早规定"先刑后民"的法律规范文件是1985年8月19日发布的《最高人民法院、最高人民检察院、公安部关于及时查处在经济纠纷案件中发现的经济犯罪的通知》（已失效），参见杜万华主编：《最高人民法院民间借贷审判实务指导与疑难解答》，中国法制出版社2015年版，第99页。

清。由于当时的民事实体法律基本上是一片空白，更遑论刑民关联问题，由刑法决定一切，无可辩驳。没有理论论证的先天性认识不足的首次规定，其破坏性和影响力往往是巨大的。

2. 1984年8月30日，《最高人民法院关于贯彻执行〈民事诉讼法（试行）〉若干问题的意见》（已失效）在第6部分起诉与受理问题中规定："因侵犯人身权利，或者毁坏公私财物的，触犯刑律的，不论依法是否免于刑事处罚，均应作为刑事案件处理。由于被告人的犯罪行为引起的赔偿纠纷，按刑事诉讼法的有关规定，以刑事附带民事处理。是否触犯刑律，一时难以查清的，按起诉人的诉讼请求立案。"这一规定，基本上延续了前面的规定，即一个案件中民事侵权事实同时又是犯罪事实的，按刑事附带民事或先刑后民方式处理，只不过这一规定开了一个口子，当民事侵权行为是否触犯刑律一时难以查清的，当事人提起民事诉讼的，按民事立案处理，这是一个不小的进步，符合民事诉讼的原理。当然，在民事立案后的审理过程中，如果发现侵权行为确实触犯刑律构成犯罪的，如何处理不得而知。但有了前面的规定，"先刑后民"应当是板上钉钉的事。

3. 1985年8月19日，《最高人民法院、最高人民检察院、公安部关于及时查处在经济纠纷案件中发现的经济犯罪的通知》（已失效）指出：各级人民法院在审理经济纠纷案件中，如发现有经济犯罪，应按照1979年12月15日《最高人民法院、最高人民检察院、公安部关于执行刑事诉讼法规定的案件管辖范围的通知》，将经济犯罪的有关材料分别移送给有管辖权的公安机关或检察机关侦查、起诉，公安机关或检察机关均应及时予以受理。这个司法文件，同样体现"刑事优先"原则。同时，这个司法文件到底是"先刑后民"还是"有刑无民"（只按刑事处理），[①] 以及人民法院在审理经济纠纷案件，移送经济犯罪的有关材料后，经济纠纷案件应如何处理，未置可否。"实践中的做法往往是驳回经济纠纷案件的起诉。"[②]

---

① 1988年10月14日，最高人民法院经济审判庭关于经济纠纷和经济犯罪案件一并移送后受移送的检察院和法院未按刑事附带民事诉讼审理又未将纠纷部分退回法院处理……的电话答复指出，应告知当事人可以向受理诉讼法院另行起诉。这一答复体现的还是"先刑后民"的处理原则。

② 张卫平：《民刑交叉诉讼关系处理的规则与法理》，载《法学研究》2018年第3期。

这个通知表明，在刑民关联案件的程序运行中，早期最高人民法院、最高人民检察院、公安部的认识还是处于简单化和模糊化的阶段。尽管该通知于2013年1月18日失效，但该通知对之后的司法实践还是有很大影响的。

4. 1987年3月11日，《最高人民法院、最高人民检察院、公安部关于在审理经济纠纷案件中发现经济犯罪必须及时移送的通知》（已失效）第3条规定：人民法院在审理经济纠纷案件中，发现经济犯罪时，一般应将经济犯罪与经济纠纷全案移送，依照《刑事诉讼法》第53条和第54条的规定办理。如果经济纠纷与经济犯罪必须分案审理的，或者是经济纠纷案经审结后又发现有经济犯罪的，可只移送经济犯罪部分。对于经公安、检察机关侦查犯罪事实较清楚后，仍需分案审理的，经济纠纷部分应退回人民法院继续审理。该通知主要有两点：一是发现有经济犯罪时，民事审判组织要“全案移送”给公安机关或检察机关，这仍然表达了“先刑后民”的处理原则。二是规定了“刑民并行”的处理原则，即经济纠纷与经济犯罪必须分案审理的，或者是经济纠纷在经审结后有发现经济犯罪的，可只移送经济犯罪部分，这是一个不小的进步。此后的1991年12月11日，《公安部第五局要求协调由延边朝鲜族自治州公安局立案侦查的特大烟用丝束投机倒把案和深圳市中级人民法院受理的广东省烟草公司惠来县公司诉吉林延边朝鲜族自治州对外经济贸易公司、海南振海工贸联合有限公司丝束购销合同货款纠纷的函》《最高人民法院经济审判庭有关刑事案件与经济纠纷案件交叉时如何处理问题的函》指出，投机倒把的犯罪行为与购销合同关系是两种既有联系，又有本质不同的法律事实和法律关系。前者是一种扰乱社会经济秩序，危害国家利益的犯罪行为，应当由公安机关立案侦查；后者是平等主体之间的民事法律关系，它们之间的纠纷可由人民法院通过诉讼程序解决。最高人民法院经济审判庭的函，开创了两个“第一”。第一个以官方名义使用刑民交叉概念，之后一直延续至今，影响可谓深远。第一个主张刑民交叉案件由于不同的法律事实和法律关系，两者可以分别审理，这对后来刑民关联案件的处理影响很大。最高人民法院经济审判庭这两个“第一”的“开创”，可谓石破天惊，胆识非凡。

5. 1993 年 8 月 7 日公布的《最高人民法院关于审理名誉权案件若干问题的解答》（已失效）指出，对当事人提起名誉权诉讼后，以同一事实和理由又追究被告人的刑事责任的，最高人民法院的回答是：当事人提起名誉权诉讼后，以同一事实和理由又追究被告人刑事责任的，应中止民事诉讼，待刑事案件审结后，根据不同情况分别处理：对于犯罪情节轻微，没有给予刑事处罚的，或者刑事自诉已由原告撤回或者被驳回的，应恢复民事诉讼；对于民事诉讼请求已在刑事附带民事诉讼中解决的，应终结民事案件的审理。该答复的基调仍然是不讲理由的先刑后民的处理模式。不过，该答复就程序问题作了或中止民事诉讼或恢复民事诉讼或终结民事诉讼的规定，有一定的理论价值。

6. 1997 年 12 月 13 日施行的《最高人民法院关于审理存单纠纷案件的若干规定》（已修改）第 3 条第 2 款规定："人民法院在受理存单纠纷案件后，如发现犯罪线索，应将犯罪线索及时书面告知公安或检察机关，如案件当事人因伪造、变造、虚开存单或涉嫌诈骗，有关国家机关已立案侦查，存单纠纷案件确须待刑事案件结案后才能审理的，人民法院应当中止审理。对于追究有关当事人的刑事责任不影响对存单纠纷案件审理的，人民法院应对存单纠纷案件有关当事人是否承担民事责任及承担民事责任的大小依法及时进行认定和处理。"该规定中的"存单纠纷案件确须刑事案件结案后才能审理的，人民法院应当中止审理"与《民事诉讼法》第 150 条规定的"本案必须以另一案的审理结果为依据的，而另一案尚未审结的"中止诉讼，基本相同，表明了最高人民法院关于刑民关联案件程序上有条件的"先刑后民"处理原则，并以追究有关当事人刑事责任是否会影响民事案件审理作为是否移交刑事程序处理的标准，即可以刑民并行。这样的规定，抛弃了传统的"一刀切"的、不讲理的先刑后民的处理原则，这是一个有法理支持的了不起的进步。

7. 1998 年 4 月 21 日，《最高人民法院关于在审理经济纠纷案件中涉及经济犯罪嫌疑若干问题的规定》（已修改）第 1 条规定："同一公民、法人或其他经济组织因不同的法律事实，分别涉及经济纠纷和经济犯罪嫌疑的，经济纠纷案件和经济犯罪嫌疑案件应当分别审理。”第 10 条规定：“人民法院在审理经济纠纷案件中发现与本案有牵连，但与本案不是同一法律关系的经济犯罪嫌疑线索、材料，应将犯罪嫌疑线索、材料移送有关公安机关或检察机关查处，经济纠纷案件继续审理。”第 11 条规定：“人民法院作为经济纠纷受理的案件，经审理认为不属于经济纠纷案件而有经济犯罪嫌疑的，应当裁定驳回起诉，将有关材料移送公安机关或检察机关。”第 12 条规定：“人民法院已立案审理的经济纠纷案件，公安机关或检察机关认为有经济犯罪嫌疑，并说明理由附有关材料函告受理该案的人民法院的，有关人民法院应当认真审查。经过审查，认为确有经济犯罪嫌疑的，应当将案件移送公安机关或检察机关，并书面通知当事人，退还案件受理费；如认为确属经济纠纷案件的，应当依法继续审理，并将结果函告有关公安机关或检察机关。”上述规定的可取之处在于：一是明确规定审理经济纠纷案件牵连到经济犯罪的，可以刑民并行审理。同时只把涉嫌经济犯罪的线索、材料移送有关公安机关或检察机关，无须“全案移送”。二是明确规定刑民并行处理原则适用于所有的经济纠纷案件，而不仅适用于存单纠纷案件。但是，上述规定第一次以司法文件形式，规定只有不同的法律事实或法律关系才能分开审理的原则，而且适用这个原则没有阐明法律和法理依据，以致造成了之后的混乱。同时该规定第 12 条指出，人民法院已立案审理的经济纠纷案件，经审查确有经济犯罪嫌疑的，应当将案件移送公安机关或检察机关，并书面通知当事人，退还案件的受理费。这个规定与前面的分开审理，部分移送的规定又相互矛盾，不但回到了“先刑后民”的思维惯性上，而且要退还已交案件的受理费，使刑民关联案件开始进入“有刑无民”的审理模式，剥夺了受害人通过民事诉讼救济民事权益的权利，民事权益人从刑事被告的受害人，又成为刑事诉讼的“受害人”。

同时，一个案件到底是经济纠纷或者经济犯罪案件，最终取决于民事诉讼和刑事诉讼的结果，而人民法院在审理经济纠纷案件时，“认为”不属于经济纠纷就草率移送案件而中止民事诉讼，在公安机关尚未立案及侦查终结，甚至检察机关起诉前就决定案件的性质。两大诉讼在程序及功能等方面存在较大区别，调整对象不同，因而由一个诉讼程序轻易决定另一个诉讼程序，是违反两大诉讼的基本原理。就是追究经济犯罪，也不当然排斥民事诉讼救济手段，所以，这一司法解释也存在较大的问题。

8. 2015 年 3 月 25 日，《最高人民法院、最高人民检察院、公安部关于办理非法集资刑事案件适用法律若干问题的意见》（以下简称《非法集资意见》）第 7 条第 1 款规定："对于公安机关、人民检察院、人民法院正在侦查、起诉、审理的非法集资刑事案件，有关单位或个人就同一事实向人民法院提起民事诉讼或者申请执行涉案财物的，人民法院应当不予受理，并将有关材料移送公安机关或检察机关。"第 7 条第 2 款规定："人民法院在审理民事案件或执行过程中，发现有非法集资犯罪嫌疑的，应当裁定驳回起诉或者中止执行，并及时将有关材料移送公安机关或检察机关。"第 7 条第 3 款规定："公安机关、检察机关、人民法院在侦查、起诉、审理非法集资刑事案件中，发现与人民法院正在审理的民事案件属同一事实，或者被申请执行的财物属于涉案财物的，应当及时通报相关人民法院。人民法院经审查认为确属涉嫌犯罪的，依照前款规定处理。"《非法集资意见》与前面有关刑民关联案件审理的司法解释比较，只是换汤不换药，把"同一法律事实"和"同一法律关系"换成"同一事实"，同时增加了民事案件在执行阶段要中止执行的规定。对于换成"同一事实"，有学者认为这一表述是准确的，因为所谓法律事实是一种对事实本身的法律评价，是人们的观念形象。民事法律关系与刑事法律关系是不同的法律关系，不可能在"法律关系"上存在"同一"。①

但是，"同一事实"的表述在司法运用过程中也引发了争论，"同一事实"到底是指要件事实的同一还是自然意义上事实的同一？如果将同一事实认定为自然意义上事实的同一，则案件只要涉嫌非法集资犯罪嫌疑，就只能"先刑后民"。如果将"同一事实"认定为要件事实的同一，则"先刑后民"就不再绝对化，"民刑并行""先民后行"就会获得合理的操作

---

① 参见张卫平：《民刑交叉诉讼关系处理的规则与法理》，载《法学研究》2018 年第 3 期。

空间。如果刑民诉讼所涉及事实被认定为“同一事实”，《非法集资意见》仅规定民事案件在何种具体情形下可以再次作为民事案由提起诉讼，实质上造成了“有刑无民”的局面，这在司法实践中又引发了第二重争论。①笔者认为，刑民关联案件审理程序的先后选择，并不取决于是否“同一法律关系”、“同一法律事实”或“同一事实”，而是取决于别的条件，后文将详细论述。同时，《非法集资意见》中对涉众型经济犯罪与民事责任承担关联时，最高人民法院民事审判第二庭的观点是：“受害人的民事权利保护应当通过刑事追赃、退赔的方式解决。”② 这一观点主张违背了刑事案件被害人（民事原告）意思自治原则，并直接把民事诉讼架空，其后果是相当严重的。

9. 2015 年 8 月 6 日发布的《最高人民法院关于审理民间借贷案件适用法律若干问题的规定》（已修改）（以下简称《民间借贷司法解释》）第 5 条第 1 款规定：“人民法院立案后，发现民间借贷行为本身涉嫌非法集资犯罪的，应当裁定驳回起诉，并将涉嫌非法集资犯罪的线索、材料移送公安或者检察机关。”第 6 条规定：“人民法院立案后，发现与民间借贷纠纷案件虽有关联但不是同一事实的涉嫌非法集资犯罪的线索、材料的，人民法院应当继续审理民间借贷纠纷案件，并将涉嫌非法集资等犯罪的线索、材料移送公安或者检察机关。”第 7 条规定：“民间借贷的基本案件事实必须以刑事案件审理结果为依据，而该刑事案件尚未审结的，人民法院应当裁定中止诉讼。”第 8 条规定：“借款人涉嫌犯罪或者生效判决认定其有罪，出借人起诉请求担保人承担民事责任的，人民法院应当予以受理。”第 13 条第 1 款规定：“借款人或者出借人的借贷行为涉嫌犯罪，或者已经生效的判决认定构成犯罪，当事人提起民事诉讼的，民间借贷合同并不当然无效……”《民间借贷司法解释》第 5 条、第 6 条、第 7 条规定的处理规则，与前面《非法集资意见》等规定，仍然沿袭了以同一事实的先刑后

① 参见王思旻：《论民刑交叉案件中“同一事实”的认定》吉林大学 2020 年硕士学位论文。

② 最高人民法院民事审判第二庭编著：《全国法院民商事审判工作会议纪要理解与适用》，人民法院出版社 2019 年版，第 655 页。

民、不同事实的刑民并行的处理原则。但是，《民间借贷司法解释》第7条第一次规定民事案件基本事实必须以刑事案件审理结果为依据，应当中止诉讼的做法，值得肯定。同时，《民间借贷司法解释》第8条规定民事借贷纠纷案件涉嫌刑事犯罪并经审判，出借人仍然可以起诉请求担保人承担民事责任。但是，这一规定值得商榷：假如借款人涉嫌犯罪导致民间借贷合同无效，出借人起诉担保人请求承担民事责任，在犯罪嫌疑人或被告人（借款人）没有参加民事诉讼的情况下，如何确定担保人的民事责任（连带责任、一般责任、补充责任）及民事责任的大小？这是难以判断的，也是不符合民事诉讼原理的（如必要共同诉讼，共同诉讼人必须共同参与诉讼）。《民间借贷司法解释》第13条的规定更是耐人寻味。一方面民间借贷行为构成犯罪的，移送公安或检察机关处理；另一方面提示民间借贷合同并不当然无效。依笔者之见，既然涉嫌犯罪，又不必然导致民间借贷合同无效，那么，出借人当然可以请求借款人（刑事被告人）及担保人（假如有担保）承担民事责任，而这又与前面的规定相矛盾。由此可见，刑民关联案件审理模式的选择与确定，司法解释一直处在模糊而混乱的认识状态。

10. 2015年12月24日，《最高人民法院关于当前商事审判工作中的若干具体问题》第10部分，在规定商事审判与刑事、行政诉讼等交叉的正当法律程序问题时，从以下两个方面进行规定：一是注意区分商事案件法律事实与刑事诉讼所涉法律事实是否相同。如果法律事实不同，那么原则上商事案件应当与刑事案件分别审理。二是注意区分商事案件与刑事诉讼涉及相同法律事实下的不同处理。如果所涉及事实完全相同，且案件事实在根本上也属于刑事案件，那么在立案阶段不予受理，受理后在审判中发现的，裁定驳回起诉。如果所涉事实完全相同，且同时存在民事责任与刑事责任，在未启动刑事附带民事诉讼程序情况下，商事案件可以与刑事案件分别审理。笔者认为，这是一种逻辑混乱的无厘头的规定。另外，该法律文件又规定商事案件与刑事诉讼涉及的法律事实部分相关时，判断商事案件是否继续审理的标准是《民事诉讼法》第150条第1款第5项“本案必须以另一案的审理结果为依据”的规定。应当说这一规定是合法合理的，但这一规定的不足之处在于只有法律事实“部分”相关时，才以《民事诉讼法》第150条第1款第5项为判断标准，那么，如果法律事实全部相同是否也以此为判断标准，不得而知，从表述来看，似乎是否定的，这就犯了以偏概全的错误。

11. 2019年11月24日发布的《九民纪要》在第12部分“关于民刑交叉案件的程序处理”，用了3个条文分别规定了民刑交叉案件分别审理；涉众型经济犯罪与民商事案件的程序处理；民刑交叉案件中民商事案件中止审理的条件，具体如下：《九民纪要》第12部分第128条第1款规定：同一当事人因不同事实分别发生民商事纠纷和涉嫌刑事犯罪，民商事案件与刑事案件应当分别审理，主要有下列情形：（1）主合同的债务人涉嫌刑事犯罪或者刑事裁判认定其构成犯罪，债权人请求担保人承担民事责任的；（2）行为人以法人、非法人组织或者他人名义订立合同的行为涉嫌刑事犯罪或者刑事裁判认定其构成犯罪，合同相对人请求该法人、非法人组织或者他人承担民事责任的；（3）法人或非法人组织的法定代表人、负责人或者其他工作人员的职务行为涉嫌刑事犯罪或者刑事裁判认定其构成犯罪，受害人请求该法人或者非法人组织承担民事责任的；（4）侵权行为人涉嫌刑事犯罪或者刑事裁判认定其构成犯罪，被保险人，受益人或者其他赔偿权利人请求保险人支付保险金的；（5）受害人请求涉嫌犯罪的行为人之外的其他主体承担刑事责任的。第128条第2款规定：“审判实践中出现的问题是，在上述情形下，有的人民法院仍然以民商事案件涉嫌刑事犯罪为由不予受理，已经受理的裁定驳回起诉。对此，应予以纠正。”第128条虽然列举了五种可以刑民并行审理的情形，但没有新意，且条文容易产生歧义与误解。如第128条第1款第2项规定行为人以法人、非法人组织或者他人名义订立合同行为涉嫌刑事犯罪，合同相对人请求该法人、非法人组织或者他人承担民事责任的，法院应当受理，这样规定过于笼统，实际上这种情形应当是符合表见代理的，才承担民事责任，所以应当明确。又如，第128条第1款第5项规定受害人请求涉嫌刑事犯罪的行为人之外的其他主体承担民事责任的，也让人心存疑问，“行为人之外”的“其他主体”，一定是与行为人的犯罪行为有关的人，否则的话岂不荒唐？那么，既然与行为人有共同犯罪行为（如有的作不诉处理等）或起码有共同侵权行为，为什么不能把行为人与其他主体一起列为民事诉讼的被告呢？凡此等等，折射出刑民关联案件中对民事责任承担所涉及的民法原理以及民事诉讼法原理的浅薄认识。

《九民纪要》第12部分第129条规定：“2014年颁布实施的《最高人民法院、最高人民检察院、公安部关于办理非法集资刑事案件适用法律若干问题的意见》和2019年1月颁布实施的《最高人民法院、最高人民检察院、公安部关于办理非法集资刑事案件若干问题的意见》规定的涉嫌集资诈骗、非法吸收公众存款等涉众型经济犯罪，所涉人数众多、当事人部分地域广、标的额特别巨大、影响范围广，严重影响社会稳定，对于受害人就同一事实提起的以犯罪嫌疑人或者刑事被告人为被告的民事诉讼，人民法院应当裁定不予受理，并将有关材料移送侦查机关、检察机关或者正在审理该刑事案件的人民法院。受害人的民事权利保护应当通过刑事追赃、退赔的方式解决。正在审理民商事案件的人民法院发现有上述涉众型经济犯罪线索的，应当及时将犯罪线索和有关材料移送侦查机关。侦查机关作出立案决定前，人民法院应当中止审理，作出立案决定之后，应当裁定驳回起诉；侦查机关未及时立案的，人民法院必要时可以将案件报请党委政法委协调处理。除上述情形人民法院不予受理外，要防止通过刑事手段干预民商事审判，搞地方保护，影响营商环境。”本条规定只是细化了《非法集资意见》中关于民商事案件在审理过程中发现有涉众型犯罪线索的，民商事案件应当中止审理或裁定驳回起诉的具体情形，并没有什么新意。同时，本条规定同样存在受害人的民事权利保护只能通过刑事追赃、退赔方式解决的刑事越界的霸道的做法。

《九民纪要》第12部分第130条规定：“人民法院在审理民商事案件时，如果民商事案件必须以相关刑事案件的审理为依据，而刑事案件尚未审结的，应当根据《民事诉讼法》第150条第5项规定裁定中止诉讼，待刑事案件审结后，再恢复民商事案件的审理。如果民商事案件不是必须以相关的刑事案件的审理为依据的，则民商事案件应当继续审理。”由本条可知，“先刑后民”并不能作为处理民刑交叉案件的一般原则。应根据“一案的审理是否必须以另一案的审理结果为依据”的原则判断民刑交叉案件中民事案件和刑事案件的审理程序。[①]

笔者之所以不厌其烦地梳理十多个司法文件，目的在于试图探寻和理解刑民关联案件审理程序的认识轨迹和主要观点，以期全面掌握司法文件对刑民关联案件审理程序的处理规则，从而确立既符合刑民诉讼原理，又符合司法实践，遵守民法原理，尊重民事当事人意思自治的刑民关联案件的审理程序。然而，既有的司法文件，不但没有形成统一的、科学的审理思路，反而加剧了审判实践的混乱，有必要进行深入详细的研讨。

刑民关联案件的审理程序，理论界和司法实践中已归纳出三种模式：先刑后民、先民后刑和刑民并行。[②] 这三种审理模式在司法实践中已得到广泛应用，似乎已是板上钉钉的了。但是，从相关的法律规定及司法解释来看，与上述三种审理模式又有不和谐之处，以致出现理论研究五花八门，有点“乱花渐欲迷人眼”的缭乱现象，司法实践中则无所适从，一片混乱。因此，认真而又准确地界定刑民关联案件的审理程序，就成为一个不可忽视而又迫切需要解决的问题。

二、从同一法律事实、同一法律关系到同一事实

法律事实指法律规定的引起法律关系产生、变更、消灭的客观事实，它是法律关系运动的原因和动力。[③] 法律事实分为法律事件和法律行为。法律事件是法律规范规定的，不以当事人的意志为转移而引起的法律关系

① 参见最高人民法院民事审判第二庭编著：《全国法院民商事审判工作会议纪要理解与适用》，人民法院出版社2019年版，第658－659页。

② 参见姜凯敏：《刑民交叉案件审理顺序研究》，云南财政大学2020年硕士学位论文；刘光权、李振林：《集资类案件中的刑民交错现象及其归宿》，法律出版社2017年版，第138－155页；杨兴培：《刑民交叉案件的类型分析和破解方法》，载《东方法学》2014年第4期；董秀婕：《刑民交叉法律问题研究》，吉林大学2007年博士学位论文。

③ 参见周永坤：《法理学》（第4版），法律出版社2016年版，第114页。

形成、变更、消灭的客观事实，包括社会事件和自然事件两种。法律行为指能够引起法律关系产生、变更和消灭的人的有意识的活动，包括作为和不作为。法律关系是受法律约束的社会关系。[①] 这种社会关系是以法律规范为基础形成的社会关系，是法律主体之间的社会关系。[②] 法律关系由三大要素构成：法律关系主体、法律关系内容和法律关系客体。由是观之，法律事实是产生法律关系的前提和基础，是法律关系变化的条件所在。“法律关系以及由此产生的法律责任，都是有法律事实所引起。”[③] 从法律事实到法律关系再到法律责任，法律事实是起点。

因此，刑民关联案件的审理程序从 1979 年开始以司法文件进行规定，都没有提及法律事实和法律关系，说明当时的认识能力有限。直到 1998 年《最高人民法院关于在审理经济纠纷案件中涉及经济犯罪嫌疑若干问题的规定》（已修改）发布，第一次以“不同的法律事实和不同的法律关系”作为刑民关联案件分开审理的依据。换言之，只要是同一法律事实或同一法律关系，刑民关联案件就要遵循“先刑后民”的审理原则。

然而，这一司法文件出台后，仍然遭到学界的质疑。一是在同一司法文件中，为解决同样的问题，出现“法律事实”与“法律关系”并列的两种标准，这种标准上的模糊和游移态度，造成司法实践和理论逻辑的混乱。二是刑事法律关系和民事法律关系是性质完全不同的两种法律关系，从理论逻辑上讲，必然是不同的法律关系，即使是由同一事实引起两种关系竞合，它们也属于不同的法律关系。刑事法律事实和民事法律事实也是不同的法律事实，只是因为自然事实的客观联系，它们可能重合或部分重合，但它们的要素和关注的侧重点是不同的，将其称为同一法律事实，也会造成理论逻辑的混乱。[④] 司法实践中，最高人民法院的一份判决书也在说理部分明确指出：“法律事实、法律关系均是指法律规范调整下的事实

---

① 参见周永坤：《法理学》（第 4 版），法律出版社 2016 年版，第 103 页。

② 参见张文显主编：《法理学》（第 4 版），高等教育出版社、北京大学出版社 2016 年版，第 111 页。

③ 杨兴培：《刑民交叉案件的类型分析和破解方法》，载《东方法学》2014 年第 4 期。

④ 参见董秀婕：《刑民交叉法律问题研究》，吉林大学 2007 年博士学位论文。

和关系，只要法律规范性质不同，法律关系或法律事实就不同。从这一意义上说，由于民事规范和刑事规范性质不同，民刑交叉情况下不存在同一法律事实或同一法律关系，故以此表述作为判断民刑程序选择标准存在逻辑矛盾。”①

在同一法律事实和同一法律关系下适用“先刑后民”原则遭到批判，以法律事实和法律关系是否相同为标准的类型化道路走不通后，2014 年发布的《最高人民法院、最高人民检察院、公安部关于办理非法集资刑事案件适用法律若干问题的意见》中，不再将“同一法律事实”和“同一法律关系”作为刑民关联案件审理程序的判断标准，而是将判断标准改为“同一事实”。此后的相关司法文件，有关刑民关联案件审理程序的判断标准，都是以“同一事实”表述出现的。

与“同一法律事实”和“同一法律关系”作为判断标准受到质疑一样，以“同一事实”作为判断标准同样受到质疑。

“同一事实”的官方观点是在 2019 年 7 月召开的全国法院民商事审判工作会议上，最高人民法院刘贵祥专委的总结讲话明确支持“同一事实”的判断标准，并指出：“民事诉讼与刑事诉讼具有不同的职能与程序，分开审理是基本原则，因此要从行为主体、相对人以及行为本身三个方面认定是否属于‘同一事实’。”最高人民法院刑二庭审判长于同志对“同一事实”更是作出详细的描述：“具体来说，从行为实施主体的角度看，‘同一事实’指的是同一主体实施的行为，不同主体实施的行为不属于同一事实；从法律关系的角度看，刑事案件的受害人同时也是民事法律关系的相对人的，可以认定为‘同一事实’；从要件事实的角度看，只要民事案件争议的事实，同时也是构成刑事犯罪的要件事实的情况下，才属于‘同一事实’。”② 概言之，“同一事实”是指行为主体、行为客体或对象，以及行为表现三者均相同的情形。只要三者有其中之一不同的，就属于“不同

---

① 参见最高人民法院民事裁定书，(2015) 民申字第 1778 号。

② 于同志：《完善刑民交叉案件办理机制的思考》，载最高人民法院刑事审判第一、二、三、四、五庭主办：《刑事审判参考》（总第 124 集），法律出版社 2020 年版，第 196 页。

事实”。笔者认为，首先，行为主体、客体及表现三者是极其宽泛和飘忽不定的，例如，民事案件中的行为主体与刑事案件的行为主体大多是不同的，那么要理解行为主体相同是很难的事。又如，民事法律关系的权利义务内容与刑事法律关系的权利义务内容也是不同的。因此，以行为主体、客体以及行为表现三者均相同作为认定“同一事实”的标准，是不现实的，也是难以实现的。

所以有学者提出，无论是执法办案还是制定司法文件，都不宜不分情况地搞“一刀切”。在处理刑民交叉案件时，我们必须明确一个基本立场，那就是要选择更有利于保护当事人合法权益，更为公正有效解决问题的思路与机制。与其在“同一事实”的判断上纠结不清，进而在决定是否适用“先刑后民”机制上举棋不定，不如立足于更佳保护当事人利益的立场，按照实事求是的原则来处理刑民交叉案件。具体来说，就是按照《民事诉讼法》第150条第1款第5项关于“本案必须以另一案的审理结果为依据，而另一案尚未审结的，应该中止审理”的规定，根据刑民交叉案件中刑、民诉讼发生的时间顺序，以及两者之间的审理是否存在依存关系，来确定刑事诉讼和民事诉讼的受理和审理。① 这种主张已经接近刑民关联案件审理顺序的核心问题，但仍有不足之处。

其次，“同一事实”中的“事实”到底是指什么，也是有很大争议的。“同一事实”有法律事实与自然事实之争。

有学者认为“同一事实”是自然事实上的同一。② 司法实践中，有的法院，甚至最高人民法院也认为“同一事实”不是民事法律规范和刑事法律规范作出规定的要件事实，而应是自然意义上的事实本身。如果民事案件中涉及的事实，对刑事案件的审理、善后处置等有影响，也当属同一事实。③ 然而，把“同一事实”理解或认定为“自然事实”，学界仍有不同声音：一是“自然意义上的事实”是一种案件事实的混乱状态，会导致对

① 参见于同志：《完善刑民交叉案件办理机制的思考》，载最高人民法院刑事审判第一、二、三、四、五庭主办：《刑事审判参考》（总第124集），法律出版社2020年版，第196页。

② 参见张卫平：《民刑交叉诉讼关系处理的规则与法理》，载《法学研究》2018年第3期。

③ 参见最高人民法院民事裁定书，（2015）民申字第1778号。

案件事实的不加区分而过于笼统，作为认定标准会忽略对案件事实的法律评价。二是民刑诉讼所牵涉的具体事实情节盘根错节，“截取”自然意义上的事实只是整个客观案件事实的一个片段，由于刑事案件与民事案件的审理目的与任务不同，审判人员需要根据程序的目的截取自然事实的不同部分加以法律上的评价。这样，自然事实是否相同并非关键，被截取的事实是否相同才是审理顺序相关的要素。三是刑事追缴、退赔制度的设计，阻却了对“同一事实”的司法认定。《最高人民法院关于适用〈中华人民共和国刑事诉讼法〉的解释》第176条规定：“被告人非法占有、处置被害人财产的，应当依法予以追缴或者责令退赔。被害人提起附带民事诉讼的，人民法院不予受理。追缴、退赔的情况，可以作为量刑情节考虑。”该规定对“同一事实”认定的阻却，导致“同一事实”这一认定标准在司法实践中并未发挥其应有的作用，反而面临重重困境。①

“同一法律事实”也好，“同一法律关系”也罢，或者是“同一事实”，为何把刑民关联案件是否涉及“同一事实”作为处理刑民关联案件诉讼关系的标准？在认定了“同一事实”后，刑民关联案件为何要以“先刑后民”为审理原则？这其中的原因及法理到底是什么？这是两个必须回答的问题。

三、“同一事实”的认定标准与先刑后民原则的反思

司法解释与司法实践中，为何把刑民关联案件是否涉及“同一事实”作为认定和处理刑民关联案件的诉讼关系的标准，理由如下：

一是“事实”是一切案件审理的前提与基础。司法实践中的“事实”主要是指案件事实。“案件事实可以依不同的司法过程的执行分为描述事实、证据事实和裁判事实。描述事实是诉讼主体对案件的陈述，如当事人的诉讼请求等。证据事实是依证据证明而再现的事实，追求形而上的客观性。裁判事实是裁判者依据法律对证据事实所作的评价，主要强调事实和

① 参见王思旻：《论民刑交叉案件中“同一事实”的认定》，吉林大学2020年硕士学位论文。

法律之间的逻辑性说理。”[1] 只有查清了案件事实，才能正确适用法律。所以，案件事实在诉讼中的地位不言而喻，如果刑事案件中的事实与民事案件中的事实没有交集或牵连，即不“同一”，那么，刑事案件与民事案件由于不存在“同一事实”就没有审理的先后顺序之分。如果存在“同一事实”，且对刑民的法律责任有实质性影响，则会涉及刑民诉讼关系的进展及处理结果。因此，“同一事实”就成为联结刑民关联案件诉讼关系的桥梁和纽带。于是“同一事实”成为处理刑民关联案件诉讼关系的标准，就顺理成章了。

二是诉讼法学界坚持刑民关联案件的事实要认定一致，即同一，以达到司法一致性的目的。一致性、一贯性、逻辑性一直是人们所追求的社会价值和公共政策，因此，不能轻易牺牲司法中的一致性。[2] 司法实践中，为了防止矛盾与片面，必然要求刑民诉讼判决中，对涉及的事实认定要同一，杜绝事实认定与责任承担的偏颇，因此，“同一事实”成为刑民关联案件诉讼关系的认定标准，就有了一定的理论依据。

然而，把“同一事实”作为刑民关联案件诉讼关系的认定标准，准确性和可操作性似乎存在问题。一方面，刑民关联案件的诉讼关系，确实离不开“同一事实”。没有“同一事实”，刑民案件何来关联？刑民案件没有关联，何谈刑民案件的诉讼关系。另一方面，由于“同一事实”的多样性、模糊性等特点，如果不对“同一事实”的内涵作出明确的界定，以及对“同一事实”在刑民关联案件诉讼关系的认定标准，作必要的表述改进，笼统地以“同一事实”作为认定标准，必将无限扩大刑民关联案件的适用范围。前文已述及，刑民诉讼牵涉的案件事实往往盘根错节，具有“同一事实”的情节很多，案件事实关联是常态，所以，以“同一事实”为认定标准，几乎所有的刑民关联案件的审理，都要适用“先刑后民”原则，而相关法条、司法解释及司法实践却没有完全遵循这一原则。这种分

---

① 侯敏：《对案件事实的分析及其构建研究》，载《法制与经济》2020年第9期。

② 参见［美］本杰明·卡多佐：《司法过程的性质》，苏力译，商务印书馆1998年版，第40页。

歧与矛盾，促使我们必须认真审视以“同一事实”为认定标准的合理性与科学性。

与“同一事实”作为处理刑民关联案件诉讼关系的标准的另一个问题是，为何在认定为“同一事实”后，刑民关联案件要以“先刑后民”为原则进行审理，从司法解释及学界分析来看，刑民关联案件涉及“同一事实”的，按“先刑后民”原则处理的理由有：一是维护公共利益的需要。二是刑事诉讼证明标准高于民事诉讼的证明标准的客观结果。三是避免刑事裁判与民事裁判产生矛盾。四是提高司法效率，减轻当事人诉累的要求。[①] 五是与人们“重刑轻民”的认识有关。六是与刑事审判权实际存在的广泛性或超限性、扩张性有关。七是与“事实揭示刑事优越论”有关。八是与民刑交叉诉讼中当事人人身自由受限有关。[②] 此外，还有其他理由，在此不一一列举。反对者认为，“先刑后民”作为一项原则，一是与刑法的谦抑性、最后性相背离，是对公民私权的漠视。[③] 二是先刑后民容易成为司法机关干涉经济纠纷的手段。容易被当事人恶意利用，以达到逃避民事责任的目的，可能会使司法资源成为一些当事人实现个人利益的手段。[④] 三是易混淆刑事与民事之间的界限，造成重刑化倾向，造成司法资源的浪费，导致犯罪总量增加，剥夺受害人民法上的权利。[⑤] 总之，刑民关联案件涉及“同一事实”，主张“先刑后民”的观点与反对“先刑后民”的观点，各有理由，各说各话，没有形成真正的说理与交锋，出现公说公有理、婆说婆有理的混乱局面。

因此，以刑民关联案件是否涉及“同一事实”作为处理刑民诉讼关系必须遵循的“先刑后民”原则，无法令人信服，司法实践中各地法院也不完全按照这项原则处理刑民关联案件的诉讼关系。正如一份民事裁判书中

---

① 参见刘光权、李振林：《集资类案件中的刑民交错现象及其归宿》，法律出版社 2017 年版，第 139 - 140 页。

② 参见张卫平：《民刑交叉诉讼关系处理的规则与法理》，载《法学研究》2018 年第 3 期。

③ 参见董秀婕：《刑民交叉法律问题研究》，吉林大学 2007 年博士学位论文。

④ 参见陈兴良、胡建生：《“先刑后民”司法原则的研究》，载《北京市政法干部管理学院学报》2004 年第 2 期。

⑤ 参见姜凯敏：《刑民交叉案件审理顺序研究》，云南财政大学 2020 年硕士学位论文。

所指出的："我国三大诉讼法均没有'先刑后民'的规定，即使上述最高院'刑民交叉案件规定'似乎有'先刑后民'的规定，但不能对该规定断章取义或任意适用甚至滥用。"[①]

四、正确认识"同一事实"与先刑后民的关系

刑民关联案件涉及"同一事实"到底是什么事实？为什么涉及"同一事实"就应当遵循先刑后民原则，而没有遵循先民后刑原则呢？刑民关联案件涉及"同一事实"时，可以适用先民后刑原则，不论是学者的主张，还是司法实践，已比比皆是，在此不再赘述。

其实，从我国立法来看，到目前为止，刑民关联案件能够适用"先刑后民"的只有一个法条，那就是《民事诉讼法》第153条第5项规定"本案必须以另一案的审理结果为依据，而另一案尚未审结的"，民事诉讼中止。这里的"本案"指后案，"另一案"为前案。"另一案"，就案件性质而言既包括刑事案件，也包括行政案件和民事案件。[②] 那么，"另一案"就案件的审理而言，其含义是什么呢？根据《民事诉讼法》权威读本，"审判实践中，有些民事案件比较复杂，案件之间的法律关系或者事实情况相互牵连。一个案件的事实认定或者法律适用，要以另一案件的审理结果为依据，如果不等另一个案件审结而急于裁判，就有可能出现两案件间的事实矛盾，适用法律失当，出现矛盾的裁判"。[③] 由此可见，"另一案"包括"案件事实认定"与"法律适用"两方面。就民事诉讼的案件事实而言，前一案的事实认定对后一案的事实认定，从举证责任来看，《证据若干规定》第10条第6项规定，"已为人民法院发生法律效力的裁判所确认的基本事实"属于免证事实。当然，当事人有相反证据足以推翻的除外。因此，"另一案"就事实而言，民事诉讼是指"基本事实"。《民间借贷司法解释》第7条规定的"基本案件事实"与民事案件的基本事实

---

① 参见广东省广州市中级人民法院民事裁定书，(2018)粤01民终9348号。

② 参见张卫平：《民事诉讼法》(第5版)，法律出版社2019年版，第325页。

③ 全国人大常委会法制工作委员会民法室编著：《中华人民共和国民事诉讼法解读》(2012年最新修订版)，中国法制出版社2012年版，第403页。

是相同的，只是称呼不同而已。《最高人民法院关于适用〈中华人民共和国民事诉讼法〉的解释》（以下简称《民事诉讼法解释》）第 333 条规定："基本事实，是指用以确定当事人主体资格，案件性质，民事权利义务等对原判决、裁定的结果有实质性影响的事实。"因此，"另一案"（前案）如果是民事诉讼，那么这个"案"就是民事案件事实，就是基本事实的案件事实。如此，"本案"与"另一案"所指的事实就是基本事实。

如果"另一案"（前案）是刑事诉讼，这个"另一案"就是指刑事案件事实。那么，刑事案件事实又是指什么呢？根据《刑事诉讼法》的相关规定，刑事诉讼的案件事实，应是指犯罪事实。例如，《刑事诉讼法》第 162 条第 1 款规定："公安机关侦查终结的案件，应当做到犯罪事实清楚，证据确实、充分，并且写出起诉意见书，连同卷宗材料、证据一并移送同级人民检察院审查决定……"又如，《刑事诉讼法》第 171 条规定："人民检察院审查案件的时候，必须查明：（一）犯罪事实、情节是否清楚，证据是否确实、充分，犯罪性质和罪名的认定是否正确……"《刑事诉讼法》第 200 条规定，一审法院对于"案件事实清楚，证据确实、充分，依据法律认定被告人有罪的，应当作出有罪判决"。《刑事诉讼法》第 233 条规定："第二审人民法院应当就第一审判决认定的事实和适用法律进行全面审查，不受上诉或者抗诉范围的限制。"在违法所得没收程序中，《刑事诉讼法》第 298 条规定人民检察院在向人民法院提出没收违法所得的申请时，"没收违法所得的申请应当提供与犯罪事实、违法所得相关的证据材料"。由此可见，刑事诉讼法"另一案"采用的是"事实""案件事实""犯罪事实"三种表述，经过刑事法律评价的"事实"为"案件事实"，而刑事"案件事实"的核心事实是"犯罪事实"。从"事实"、"案件事实"到"犯罪事实"，是外延不断限缩的过程。因此，尽管三种表述不同，但实质内容是指"犯罪事实"，即定罪量刑的事实。正如有的学者所言："在我国刑事诉讼程序中，基本事实应当限于检察机关起诉书涉及的犯罪事实。"[①] 换言之，如果前案为民事案件，那么“另一案”应指民事案件的基本事实。如果前案为刑事案件，那么“另一案”应指刑事案件的犯罪事实，这是对“同一事实”在民事案件和刑事案件中的准确界定。

在正确界定“同一事实”的内涵后，刑民关联案件的审理顺序是否按“先刑后民”原则处理，司法解释及司法实践中尽管对“同一事实”的理解与笔者理解或有差异，但只要是“同一事实”，基本上适用“先刑后民”处理原则。但是，这一处理原则在学界有不同的观点。有学者指出，“先刑后民”模式并不是所有刑民交叉案件的通用标准，而是有适用条件和适用限制的。适用“先刑后民”模式的前提条件是，刑事案件至少要对民事案件的关键部分内容有实质的影响，如果只是影响非关键的内容，则不是必然要适用“先刑后民”模式，并指出关键部分的具体类型主要有三个：案件的诉讼请求、案件的争议焦点和证明案件事实的证据。[②] 有的学者把《民事诉讼法》第153条第5项规定的“本案必须以另一案的审理结果为依据”，归纳为“本案”与“另一案”存在“先决关系”，如果不存在先决关系，就不存在“必须”的问题。[③] 这种归纳是准确的。在民事诉讼中，如果“另一案”（刑事案件）的犯罪事实（基本事实）认定，决定着民事诉讼的基本事实（用以确定当事人主体资格、案件性质、民事权利义务等具有实质性影响的事实）的认定，则“另一案”对“本案”存在先决关系，适用“先刑后民”原则。这个“先决关系”，在笔者看来，主要包括两层含义：一是刑事案件和民事案件的“基本事实”存在关联（不一定完全相同），二是刑事案件的基本事实（犯罪事实）的审理结果（是否定罪量刑）对民事案件的基本事实认定及案件处理有实质性的影响，只有具备这两层含义，才能适用“先刑后民”模式。

令人遗憾的是，学者们在归纳总结出先决关系这个至关重要的概念时，又对“先决关系”的内涵作出不够准确的表述。如有学者认为，“先

① 纪格非：《刑事涉案财物处置程序中的案外人权利保护》，载《法学杂志》2020年第8期。
② 参见夏伟：《刑民交叉的理论构造》，法律出版社2020年版，第45－47页。
③ 参见夏伟：《刑民交叉的理论构造》，法律出版社2020年版，第24页。

决关系型”刑民交叉案件的核心特征是，两个诉讼的争议事实或者法律关系先后顺序的判断对裁判结果有实质性的影响，因此，在前的诉讼处理是在后的诉讼处理的前提条件，这是案件顺序确定的主要理据。[①] 有的学者认为：“所谓先决关系，是指民事法律关系问题或民事争议的解决必须以另一案的审理结果为前提。”[②] 两位学者表述大同小异，即先决关系分为基于“事实”和“法律关系”两类，这种分类又回到前面文中对“事实”和“法律关系”评析的老路上。

五、以先决关系作为划分刑民关联案件的审理模式

前文已述及，刑民案件之所以关联，是因为“同一事实”。“同一事实”在民事诉讼中为“基本事实”，在刑事诉讼中为“犯罪事实”。刑民关联案件的审理模式，其中划分的一个标准就是“先决关系”，即根据刑事诉讼中“犯罪事实”的认定是民事诉讼中“基本事实”认定的前提条件，民事诉讼中“基本事实”的认定是刑事诉讼中“犯罪事实”认定的前提条件，以及刑民关联案件的“基本事实”互不影响三种类型，可以把刑民关联案件的审理模式分为三种：先刑后民、先民后刑和刑民并行。将先决关系作为划分标准，“考虑的是社会对裁判一致性的认同与追求以及司法制度的现实”。[③]

（一）“先刑后民”审理模式

先刑后民，是指在刑民关联案件中，民事诉讼中的“基本事实”认定，要以刑事诉讼中的“犯罪事实”认定为前提条件，在刑事诉讼正确认定“犯罪事实”以及由此产生刑事法律关系、刑事责任作出审理结果后，再认定民事诉讼中的“基本事实”，并对民事争议作出裁判的审理模式。

“先刑后民”审理模式具有以下几个特点：一是刑事案件的“基本事

---

① 参见张卫平：《民刑交叉诉讼关系处理的规则与法理》，载《法学研究》2018 年第 3 期。
② 张卫平：《民刑交叉诉讼关系处理的规则与法理》，载《法学研究》2018 年第 3 期。
③ 张卫平：《民刑交叉诉讼关系处理的规则与法理》，载《法学研究》2018 年第 3 期。

实”即“犯罪事实”与民事案件的“基本事实”有关联。刑民关联案件审理程序的选择问题，目的是解决刑民案件的实体问题，离开了实体问题谈程序问题毫无意义。而解决实体问题的连接点就是与刑民案件的“基本事实”有牵连。二是刑事案件的“基本事实”即“犯罪事实”的认定，是民事案件“基本事实”准确认定的前提条件，离开了刑事案件“犯罪事实”的正确认定，民事案件“基本事实”要么无法认定，要么不能正确认定，从而不能正确解决民事争议。三是在刑事与民事两种诉讼关系上，刑事案件必须先审结，民事案件才能审理或继续审理，在刑事案件审结之前，民事案件应当中止审理或者裁定驳回起诉。

“先刑后民”模式，在刑民关联案件的审理程序中，是一种经常适用的模式。如我国《民法典》第 1125 条规定，继承人故意杀害被继承人、为争夺遗产而杀害其他继承人的，遗弃被继承人，或者虐待被继承人情节严重的，丧失继承权。如果人民法院在审理遗产继承纠纷案件中，一方继承人以另一方继承人杀害或虐待被继承人而主张另一方继承人丧失继承权，并提供证据材料的，则审理遗产继承纠纷的法官应当先中止民事诉讼。另一方继承人是否实施上述犯罪行为，在刑事诉讼程序结束后，再继续审理民事案件。又如，《保险法》第 45 条规定，因被保险人故意犯罪或者抗拒依法采取的刑事强制措施导致其伤残或者死亡的，保险人不承担给付保险金的责任。在被保险人请求支付保险金的民事诉讼中，保险人以《保险法》第 45 条规定为抗辩事由，应以刑事判决为前提条件。再如，我国《民法典》第 1215 条规定，盗窃、抢劫或者抢夺的机动车发生交通事故造成损害的，由盗窃、抢劫或者抢夺人承担赔偿责任。保险人在机动车强制保险责任限额范围内垫付抢救费用的，有权向交通事故责任人追偿。如果保险人行使追偿权而提起民事诉讼，要在盗窃、抢劫、抢夺的行为人的刑事案件确定后，才能继续审理追偿权民事纠纷案件。另外，司法实践中，当事人以捏造的“借条”或“借条”是在暴力威胁下出具，一方当事人提起民事诉讼，另一方当事人以虚假诉讼罪、敲诈勒索罪向公安机关报案，公安机关已立案侦查的，民事诉讼应当中止。因为如果“犯罪事实”

成立，即债权债务关系（民事案件的基本事实）不存在，刑事诉讼的结果直接决定另一方当事人民事责任的承担与否，所以应当先刑后民。

（二）“先民后刑”模式

先民后刑是指在刑民关联案件中，刑事诉讼中“犯罪事实”的认定，要以民事诉讼中“基本事实”的认定为前提条件，在民事诉讼正确认定“基本事实”以及由此产生民事法律关系、民事责任作出审理结果后，再来认定刑事案件中的“犯罪事实”，并对是否构成犯罪，构成何罪作出裁判的审理模式。

“先民后刑”模式在立法和司法解释上均没有规定，正如有的学者所言：“在民事诉讼案件审理中遇有刑事问题作为本案审理的前提（依据）时，本案民事诉讼应当中止，等待作为另一案的刑事案件作出裁判。然而，刑事诉讼法中却没有类似规定。也就是说，如果刑事诉讼中遇有民事争议，并且需要以民事争议的解决或认定为前提（依据），刑事诉讼却没有规定本案刑事诉讼应予中止。”[①] 在司法实践中，刑事审判庭面对案件涉及民事争议，一般会把民事争议问题转化成单纯的事实问题作出认定，而不从民事法律规范上作出评价，更不会适用民事法律。刑事审判权这种权大无边的状况，使司法实践中少有出现“先民后刑”模式。

尽管如此，学界对“先民后刑”模式的探讨从不停息。“当刑民交叉案件引发的刑事诉讼需要以民事诉讼的结果为前提时，则应当‘先民后刑’。”[②] 司法实践中有的法院在判决书也提出相同观点：“有些民事案件的审理确实需要以刑事案件的结果为前提，而有些刑事案件必须以民事案件为依据，也有些民事案件与刑事案件的审理可以各自独立，互不关涉。”[③] 有的学者更是直截了当地指出，在财产的归属存在争议的涉财产权刑民交叉案件，可以考虑优先使用民事程序确定财产的归属，再根据民事

① 张卫平：《民刑交叉诉讼关系处理的规则与法理》，载《法学研究》2018 年第 3 期。

② 于同志：《完善刑民交叉案件办理机制的思考》，载最高人民法院刑事审判第一、二、三、四、五庭主办：《刑事审判参考》（总第 124 集），法律出版社 2020 年版，第 198 页。

③ 参见重庆市彭水苗族土家族自治县人民法院民事判决书，（2018）渝 0243 民初 1193 号。

程序认定的结果来确定行为人的犯罪数额，从而既避免刑民认定冲突又防止因程序回流等原因造成司法资源浪费，“先民后刑”模式显然是更合适的。[①] 笔者认为，“先民后刑”模式尽管没有立法或司法解释的明确规定，但是根据《民事诉讼法》第 153 条第 5 项关于“本案必须以另一案的审理结果为依据，而另一案尚未审结的”的规定，民事诉讼中止的原理，如果刑事诉讼必须以民事诉讼的审理结果为依据的，刑事诉讼同理应当中止诉讼，适用“先民后刑”模式。特别是涉财产权属方面的财产犯罪，在追究行为人刑事责任时，如果财产权属发生争议，在民事争议作出裁判之前，难以认定构成财产犯罪，尤其在财产权属争议已提起民事诉讼的情况下，财产犯罪是否成立，应当等待民事诉讼审理结果出来后，再确定。司法实践中常见的权属争议有股权、林权、知识产权等财产权益争议，以及名誉权、隐私权、信息权等人身权益争议，此类刑民关联案件的审理，一般来说，应当按照“先民后刑”模式处理。如刑事犯罪嫌疑人对某财产享有所有权时，则其侵占罪便不能成立。而确认其是否具有该财产所有权的民事诉讼正在进行，此时，民事案件的审理应当先于刑事案件的审理，即先民后刑。又如，商标注册人向公安机关控告行为人构成生产假冒注册商标的商品罪，要求追究行为人的刑事责任。行为人以其出于善意，使用的标识时间早于在后注册商标申请日，且在先使用的标识时间长，已产生一定影响为由进行抗辩，并根据《商标法》第 59 条之规定，向人民法院提起确认“商标在先使用权”之诉。此类刑民关联案件，应当适用“先民后刑”模式，这是刑民诉讼原理的必然要求。同时，从刑法的谦抑性原则出发，在刑事犯罪嫌疑与民事纠纷并存的情形下，只要民法能够调整和保护，刑法就不要介入。特别是经济纠纷与经济犯罪纠缠在一起的时候，尽可能以民法手段调整。正如有的学者所说，在刑民关联案件中，“当刑法与民法认定事实有存在冲突时，应当优先适用民法的规定，或者尽可能地朝着符合民法规定方向去解释刑法”。[②] 因此，以“先决关系”作为划分刑民关

① 参见夏伟：《刑民交叉的理论构造》，法律出版社 2020 年版，第 57 页。
② 夏伟：《刑民交叉的理论构造》，法律出版社 2020 年版，第 56 页。

联案件的审理模式的标准，必然会有“先民后刑”的审理模式。

（三）“刑民并行”模式

“刑民并行”有的称为“刑民分立”，而笔者认为“刑民分立”不够准确。“刑民分立”给人们的感觉是刑民案件各自立案审理。先刑后民及先民后刑从立案的角度来看，也是“刑民分立”，只是审理的顺序有先有后。而“刑民并行”强调的不是各自立案审理，而是指在刑民关联案件中，刑民案件的基本事实认定，不以对方的认定为前提条件，两者之间不存在谁必须以谁的处理结果为依据的情况，两者并行不悖。“刑民并行”有以下特征：一是刑事案件与民事案件的基本事实有关联（学界称为交叉），这种关联，从事实同一的方面来看，有部分相同，也有全部相同。如果基本事实没有关联，就不存在刑民关联案件的审理顺序或审理模式问题，皮之不存毛将焉附。二是刑民案件的基本事实虽然有关联，但不以对方对基本事实的认定为前提，前诉认定的基本事实为已证事实，后诉需要认定的基本事实（全部或部分基本事实）为待证事实。先刑后民或先民后刑中待证事实的认定离不开已证事实，必须以已证事实为依据，且不能出现事实认定的不一致。刑民并行的待证事实不以已证事实为依据。以民事案件的待证事实为例，只要根据民事诉讼证据规则，现有证据足以查明待证事实，即达到高度盖然性标准，那么，民事案件的审理，无须等待刑事案件的审理结果就可以一直审理下去。例如，甲把乙打成轻伤，甲构成故意伤害罪。乙根据证人证言、视听资料、鉴定意见等证据，以民事侵权（伤害）损害赔偿为由提起民事诉讼，此时乙提起民事诉讼，民事侵权行为又是刑事犯罪行为，两种行为重合，但乙举证证明甲有侵权行为，即侵权事实，不依附刑事诉讼中查明的犯罪行为（民事上的侵权行为），就可以单独提起民事诉讼，此时就是“刑民并行”模式。三是“刑民并行”模式中的刑民基本事实虽有关联，但在审理顺序上没有先后之分，刑民关联案件谁先审理，谁后审理抑或同时审理，都不会影响刑民关联案件各自的裁判结果。

“刑民并行”模式，司法解释多次提及，比较详细的是《九民纪要》第128条列举的五种“刑民并行”审理模式的情形。《九民纪要》第128条用的是“民商事案件与刑事案件应当分别审理”的表述，“刑民并行”与“分别审理”在审理顺序上的意思表述是相同的。不过，《九民纪要》第128条适用“刑民并行”的理由是“同一当事人因不同事实分别发生民商事纠纷和涉嫌刑事犯罪”，这个理由不够全面。前文已述及，同一当事人因同一事实仍然有可能适用“刑民并行”审理模式，就是不同当事人因同一事实也有可能适用“刑民并行”的审理模式。《九民纪要》第12部分第128条规定有以偏概全之虞。

在刑民关联案件的审理模式中，“先刑后民”或“先民后刑”两种模式在司法实践中，应当说是少数。因为刑事诉讼和民事诉讼的目的和任务不同，证据规则也不同，大多数刑民关联案件的基本事实，依靠各自的证据规则和证据种类就能认定，无须以对方的审理结果为依据。加上“先刑后民”或“先民后刑”审理模式中的“本案”要以“另一案”的审理结果为依据，程序冗长，“本案”经常被不当拖延，因此，“刑民并行”审理模式就成为快速解决刑民关联案件的一个普遍程序选择。在司法实践中，刑民关联案件大量适用“先刑后民”审理模式，究其原因，主要是司法人员对“本案必须以另一案的审理结果为依据”与“同一事实”的关系没有正确理解所致。刑民关联案件涉及“同一事实”的，对“同一事实”的认定要一致，不能互相矛盾，否则会损害当事人合法权益和司法公正，破坏法秩序的统一性原则。而对“同一事实”（基本事实）的认定，只有“本案”须以“另一案”的基本事实认定为前提条件，才存在“先刑”或“先民”的程序先后问题，但相当一部分司法人员，只要发现刑民关联案件存在“同一事实”情形，几乎清一色地适用“先刑后民”原则，这是一个必须引起高度重视和切实需要加以纠正的关系到实体关系的程序问题。

与上述问题紧密关联的问题是，刑民关联案件一旦涉及“同一事实”后，“本案”（是指民事案件，刑事案件没有此种情况）就被驳回起诉或中止审理。那么，在刑民关联案件中，涉及“同一事实”时，民事案件如何适用驳回起诉和中止诉讼，是一个不得不面对的问题。

按理说，在“先刑后民”审理模式中，民事案件被驳回起诉的情形应该很少或难以成立。最高人民法院在早期的司法解释中，针对人民法院在审理经济纠纷时，发现有经济犯罪的，规定应将经济犯罪的有关材料分别移送或全案移送公安机关或人民检察院。而“移送”到底是指法院驳回经济纠纷案件的起诉，还是中止经济纠纷案件的审理，并不明确。“实践中的做法往往是驳回该经济纠纷案件的起诉。”① 2020 年 12 月 29 日发布的《最高人民法院关于在审理经济纠纷案件中涉及经济犯罪嫌疑若干问题的规定》第 11 条更是明确规定：“人民法院作为经济纠纷受理的案件，经审理认为不属于经济纠纷案件而有经济犯罪嫌疑的，应当裁定驳回起诉，将有关材料移送公安机关或检察机关。”由此可见，“驳回起诉”成为法院在刑民关联案件中程序处理方式的“移送”的另一种程序表述。有学者也明确主张：“若民事案件审理过程中发现刑事案件的，应当驳回起诉。”② 然而，笔者认为，在“先刑后民”审理模式中，裁定驳回起诉是违反法律规定和违背法理的。我国《民事诉讼法》第 122 条规定，起诉必须符合以下几个条件：（1）原告是与本案有直接利害关系的公民、法人和其他组织；（2）有明确的被告；（3）有具体的诉讼请求和事实、理由；（4）属于人民法院受理民事诉讼的范围和受诉人民法院管辖。这里的“事实和理由”是原告所认为的事实和理由，是一种形式上的要求。法院在审查受理时并不确认其真实性。③ 这是起诉必须具备的积极条件。除此之外，起诉还必须具备其他消极条件，主要有：不属于重复诉讼；不属于法律规定在一定期限或期间内不得起诉的情形；双方当事人没有就合同纠纷及其他财产纠纷自愿达成书面仲裁协议，向仲裁机关申请仲裁的。逐一对照民事诉讼要求起诉的积极条件和消极条件，可以发现，在“先刑后民”审理模式中，

---

① 张卫平：《民刑交叉诉讼关系处理的规则与法理》，载《法学研究》2018 年第 3 期。

② 易梦圆、于胜：《刑民交叉案件中驳回起诉的识别与运用——基于对最高院等裁判思路的总结》，载微信公众号“天同诉讼圈”2018 年 12 月 17 日。

③ 参见张卫平：《民事诉讼法》（第 5 版），法律出版社 2020 年版，第 302 页。

民事诉讼中的原告起诉，是不存在不符合起诉条件的。因为“先刑后民”原则，“民”（民事案件）虽然是后审理的，但其前提是民事案件一定要审理。既然民事案件一定要审理，怎么会有不符合起诉条件的情形。《民事诉讼法》是全国人大制定的，“先刑后民”中驳回起诉是最高人民法院规定的，效力谁高谁低不言而喻。所以，裁定不予受理或驳回起诉，是违背民事诉讼法律和民事诉讼法理的错误做法。

在刑民关联案件中，如果涉及“同一事实”（笔者前文理解和界定的同一事实）时，刑民诉讼关系的处理原则是“先刑后民”或“先民后刑”，以“先刑后民”居多。以下以民事案件基本事实的认定，必须以刑事案件犯罪事实认定为前提条件为例，此时民事诉讼应当中止审理，这是社会对裁判一致性追求的必然结果。然而，最高人民法院相关的司法解释，对刑民关联案件涉及“同一事实”，规定民事诉讼中止的情形，存在不加区分的“泛化”规定，给刑民关联案件诉讼关系中滥用诉讼中止“埋下祸根”，即对“同一事实”的泛化理解与“先决关系”的不正确把握。笔者认为，刑民关联案件诉讼关系的“先刑后民”处理原则，民事诉讼中止审理的理由是民事案件基本事实，必须以刑事案件犯罪事实审理结果为依据，而该刑事案件尚未审结的，民事诉讼应当中止。除此之外，包括不是基本事实的同一事实，以及是基本事实的同一事实，但不具备先决关系的，民事诉讼都不应该也不能中止审理。此外，民事诉讼中止审理期限是否无期限，是否必须等到刑事案件审理结果出来后（如刑事案件在侦查、起诉、审判中久拖不决）才能继续审理，我国《民事诉讼法》及相关司法解释均没有规定。笔者认为，从民事诉讼的效率价值考量，中止审理应有期限限制。根据我国《刑事诉讼法》的规定，逮捕后的侦查以及审查起诉阶段的法定办案期限最多为 13.5 个月。参照《德国民事诉讼法》第 149 条关于民事审判停止超过 1 年的，经当事人申请，法官应当继续民事审判进行的规定，[①] 刑事案件自公安机关立案侦查之日起，超过 1 年尚未审结

---

① 于胜、吴陶钧：《刑民交叉案件中，到底何时应中止审理?》，载微信公众号“天同诉讼圈”2019 年 1 月 7 日，https：//mp. weixin. qq. com/s/2SOqpCTsUL2mP2VBxcfWPw。

的，民事案件中止审理的，经民事案件当事人申请，法院可以恢复民事案件的审理。

六、刑事案件附带民事诉讼——变异的“先刑后民”模式

我国《刑事诉讼法》第 101 条规定，被害人由于被告人的犯罪行为而遭到物质损失的，在刑事诉讼过程中，有权提起附带民事诉讼。第 104 条规定，附带民事诉讼应当同刑事案件一并审判，只有为了防止刑事案件审判的过分延迟，才可以在刑事案件审判后，由同一审判组织继续审理附带民事诉讼。

2012 年 12 月，《最高人民法院关于适用〈中华人民共和国刑事诉讼法〉的解释》第 138 条规定，被害人因人身权利受到犯罪侵犯或者财物被犯罪分子毁坏而遭受物质损失的，有权在刑事诉讼过程中提起附带民事诉讼。提起附带民事诉讼或者单独提起民事诉讼要求赔偿精神损失的，人民法院不予受理。第 139 条规定，被告人非法占有、处置被害人财产的，应当依法予以追缴或者责令退赔。被害人提起附带民事诉讼的，人民法院不予受理。追缴、退赔情况，可以作为量刑情节考虑等。综上所述，刑事附带民事诉讼主要具有以下特点：一是民事诉讼的提起是因为犯罪行为而遭受物质损失，并且是刑事诉讼中（一般是检察院在刑事案件起诉到法院时，一并告知刑事案件受害人有权提起附带民事诉讼，也可以在刑事案件起诉到法院后，刑事案件受害人自己向法院提起附带民事诉讼）提起的，这一点与“先民后刑”和“刑民并行”是不同的。换言之。“刑事案件中要想提起附带诉讼，必须要先通过刑事案件程序将行为人之行为定性为犯罪，在判断损害是否由该犯罪行为所造成，在定性层面上仍采用‘先刑后民’模式。”① 二是可以提起附带民事诉讼的案件仅限于因人身权利受到犯罪行为侵犯而造成物质损失的，因财物被犯罪行为毁坏而遭受物质损失的。“先民后刑”、“刑民并行”以及“先刑后民”都没有这个限定，即在权利被侵害种类及赔偿范围等方面，没有这个限制。三是因犯罪行为遭受

① 夏伟：《刑民交叉的理论构造》，法律出版社 2020 年版，第 235 页。

精神损失，无论是提起附带民事诉讼还是单独提起民事诉讼，人民法院不予受理，这一点也与“先民后刑”、“刑民并行”以及“先刑后民”不同。四是犯罪分子非法占有、处置被害人财产而使其遭受物质损失的，应当依法予以追缴或者责令退赔，被害人提起附带民事诉讼或者另行提起民事诉讼的，人民法院不受理。这一限定与“先民后刑”、“刑民并行”以及“先刑后民”还是不同。由此可见，我国现有的刑事附带民事诉讼，与“先民后刑”或“刑民并行”沾不到边，唯一能与“先刑后民”相联系的是，在刑民关联案件中的实体关系连接点上，刑事附带民事诉讼“由于犯罪行为造成物质损失”是刑附民的先决条件，又是“先刑后民”的先决条件，两者具有相似之处。两者不同之处在于，除了上述几点以外，还包括审判组织不同（一个是民庭、一个是刑庭）、审理结果时间不同（先刑后民的，刑事审判结果先出来，刑附民的，刑事案件与民事案件一般同时判决。当然民事案件也可以因调解先于刑事案件结案。为了防止刑事案件审判的过分延迟，刑事案件可以先审判，然后继续审理附带民事诉讼）、先决条件不同（先刑后民中的民事案件基本事实，必须以刑事案件基本事实认定为前提，而刑附民中的民事案件基本事实，可以以刑事案件基本事实认定为前提，而不是“必须”）等。正因为刑附民与先刑后民有相同点，又有较大区别，所以刑附民是“变异”的先刑后民，是一种独立于“先刑后民”、“先民后刑”和“刑民并行”的刑民关联案件的审理模式。

刑事附带民事诉讼之所以成为刑民关联案件诉讼关系的一种处理模式，是因为刑事附带民事诉讼有其独特的诉讼功能魅力。一是刑事附带民事诉讼可以说是利用刑事诉讼附带效果来实现私权救济的一种诉讼制度，它通过将民事诉讼穿插于刑事案件过程中的方式，来实现对民事权利的救济或民事损害的修复。[①] 实际上，自20世纪中期以来，刑事被害人的合法权益在各国刑事诉讼中日益受到重视和保护，法国、德国、英国、美国等西方国家的刑事诉讼法，赋予了被害人诸多的诉讼权利，特别是“在刑事程序中解决损害赔偿，以及时赔偿被害人，谋求经济、迅速的司法程序的

① 参见夏伟：《刑民交叉的理论构造》，法律出版社2020年版，第233页。

实现”。[①] 我国1996年《刑事诉讼法》修改后，将被害人纳入刑事诉讼当事人的范畴，开始重视对刑事被害人权利的保护，此后保护力度不断加大。刑法是对法益的保护，既保护国家和社会法益，又保护个人法益，刑事附带民事诉讼，就是刑法保护被害人权益在诉讼程序上的一种设计，为修复损害提供重要的程序保障。二是刑事附带民事诉讼由同一个合议庭审理，可以节约司法资源提高诉讼效率，方便当事人及诉讼参与人参加诉讼，防止对同一基本事实在民事案件中出现不一致的认定，保证审判结果的一致性。三是有利于双方当事人达成赔偿协议，最大限度地维护被害人权益，使刑事被害人得到实实在在的实惠。刑事被告人的犯罪行为造成被害人损害的，按照民事法律应予赔偿，在刑附民诉讼中，被告人及其亲属通过积极筹款赔偿，取得被害人谅解，依法可以对被告人从轻处罚，这对被告人和被害人双方都是有利的。当然我国现行的刑事诉讼法及司法解释，对刑事附带民事诉讼的相关规定，也有不少不符合民商法原理和诉讼法的基本理论，如对提起民事诉讼范围的限制、赔偿项目的限制、物质损失的界定等，这些问题将在后文论述。

七、以刑民关联案件的法律定性为区分标准

除了以先决关系作为划分标准，把刑民关联案件的审理模式分为“先民后刑”、“刑民并行”、“先刑后民”以及“变异”的“先刑后民”——刑事附带民事诉讼四种审理模式外，刑民关联案件的审理模式，还可以根据关联案件处理的法律规定及最终定性为区分标准，可以再分为“有刑无民”“有民无刑”“曾刑现民”“曾民现刑”四种模式。

（一）“有刑无民”

“有刑无民”是指在刑民关联案件中，法律或司法解释明确规定，民事权益只能通过刑事诉讼给予救济，或者由于民事法律行为违反法律强制

---

① 宋英辉：《英、美、法、联邦德国四国刑事被害人保护对策之比较》，载《法律科学》1990年第5期。

性规定而无效，且无效民事法律行为的法律后果不能通过原物返还规则，而是根据有关法律予以追缴或没收。如我国刑事诉讼法的相关司法解释规定，被告人非法占有、处置被害人财产的，只能通过追缴或者责令退赔来解决被害人的财产损失问题，被害人提起附带民事诉讼的，人民法院不予受理，这就是典型的“有刑无民”。当然，这种司法解释是否合法、合理，尚待后文论述。又如违禁品的买卖，如枪支买卖、毒品买卖、淫秽物品买卖等，买卖行为从民法角度来说，是无效民事法律行为，从刑法角度来说，已构成刑事犯罪。那么，这种无效的民事法律行为的法律后果，不能按民事纠纷来处理，对于非法买卖的违禁品应当通过刑事诉讼程序予以追缴。我国《民法典》第157条规定：“民事法律行为无效、被撤销或者确定不发生效力后，行为人因该行为取得的财产，应当予以返还；不能返还或者没有必要返还的，应当折价补偿。有过错的一方应当赔偿对方由此所受到的损失；各方都有过错的，应当各自承担相应的责任。法律另有规定的，依照其规定。”上述违禁品进行买卖构成犯罪的，对于违禁品，就是按照“法律另有规定的，依照其规定”进行处理。这里“法律另有规定”，包括《枪支管理法》《禁毒法》等行政法律和刑事法律。实际上，在《民法典》第157条规定之前，《合同法》（已失效）第59条明确规定：当事人恶意串通，损害国家利益的，因此取得的财产归国家所有。而《民法典》第157条和《合同法》第59条规定的双方恶意串通或违反法律强制性规定的行为，在贿赂犯罪中经常发生，如以投资为名的行贿，以赠与名义的行贿，以借用名义的行贿等，从形式上看，投资行为、赠与行为、借用行为形式上都是民事法律行为，但行为人之间的这种民事法律行为或是违反法律禁止性规定，或是双方恶意串通，以合法形式掩盖非法目的，对于此种情形下的“财物”，属于犯罪分子的违法所得，不能适用民事法律规定予以返还，只能通过刑事诉讼程序予以追缴、没收，这也是典型的“有刑无民”模式。

（二）“有民无刑”

“有民无刑”是指在刑民关联案件中，案件的性质一时难以分清是民事纠纷还是刑事犯罪，根据民商法原理、犯罪构成要件、证据规则以及法秩序统一性原理等，经过综合分析论证后，最后确定案件性质是民事案件而不是刑事案件，只能通过民事诉讼程序解决民事争议，即为“有民无刑”模式。

在“有民无刑”模式中，常见的类型有：一是根据民商法规定是受到保护的行为，而根据刑法的犯罪构成要件可能构成犯罪，此时根据法秩序统一性原理，一种行为在民商法不是违法行为，在刑法上不能构成犯罪行为，案件定性只能是民事纠纷，应当按民事诉讼解决民事争议。如本书中篇的第 8 个案件就是这种情形，这是法律规范发生冲突时的不同理解所致。还有一种情形是，本来是民事纠纷，且正在诉讼，但司法机关错误地认定为刑事案件，如把民事欺诈认定为诈骗犯罪，最后刑事案件作撤案、不起诉或判决无罪，案件的性质最终认定为民事纠纷，而不是刑事犯罪，此种情况最终也是“有民无刑”模式（已经进行的刑事诉讼归于无效）。二是根据证据规则，同一种行为，如故意伤害致轻伤行为，根据民事诉讼高度盖然性的证明标准，民事侵权行为成立；而根据刑事诉讼排除合理怀疑的证明标准，不构成故意伤害罪，此种情形下只能按民事侵权案件处理，这也是一种“有民无刑”的模式。三是民事侵权行为成立，刑事犯罪的构成要件也成立，但犯罪情节显著轻微不认为是犯罪，或情节轻微无须按犯罪处理，司法机关已启动刑事追诉程序的，最终按终结诉讼如不起诉处理，这种情形也是“有民无刑”模式。

（三）“曾刑现民”

“曾刑现民”是指一种行为，按照当时的法律规定是犯罪行为，后来因为法律修改后，该行为不认为是犯罪，而案件的处理过程跨越新旧法律之间，最终案件按无罪处理。如被告人庄某注册成立某安达出租汽车有限公司（以下简称安达公司），注册资本 1000 万元。2011 年 1 月 7 日，被告人庄某向郑某借款 950 万元用于公司注册验资，3 天后，被告人庄某就把该 950 万元从公司注册本金中抽逃用于归还郑某的借款，检察机关以抽逃出资罪向县人民法院提起公诉，县人民法院于2014年5月21日以被告人庄某犯抽逃出资罪判处有期徒刑3年，并处罚金人民币50万元。被告人庄某不服，提出上诉称，根据《全国人民代表大会常务委员会关于〈中华人民共和国刑法〉第一百五十八条、第一百五十九条的解释》的规定，抽逃出资罪只适用于依法实行注册资本实缴登记制的公司，而安达公司不属于实行注册资本实缴登记制的公司，庄某抽逃出资950万元的行为，现已不认为是犯罪，依法应当宣告无罪。二审法院采纳该意见，撤销一审判决，改判庄某无罪。[①] 因为法律的修改，导致"曾刑现民"的情况时有发生，因如办理妨害信用卡管理刑事案件司法解释的修改，会使一些案件由信用卡诈骗罪向民事违约转化等。

（四）"曾民现刑"

"曾民现刑"是一种行为，指当时的法律规定是民事行为（大多为民事侵权行为），后来因为法律修改后，该行为就上升为犯罪行为，最后案件的性质定性为刑事犯罪的情形。如《刑法修正案（十一）》针对《刑法》第17条规定的12周岁至14周岁犯故意杀人、故意伤害罪，手段特别残忍，情节特别严重，造成死亡或严重残疾等，《刑法》修改之前不构成犯罪，只能由其监护人承担民事责任，《刑法》修正后，该行为就要承担刑事责任。《刑法修正案（十一）》新增的第133条之二规定的驾驶员与乘客之间的殴打或互殴，修改之前一般按民事侵权处理，修改之后，危及公共安全的，按妨害安全驾驶罪追究刑事责任。《刑法修正案（十一）》中还有恶搞英烈、高空抛物、催收高利贷等行为，之前一般均按民事纠纷处理，修改后均有可能构成犯罪。又如，《刑法修正案（八）》将拒不支付劳动报酬的行为规定为犯罪，之前该行为则是民事违约行为等。总之，随着立法的活性化和犯罪圈的扩大，一些案件原来是民事违约行为，之后被认定为犯罪行为，这种情形就是"曾民现刑"。

由于"曾民现刑"划分的标准是法律修改所致，所以"现刑"即一种

---

① 参见福建省莆田市中级人民法院刑事判决书，（2014）莆刑终字第335号。

行为之前是民事法律行为，现在有可能是犯罪行为，即符合犯罪构成要件的行为。如果“曾民现刑”的刑事案件成立，仍然与民事案件基本事实存在关联，即既要处理刑事案件，又要处理民事案件，并且刑民案件基本事实存在先决条件时，“现刑”的审理程序，仍然会出现“先刑后民”、“先民后刑”和“刑事附带民事诉讼”三种模式。因此，需要对“曾民现刑”模式作特别说明的是，这种模式不涉及对民事争议的处理，因为既然是“现刑”，即大多数刑事犯罪也是一种严重的民事侵权行为，有了民事侵权行为，必然会涉及民事责任的承担问题。

综上所述，在刑民关联案件中，根据“先决条件”为标准，可以划分为“先刑后民”、“先民后刑”和“刑民并行”三种诉讼模式，而刑事附带民事诉讼是一种“变异”的“先刑后民”的诉讼模式。根据刑民理论及犯罪构成要件为标准，刑民关联案件可以划分为“有刑无民”和“有民无刑”两种模式。根据法律修改前后的规定为标准，刑民关联案件可以分为“曾刑现民”和“曾民现刑”两种模式。这样，刑民关联案件的审理模式根据不同标准可以划分为八种：先刑后民、先民后刑、刑民并行、刑事附带民事诉讼、有刑无民、有民无刑、曾刑先民、曾民现刑。其中前四种模式有刑民诉讼程序并存且有刑民诉讼程序先后的选择，而后四种模式的刑民案件的处理，只有刑事诉讼或者民事诉讼之一种，不存在刑民诉讼程序先后之选择问题。

第二章

刑事追缴、责令退赔与民事救济的冲突与协调

在刑民关联案件中，从民事法律的角度来看，被害人因被告人的犯罪行为，造成被害人人身损害和财产损害，有权请求被告人损害赔偿，即民事救济，这是符合民法目的和原理的。然而，我国既有的刑事法律、司法解释及民事审判的会议纪要等，却规定刑事被告人非法占有、处置被害人财产的，应当依法予以追缴或责令退赔。被害人提起附带民事诉讼，或者另行提起民事诉讼请求返还被非法占有、处置的财产的，人民法院不予受理。而刑事追缴、责令退赔对被害人损害赔偿的不周全乃至法理上的背离，自然与民事救济产生了冲突。因此，必须从被害人与被告人的利益平衡上、从法律和法理上，协调刑事追缴、责令退赔与民事救济的冲突。

一、刑事追缴、责令退赔的功能定位

我国《刑法》第 64 条规定，犯罪分子违法所得的一切财物，应当予以追缴或责令退赔；对被害人的合法财产，应当及时返还；违禁品和供犯罪所用的本人财物，应当予以没收。没收的财物和罚金，一律上缴国库，不得挪用和自行处理。这个条文从 1979 年《刑法》规定至今已有四十多年，经久不变，仿佛是一条金科玉律。然而，仔细品读，认真分析，这是

一条“内容抽象，逻辑混乱”[1]，违背法理，祸害不小的条文，必须抽丝剥茧地予以正确解读，提出切实可行的修改完善措施。

按照《辞海》的解释，“追缴”是指依法强制缴出（钱物等）。[2]“责令”是指责成命令。[3]“退赔”是指退还侵吞的财物，赔偿损失。[4] 责令退赔就是责成并命令退还侵吞的财物，赔偿损失。结合《刑法》第64条的规定，追缴是对犯罪行为人违法所得[5]的强制收缴。责令退赔是犯罪分子将违法所得使用、挥霍、毁坏或转让给善意第三人，责令其按违法所得及财物相应的价值给予赔偿。追缴与责令退赔存在不同的适用条件：追缴适用于违法所得原物存在的情形，责令退赔适用于违法所得的原物不存在的情形；追缴是把违法所得的财物返还给被害人作为损失赔偿，责令退赔是犯罪分子用自己的财物赔偿被害人的损失。结合我国《刑法》第36条规定的由于犯罪行为而使被害人遭受经济损失，对犯罪分子根据不同情况判处赔偿经济损失，以及《刑法》第37条规定的，对于犯罪情节轻微不需要判处刑罚的，可以免予刑事处罚，并可以责令赔偿损失，可以得出，追缴和责令退赔的功能之一，就是在刑事诉讼过程中，通过国家公权力的介入，在打击犯罪的同时，附带地保护被害人的合法权益。因此，追缴和责令退赔是对被害人民事权利的一种救济，是刑事诉讼贯彻刑法惩罚罪犯、保护人民的立法宗旨的题中应有之义、应负之责。

同时，刑事追缴和责令退赔是落实“任何人不得从自己的犯罪行为中获得利益”这个现代世界各国普遍接受的法律原则，以及该原则所派生的刑事程序中的强制措施。“如果允许个人从自己的犯罪行为中获益，不但破坏了社会的公平正义，而且无异于鼓励犯罪人继续犯罪或尚未犯罪的人

---

① 参见尹振国、方明：《我国刑事特别没收手段的反思与重构——兼论〈刑法〉第64条的完善》，载《法律适用》2019年第5期。

② 参见现代汉语辞海编委会编：《辞海》，山西教育出版社2002年版，第1371页。

③ 参见现代汉语辞海编委会编：《辞海》，山西教育出版社2002年版，第1287页。

④ 参见现代汉语辞海编委会编：《辞海》，山西教育出版社2002年版，第1023页。

⑤ 2010年5月发布的《人民检察院扣押、冻结涉案款物工作规定》（已失效）第2条规定：“犯罪嫌疑人、被告人实施违法犯罪行为获取的财物及其孳息属于违法所得。”

犯罪。”[①] 而追缴和责令退赔的违法所得，如果是被害人的合法财产，应当返还给被害人，除此之外应予没收，上缴国库。因此，从贯彻“任何人不得从自己的犯罪行为中获得利益”的法律原则来看，追缴和责令退赔最终也会落实到被害人民事权利的救济问题上来。由此看来，刑事追缴和责令退赔天然地具备救济被害人的民事权利功能。

当然，由于追缴和责令退赔的补偿性仅着眼于财物追索，有别于民法上损害填补的民事赔偿。同时，追缴和责令退赔由司法机关主动实施，有别于被害人自行单独或附带提起的民事诉讼，这就决定了刑事诉讼的民事救济是不完整的、有缺陷的民事救济。

二、刑事追缴、责令退赔在解决损害赔偿上的先天性不足

被害人在刑事诉讼中的损害赔偿问题，通过追缴和责令退赔的强制措施，能否得到完整全面的赔偿，对此，理论界和实务界质疑声不断，最高人民法院对此的回应是摇摆不定的。

根据1999年发布的《全国法院维护农村稳定刑事审判工作座谈会纪要》的规定，非法占有、处置被害人财产造成的物质损失应通过追缴和责令退赔途径解决，不属于附带民事诉讼案件范围。由于追缴和责令退赔（主要是追缴）的机关、程序、损失范围、职责，乃至执行都极不规范，甚至缺失规定，被害人的损失无法得到充分的保护，所以，该会议纪要立即遭到了学界抨击和司法实践的某种抵制。2000年12月，《最高人民法院关于刑事附带民事诉讼范围问题的规定》（已失效）第5条作出回应：“……追缴和责令退赔仍不能弥补损失，可另行提起民事诉讼的，人民法院可以受理……”这个规定中“另行提起民事诉讼”作为被害人通过“追缴或退赔仍不能弥补损失”的补救措施，除仍然存在追缴范围、程序不明外，也没有刑事判决主文记载、没有强制执行措施规定等，与另行提起民事诉讼（受“先刑后民”原则影响，民事诉讼的滞后与被动）仍然存在不

---

① 尹振国、方明：《我国刑事特别没收手段的反思与重构——兼论〈刑法〉第64条的完善》，载《法律适用》2019年第5期。

协调的问题，被害人的民事赔偿问题还是得不到很好的解决。有法官对L市两级法院2009～2011年责令退赔判决及其执行情况予以统计发现，有近90%的被害人未获退赔，96%以上的赃款未被追回。[①]

2012年《刑事诉讼法》修改后，《最高人民法院关于适用〈中华人民共和国刑事诉讼法〉的解释》第139条再次规定被告人非法占有、处置被害人财产的，应当依法予以追缴或责令退赔，被害人提起附带民事诉讼的，人民法院不予受理。但对于是否可以单独提起民事诉讼避而不谈。之后，2013年10月作出的《最高人民法院关于适用刑法第六十四条有关问题的批复》（以下简称《第六十四条批复》）规定，追缴或责令退赔的具体内容，应当在判决主文中写明。被害人提起附带民事诉讼，或者另行提起民事诉讼请求返还被非法占有、处置的财产，人民法院不予受理。最高人民法院在堵死被害人提起附带民事诉讼诉讼或者单独提起民事诉讼的同时，除了补充规定判决主文应当写明追缴或者责令退赔的具体内容外，还规定了刑事裁判主文确定的具体内容，具有强制执行的效力。[②] 并规定执行顺序为：（1）人身损害赔偿中的医疗费用；（2）退赔被害人的损失；（3）其他民事债务；（4）罚金；（5）没收财产。这些司法解释或答复，似乎认真回应了社会关切，强化被害人损害赔偿的保护。但是，这些司法解释不仅违背法理，而且在司法实践中的实施情况也事与愿违。有学者从刑事裁判文书中的主文发现追缴或者责令退赔的问题，随机抽取N市10个基层法院2015～2017年生效的300份涉及财物处理的刑事一审判决书，发现部分罪犯在经济上占到“便宜”，主要表现如下：一是部分判决书在事实认定部分对涉及财物的价值或鉴定价值不表述或表述不明，部分判决没有明确犯罪时是否获利，获利多少，涉案财物是否已追缴、责令退赔、没收，还有部分判决书对涉案财物的去向不作表述，难以判断涉案财物是否已被侦查机关查封、扣押、冻结或者发还被害人，或者是否被犯罪分子

① 袁辉：《责令退赔空判现象实证研究——以L市两级法院刑事判决为中心的考察》，载《法律适用》2015年第1期。

② 2014年9月发布的《最高人民法院关于刑事裁判涉财产部分执行的若干规定》（以下简称《刑事财产执行规定》）第1条、第6条、第7条。

消耗或损毁。二是判决主文未明确犯罪分子犯罪所得、赃款、赃物的数额和价值，仅抽象地表述为追缴犯罪所得或涉案所得赃物。三是判决主文对犯罪分子犯罪所得、赃款赃物的退还对象表述不当。四是判决主文对“追缴”“继续追缴”“没收”等词使用混乱。五是判决主文对共同犯罪中各罪犯应退赔和返还的数额不明确、责任划分不清，导致罪犯退赔或者返还赃款、赃物时相互推诿。[①] 在附加刑中没有规定追缴和责令退赔的情况，通过司法解释草率规定，判项不明确，执行难保障，民事权利仅通过刑事救济途径，又不让被害人参与诉讼，被害人诉求不被重视。

同时，根据《刑事财产执行规定》第10条第4款的规定：“对于被害人的损失，应当按照刑事裁判认定的实际损失予以发还或者赔偿。”而“实际损失”仅指被害人原有财物的等价赔偿，而不包括其他损失的赔偿。[②] 换言之，追缴和责令退赔被害人的损失，仅指本金损失、原物损失，不包括被害人利息、违约金、折旧等损失。2014年3月，《最高人民法院、最高人民检察院、公安部关于办理非法集资刑事案件适用法律若干问题的意见》中规定：“向社会公众非法吸收的资金属于违法所得。以吸收的资金向集资参与人支付的利息、分红等，以及向帮助吸收资金人员支付的代理费、好处费、返点费、佣金、提成等费用，应当依法追缴。集资参与人本金尚未归还的，所支付的回报可予折抵本金。”即集资参与人已取得的利息、分红，也应当追缴。非法集资犯罪，最常见的罪名有非法吸收公众存款罪、非法经营罪、集资诈骗罪三个罪名。而这三个罪名所涉及的民间借贷合同（集资人向集资参与人非法集资的方式，基本上是以订立一个个具体的民间借贷合同或所谓的投资合同方式集资），不管民事合同是否有效（关于“刑事犯罪与合同效力的认定及处理”问题将在后文中单独论述，此处不再赘述），集资人（犯罪分子）都要承担民事责任。如果合同有效，集资人还要支付给集资参与人本金、利息、违约金等损失。而上述

---

① 尹振国、方明：《我国刑事特别没收手段的反思与重构——兼论〈刑法〉第64条的完善》，载《法律适用》2019年第5期。

② 刘贵祥、闫燕：《〈关于刑事裁判涉财产部分执行的若干规定〉的理解与适用》，载《人民司法》2015年第1期。

司法解释显然违反《民法典》及其合同编的基本原理。更为不可思议的是，《九民纪要》第129条规定："对于受害人就同一事实提起的以犯罪嫌疑人或者刑事被告人为被告的民事诉讼，人民法院应当裁定不予受理；应当通过刑事追赃、退赔的方式解决。"刑民关联案件中涉及"同一事实"的，不一定都是按"先刑后民"原则处理，这在前文中已作论述。即使按"先刑后民"原则处理刑民关联案件诉讼关系，"后民"也是完全按民事法律处理，而不是不能处理，不要处理。

有学者从责令退赔所要处理的是犯罪人与被害人这一平等主体之间的合法财产移转问题出发，认为合法财产移转应以给予行为和请求权作为理论基础，而民事诉讼与请求权之间存在天然关系，是给予行为的根本保障。责令退赔"无权"排斥被害人提起民事诉讼。责令退赔以公权力将民刑关系简单"捆绑"，而被害人以犯罪人合法财产获得赔偿的请求权基础究竟是侵权、合同违约、缔约过失抑或是一种竞合关系，实际上已超出刑事领域，而这恰恰是民事领域所要探讨的问题。因此，责令退赔造成刑事追诉与被害人财产损失救济的功能混同，违背了合法财产移转的基本法理。[①] 这是从民法基本法理出发，揭示责令退赔在刑事诉讼中对被害人民事救济，违背民法及民诉法基本法理的错误做法很到位、很有说服力的观点。

综上所述，以刑事追缴或者责令退赔的方式救济刑事被害人的民事权利，从而替代刑事被害人通过民事诉讼来救济自己的民事权利的做法，实际上存在只赔偿本金、原物，不赔偿利息、折旧等损失，甚至在非法集资刑事案件中，对集资参与人已取得的利息不加区分地加以追缴；多次犯罪中未能认定为犯罪的行为；共同犯罪中作不起诉的行为等特别犯罪形态涉及的赔偿，没有纳入退赔的范围；以及违法所得的甄别与合法财产的区分等，这些问题不是解决方法的原理错误，就是棘手难办。在程序上，没有刑事被害人的参与下作出的追缴或责令退赔判决，被害人无法行使包括上

---

① 参见姜瀛：《涉罪财产责令退赔与民事诉讼关系之反思与抉择》，载《环球法律评论》2020年第5期。

诉在内的请求权。案外人也不能提起执行异议和异议之诉。刑事退赔被害人的损失优先于其他民事债务分配，违背了债权平等的原则，剥夺了民事“诉讼权利至少是对被害人的痛苦和愤怒的部分反应，也是对他们应得尊重的反应”[①] 等。总之，以刑事追缴、责令退赔作为救济被害人民事权利，从而取代被害人通过民事诉讼救济民事权利的做法，弊病丛生，已到了需要全面检讨并切实加以解决的时候了。

三、刑事追缴、责令退赔与民事救济的协调

刑事追缴、责令退赔与民事救济的冲突与协调的问题，实际上是刑民关联案件中，通过刑事诉讼追缴或责令退赔作为救济刑事被害人的民事权利，与刑事被害人通过民事诉讼救济自己的民事权利之间的冲突与协调问题。对此，必须厘清以下几个问题。

（一）刑事被害人的民事权利，为何要通过刑事追缴或责令退赔来救济，其法理依据是什么

根据“任何人不能从犯罪行为中获得利益”的法律原则，对犯罪分子现存的违法所得予以追缴，违法所得若灭失无法追缴时责令退赔相应的金钱，是天理、法理、应有之义。追缴的违法所得，如果属于被害人的财物，应当返还。除此之外，没收上缴国库。责令退赔类似于域外刑法中的追征，但又与追征有所不同。我国刑法上的责令退赔，包含了补偿刑事被害人的损失以及上缴国库两项内容。而追征是上缴国库。追征指没收不可能时，命令将应代替没收的一定金额缴纳给国库的处分。而没收不可能是指判决当时事实上或法律上不可能没收的情况，例如，由于犯人消费、丢失、毁坏、混同或加工丧失物的同一性或者让渡给恶意第三者的场合等属之。[②] 域外刑法的追征有法理依据，而我国责令退赔上缴国库的部分有法

---

① ［法］克里斯蒂娜·拉塞夫：《赔偿不等于修复——欧洲六国刑事被害人赔偿制度比较》，王娜译，载《刑法论丛》（第4卷），法律出版社2015年版，第465页。

② 参见马克昌：《比较刑法原理——外国刑法学总论》，武汉大学出版社2015年版，第806页。

理依据，通过刑事判决，责令退赔受害人损失，则违背民法上关于平等主体间财产移转的基本法理。通过溯源，发现现行《刑法》第 64 条规定的追缴和责令退赔是为了落实《刑法》第 36 条、第 37 条规定的“判处赔偿经济损失”，“责令赔偿损失”的具体措施。而现行《刑法》第 36 条、第 37 条规定，又是从 1979 年《刑法》第 31 条、第 32 条沿袭而来。① 四十多年来，其内容几乎不变。据参与当时立法的高铭暄教授回忆，1979 年《刑法》第 31 条的赔偿损失，在实践中是行之有效的，所以作了规定。而第 33 条中的责令赔偿损失，按性质说是刑事附带民事的强制处分，但适用的对象是免予刑事处分的人。这就发生了一个问题：如果犯罪分子被判刑了，能不能责令赔偿经济损失……造成被害人损失，确有一个赔偿经济损失的问题。这个问题也可由民法加以规定。但由于民法尚待制定，而实际问题又需要解决，因此吸收了某些同志的意见，就在第 32 条之前增设一条，专门解决这个问题，这就是第 31 条的由来。②

由此可见，1979 年《刑法》规定刑事被害人的损失，通过追缴或责令退赔的方式予以赔偿，是在我国 1986 年《民法通则》尚未出台的情况下的应景之举，应急之措。而在之后我国民法体系逐步完善，特别是《民法典》实施的今天，刑事被害人损失的救济，仍然沿用 40 年前的刑法规定，真是别有一番滋味在心头。而历次的司法解释对追缴和责令退赔的规定，由于没有厘清源头，导致学界和实务界对追缴和责令退赔的理解和讨论越来越混乱，越来越一头雾水，越来越偏离被害人损失赔偿的民法轨道，因此必须拨云见日。对刑事被害人的损害赔偿，已到了必须对沿用至今的《刑法》第 36 条、第 37 条进行深刻省思的时候了，改造追缴和责令退赔制度已经刻不容缓。

---

① 1979 年《刑法》第 31 条规定，由于犯罪所为而使被害人遭受经济损失的，对犯罪分子除依法给予刑事处分外，并应根据情况判处赔偿经济损失。第 32 条规定，对于犯罪情节轻微不需要判处刑罚的，可以免予刑事处分，但可以根据案件的不同情况，予以训诫或者责令具结悔过，赔礼道歉、赔偿损失，或者由主管部门予以行政处分。

② 参见高铭暄：《中华人民共和国刑法的孕育诞生和发展完善》，北京大学出版社 2015 年版，第 40－41 页。

（二）追缴和责令退赔的重新定义与民事诉讼的协调并进

我国刑事追缴和责令退赔制度在建立之初所留下的法理严重缺陷，以及“任何人不能从自己的犯罪行为中获得利益”的法律原则，注定了必须对我国的刑事追缴和责令退赔制度进行改造。

一方面，以刑事追缴和责令退赔作为刑事被害人损害赔偿的唯一救济方式，其法理和民法基本原理的严重缺陷前文已述及。而且，刑事追缴和责令退赔制度在建立之初，其性质定性为刑事附带民事的强制处分，并在判决赔偿时（责令退赔），既要查清被害人实际遭受的经济损失大小，也要具体考虑被告人的财产状况和支付能力，以确定被告人应当赔偿的合理数额。[①] 笔者认为，以判决赔偿为载体的责令退赔定性为民事强制处分不妥。责令退赔是以犯罪成立为前提，而民事处分则无须以犯罪为前提；责令退赔规定在刑事诉讼中，民事处分规定在民事诉讼中，两种性质和目的不同的诉讼程序，不能混同。而以被告人的“赔偿能力”作为判决赔偿（责令退赔）的考量依据，在理论上是行不通的，在实践中是有害的。一些案件依法判决后，有些被告人确实出现无赔偿能力的情况，从而造成“空判”现象。但是，“赔偿能力”难以把握，每个法院认识不一，司法实践中有的法院认为被告人没有“赔偿能力”判决免予赔偿。如何判断被告人没有赔偿能力本身就是一个问题，即使如此，将来被告人又有赔偿能力怎么办？正如有的学者一针见血地指出：“权利是否能够实现与应否赋予权利并不是同一维度的问题，权利无法实现可能是源于制度设计的缺陷，并不等于否定了权利存在的正当性。”[②]

另一方面，就我国刑事被害人的损害赔偿而言，刑法中的追缴落实到刑事诉讼中，就是公安司法机关采取的查封、扣押、冻结的强制措施。这种强制措施，在笔者看来，有两种功能：一是证据保全性扣押功能。违法

---

① 参见高铭暄主编：《刑法学》，中央广播电视大学出版社 1993 年版，第 337 页。

② 姜瀛：《涉罪财产责令退赔与民事诉讼关系之反思与抉择》，载《环球法律评论》2020 年第 5 期。

所得即通常说的赃款赃物，是刑事诉讼中的物证、书证等，是用于定罪量刑的证据，必须以扣押等方式予以收集。二是财产保全性扣押功能。“我国《刑事诉讼法》中规定的扣押（亦即扣押书证、物证）刚好与域外证据保全性扣押相对应，而追缴中的扣押契合了保全性扣押制度的精神。”① 通过以扣押为主的强制措施，为下一步返还被害人的合法财产提供保障。因此，从财产保全性扣押这个角度来认识追缴，对保护刑事被害人的民事权利的确是高效且有力度的，同时又有“任何人不能从自己的犯罪行为中获得利益”的法律原则作为法理支撑，所以刑事追缴制度应当保留。同时明确规定在救济刑事被害人损害赔偿时，追缴具有财产保全性扣押的性质。

而对于责令退赔制度，虽然弊病丛生，但责令退赔并非一无是处。如果把责令退赔定性为公安、司法机关命令（不是判决，也不能判决）刑事被告人在违法所得灭失的情况下，以自己的合法财产赔偿刑事被害人的损失，既有法律依据，又在被告人赔偿损失时，取得被害人谅解，对被告人的定罪量刑，主要是量刑方面是有帮助的。损害赔偿作为量刑的一个情节，为各国刑事法律所认可，我国在相关的司法解释中也有明确的规定。因此，把责令退赔定性为刑事诉讼中的一种命令、一种程序性的命令，或者是宣示性的命令，是有保留的必要。而在公安司法机关命令被告人退赔被害人损失，被告人不赔偿损失或只赔偿部分损失时，就作为个人的被害人而言，有权通过提起刑事附带民事诉讼或单独提起民事诉讼来救济自己的民事权利。因为在刑事诉讼中，公权力依法介入不能救济被害人的民事权利时，作为犯罪这种严重侵权行为的被害人，具有提起民事侵权损害赔偿的法律依据和正当理由。刑事诉讼中对被害人的损害赔偿救济，不能取代也无法取代被害人通过民事诉讼来救济自己的民事权利。刑法与侵权法的分离，以区分对社会的犯罪行为和个人损害的不法行为，成为刑事责任和侵权责任相互区别的根据。侵权法是追究违法行为者对受害者个人责任的法律，这种责任由受害者自身来追究，并以使受害者的损害得到填补，

① 袁坦中、刘建：《论刑事诉讼法追缴的性质》，载《中国刑事法杂志》2010年第4期。

以期恢复到损害发生前的状态为目的。[①] 而对于违法所得需要没收上缴国库的，责令退赔制度要么改造为域外刑法中的追征，要么改造为检察机关提起刑事附带民事诉讼，笔者的倾向性观点是以改造为追征更合适。

将刑事追缴违法所得改造为两个功能（证据保全性扣押功能和财产保全性扣押功能），将责令退赔对被害人损害赔偿的辅助救济方式，定性为公安司法机关的一种宣示性的程序命令。对刑事被告人违法所得灭失的，需要上缴国库的，责令退赔改造为追征后，此时的刑事追缴和责令退赔，只是根据“任何人不能从犯罪行为中获得利益”的法律原则，辅助救济被害人损失的两种方式而已。当然，这两种辅助手段有可能在有的案件中全部救济了被害人的损失，但这改变不了、替代不了被害人有权通过民事诉讼程序救济自己民事权利的方式。因此，改造了的刑事追缴和责令退赔制度，不能阻却刑事被害人提起刑事附带民事诉讼或单独提起民事诉讼。换言之，在这种情况下，被害人随时可以向相关责任人员（如共同侵权人，且不以共同构成犯罪为限）提起民事诉讼。如果刑事被害人在提起民事诉讼后，公安司法机关在刑事诉讼中追缴或责令退赔，被害人得到的合法财产数额，在民事诉讼的请求及执行中应当予以扣减，即在这种情况下，刑事追缴或责令退赔与民事诉讼不分先后，可以齐头并进，只是被害人的损失，必须以民商法规定为准，且被害人有程序选择权。

（三）赋予刑事附带民事诉讼应有重任

关于附带民事诉讼，我国《刑事诉讼法》只是概括地规定：被害人由于被告人的犯罪行为而遭受物质损失的，在刑事诉讼过程中，有权提起附带民事诉讼。然而，正是刑事诉讼法规定的被害人遭受“物质损失”，可以提起附带民事诉讼，最高人民法院发挥司法解释的权力优势，在刑事附带民事诉讼的范围等问题上，对被害人的实体请求和提起民事诉讼权横加干预和限制。最早对刑事附带民事诉讼范围限制的是 1999 年 10 月发布的

---

① 参见周雪梅：《刑事犯罪与民事侵权比较研究》，西南财经大学出版社 2013 年版，第 138－139 页。

《最高人民法院关于印发〈全国法院维护农村稳定刑事审判工作座谈会纪要〉的通知》，该座谈会纪要规定：人民法院审理附带民事诉讼案件的受案范围，应只限于被害人因人身权利受到犯罪行为侵犯和财物被犯罪行为损毁而遭受的物质损失（包括已造成的损失和必然遭受的损失）。被告人非法占有、处置被害人财产造成的物质损失，应根据《刑法》第64条规定的追缴或责令退赔途径解决，不属于附带民事诉讼范围，并且规定赔偿只限于犯罪行为直接造成的物质损失，不包括精神损失和间接造成的物质损失。这个座谈会纪要对附带民事诉讼的限制规定，历经最高人民法院多次的司法解释和答复，一致沿用至今，风吹不动，雨打不动，坚如磐石，不得不让人感叹。而2019年1月30日发布的《最高人民法院、最高人民检察院、公安部关于办理非法集资刑事案件若干问题的意见》规定："对集资参与人提起附带民事诉讼请求不予受理。"根据权威读本解释，"附带民事诉讼也是一种民事诉讼活动"。[①] 而学者也得出同样的理解："刑事附带民事诉讼本质上属于民事诉讼。"[②] 但是，本质上属于民事诉讼，应当具有独立的诉讼程序，为何要"附带于"刑事诉讼，主要有以下五个"有利于"：第一，附带民事诉讼有利于正确处理案件刑事部分的定罪量刑。第二，附带民事诉讼有利于保护被害人的合法权利。第三，附带民事诉讼有利于贯彻落实宽严相济的刑事政策。第四，附带民事诉讼有利于节约诉讼资源，便于诉讼参与人参加诉讼。第五，附带民事诉讼有利于维护人民法院审判工作的统一性和权威性。[③]

应当说，五个"有利于"是对附带民事诉讼制度优势的精确评价。问题是既有的刑事附带民事诉讼制度，既有五个"有利于"，又存在不少弊端。

1. 赔偿范围的不足

人身权利受到犯罪行为侵犯和财物被犯罪行为损毁提起的附带民事诉

---

① 李寿伟主编：《中华人民共和国刑事诉讼法解读》，中国法制出版社2018年版，第253页。

② 李强、李革明：《刑事附带民事诉讼赔偿范围的改造——以人身权利被侵害为视角》，载《人民检察》2016年第10期。

③ 参见张军主编：《新刑事诉讼法法官培训教材》，法律出版社2012年版，第233－234页。

讼，不能请求精神损害赔偿，其理由是“判决被告人承担刑事责任，乃是对被害方抚慰、救济的主要方式。以故意杀人案件为例，如已判处死刑，已让其‘以命抵命’，显然不应再要求其作出与单纯民事案件相同的精神赔偿，否则势必存在双重处罚的问题”。[①] 笔者认为，这个理由是不能成立的。前文已述及，附带民事诉讼中的民事诉讼，仍然是一个独立的民事诉讼，被害人在提起附带民事诉讼时，从法院的受理、立案、开庭、审判、执行，从诉讼原则、强制措施、证据规则、先行给付、诉讼保全、调解和解、撤诉上诉、诉讼请求等，都必须遵循民法和民事诉讼法的规定，与独立提起的民事诉讼并无二致。附带民事诉讼“是一种特殊的民事诉讼”，[②] 这种“特殊”在于附带民事诉讼提起时，必须以刑事案件成立为前提；民事诉讼的基本事实与犯罪事实竞合，即“同一事实”；民事诉讼的审判组织也是刑事审判庭；刑事诉讼中追缴或退赔的财物数额，在民事诉讼中予以扣减等，这些特殊之处基本上是民事诉讼的“依托”，附带民事诉讼中的民事诉讼的“内核”与普通的民事诉讼的“内核”是相同的。侵权行为与犯罪行为引起的损害赔偿责任具有同质性。作为侵权行为（刑事附带民事诉讼中的犯罪行为）所产生的民事责任，包括精神损害的民事责任，就是民事诉讼的一个“内核”。刑事附带民事诉讼，涉及两种法律责任的认定，一种是刑事责任的认定，另一种是民事责任的认定，前者属于公法上的责任，重在补偿受害人所受损害，两者不能代替。[③] 那种认为被告人承担刑事责任是对被害人抚慰、救济的主要方式，是混淆了刑事责任与民事责任的错误认识，被害人根据民事法律[④]请求被告人承担精神损害（严重精神损害）赔偿的民事责任，依法必须得到保障。那种认为刑事案件判处与单纯民事案件相同的损害赔偿，存在“双重处罚”问题，更是对一事不

---

① 参见张军主编：《新刑事诉讼法法官培训教材》，法律出版社2012年版，第243页。

② 陈光中主编：《刑事诉讼法》，北京大学出版社、高等教育出版社2002年版，第211页。

③ 杨立新、刘洪林：《刑事附带民事诉讼的基础理论问题》，载《国家检察官学院学报》2013年第6期。

④ 《民法典》第1183条规定：“侵害自然人人身权益造成严重精神损害的，被侵权人有权请求精神损害赔偿。因故意或者重大过失侵害自然人具有人身意义的特定物造成严重精神损害的，被侵权人有权请求精神损害赔偿。”

再罚（相同法律相同事实的再次处罚）原则的错误解读。一种违法行为，同时承担民事责任、行政责任、刑事责任是司空见惯的合法之事，我国《民法典》第 187 条就作了明确的规定。

正如有的学者指出，刑事责任与民事责任两者之间不能互相替代，也替代不了。那种“打了不罚”“罚了不打”的观念在民刑不分的法律制度下是适用的，而在公法与私法作区分的当代，是不符合法理的。从法理上讲，没有哪一种理论承认公法责任可以折抵私法责任。再者，双重处罚理论也无法解释被告人被判处极刑的情况下，还要承担比赔偿多几倍的罚金刑、没收财产刑……当今社会，最大满足不同利益主体的需求，才是善法应有的品质。[①] 因此，把精神损害赔偿从附带民事诉讼的赔偿范围中排除出去，是刑法和刑事诉讼法的“霸权”行径，动摇了民法和民事诉讼法基本原理的根基。

2. 赔偿标准的不足

除了赔偿范围的不足之外，既有的附带民事诉讼，还存在赔偿标准与单纯的民事诉讼赔偿标准不一的问题。前文已述及，最高人民法院的司法解释规定附带民事诉讼的损害赔偿只能赔偿直接损失，且赔偿的项目也与单纯的民事诉讼赔偿项目有所区别。最高人民法院在《新刑事诉讼法法官培训教材》中是这样阐述理由的：“套用单纯民事案件的赔偿标准确定附带民事案件的赔偿数额，常常使被害方对巨额赔偿抱有不切实际的期待，一旦被告人不能足额赔偿，就认为其没有悔罪诚意和表现，以致民事调解工作、矛盾化解工作根本无法开展。”[②] 并认为设定高额赔偿标准，超过被告人的承受能力，导致不少案件中原本愿意代赔的被告人亲属索性不再代赔，结果导致被害方反而得不到任何赔偿。笔者认为，这些理由是难以成立的。既然附带民事诉讼本质上是民事诉讼，为什么不能套用单纯的民事诉讼的赔偿标准？被告人没有赔偿能力，以及被告人亲属愿不愿意代赔，

---

① 参见杨立新、刘洪林：《刑事附带民事诉讼的基础理论问题》，载《国家检察官学院学报》2013 年第 6 期。

② 张军主编：《新刑事诉讼法法官培训教材》，法律出版社 2012 年版，第 244 页。

与被害人享有的同一的赔偿标准是两回事。被害人最终能不能得到足额的赔偿，与被害人有权按赔偿标准要求被告人赔偿也是两回事。案件能不能调解，矛盾能不能化解与被害人有权按赔偿标准要求赔偿，哪怕被告人赔偿不了还是两回事。我们在分析问题解决问题的时候，不能偏离法律和法理，否则就会掉入公说公有理、婆说婆有理的陷阱中。

综上所述，在刑事追缴和责令退赔制度改造的基础上，在发挥刑事附带民事诉讼优势并克服两点不足的情况下，既有的刑事附带民事诉讼必须套用单纯的民事诉讼的赔偿范围和赔偿标准，在案件适用范围上也摒弃被告人非法占有、处置被害人财物不能提起附带民事诉讼的规定，赋予刑事附带民事诉讼这个特殊的民事诉讼应有的定位与功能。实际上，大陆法系的一些代表性国家（如法国、德国、日本、意大利等国），因犯罪行为遭受损失涉及的被害人损害赔偿救济大体呈现如下构造：第一，被害人可以以附带程序参与到已启动的公诉程序并直接诉请损害赔偿。第二，被害人可以选择不参加附带程序，而是作为原告向犯罪人另行提起独立的民事诉讼。总之，无论涉及何种犯罪类型，遭受损失的被害人均具有民事诉讼当事人的地位，这是毋庸置疑的。[①] 大陆法系国家关于刑事附带民事诉讼的规定，是值得我们思考与借鉴的。

笔者认为，改造后的我国刑事附带民事诉讼制度应当具有鲜明的时代特点：一是赔偿范围、赔偿标准、债权分配顺序与单纯的民事诉讼完全相同。二是在附带提起民事诉讼还是单独提起民事诉讼上，被害人有选择权。但是选择权应有例外限制，即对重大暴力犯罪、恐怖组织犯罪、非法集资犯罪这三类犯罪只能提起附带民事诉讼，不能单独提起民事诉讼，这主要出于案件的高效处理，准确处理以及维护被害人合法权益等方面综合考量。前两类犯罪，域外许多国家有规定，且有国家赔偿作补充。后一类犯罪，只针对我国。因为这类犯罪涉及人数多、数额大、地域广，限制在刑事附带民事诉讼上，容易统一处理。这三类案件，在必须提起附带民事

---

① 参见姜瀛：《涉罪财产责令退赔与民事诉讼关系之反思与抉择》，载《环球法律评论》2020年第5期。

诉讼后，被害人仍然得不到足额赔偿的，可在不足部分的10%以下（具体可研究）由国家给予补偿或救济，因为国家在治理这方面犯罪有管理上的过失，理应承担相应的责任。三是刑事追缴或责令退赔的财产数额，应当在民事诉讼中予以扣减。四是附带民事诉讼的提起，以刑事犯罪成立为前提，审判组织为刑事审判庭（最好有民商事专业知识背景的审判人员组成合议庭）。五是在审理案件中，对民事赔偿部分，注重调解，应调尽调。这样设计的刑事附带民事诉讼制度，一定是符合刑民基本法理，会担起新时代重任的好制度。

第三章

刑民关联案件中事实认定的相互影响

在刑民关联案件中，刑事裁判的主文及事实认定，对民事诉讼的影响，以及民事裁判关于基本事实的认定，对刑事诉讼的影响，在司法实践中，是一个常见而又较为棘手的问题。司法实践中，民事法官采纳刑事判决认定的事实，作为认定民事基本事实已成为一种惯例，并已造成比较严重的后果。因此，对此问题必须认真加以解决。

一、既判力、预决力及免证事实

刑民裁判中对事实认定的相互影响，离不开对既判力、预决力和事实免证的正确理解与把握，这是解决刑民关联案件中事实认定相互影响的一把“金钥匙”。

（一）既判力与预决力的联系与区别

既判力与预决力是一对较难把握和准确理解的概念，尤其是对既判力的概念，许多国家有不同的定义。既判力有刑事既判力和民事既判力。我国学者对刑事既判力的概念，基本上是从既决事项的实体和程序两方面进行界定的，或者说是从积极方面和消极方面进行界定的。有学者认为，“所谓刑事既判力，是指刑事既决事由所创设的稳定诉讼状态，包括既决事项的实质确定力和程序结果的自缚力”。[①] 我国台湾地区刑诉法学界认为，既判力包含两大下位概念，即实质确定力和一事不再理，前者为刑事实体法的效力，后者为刑事程序法的效力，两者综合统一，不可或缺。[②] 有学者认为，既判力的本质，可以从实体和程序两个角度予以理解。在实体上，两造当事人所争议的权利义务，已经法院裁判即为固定下来，法院和当事人双方都应受到该判决的约束。在程序上，判决所产生的诉讼法上的效力包括两个层面内容。第一，当事人在后诉审理中就同一案件事实提出不同的主张，应当予以驳回。第二，法院不得作出两个在内容认定上相互矛盾的判决，后诉判决的作出应当以前诉判决为基础。[③] 在民事诉讼程序中，民事诉讼学者对民事既判力的定义是：“在民事诉讼中，法院的终局判决确定后，无论该判决结果如何，当事人及法院均受判决内容的约束。当事人不得就该判决的内容再进行相同的主张，同时，法院也不得就该判决内容作出相矛盾的判断。判决所具有的这种约束称为既判力。”[④] 由此可见，刑事既判力与民事既判力的定义基本相同，其核心内容有两项：一是生效裁判已决事项的确定力，当事人和法院必须遵守。二是生效裁判已决事项的同一内容，不能重复起诉，后诉法院也不能作出与前诉法院在内容认定上相互矛盾的判决。

尽管学界和实务界对生效裁判已决事项的确定力的认识是一致的，但是，仍然有两个问题需要探讨：一是刑事生效裁判的已决事项，是否只有有罪裁判的已决事项有确定力，还是包括无罪裁判的已决事项也有确定力。二是已决事项的确定力是只包括裁判主文部分，还是包括裁判主文和裁判理由两个部分。

关于第一个问题，有罪裁判的已决事项具有既判力，这是由刑事诉讼

---

① 施鹏鹏：《刑事既判力理论及其中国化》，载《法学研究》2014 年第 1 期。

② 参见林朝荣、林芸浓：《既判力与二重危险之研究》，台北，一品文化出版社 2009 年版，第 215 页。

③ 参见贺辉、张鹏：《既判力视角下刑民交叉案件中的事实认定》，载《法律适用》2020 年第 14 期。

④ 常怡主编：《比较民事诉讼法》，中国政法大学出版社 2002 年版，第 229 页。

的证明标准所决定的，也是世界各国立法的普遍规定。就我国而言，我国《刑事诉讼法》规定的证明标准是“案件事实清楚，证据确实、充分”。2018年修正后的《刑事诉讼法》第55条第2款规定：“证据确实、充分，应当符合以下条件：（一）定罪量刑的事实都有证据证明；（二）据以定案的证据均经法定程序查证属实；（三）综合全案证据，对所认定事实已排除合理怀疑。”由此可见，我国刑事诉讼法的证明标准，也与世界各国通常规定基本相同，即认定案件事实，要以达到“排除合理怀疑”为标准。而所谓排除合理怀疑，“是指对于事实的认定，已没有符合常理的、有根据的怀疑，实际上达到确信的程度”。[①] 正因为有罪判决对已决事项通过严格程序的确信与确定，其具有既判力是不言而喻的。

对于无罪判决，由于没有对是否存在犯罪事实作出确定性的认定（证据不足的无罪），所以对后诉没有既判力，这是针对前后两诉是同种类的，即都是刑事诉讼而言的。对于后诉是民事诉讼，将在后文中专门阐述。如果无罪判决是基于犯罪情节显著轻微（绝对无罪）或情节轻微，危害不大的（如检察机关作相对不起诉），由于已对违法事实或犯罪事实作出了终局认定，情节显著轻微的无罪裁判，是经过直接言词、对席的严格证明程序后作出的。情节显著轻微或情节轻微，检察机关作不起诉决定，虽然没有经过言词辩论，但一般是经过听取意见，严格审查后作出具有实体关系的刑事决定，按我国台湾地区学者陈朴生的观点，“亦具有实质的确定力”。[②] 该判决或决定应当具有既判力，检察机关不得就同一事实再次提起公诉。因此，对无罪判决是否有既判力，要视情而定。

关于第二个问题，即关于既判力效力范围，是仅及于判决书主文，还是及于包括判决理由在内。大陆法系法院判决的既判力不仅及于判决书的主文，判决理由部分对事实的认定，只要是“犯罪事实同一”，也具有既判力。依欧陆通说，“犯罪事实的同一”是指“自然意义上的一个犯罪事

---

① 郎胜主编：《中华人民共和国刑事诉讼法释义》，法律出版社2012年版，第115页。

② 参见陈朴生：《刑事诉讼法实务》，台北，台湾海宇文化事业有限公司1994年版。转引自施鹏鹏：《刑事既判力理论及其中国化》，载《法学研究》2014年第1期。

实”，而非“法律定性的一个犯罪事实”。具体而言，“犯罪事实同一”包括：（1）单一犯罪行为构成单一罪名的；（2）单一犯罪行为构成数个罪名的；（3）多个犯罪行为构成一个罪名，但犯罪行为的发生过程实际上无法分别的。[①] 概言之，刑事判决理由中涉及同一犯罪事实的认定，由于判决主文部分，以犯罪事实为前提基础，所以，作为定罪量刑的裁判理由中的犯罪事实，当然具有既判力。

在刑事既判力理论中，还有一个常用的概念就是刑事预决效力，简称预决力。在不少理论文章中，刑事既判力与预决力没有区分，同属于判决效力问题，甚至用预决力取代既判力。[②] 也有不少学者区分既判力与预决力，如龙宗智教授认为，“预决效力应被界定为：与既判力争点效等概念既有联系又有区别的生效裁判事实认定对后续诉讼的证明效力。”并且认为，生效裁判事实认定的证明效力，其中的事实认定可能具有两种含义，即单纯的客观事实认定与法律事实认定，前者系生效裁判中事实认定部分的内容，后者已赋予客观事实法律性质的事实认定。在刑事裁判中，法律事实的认定包含裁判文书对案件事实即案件发生过程的认定，被告构成犯罪以及罪名的认定。[③] 笔者赞成区分既判力与预决力。当然，对龙宗智教授关于预决力的定义，笔者认为，生效裁判事实认定应限定在犯罪构成的要件事实，或称为犯罪事实，有的学者称为基础性事实，即指审理刑事案件的法官判断是否构成犯罪以及所涉罪名具有决定性影响的事实。[④] 同时龙教授认为预决力具有事实认定的证据效力，这一点笔者认为有模糊之处，前诉中对犯罪构成的要件事实认定，对后诉应当有约束力，有约束力是既判力效力范围的问题，如果对后诉是证据效力，容易引起误解。因为证据效力是指具有证据能力的证据材料对待证事实的证明能力，当事人对

---

① 参见陈朴生：《刑事诉讼法实务》，台北，台湾海宇文化事业有限公司 1994 年版。转引自施鹏鹏：《刑事既判力理论及其中国化》，载《法学研究》2014 年第 1 期。

② 参见纪格非：《我国刑事判决在民事诉讼中预决力规则的反思与重构》，载《法学杂志》2017 年第 3 期。

③ 参见龙宗智：《刑民交叉案件中的事实认定与证据使用》，载《法学研究》2018 年第 6 期。

④ 参见纪格非：《我国刑事判决在民事诉讼中预决力规则的反思与重构》，载《法学杂志》2017 年第 3 期。

是否主张适用该证据拥有处分权，法官对证明力判断也属于自由心证范畴。[①] 总之，证据效力仅是证据的证明能力，而证据的证明能力是证据制度或证据规则体系中的问题，与既判力效力范围无关。

由于刑事既判力可分为积极效力和消极效力。既判力的消极效力即禁止重复起诉，也就是一事不再理。既判力的积极效力是禁止对已决事项作出矛盾判决。积极效力中的既判力是针对裁判主文和裁判理由的既判力，其中裁判理由包括法律适用和事实认定的既判力，而对裁判理由中事实认定的既判力，实质上就是预决力。裁判理由中的事实认定，之所以具有既判力，是因为裁判主文是以裁判理由为前提依据的，离开了裁判理由，裁判主文就成为无源之水，无本之木。判决主文中的事实认定，实质上是裁判理由中事实认定的再次确认。既然判决主文是公认的具有既判力，而判决主文是建立在包含事实认定的裁判理由的基础上，那么，裁判理由中的事实认定当然具有既判力效力。我国台湾地区学者也持有相同的观点，既判力的客观范围一般是指判决的主文部分，原则上判决理由只有在被判决主文中的判断事项所及时，才有遮断后诉的效果。[②] 换言之，被判决主文中的判断事项所及的事实认定有既判力。因此，刑事预决力是裁判理由既判力中的事实认定（这个事实只能是犯罪事实，而不能是全部事实，有的称犯罪构成要件事实，基础性事实，主要事实，笔者认为称犯罪事实较为规范和准确）的既判力，预决力是狭义的既判力。在学界和实务界中，有的对既判力中的事实认定不作限制，笼统地说既判力及于或不及于判决理由中的事实认定，造成对既判力效力范围的扩大或缩小，从而对预决力的认识模糊不清。

综上所述，预决力是刑事裁判理由中对犯罪事实认定具有既判力的另一种称呼。刑事预决力与既判力的区别主要有：既判力具有一事不再理的消极作用，而预决力则没有；在事实认定上，既判力及于判决主文与判决理由中的事实认定，预决力仅及于判决理由中的犯罪事实认定。

---

① 参见胡昌明主编：《裁判文书释法说理方法》，人民法院出版社2018年版，第345页。

② 参见骆永家：《既判力之研究》，台北，三民书局1997年版，第3页。

（二）预决力与免证事实的区别

前文已述及，预决力仅是裁判理由中对事实（刑事诉讼上的事实为犯罪事实，民事诉讼上的事实为基本事实）认定具有既判力的另一种称呼，或者说是狭义上的既判力，归属于既判力效力范畴。我国学界和实务界受大陆法系影响，认为既判力只及于判决主文中的判断，亦即对诉讼标的之判断，判决理由中的判断无既判力，只有预决效力，即预决力。[①] 这里的预决力不是笔者认为的预决力（既判力的另一称呼），而是免证事实效力。对此，应当认真仔细甄别。然而，已确认的事实，既可以体现在判决主文中，也可以出现在判决理由中，而且判决主文中的事实（民事为基本事实，刑事为犯罪事实），必须以判决理由中认定的事实为基础，也就是说，判决主文中的事实与判决理由中的事实是同一事实。判决主文中的事实，是对判决理由中的事实的再一次或者最后的确认，这样的事实，“不是免证事实，即不是事实证明问题或者免除当事人举证责任的问题，而是排除当事人再行争执和法院再行审理的问题，更谈不上允许当事人以反证推翻的情况”。[②] 所以这种经过充分的争执和审理等程序保障下的事实认定应当具有既判力的效力，或称既判力的扩张效力，笔者认为，这一点与日本学者新堂幸司教授提出的争点效有异曲同工之效。[③] 免证事实是我国民事诉讼证据规则上的一个概念，归属于证据制度范畴。2015 年 1 月发布施行的《最高人民法院关于适用〈中华人民共和国民事诉讼法〉的解释》（已修改）第 93 条规定：已为人民法院发生法律效力的裁判所确认的事实，当事人无须举证证明，当事人有相反证据足以推翻的除外。由于这个司法解

---

① 张自合：《论已决事实的预决效力——以台湾地区争点效的要件为借鉴》，载《山东警察学院学报》2011 年第 5 期。

② 宋春雨：《生效裁判的事实证明力》，载最高人民法院民一庭编：《中国民事审判前沿》（2005 年第 2 集），法律出版社 2005 年版，第 65 页。

③ 在前诉中被双方当事人作为主要争点予以争执，而且，法院也对该争点进行了审理并作出判断，当同一争点作为主要的先决问题出现在其他后诉请求的审理中时，前诉法院有关该争点所作判断的通用力，既不允许后诉当事人提出违反该判断的主张及举证，也不允许后诉法院作出与之相矛盾的判断，争点判断的这种通用力，就是争点效力。参见［日］新堂幸司：《新民事诉讼法》，林剑锋译，法律出版社 2008 年版，第 492 页。

释规定的是“事实”，过于宽泛，遭到学界和实务界的质疑。2019 年 12 月公布的《证据若干规定》第 10 条规定：已为人民法院发生法律效力的裁判所确认的基本事实，当事人无须举证，当事人有相反证据足以推翻的除外。《证据若干规定》把原来的“事实”限定为“基本事实”，该规定明确划定为“基本事实”的部分（而非全部事实部分）才有免证效力。免证事实规定可以“推翻”及含义，根据权威解释，“推翻”是要求当事人提供充足的举证对相反事实成立进行证明，产生证明责任倒置的法律效果。①

因此，预决力与免证事实的区别如下：一是预决力属于既判力效力范畴，免证事实属于证据制度范畴。二是免证事实的推翻，要提供充足的本证对相反事实成立进行证明，由于受当事人的举证能力等限制，要推翻免证事实是极其困难的，但无论如何还是有希望的。预决力则不同，已决事实是不容挑战的，直接发生法律效力。基本事实的预决力，是经过严格的程序保障和证据标准产生的，“经过程序认定的事实关系和法律关系，都被一一贴上封条，成为无可动摇的真正的过去”。② 我国民事诉讼相关司法解释关于裁判理由中的基本事实认定对后诉（民事诉讼）的影响，界定在免证事实上，是值得探讨的。前文已述及，裁判理由中的基本事实认定，是裁判主文的前提与基础，而基本事实的认定是按照严格的证明标准和法定程序认定的，这是不容后诉挑战和改变的，否则会破坏法秩序统一，影响诉讼效率和程序安定。所以，有学者直接使用既判力概念来证明《证据若干规定》第 10 条的规定，③ 即“已为发生法律效力的裁判所确认的事实，是法院确定裁判中的预决事实。确定裁判所预决的事实不必证明，归根结底取决于生效裁判的既判力”。④ 同时，根据我国《民事诉讼法》第

① 参见杜万华主编：《最高人民法院民事诉讼法司法解释实务指南》，中国法制出版社 2015 年版，第 147 页。

② 季卫东：《法律程序的意义》载《中国社会科学》1993 年第 1 期。

③ 本条规定是 2002 年 4 月实施的《最高人民法院关于民事诉讼证据的若干规定》第 9 条的规定，内容与 2019 年的《证据若干规定》基本相同，只是 2019 年的《证据若干规定》把“事实”改为“基本事实”。

④ 肖建华主编：《民事证据法理念与实践》，法律出版社 2005 年版，第 145 页。

207 条第 2 项关于“原判决、裁定认定的基本事实缺乏证据证明的”的再审事由规定，再审程序的基本原理为打破生效裁判的既判力进行重新审判，其适用的前提就是该裁判内容具有既判力。最高人民法院的相关案例裁判也是持此观点的：当事人对已经发生法律效力的判决不服或者人民法院发现已经发生法律效力的判决确有错误，只有通过依法启动审判监督程序撤销原审判决，才能对案件进行重新审判。[①] 因此，司法解释把生效裁判所确认的基本事实，定性在免证事实上是不妥的。而这种定性造成两种较为严重的后果：一是如果把免证事实的事实理解为案件全部事实，则大大扩张了免证事实范围，给后诉的当事人带来严重的影响。二是把生效裁判认定的基本事实定性为免证事实，则对前诉确定的基本事实构成挑战，违背了既判力或预决力的基本理论。因此，此处的免证事实，应当仅指案件基本事实以外的事实，而且这些事实对同类型后诉案件处理会产生一定影响。

二、刑事裁判的事实认定对民事诉讼的影响

裁判的既判力和预决力，是针对前后两诉都是同一类型的诉讼而言。如果前诉为刑事诉讼，后诉为民事诉讼，那么，生效刑事裁判的既判力或预决力是否及于后诉的民事诉讼，换言之，刑事裁判的定罪量刑的事实认定，是否影响后诉的民事诉讼，这在刑民关联案件中是经常遇到的问题，需要认真地加以解决。

前文已述及，刑民关联案件的审理程序，可分为先刑后民、刑事附带民事、先民后刑、刑民并行、有刑无民、有民无刑、曾刑现民、曾民现刑八种模式。先民后刑、有刑无民、曾刑现民、曾民现刑四种模式不存在刑事裁判的事实认定对民事诉讼的影响。先刑后民、刑事附带民事、刑民并行、有民无刑（刑事判决无罪）四种模式都存在刑事裁判的事实认定对民事诉讼的影响。这后四种模式中，又可分为两类：第一类型是先刑后民、刑事附带民事，第二类型是刑民并行、有民无刑。

关于第一类型的刑事裁判认定事实对民事诉讼的影响或效力，笔者认

---

① 参见最高人民法院民事裁定书，(2005) 民一终字第65号。

为，刑事诉讼与民事诉讼在功能、目的、证明标准等方面存在较大的差异，原则上刑事裁判的既判力或预决力不及于民事诉讼，这也是民事诉讼地位独立和民事审判权独立的必然使然。但是，由于刑事附带民事诉讼是准先刑后民审理模式，而先刑后民的审理模式决定了民事诉讼的基本事实认定，必须以刑事裁判对犯罪事实认定的结果为前提，即我国《民事诉讼法》第153条第5项规定的“本案必须以另一案的审理结果为依据”，为此，生效刑事裁判对犯罪事实（犯罪构成要件事实）的认定，应当作为民事诉讼基本事实认定的依据，生效刑事裁判的犯罪事实认定对民事诉讼具有既判力及预决力，这应当是刑事裁判既判力及预决力及于民事诉讼的一种例外情况，即只有先刑后民或刑事附带民事诉讼的审理模式，刑事裁判的既判力及预决力直接及于民事诉讼，除此之外的其他审理模式则无此效力。国外有些国家的规定可资借鉴。法国诉讼理论针对刑事诉讼案件事实审理结论在民事诉讼中的效力问题，发展了一套专门的规则。根据这一规则，法国刑事法院作出的终审刑事裁判中，具有确定的、必要的再审，对于具有明显牵连关系的民事案件具有既判力。① 这里的具有“明显牵连关系”与我国的“先决关系”有相同之处。

关于第二类型的刑事裁判认定事实对民事诉讼的影响或效力，民事诉讼由于不是“本案必须以另一案的审理结果为依据”，刑事诉讼与民事诉讼分别进行，各自审理的重点内容不同，所以，第二类型的刑事裁判所认定的事实（包括要件事实），对民事诉讼没有既判力或预决力。第二类型的刑事裁判认定的事实对民事诉讼的影响要视情而定。一是在刑民关联案件中，刑事裁判认定的事实如果是犯罪事实（要件事实），由于犯罪事实是经过严格的程序保障与排除合理怀疑的证明标准下认定的，其可信度一般比民事诉讼的高度盖然性的证明标准更高，在这样的同一事实上，为了保障法秩序的统一，节约司法资源，提高司法效率，民事诉讼应当把这一犯罪事实（要件事实）认定作为民事诉讼基本事实的部分或全部的免证事

---

① ［法］卡斯东·斯特法尼等：《法国刑事诉讼法精义》（第2卷），罗结珍译，中国法制出版社1999年版，第888－890页。

实加以采用，并允许当事人提供相反证据推翻原事实认定。在这种情况下，民事诉讼把刑事诉讼认定的要件事实，作为民事诉讼的认定基本事实的免证事实采用，是适当的，且符合民事诉讼证据规则的。当然，如果民事诉讼把刑事诉讼认定要件事实中的证据，纳入民事证据规则体系之中，对该证据进行审查判断，决定是否采信，也是可以的，只是与程序安定和诉讼效率的要求不相协调。二是在刑民关联案件中，刑事裁判认定的事实，如果是犯罪事实（要件事实）以外的事实，那么，这种事实认定，其一，由于不是犯罪构成要件事实，与定罪量刑无关，公安司法机关在认定时，程序较为宽松，证明标准要求不高，容易与民事诉讼认定的基本事实有出入，甚至矛盾。其二，刑事裁判认定的这种事实，由于刑事诉讼的封密性，案外人无法参与刑事诉讼，那么，涉案外人的事实在刑事诉讼中未经控辩，当然不能约束案外人。而且这种事实，经常涉及民事主体的交易地位、民事法律关系、民法专业术语的专业化理解等，这些事实的认定，必须具有深厚的民商法专业背景和民商法专业知识，而刑事案件办案人员往往对此是一知半解，草草表述，模糊认定，甚至是错误的理解与认定。有学者从刑民法律关注的重点和价值追求不同，民法趋向于个人权利的保护，以平等、自由为首要价值，刑法则侧重于社会利益的保护，侧重于公正与秩序，认为两者在立法理念和具体规则存在较大差异的情况下，应允许审理民事案件的法官对以下几种情况下的刑事判决中认定的事实作出重新的评估与认定。其一，刑事立法与民事立法对某些事实评价标准及法律术语的含义不同。其二，应当允许审理民事的法官重新评估被害人的过错。其三，特定情况下，应当允许审理民事案件的法官对侵权行为的损害结果与因果关系重新作出认定。① 笔者认为，上述观点既有法理依据又切中司法实践要害，是可取的。因此，刑事裁判认定犯罪事实（要件事实）以外的事实，由于不确定性，将其纳入民事诉讼证据规则体系之中，作为证据材料，通过民事诉讼当事人的举证、质证、辩论和法院认定，最终决

① 纪格非：《我国刑事判决在民事诉讼中预决力规则的反思与重构》，载《法学杂志》2017 年第 3 期。

定是否采信，这是适当的做法。

三、民事裁判的事实认定对刑事诉讼的影响

民事裁判的事实（基本事实）认定，对刑事诉讼有多大影响或效力，刑事诉讼法和民事诉讼法及相关的司法解释都没有作出规定，司法实践中，在刑民关联案件中，后诉的民事法官援引刑事裁判认定的事实，作为认定民事基本事实的依据，似乎是约定俗成的事，更是安全无风险的事。而后诉的刑事法官直接援引民事裁判对案件基本事实认定，作为刑事裁判中对犯罪构成要件事实认定的依据或前提，则是前不见古人，希望能见到来者。尽管如此，学界仍然对民事裁判的事实认定与刑事诉讼影响的研究，一直没有停止脚步。有学者认为，解决民事争议的诉讼只能是民事诉讼程序，不能是刑事诉讼程序。在民事先决型（指民事案件的审理结果决定刑事犯罪是否成立的裁判）的刑民关联诉讼中，由于刑事犯罪或刑事责任的确定是以民事权利的有无以及多少为前提，因此，解决民事权利争议的诉讼程序必须先于确定刑事犯罪的刑事诉讼。① 换言之，在先民后刑的诉讼关系中，民事裁判认定的基本事实，是刑事裁判认定犯罪构成要件事实的前提条件时，民事裁判认定的基本事实的既判力即预决力，应当及于刑事诉讼。

在财产权属纠纷的刑民关联案件中，适用“先民后刑”的审理模式所带来的民事裁判既判力及于刑事诉讼的情形，有学者认为，即使是采用“先刑后民”审理模式，在财产权属判断上也应以民法为依据，一种是民事法庭审理案件时产生的权属争议，在移送之前，要确定权属，这有助于刑事法庭准确地判别行为人是否涉嫌犯罪。另一种是刑事法庭审理案件时产生的权属争议，刑事法庭也要以民法作为依据进行处理。② 民事法庭这种在移送之前，确定权属，然后作出移送裁定，对权属确定的事实的既判力及预决力，效力及于刑事诉讼。还有一种情形是，民事诉讼中，原告因

---

① 参见张卫平：《民刑交叉诉讼关系处理的规则与法理》，载《法学研究》2018 年第 3 期。

② 参见夏伟：《刑民交叉的理论构造》，法律出版社 2020 年版，第 130 页。

被告的违约或侵权行为而遭受的损失判决后予以执行或正在执行。当后诉追究被告人的刑事责任时，民事裁判对原告（民事原告，刑事为被害人）损失的认定，对刑事诉讼具有既判力，刑事诉讼中对被害人损失的认定，不能与民事诉讼认定相矛盾，因为民事诉讼一旦作出赔偿损失判决，意味着被害人的损失诉求得到解决，而已经得到民事司法救济的被害人无须刑事诉讼，再以追缴或责令退赔等方式救济被害人的民事权利，这不但可以防止双重赔偿损失的问题，而且可以防止民事判决赔偿与刑事判决赔偿不一致而出现矛盾，影响司法权威的问题，更是尊重被害人的诉讼选择权的问题。例外的情况是，民事诉讼中原告的损失数额是与被告通过调解或原告自认确定的，而调解与自认的数额，如果与被害人的实际损失不同，那么，刑事诉讼对犯罪数额的认定，应以被害人的实际损失数额为准。由此可见，在包括民事权属争议在内的民事先决型的刑民关联案件中，民事裁判认定的基本事实的既判力及预决力及于刑事诉讼。

民事先决型的刑民关联案件以外的民事裁判认定的基本事实，对刑事诉讼有没有影响、有何影响，理论界很少涉及，实务界更是一片沉寂。笔者认为，民事先决型（先民后刑）以外的民事裁判认定的基本事实，对刑事诉讼的影响，应当区别对待。原则上，由于民事诉讼与刑事诉讼在诉讼目的、保护法益、审理重点、证明标准等方面存在很大差异，民事诉讼认定事实对刑事诉讼都没有约束力，即使是基本事实认定，由于民事诉讼的证明标准以及以形式审查为主的证据审查方式与刑事诉讼存在较大差异，仍然对刑事诉讼不具有约束力，更不能作为免证事实对待。但是，对于民事诉讼中具有很强专业性的概念及民商法律关系方面的基本事实认定，刑事诉讼应当将其作为重要的证据或事实认定，纳入刑事证据规则之中，特别是被告人可以以其作为自己无罪、罪轻的抗辩事实，如股权转让纠纷中包含土地使用权转让的刑民关联案件，在股权转让纠纷的民事判决认定是合法转让生效后，公安机关以非法转让土地使用权罪立案时，就会涉及法院民商事审判中对股权转让合同是否有效以及对后诉刑事案件的认定影响，应谨慎对待。以法秩序统一性原则，辅之以民商事法律规定、刑事犯罪构成要件等，综合衡量后，决定是否采信民商事裁判认定的事实。

司法实践中，还有一种情形是，民事原告以侵权行为或违约行为向人民法院提起民事诉讼，人民法院审理后认定民事原告的诉讼请求证据不足，如伤害行为的证据不足、民事合同欺诈行为的证据不足，那么，原则上检察机关不能再以故意伤害罪或合同诈骗罪，对相同的诉争事实提起刑事诉讼。因为民事原告在民事诉讼中尚不能以高度盖然性证明事实，其更不可能满足刑事诉讼中排除合理怀疑的证明标准。刑事被告人可以援引人民法院原民事裁判中对该争议事项所作出的结论，此时民事裁判认定的事实，对刑事诉讼具有免证事实作用。刑事诉讼中，如果检察机关提供证据，足以推翻原民事裁判事实的，可以依法作出裁判。而原民事裁判错误的，应当通过审判监督程序予以再审改判。对于基本事实以外的民事判决所认定的事实，后诉的刑事诉讼只要将其作一般的证据材料予以对待即可，这些证据可以在刑事诉讼中通过举证、质证、辩论和认证，决定是否采纳。

四、刑事诉讼中的证据对民事诉讼的影响

刑民关联案件中，如果是适用“先刑后民”审理顺序，那么，刑事诉讼中对犯罪构成要件事实认定所采信的证据，当然在民事诉讼中可以直接引用，这是刑事裁判认定的犯罪事实的既判力及预决力及于民事诉讼的必然结果。

除了适用“先刑后民”审理顺序外，刑事诉讼中的证据，对民事诉讼有何影响，要区别对待。其一，如果刑事诉讼中被告人的供述与辩解，对后诉的民事诉讼的原告有利，根据诚实信用原则，被告人供述与辩解的事实，在民事诉讼中，法院可以免证事实对待。其二，对于视听资料、鉴定意见这类证据，在刑事诉讼中经过严格的程序保障下，如果没有什么问题，那么，在民事诉讼中可以直接采信，民事诉讼对此没有什么理由可以拒绝，这是程序安定和诉讼效率的必然要求。其三，除此之外的证据，由于不属于已决事实，不具有免证事实效力，仅具有证据效力，这些证据应当纳入民事诉讼证据规则之中，从民事法律的专业性和民事诉讼的独立性出发，对刑事诉讼采信的证据和认定的事实，重新进行审查和评价，决定是否采信。

第四章

刑事犯罪与合同效力的认定及处理

在刑民关联案件中，刑事犯罪与合同效力的关系问题一直是法学界和司法实践中关注度较高的问题。刑事犯罪是否影响甚至决定合同效力？如果是，法律依据及理论依据又是什么？在长期传统思维中，仿佛签订合同的基本事实涉嫌刑事犯罪，合同大多无效。即使合同有效，合同一方当事人也不能通过提起民事诉讼来维护自己的民事权益，只能通过刑事诉讼中的追缴和责令退赔来赔偿损失（这个问题在前文中已有论述），本书在审视刑事犯罪与合同效力的关系后，提出切实可行的解决方案。由于《民法典》合同编没有就合同无效作出专门规定，合同无效的认定，代之的是《民法典》总则编部分中关于民事法律行为及其效力的规定。已失效的《合同法》关于合同效力的规定与《民法典》关于民事法律行效力的规定总体上不矛盾。所以，为了理解上的方便与习惯，本书仍然以《合同法》第52条关于合同无效的规定进行分析，以期对刑事犯罪与合同效力有一个更直接明了的观感和认识。

一、刑事犯罪与合同效力的观点梳理

在传统的思维惯性中，特别是一线的办案人员（无论是刑事案件还是民事案件办案人员）认为，只要签订或履行合同行为的过程中涉及刑事犯罪，一般按无效合同处理，这是一种司空见惯的常态。不过，理论界有不同的主张，概括起来，刑事犯罪与合同效力主要有以下三种观点。

（一）合同无效论

其理由有：（1）损害国家利益。刑事案件涉及合同行为时，由于合同行为如合同诈骗行为涉嫌诈骗犯罪，损害了国家利益，根据《合同法》第52条第1项之规定，合同无效。[①]（2）以合法形式掩盖非法目的。以非法吸收公众存款罪为例，犯罪人只是将借贷合同当作犯罪工具，使其吸收公众存款的行为有一个合法的外衣，为的是以形式上借贷合同行为来掩盖其实质的非法吸收公众存款的目的，即签订借贷合同是手段，非法吸收公众存款是目的。根据《合同法》第52条第3项之规定，合同无效。[②]（3）违反法律、行政法规的强制性规定的合同无效。《合同法》第52条第5项规定"违反法律、行政法规的强制性规定"的合同无效。根据《最高人民法院关于适用〈中华人民共和国合同法〉若干问题的解释（一）》（已失效）第4条之规定，人民法院确认合同无效，应当以全国人大常委会制定的法律和国务院制定的行政法规为依据。这里的"法律"不仅指民商法律、行政法律，而且指刑事法律。刑法乃最严厉的强制性规范、禁止性规范，纳入刑法规制的犯罪行为不为国家意志所允许，乃题中之义。因此，在刑民关联的场合，刑事法律应当成为影响合同效力的强制性规定。[③]（4）法律体系的协调性使然。从法律体系协调性角度出发，合同效力应由民法调整，犯罪问题应由刑法来规范，如果刑法上被评价为犯罪的行为在民法上却被认定有效，必然会造成法律逻辑和法律体系的矛盾。为了维护法律体系的协调性，刑民的判断结论应保持一致。因此，刑法认定为犯罪的合同，民法应将其评价为无效。[④]（5）交易行为本身系刑法所禁止的对象，合同因违反刑法的强制性规定而无效。这里主要指诈骗类犯罪的合同无

---

① 何帆：《刑民交叉案件审理的基本思路》，中国法制出版社2007年版，第233页。

② 张田：《民刑交叉案件中民间借贷合同效力的认定》，广西师范大学2018年硕士学位论文。

③ 詹巍：《论商事裁判中刑民交叉案件的犯罪构成与合同效力认定》，载《法治研究》2016年第6期。

④ 张田：《民刑交叉案件中民间借贷合同效力的认定》，广西师范大学2018年硕士学位论文。

效。当欺诈行为已经构成犯罪时，其行为属性就不是民法上的民事行为，而是刑法上的犯罪行为，其在民法上的意思表示（或交易行为）已被刑法所否定。此时合同已经沦为犯罪的手段和工具，完全失去了民事行为的独立性，相关合同自然因违反刑法强制性规定而无效。[①] 这种理由中的违反刑法强制性规定，是直接引用刑法具有的强制性，从而认定合同无效，与第三种理由中的先引用《合同法》第52条第5项的规定，然后再把第5项中的“法律”纳入刑法内容不同，全然不顾《合同法》第52条的规定。

（二）合同有效论

持合同有效论的学者，以非法吸收公众存款罪中涉及的每一份民间借贷合同为例，认为：（1）以“量变质变理论”分析合同效力。非法吸收公众存款罪由多个合法的民间借贷行为集合而成，当借贷数量达到一定规模，满足了非法吸收公众存款罪的犯罪构成要件时，民间借贷行为就由量的积累产生了质的飞跃，借贷行为从总体上纳入刑法考量的范围。据此，单个民间借贷在成立之初并非无效，而是事后介入了刑法的否定性评价，才造成了合同从整体上无效。这是对合同效力的事后评价，与合同的签订过程无关，单个民间借贷合同不因事后整体被评价为非法吸收公众存款罪而想当然无效。[②]（2）“部门法自治理论”下的合同有效。民法和刑法对同一事实认定的标准不一，民事合同只需受民法调整，在民事部门法的引导下作出独立的法律判断，不需要受刑事判决的规制。[③] 有学者以合同诈骗罪进行分析，认为诈骗行为是单方的以骗取财物为目的的行为，合同行为是当事人意思表示一致的双方行为。刑法的聚焦点是诈骗行为，所评价的是该行为是否严重到刑法需施以刑罚处罚的程度；民法的着眼点则在于合同行为，所评价的是该行为是否当事人真实的意思表示一致的结果，是

---

① 张田：《民刑交叉案件中民间借贷合同效力的认定》，广西师范大学2018年硕士学位论文。
② 张田：《民刑交叉案件中民间借贷合同效力的认定》，广西师范大学2018年硕士学位论文。
③ 张田：《民刑交叉案件中民间借贷合同效力的认定》，广西师范大学2018年硕士学位论文。

否应赋予法行为以私法上的效力。[①] 换言之，合同效力不受刑法调整，只受民法调整。[②]（3）更能有效保护债权人的合法权益。该观点以非法吸收公众存款罪（其实，合同型诈骗罪理由相同。——笔者注）涉及民间借贷合同效力进行分析，认为如果认定非法吸收公众存款罪中的民间借贷行为属于无效，那么，不仅借贷合同中约定的利息无法实现，而且债权的担保可能也无从实现。囿于刑罚手段的有限性，如果允许通过追赃程序来弥补受害人损失，意味着犯罪人将因自身犯罪行为而免除支付约定利息的合同义务，也免除了担保人应承担的担保责任，这不利于债权人合法权益的保护，更是变相地允许犯罪人从犯罪行为中获利。

（三）合同撤销论

这是诈骗型犯罪（如合同诈骗罪、集资诈骗罪、保险诈骗罪等）涉及民事合同效力的一种观点。行为人在刑事上已构成合同诈骗罪，但在民事上，只能认定行为人在签订合同时，主观上构成欺诈，诈骗无非性质更加严重的欺诈。根据《合同法》第 54 条第 2 款之规定："一方以欺诈、胁迫的手段订立的合同，受损害方有权请求人民法院或者仲裁机构变更或撤销。"换言之，合同诈骗罪成立，民事合同仍为可撤销，将决定合同有效与否的权利赋予受欺诈方，更有利于保护权利人的权益，也体现了私法领域意思自治的基本原则。[③]

二、刑事犯罪与合同效力的观点评析

从刑事犯罪与合同效力认定的司法实践来看，涉及的罪名较多，概括起来，主要可以分为三大类刑事犯罪涉及民事合同效力的认定。第一类是准入型或许可型刑事犯罪涉及的合同效力，如非法经营罪、非法吸收公众

---

① 参见刘高：《民刑交叉中合同效力的认定及诉讼程序的构建》，载《法学家》2015 年第 2 期。

② 参见刘宪权、翟寅生：《刑民交叉案件中刑事案件对民事合同效力的影响研究——以非法集资案件中的合同效力为视角》，载《政治与法律》2013 年第 10 期。

③ 参见何帆：《刑民交叉案件审理的基本思路》，中国法制出版社 2007 年版，第 224 页。

存款罪、销售假冒注册商标的商品罪等涉及的民事合同效力。第二类是诈骗型犯罪涉及的民事合同效力。第三类是除了第一类、第二类之外的刑事犯罪涉及的合同效力，如敲诈勒索罪中出现的借贷合同，非法买卖枪支弹药、毒品犯罪中的买卖合同，故意杀人罪的雇凶合同（雇佣合同），受贿罪中以借用合同或赠与合同形式的行贿等合同。以下结合刑事犯罪与合同效力的三种观点，以三种类型刑事犯罪涉及民事合同效力作为考察对象，对刑事犯罪与合同效力的三种观点，作一个较为详细的评析。

（一）关于损害国家利益问题

主张刑事犯罪合同无效的一个理由是，由于签订合同涉及刑事犯罪，刑事犯罪必然损害国家利益，损害国家利益的合同当然无效。笔者认为，这一主张过于片面与抽象，民商事合同中涉及刑事犯罪，如合同诈骗罪，行为人在刑事上构成合同诈骗罪，但在民事上只能认定行为人在签订或履行合同时主观上有欺诈故意，受损害方被欺诈，不存在与行为人串通的情况，因此，根据《合同法》第 54 条之规定，应认定合同可撤销。《合同法》中无效合同涉及损害国家利益的，是指当事人在签订具体合同时损害了具体的国家利益，而不是泛指包括传统秩序在内的国家整体利益。[①] 国家利益是国家在整体上具有的政治利益、经济利益和安全利益。[②] 国家利益不包括国有、国家控股、国家参股公司的利益，也不包括国家机关、国有事业单位在参与民事活动时的利益。[③] 有的学者甚至用列举的方式，指出国家利益包括：（1）国防利益，如战备物资；（2）国家安全利益，如国家机密、核材料、核设备、反应堆用非核材料等物质；（3）国家核心科学技术；（4）公共服务利益，如国家机构办公用品；（5）国有文物、矿产、珍贵种子、珍稀动物等。[④] 笔者虽然对这种列举中的国家机构办公用品、矿产等作为国家利益不大认同，但作为具体化的国家利益的列举做法有可

① 参见何帆：《刑民交叉案件审理的基本思路》，中国法制出版社 2007 年版，第 225 页。

② 参见王轶：《合同效力认定的若干问题》，载《国家检察官学院学报》2010 年第 5 期。

③ 参见王德山：《合同效力研究》，中国政法大学出版社 2015 年版，第 232－233 页。

④ 参见朱广新：《合同法总则研究》（上册），中国人民大学出版社 2018 年版，第 358 页。

取之处。对于民商事活动中订立的合同涉及刑事犯罪，基本上不涉及国家利益，当然不能认定合同无效。极少数观点认为合同涉及刑事犯罪时，违反了刑法的强制性规定，损害了国家利益。这种以违反刑事法律从而强行认定损害国家利益，并作为合同无效的理由是难以成立的。照此理由，所有违反民事法律、行政法规的行为都是违反法律的行为，都是损害了国家利益，都是合同无效的理由，显然，这在逻辑上是讲不通的，也不符合《合同法》关于损害国家利益合同无效的法理。

当然，有的民事合同只是刑事犯罪的一个手段，从而构成犯罪事实的一个部分。如行为人敲诈勒索受害人并勒令受害人写下借条（借贷合同），受害者根据《合同法》相关规定救济自己的权利有时无法实现，因为受胁迫行为属于可撤销的民事法律行为，但撤销权行使期限为 1 年，超过 1 年合同有效，受害人至此就无法主张合同无效。但是，根据《民法典》第 146 条关于"行为人与相对人以虚假的意思表示实施的民事法律行为无效"的规定，刑事行为人与被害人的借条，是虚假的意思表示，故借贷合同无效。此时属于法条竞合，由刑事案件被害人选择对其有利的法条适用。上文中的第一类型、第二类型犯罪中的合同无此种情况，第三类型犯罪中的合同则可能存在这种情况。

（二）关于以合法形式掩盖非法目的的问题

主张刑事犯罪合同无效的另一个理由是签订合同只是行为人作为犯罪的一个手段或工具，掩盖了其非法占有或损害国家法律秩序的目的，如合同诈骗罪中的合同、非法吸收公众存款罪中的合同，即是如此。笔者认为，必须对"以合法形式掩盖非法目的"的内涵作一个准确的把握后，才能判断涉犯罪合同能否以此为理由认定为合同无效。

以合法形式掩盖非法目的，是指当事人实施的行为在形式上是合法的，但在内容上和目的上是非法的，这种行为又称为隐匿行为。[①] 有学者认为，以合法形式掩盖非法目的，核心问题有两点：一是当事人实施一个

---

① 参见王利明：《合同法研究》（第 1 卷），中国人民大学出版社 2003 年版，第 650 页。

形式合法的行为，就合同法角度而言，就是签订一份合法有效的合同，称为伪装的合同，该伪装合同既不是当事人的真实意思，也不真正履行，仅仅为了规避法律；二是合法合同之外必然隐藏一方当事人预达到的目的或双方当事人的共同目的，而且该目的必须具有非法性。① 以合法形式掩盖非法目的的合同之所以被认定为无效，根本的原因是当事人最终要达到的目的违法。由于这种合同被掩盖的目的违反法律、行政法规的强制性规定，并且造成国家或者第三人利益的损害，所以合同法把此类合同也纳入无效合同中。②

笔者认为，不能只隐藏一方当事人欲达到的目的，就认定为以合法形式掩盖非法目的，必须是双方的共同目的或各自目的。换言之，合同双方当事人要有共谋，有共同或各自的非法目的。如果合同只有一方当事人有非法目的，另一方没有，则另一方受欺诈签订合同，合同属于可撤销的合同，此为其一。其二，对“掩盖”一词的理解，根据最高人民法院诸多判决可以总结出来，该“掩盖”行为实际上要求借贷双方有共同实施的合意。这里的合意特指双方共谋，在共同意思表达之下而为的行为。因为被认定无效的合同是对具备合意的“知情者”双方的惩罚，而如果双方并未共谋“掩盖”行为，不应被认定为“以合法形式掩盖非法目的”的法律行为。③ 其三，我国《民法典》第 146 条规定，行为人与相对人以虚假的意思表示实施的民事法律行为无效。这里的虚假表示，必须是双方行为。“以合法形式掩盖非法目的”属于虚假表示的范畴，《民法典》颁布后，归入第 146 条调整也是顺理成章之事。所以，以合法形式掩盖非法目的，必须是合同双方当事人的共谋，必须是合同双方当事人有非法目的。因此，除了第二类型即诈骗类犯罪的合同涉及的合同不存在以合法形式掩盖非法目的之外，第一类和第三类均可能存在以合法形式掩盖非法目的的情形。在非法吸收公众存款罪中涉及的借贷合同，有学者认为应当认定借贷合同

① 参见王德山：《合同效力研究》，中国政法大学出版社 2015 年版，第 264 页。

② 参见胡康生主编：《中华人民共和国合同法释义》，法律出版社 2013 年版，第 160 页。

③ 参见张田：《民刑交叉案件中民间借贷合同效力的认定》，广西师范大学 2018 年硕士学位论文。

有效，理由是非法吸收公众存款罪是违反市场准入资格，不属于效力性强制性规定。犯罪的实施主体是借款人一方，出借方不知道也不能知道对方在实施犯罪，从而不可能构成“以合法形式掩盖非法目的”，进而对合同效力不会产生直接影响。[①] 笔者认为，非法吸收公众存款罪中的社会性（公开性）特征，出借人有时是知道借款人在非法吸收或变相吸收公众存款，而不是绝对“不能知道”，只是出借人追求高额利息，借款人非法吸收公众存款，各自追求非法目的，当然构成“以合法形式掩盖非法目的”。同时，出借人在知道借款人的行为构成犯罪的情况下，出借资金给借款人，系不法原因给付，依据我国《民法典》关于违反社会公共利益和公序良俗的规定，该情况下的合同也是无效的。又如，受贿人向行贿人出具借条（借款合同），掩盖行贿受贿目的，也是典型的“以合法形式掩盖非法目的”的无效借贷合同。

（三）关于违反法律、行政法规的强制性问题

主张刑事犯罪的合同无效的另一个理由是刑事法律应当成为影响合同效力的强制性规定。这就要探讨刑法是否包括在《合同法》第 52 条第 5 项“违反法律、行政法规的强制性规定”的“法律”之中？笔者认为不应包括，理由是：《合同法》第 52 条第 5 项中的强制性规定为效力性规定。《最高人民法院关于适用〈中华人民共和国合同法〉若干问题的解释（二）》（已失效）第 14 条规定，《合同法》第 52 条第 5 项规定的“强制性规定”，是指效力性强制性规定。最高人民法院在全国民商事审判工作会议上对效力性规范的确认进行了明确的阐述：第一，效力性规定是指法律及行政法规明确规定违反该类规定将导致合同无效的规范；第二，虽未明确规定违反之后将导致合同无效，但若使合同继续有效将损害国家利益和社会公共利益的规范；第三，此类规范不仅旨在处罚违反之行为，而且意在否定其在民商法上的效力。因此，只有违反了效力性的强制性规范

---

① 参见姚辉：《涉犯罪合同效力问题研究》，载《法学杂志》2017 年第 3 期。

的，才应当认定合同无效。① 违反民商事法律的强制性规定，合同无效自不待言。违反行政法规的强制性规定，则只有违反效力性规定的强制性规范，才导致合同无效。这是因为有些民商事主体要进入市场经济领域从事民商事活动及活动的某些内容，是要受到行政法规规制的，这是作为公法（行政法规）适当干预私法行为，以维护国家和社会公共利益所必需。以合同诈骗为例，合同继续履行，不但不会损害国家利益和社会公共利益，反而有利于民事合同纠纷中原告利益，不让犯罪分子因合同无效从中获利。在私法领域，特别是合同领域，要贯彻私法自治、合同自由，这是社会经济发展的必然要求，也是合同法的精髓所在。当然，私法自治要遵循法律和公序良俗的底线，突破底线了，法律就要干预，这是各国普遍的做法。但是，就合同效力而言，刑法能不能、有没有必要介入呢？刑法是规定犯罪与刑罚的法律，就合同诈骗而言，刑法关注的焦点是诈骗行为以及该行为是否触犯刑法需要施以刑罚的程度。民法关注的焦点是合同行为，以及该行为是否为当事人真实的意思表示，是否赋予私法上的效力。合同是否有效是针对合同内容本身作出的评价，集资行为是刑事法律的评价对象。换言之，犯罪与涉罪合同效力的评价对象是不同的。既然刑法与民法关注的视角与对象不同，两者追求的价值也不同，合同双方当事人订立合同的目的是达到一定的私法效力，而这种效力的认定，不能以刑法判断来替代民法判断，刑法的目的与私法目的不同。“刑法规范一般不直接调整私法行为，其中的强制性规定只是对某类犯罪行为进行规制，本身不产生私法上的效果，故刑法规范中的强制性规定不能直接援引作为合同效力的依据。”② 2019 年《最高人民法院关于审理民间借贷案件适用法律若干问题的规定》第 13 条强调：“借款人或者出借人的借贷行为涉嫌犯罪，或者已经生效的判决认定构成犯罪，当事人提起民事诉讼的，民间借贷合同并不当然无效。”所以，刑法不应介入合同效力的认定。

---

① 参见中国审判理论研究会民商事专业委员会编著：《〈民法总则〉条文理解与适用》，法律出版社 2017 年版，第 261 页。

② 姚辉：《民法适用中的价值判断》，载《中国法律评论》2019 年第 6 期。

当然，有的合同双方当事人在签订合同中，都触犯了《刑法》规定，构成犯罪，如买卖枪支犯罪、买卖毒品犯罪，买方和卖方均构成犯罪。从合同效力来看，由于该买卖合同违反法律、行政法规的强制性规定，即违反《枪支管理法》《禁毒法》的规定，合同无效，但对该合同无效，《合同法》第59条规定："当事人恶意串通，损害国家、集体或者第三人利益的，因此取得的财产收归国家所有或者返还集体、第三人。"因此，对买卖枪支犯罪、买卖毒品犯罪的合同，可按《合同法》第59条关于"当事人恶意串通，损害国家利益的，因此取得的财产收归国家所有"的规定处理。但是，《民法典》第157条关于无效合同法律后果的规定，没有《合同法》第59条的规定，不能对违禁品直接判处收归国家所有。《民法典》第157条关于"法律另有规定的，依照其规定"的规定，唯一的依据只能是《枪支管理法》和《禁毒法》，即只能根据行政法律进行没收，这是《民法典》考虑不周的地方。又如，行贿人以借贷合同方式，向受贿人行贿，此时是以合法形式掩盖非法目的，借贷合同无效。但此时的合同无效，如果行贿人不构成犯罪，根据《民法典》相关规定，不能没收行贿款项，只能借助刑法关于违法所得予以没收的规定处理。对此，笔者呼吁在《民法典》中，增设一个法条：（1）对于不法原因给付行为（给付人不构成犯罪）的，行为人提起民事诉讼要求返还给付款物的，判决不予支持，并处没收不法给付的款物。（2）对于违禁品的买卖合同，如果买卖双方都构成犯罪，则该合同是特殊的无效合同，此类无效合同不是真正意义上的民事合同，民法不能管辖，只归刑法主管，由刑法定罪处罚，并判处没收违法所得或违禁品。

三、刑事犯罪与合同效力的处理路径

从上文的分析来看，刑事犯罪涉及合同效力，试图以《合同法》第52条第1项、第3项、第5项之规定，认定合同无效都是不能成立的。有学者干脆不引用《合同法》关于合同无效的规定，而是以合同涉嫌犯罪，"交易行为被纳入犯罪构成而为刑法所禁止，民法上的合同目的亦为刑法

所否定，相关合同自然也违反刑法强制性规定"[①] 为由主张合同无效。持这种观点的人在实务界有很多。这种以合同行为涉嫌犯罪就否定民法上的意思表示以及民事法律行为的独立属性，在法理上是站不住脚的，是刑法武断的横加干预私法效力的表现。

合同行为涉嫌犯罪，犯罪行为由刑法调整，而合同行为应由民事法律调整，这是刑民体系自洽的必然要求。规范犯罪人与国家的刑事法律关系与规范民事主体之间关系的民事法律关系，互不隶属，并行不悖，自成体系，发挥各自的功能作用。所谓的"恺撒的归恺撒，上帝的归上帝"，就是说明刑民法律关系各自调整的对象及目的是不同的，民事合同是否有效不能由刑法"越俎代庖"，应由民法来自主决断。就是行政法的效力性强制性规定对合同效力的影响，也是通过《民法典》规定这个通道来实现的。虽然某些行政法的强制性规范直接规定合同效力，如《保险法》第34条第1款规定："以死亡为给付保险金条件的合同，未经被保险人同意并认可保险金额的，合同无效。"这种作为公法上的行政法的直接规定，法院在民事判决中，仍然应当先引用《民法典》相关规定，然后再引用《保险法》第34条的规定。刑法中没有一个条款规定（也不应该规定）合同效力，当然不能直接影响合同效力的认定。在民事侵权与故意伤害罪的事实竞合中，因故意伤害造成被害人的各种赔偿项目和数额，即使提起刑事附带民事诉讼，法院仍然要根据民事实体法和民事程序法来处理。同时，对于故意伤害、故意杀人案件，被害人可以单独提起民事侵权赔偿诉讼，惩罚犯罪与民事赔偿两者并行不悖，可以同时进行，也可以分别进行。同样，刑事犯罪涉合同效力及其处理，原理与上述的民事侵权与刑事犯罪可以分别处理一样，不同之处在于后者可以通过追缴、责令退赔而返还给被害人，而且应当在民事裁判时予以扣除。

长期以来，受重刑轻民的影响，合同关联刑事犯罪，刑事法官直接以违反刑法理所当然地认定合同无效，一路高歌猛进，几乎没有遭到民事法

---

① 詹巍：《论商事裁判中刑民交叉案件的犯罪构成与合同效力认定》，载《法治研究》2016年第6期。

官和民法学界的有力抵抗。最高人民法院的相关司法解释中对刑民关联案件的“同一事实”或合同行为本身涉嫌犯罪，在当事人提起民事诉讼后，法院裁定驳回起诉，并将涉嫌犯罪的线索、材料移送公安或检察机关的规定，[①] 更加强化了刑事犯罪对合同效力的影响与认定。

其实，刑事犯罪对合同效力的影响和认定均不能否定民事责任的承担。合同有效与合同无效或合同可撤销，均要承担民事法律责任，只是承担民事责任的大小和方式不同而已。既然合同行为涉嫌刑事犯罪的民事责任仍然需要承担，而承担的法律依据是民事实体法律和民事程序法律，那么，刑法为什么要对刑事犯罪涉合同效力无端插足而不交由民法自己解决呢？这是一个必须进行深刻思考和加以纠正的问题。刑民关联案件“同一事实”的聚合，涉及合同效力与先刑后民（不一定是先刑后民，尽管司法解释如此规定）并不是画等号的，不能因“同一事实”就一律刑事优先审理，合同就必然无效，民事审理就要推后，这在法理上是讲不通的，在实践上是有害的。对于刑民关联案件的同一事实，刑事犯罪并不必然导致合同无效。同样，合同有效也并不必然认为犯罪行为人在民事合同中不违法。合同有效，一方当事人可能存在民法或行政法上的违法，如民事欺诈合同，一方不申请撤销合同无效。合同无效一方或双方当事人也同样可能存在民法或行政法上的违法。因此，那种认为刑民关联案件涉及同一事实，刑事犯罪必然导致合同无效的观点，是对合同有效就是合法的片面认识。因此，刑法应该做好自己该做的事，合同效力及其责任承担应交由民法自主独立解决。民法放弃自己职能，以及刑法无理的插足，都是不能令人接受的。

由于民法学界长期以来对刑事犯罪涉合同效力的重视不够，刑民关联案件中关于合同效力的规定，《民法典》仍有不完善之处，如上述所说的《民法典》第157条没有规定合同双方恶意串通损害国家利益的，取得的财产收归国家所有，以及对于其他违法导致合同无效而取得的财产，没有规定收归国家所有，而司法实践中必然要借助刑事没收财产的规定予以处

① 参见《最高人民法院关于审理民间借贷案件适用法律若干问题的规定》第5条。

理，从而为刑法干预合同效力及其处理提供了机会，对此，《民法典》应当加以完善。

因此，笔者的观点是：刑民关联案件中的合同效力及其处理，必须完全交由民法规定来处理，《民法典》必须对无效合同的法律后果增加一条关于所有违法所得收归国家所有的规定，以及合同双方均构成犯罪的，该合同不按无效合同处理，只归刑法主管。除此之外，刑法则无须也不能介入民事合同效力的认定，从此划清“楚河汉界”。

余论

民法典时代的刑事法省思

英国历史法学派的集大成者梅因在其名著《古代法》中指出，“一个国家文化的高低，看它的民法和刑法的比较就能知道。大凡半开化的国家，民法少而刑法多。进化的国家，民法多而刑法少”。[①] 作为一个国家法律的重要组成部分，民法、刑法以及其他部门法在法律体系中的地位、作用及其之间的关系，是一个讨论不止的问题。我国《民法典》的编纂和实施，不仅实现了我国几代民法学者编制一部具有中国特色民法典的夙愿，也标志着我国正式进入民法典时代。在民法典时代，应当如何审视各部门法在中国特色社会主义法律体系中的地位和关系，是否应当基于民法典规定对刑事法律进行修改和完善，尤其是在刑民关联案件的实体判别上、程序运行上的刑事法律的不当规定，值得我们反省和思考。

一、民行刑共治：国家治理能力现代化的良法善治

中共十八届三中全会首次提出推进国家治理体系和治理能力现代化的命题，中共十九届四中全会专门就坚持和完善中国特色社会主义制度、推进国家治理体系和治理能力现代化作出重要决定。作为法治体系的重要组成部分，民法、行政法和刑法在社会生活中分别调整不同的法律关系，并在国家治理体系中承担不同的治理功能，唯有实现在宪法统领下的民法、

---

① ［英］亨利·梅因：《古代法》，沈景一译，商务印书馆1959年版，第207页。

行政法和刑法的共治，方能真正做到良法善治，才能实现国家治理体系和治理能力的现代化。

（一）前置法与后置法关系及其在社会治理中的作用

所谓前置法与后置法在本书的前文已经论述，是指基于法秩序统一性原理与刑法谦抑性原则，民法、行政法与刑法之间具有前置与后置的前后关系。

法学理论一般按照调整对象划分不同的部门法。在中国特色社会主义法律体系中，宪法是国家的根本大法，是制定和解释其他法律的依据，对其他部门法具有统辖关系，处于法律体系金字塔的顶端。而民法调整平等主体之间的权利义务关系，规定民事主体享有的民事权利和民事义务。行政法调整具有隶属关系的行政主体与行政相对人之间的法律关系，对行政权力的行使作出约束，可以说民法与行政法所调整的社会关系涵盖了社会生活的方方面面，形成了对法律关系的纵横调整。因此，民法和行政法是对宪法规定的具体化规定，处于法律体系金字塔的第二层。而刑法是规定犯罪及其法律后果的法律规范，是宪法及其他部门法的保障法，是对侵犯宪法及其他部门法所保护法益的犯罪行为的制裁力量，是法律体系金字塔结构的基石和保障。

前置法与后置法的关系决定了法律对社会关系进行多层次、分先后的调整。在社会生活中，民法、行政法通过赋予权利、规定义务和正当程序等方式对社会关系进行第一层次的调整。当前置法规定的权利被不当行使，义务被不当履行导致法秩序得到侵犯和破坏时，当前置法保护不力时，刑法作为保障性法律规定，通过刑罚进行第二层次的保护。在此意义上讲，没有第一层次的调整就不应有第二层次的保护，没有违反前置法就不需要后置法进行保障，也就是说，违反了前置法的行为并非都是后置法的规制对象，而后置法的规制对象一定是违反了前置法的规定。正如周光权教授所指出的，“民法、行政法上不违法的行为，不应当作为犯罪处理。但是不能反过来说，只要是民法、行政法等前置法上违法的行为，就一定具有刑事违法性”。[①]

自然犯和法定犯的区分肇始于意大利法学家加罗法洛。自然犯是指侵害或威胁刑法法益又明显违反伦理道德的传统型犯罪，而法定犯是指只侵害或威胁法益但没有明显违反传统伦理道德的现代型犯罪。[②] 在国外的刑事立法中，刑法典主要规定自然犯，法定犯则主要以附属刑法的形式规定在民事法律和行政法律中，西方国家盛行的重罪、轻罪和违警罪的犯罪分类也体现了区分自然犯与法定犯的思想。有观点认为，自然犯是自体恶，而法定犯是禁止恶。因此，法定犯的司法认定需要参照行政法规，而自然犯则只需根据自身的行为特征进行认定。[③] 事实上，法定犯违反前置法律规定毋庸置疑，但是自然犯在明显违反伦理道德的同时，更是严重侵犯宪法体系下民事法律和行政法律赋予公民的基本权利。例如，杀人罪侵犯了公民不可剥夺的生命权，盗窃罪侵犯了民法赋予的物权权利，这些权利不仅是与生俱来的，也是前置法律所保护的。因此，自然犯与法定犯的区分并没有否定前置法与后置法对两者的一体适用。

（二）社会治理中的刑法依赖症及分析

随着德国学者乌尔里希·贝克“风险社会”理论的兴起，我国刑法学界关于“风险刑法”的理论研究方兴未艾，认为在风险社会存在刑法危机，提出了在风险社会通过刑法控制风险的学说。[④]

工业社会由其自身系统制造的危险而身不由已地突变为风险社会。[⑤] 进入工业时代后，人类社会似乎面临越来越多的风险，不仅有三聚氰胺等侵害众多消费者合法权益的食品安全事件，也有世界各地、随时随地都可能发生的重大伤亡的安全生产事故，特别是美国“9·11”恐怖袭击事件

---

① 周光权：《经营性传销活动不是刑法的处罚对象》，载《法治日报》2021年4月28日，第9版。

② 参见钱春芸：《自然犯、法定犯分类界说》，载《云南财经大学学报（社会科学版）》2010年第5期。

③ 参见陈兴良：《民法对刑法的影响与刑法对民法的回应》，载《法商研究》2021年第2期。

④ 参见劳东燕：《公共政策与风险社会的刑法》，载《中国社会科学》2007年第3期。

⑤ 参见贝克：《世界风险社会》，吴英姿等译，南京大学出版社2004年版，第102页。

以来，恐怖主义、分裂主义和极端主义等针对不特定对象的政治风险陡然上升，使刑法越来越倾向于防患未然的风险。

与此同时，在互联网时代，随着自媒体技术的发展，每个个体都成为信息传播的参与者，一些偶发性的恶性事件和极端案件及其存在的民事维权难和行政不作为等问题，经过互联网传播和发酵，不断引发舆论激烈讨论和群众强烈反响，要求强化刑法立法和刑事规制，主张从预防角度加大打击力度的呼声越来越强烈。

在此背景下，"随着风险社会的到来，法定犯时代也随之到来了"。[①]近年来，我国的刑事法律频繁修改，刑事罪名迅速增加，无论是民间、学界还是立法层面，似乎都患上了刑法依赖症，立法、执法和司法都存在明显的泛刑法化现象。

所谓"民有所呼，刑有所应"。近年来以个案推动刑事立法的现象并不少见，如 2008 年造成四死一伤的四川孙某铭案推动了《刑法修正案（八）》的醉驾入刑。2018 年重庆万州公交车坠桥事故也催生了《刑法修正案（十一）》妨害安全驾驶罪的立法。刑法的主动作为和频频出击，使许多本由民事法律和行政法律调整的行为纳入了刑事规制的范围，立法中抽象危险犯、预备行为实行化和帮助行为正犯化的规定越来越多，刑法与民法、行政法等前置法之间的界限越发模糊。

基于此，近来刑法学界也开始对"风险刑法"理论和刑法依赖症的反思和批判，正如陈兴良教授所指出的"风险社会的风险并不能等同于风险刑法的风险或者危险"。[②] 张明楷教授亦主张，"就许多风险或者危险而言，采取其他措施预防可能比单纯的法律禁止更为有效，强调以刑法控制风险的做法，反而会增加更多的风险"。[③] 一味地强调刑法规制和刑罚作用，甚至刑法绕过前置法规定主动介入，这种对刑法功能的迷信，是对刑法谦抑性原则的违背，不能适应新时代社会治理体系和社会治理能力现代

---

① 杨玉圣：《莫道桑榆晚，余霞尚满天——储槐植教授访谈录》，载《社会科学论坛》2013 年第 7 期。

② 陈兴良：《风险刑法理论的法教义学批判》，载《中外法学》2014 年第 1 期。

③ 张明楷：《"风险社会"若干刑法理论问题反思》，载《法商研究》2011 年第 5 期。

化的需要。

（三）社会治理的民法、行政法和刑法的共治

“刑法在根本上与其说是一种特别法，还不如说是对其他一切法律的裁定。”[①] 完善社会治理体系，提升社会治理能力，就是要坚持法秩序统一性原理和刑法谦抑性原则，坚守刑法作为保护权利和自由的后盾法品格，守住刑法的边界，实现民法、行政法和刑法“恺撒的归恺撒，上帝的归上帝”的社会治理共治。

其一，刑法须谦抑。本书在前文已着重对刑法的谦抑性原则作出论述，并将其作为判断刑民关联案件的重要原则之一。正如英国功利主义大师边沁所说的，“刑法是一种必要之恶、惩罚之恶”。[②] 作为最严厉的处罚措施，刑法必须保持谦抑性的品格，必须被限制在必要的范围内。刑法不是万能的，不能解决所有的社会问题，应用不当反而会产生新的社会问题。如《刑法修正案（八）》规定的醉驾入刑以来，危险驾驶罪在短短数年时间内迅速成为我国每年刑事案件起诉和审判数量最多的罪名，每年有数十万人因为醉酒驾驶被依法追究刑事责任，从而因为犯罪前科而影响犯罪者的学习、工作和正常生活，这是一个严重的社会问题。与此形成鲜明对比的是，危险驾驶罪存在明显的审前羁押少和判决轻缓化现象以及短期自由刑交叉传染的问题。如果通过严格的行政执法，进行行政处罚（如行政拘留与吊销驾照等），不用通过刑事处罚就能解决醉驾问题。

其二，行政可缓冲。中共十九届四中全会提出，要坚持和完善中国特色社会主义行政体制，构建职责明确、依法行政的政府治理体系。经过长期的行政法律体系建设，我国已经初步建成涵盖行政组织法、行政行为法和行政监督法的行政法律制度，政府的各类行为基本纳入了法治轨道。[③]

---

① ［法］卢梭：《社会契约论》，何兆武译，商务印务馆2003年版，第70页。

② 丁亚婷、吴义龙：《边沁的功利主义刑法观》，载《郑州航空工业管理学院学报（社会科学版）》2017年第6期。

③ 参见马怀德：《我国的行政法律制度》，载全国人民代表大会网2021年7月22日，http://www.npc.gov.cn/npc/c30834/202006/2377d96e89964d9aa23caf1012803920.shtml。

作为后置法，刑法规范具有不周延和难以自洽的特征，特别是法定犯的犯罪构成要件规范要素，往往需要先由行政法对行为作出定质和定量的规定。行政法律规定的缺位，往往导致刑法在对行为作出违法还是犯罪的定性上无所适从，本应由行政法制裁的行为通过刑法进行规制的越界现象屡见不鲜。此外，由于长期以来行政不作为、慢作为和乱作为造成的行政调处不及时、行政执法不到位痼疾，导致行政法在社会治理没有发挥其应有的作用，也促使呼吁更为严厉的刑法力量进行介入的呼声越发强烈。如长期以来，行政执法力量在高空抛物违法行为的不作为，造成受害者在确定侵权者及获取民事赔偿上具有相当的难度，在客观上推动了《刑法修正案（十一）》高空抛物罪的立法。因此，作为前置规范和优先力量，一方面要在行政规定上做到更周延、更明确；另一方面要在行政执法上做到更及时、更有效，以发挥其在民法和刑法之间的缓冲作用。

其三，民法要扩张。我国著名民法学者王利明教授提出，在民法典时代，民法要扩张，刑法要谦抑。① 由于历史条件的限制，我国的民事法律规范的立法进程长期落后于刑事立法，刑法中包含了大量本应由民事法律规范规定的内容，民事法律规范从前置法沦为后置法、附属法。民法与刑法之间的模糊边界，使大量的民事案件通过刑事手段进行介入。我国《民法典》的颁布实施，应当彻底改变这一现状。作为社会生活的“百科全书”，民事权利的“宣言书”和市场经济的“基本法”，《民法典》不仅规定了纷繁复杂的民事权利和民事义务，具有保障公民私权利的私法属性，同时也规范和约束国家机关立法、执法和司法等公权力的行使，具有鲜明的公法溢出价值。② 因此，在民法典时代，不应盲目地扩张刑法的适用，而是应当在现有民事法律规范制度供给的基础上，尽可能通过民事法律调整社会关系，最终实现社会治理的良法善治。

① 参见王利明：《民法要扩张刑法要谦抑》，载《中国大学教学》2019 年第 11 期。

② 参见孔祥俊：《挖掘民法典的公法价值推进国家治理体系和治理能力现代化》，载《光明日报》2020 年 11 月 13 日，第 11 版。

二、刑民法律概念与司法原理的竞合及调适

刑法与民法是整体法秩序的重要组成部分，在宪法统领下发挥各自的功能和作用。正如本书前文所述，基于法秩序统一性原理，一方面，作为后置法的刑法必须在一些法律概念和司法原理上遵循民法的基本价值，以维护法秩序的统一；另一方面，作为最严厉的制裁手段，刑法有其特有的行为构造和价值判断，也有其专有的概念和原理，民事法律规范与刑事法律规范在法律概念与司法原理上存在一定程度的竞合与差异。

（一）刑法必须遵循的民法概念及民法原理

刑法的后置法属性和刑罚的严厉性，决定了只有在其他法律规范无法调整和不足以制裁的情况下才需要动用刑法的力量进行规制。与此同时，我国刑事立法中大量使用空白罪状的规定，仅《刑法》分则中关于“违反规定”“违反法规”等表述就达87处之多，这就需要刑法在对行为作出定义和定性时需要引用民法等前置法律规范的概念和原理。换言之，刑法在行为定性和价值判断时必须遵循一些民法概念和民法原理。

一是基本原则。“在民法慈母般的眼里，每个个人就是整个国家。”① 民事基本原则体现了民法的基本价值，反映了民事立法的目的和导向，是民事主体从事民事活动应当遵循的基本准则。从我国《民法通则》立法伊始，我国民事法律规定的基本原则处于不断的演变发展过程中。我国《民法典》确立了平等原则、意思自治原则、公平原则、诚实信用原则、公序良俗原则以及绿色原则等六项基本原则，不仅为民事活动和民事审判指明了方向，也成为司法机关处理涉及民事关系的刑事案件所应遵循的基本准则。如我国《民法典》第5条规定，民事主体从事民事活动，应当遵循自愿原则，按照自己的意思设立、变更、终止民事法律关系，从而确立了民事活动中的意思自治原则，司法机关在办理涉合同刑事案件，如合同诈骗案件中，应当遵循民事活动的意思自治原则，对当事人在签订合同过程中

---

① ［法］孟德斯鸠：《论法的精神》（下册），张雁深译，商务印书馆1997年版，第190页。

是否享有意思自由，被害人是否基于虚构事实、隐瞒真相而作出错误的意思表示等作出判断，从而认定行为是否符合犯罪构成要求，正确区分民事欺诈和合同诈骗。

二是关联概念。作为对权利侵犯的制裁性规范，我国《刑法》在罪状描述上大量援引了民法所保护民事权益的规定，并将其作为刑法所保护的法益。如我国《刑法》中"所有"一词出现23次，包括集体所有、个人所有、私人所有等。尽管《刑法》中"所有"一词出现的语境有所不同，但其在概念的内涵与外延上应与民法上的所有一致，即包括占有、使用、收益和处分的权能。又如，我国《刑法》分则第3章破坏社会主义市场经济秩序罪中专节规定了侵犯知识产权犯罪，涵盖侵害商标权、专利权和著作权等犯罪行为，但《刑法》并未对商标权、专利权和著作权的概念作出具体表述，在刑事司法上，相关概念仍应援引我国知识产权保护的法律规定并与之保持一致。

三是通用术语。除前述的关联概念外，刑法规定中还存在大量其他法律规范使用的通用术语，这些通用术语不仅为民事法律规范所使用，也为宪法、法律、行政法规等使用。如本书前文已述的占有，系民法所有权的四大权能之一，在民法规范和民法原理中广泛使用。又如合同，不仅我国《民法典》专门规定了合同编，在刑法中也有诸如合同诈骗罪等具体规定。再如个人信息，我国《刑法》第253条之一规定了侵犯公民个人信息罪，而我国《民法典》第1043条也规定了自然人的个人信息受法律保护。因此，刑法上的公民个人信息罪的个人信息与民法典上的个人信息的内涵与外延保持一致。

（二）刑法专有的概念及原理

需要明确的是，虽然刑法是后置法、二次规范法，但并不意味着刑法在法律体系中具有附属性。相反地，作为一个重要的部门法，刑法与民法、行政法等其他部门法相互独立地存在。正如张明楷教授所指出的，"刑法自古以来就作为独立的法律发挥着自己的机能，其自产生以来，经历了由全面法发展为部门法再到保障法的过程。但尽管如此，刑法仍具有自己独特的性格”。[①]

除了在法律体系中具有独立性外，刑法的立法目的和价值取向也和民法存在明显的不同。我国《刑法》第 1 条规定，刑法的目的在于惩罚犯罪和保护人民，而我国《民法典》第 1 条则明确规定是为了保护民事主体的合法权益，调整民事关系。刑法和民法在价值取向上呈现的不同，表现为刑法倾向于秩序的维护，而民法则重在对自由的保障。

正是基于刑法的独立性及特有的立法目的和价值取向，刑法在理论和实务上具有其独特的概念及原理。

其一，关于法律主体。我国《民法典》规定了民事法律关系主体为自然人和法人，其中法人按照其经济属性分为营利法人、非营利法人和特别法人。我国《刑法》则规定了自然人犯罪和单位犯罪。按照《刑法》第 30 条规定，公司、企业、事业单位、机关、团体均可以作为单位犯罪的主体。在法律后果承担上，民法上权利义务关系一般由于表见代理或者因为职务行为而由单位承担，而《刑法》则对部分单位实行双罚制，单位及直接负责的主管人员和其他直接责任人员均应承担刑事责任。

其二，关于法定年龄。民法一般基于是否可以以独立的意思表示进行民事行为能力对法定年龄作出规定。根据我国《民法典》的规定，不满 8 周岁的未成年人为无民事行为能力人，8 周岁以上的未成年人为限制民事行为能力人。《刑法》则以是否具有辨认能力和控制能力作为是否应当追究刑事责任的依据。按照《刑法修正案（十一）》的规定，已满 16 周岁的人犯罪，应当负刑事责任。已满 14 周岁不满 16 周岁的人，犯《刑法》规定的罪行的，应当负刑事责任。已满 12 周岁不满 14 周岁的人，犯故意杀人、故意伤害罪，致人死亡或者以特别残忍手段致人重伤造成严重残疾，情节恶劣，经最高人民检察院核准追诉的，应当负刑事责任。

其三，关于出生和死亡的判断。出生和死亡是民法和刑法上的重要概念，涉及民事权利和民事义务的始期和终期，更关系到法律责任的认定和

---

① 张明楷：《刑法在法律体系中的地位》，载《法学研究》1994 年第 2 期。

承担，因此存在不同的理论和方法。关于出生有分娩开始说、一部露出说、全部露出说、独立呼吸说等观点。关于死亡则有脉搏终止说、呼吸停止说、综合判断说、脑死亡说等观点。由于民法是为了确定民事权利能力的起止期限，而刑法则是为了民事权利受到严重侵害后及时介入保护，两者在目的上存在明显的差异，使民法和刑法在判断出生和死亡的标准上存在不同。就出生而言，刑法应当早于民法，否则不利于胎儿民事权利的保护。而就死亡而言，民法应当早于刑法，这样才有利于被侵害一方及时进行权利救济，进而维护民事法律关系的稳定。正是由于两者在保护目的上的差异，民法规定了刑法没有的宣告失踪和宣告死亡制度。也正是基于此，《日本刑法典》采纳了不同于民法通说全部露出说的立场，依据一部露出说规定了堕胎罪。

其四，关于行为形态。根据我国《民法典》第 1165 条之规定，行为人因过错侵害他人民事权益造成损害的，应当承担侵权责任，故一般侵权责任的构成要件包括违法行为、主观过错、损害事实和因果关系，即没有损害事实就不存在侵权责任。不追究侵权预备和侵权未遂的民事责任，因此民法上也不划分侵权预备、侵权未遂和侵权既遂的行为形态。而在刑法上，实施犯罪行为是一个过程，不仅可能需要预备工作和制造条件，而且可能因为意志以外的原因而未得逞。由于犯罪的完成形态和未完成形态在社会危害性和人身危险性上均具有很大的差别，在发挥刑罚的特殊预防和一般预防功能上也应当有所区别，因此《刑法》在总则上规定了犯罪预备、犯罪未遂和犯罪既遂等不同的犯罪形态，并根据犯罪形态的不同对犯罪分子应当或者可以从轻、减轻或者免除处罚。

其五，关于主观方面。过错是加害者承担民事责任的基础，正如德国民法学家耶林所述，“不是损害而是过错使侵害者负有赔偿义务”。[①] 就刑法而言，无论是三阶层说还是四要件说，主观方面都是犯罪构成要件的重要组成部分，因此可以说，过错是民法和刑法共同关注的问题。虽然在过错内容的认识上，民法和刑法是基本一致的，即包括故意和过失两种形

---

① 张新宝：《侵权责任法原理》，中国人民大学出版社 2005 年版，第 31 页。

式。两种形式又可以分为直接故意、间接故意、疏忽大意的过失（民法上称为疏忽）和过于自信的过失（民法上称为懈怠），但在各自的规范体系上又有所区别。在民法上，不因其为故意或过失而以其责任为原则，[①] 只要行为人主观上具有法律上和道德上应受非难的必要，不管是故意还是过失，都应当赔偿因此产生的损害。刑法以惩罚故意为原则，处罚过失为例外，行为人主观上对法益损害结果的态度，是区别其主观上故意还是过失的依据，更是决定行为人罪与非罪、此罪与彼罪，对行为人正确定罪量刑的标志。从这个意义上看，刑法上故意与过失的区别显得更为至关重要。

其六，关于归责原则。我国《民法典》侵权责任编除规定过错责任原则的一般归责方式外，还针对不同的侵权行为分别规定了过错推定原则和无过错原则。在刑法上，罪刑法定原则是刑法的基本原则，在司法适用上有绝对禁止有罪推定和类推解释，在刑事案件中检察机关必须提供确实、充分的证据证实行为人主观上存在刑法罪状表述所规定的故意或者过失，以符合犯罪构成要件的该当性要求。

其七，关于保护客体。民法所保护的客体是权益，而刑法所保护的客体是法益。权益和法益虽然只有一字之差，但其内涵与外延存在很大差别。民法上的权益就是指民事法律规范赋予民事主体的民事权利和利益，民法权益与民事主体息息相关、密不可分。而刑法上的法益则是指根据宪法的基本原则，由法所保护的、客观上可能受到侵害或者威胁的人的生活利益，[②] 不仅包括法律所保护的个人利益，还包括可以还原为个人利益的集体利益。

其八，关于时效制度。我国《民法典》和《刑法》分别规定了诉讼时效和追诉时效制度。我国民法规定的诉讼时效主要适用于债权请求权，是权利人请求人民法院保护其民事权利的法定期限，超过诉讼时效则丧失胜诉权和强制执行权。刑法上的追诉时效适用于一切犯罪，是进行刑事追诉

---

① 参见牛锋：《民刑法关联问题研究》，吉林大学2011年博士学位论文。

② 参见张明楷：《刑法学》（第5版）（上册），法律出版社2021年版，第78页。

的有效期限，超过追诉时效，除依法进行核准追诉外，不能再行使求刑权、量刑权和行刑权，导致法律后果消灭。二者期限不同，时效届满后是否继续追诉不同。

三、目前我国刑事法与民事法不相协调的有关规定

在我国的立法进程中，民法与刑法呈现出各自独立发展的态势，在建立和完善法律制度和法律体系的同时，也造成了民事法律规范和刑事法律规范存在大量不相协调甚至相互抵触的内容，损害了法秩序的统一性。

（一）刑民实体法不相协调的有关规定

1. 刑法关于公共财产的拟制规定

我国《民法典》第 266 条规定，私人对其合法的收入、房屋、生活用品、生产工具、原材料等不动产和动产享有所有权。我国《刑法》第 91 条第 2 款则规定，在国家机关、国有公司、企业、集体企业和人民团体管理、使用或者运输中的私人财产，以公共财产论。

我国《刑法》将私人财产拟制为公共财产的理由是，“因为这部分财产虽然所有权归私人所有，但由于交由国家机关、国有公司、企业、集体企业和人民团体管理、使用、运输时，就形成了民事法律关系上的一种委托关系，管理、使用、运输者就有义务保护该财产，如果丢失、损毁，必须承担赔偿责任”。[①] 刑法对公共财产的拟制规定违反民法对财产移转的基本原理，在司法实践产生了深远的负面影响，导致民法与刑法对同类物品的定性和处置存在较大的差异。

以运输中的快递为例，根据我国《民法典》第 512 条和第 604 条之规定，通过互联网等信息网络订立的电子合同的标的为交付商品并采用快递物流方式交付的，收货人的签收时间为交付时间。标的物毁损、灭失的风险，在标的物交付之前由出卖人承担，交付之后由买受人承担。换言之，

---

① 全国人大常委会法制工作委员会刑法室编著，李淳、王尚新主编：《中国刑法修订的背景与适用》，法律出版社 1998 年版，第 91 页。

按照我国民法的规定，在网络购买合同中，物品签收前，所有权由出卖人享有，毁损、灭失风险由出卖人承担，签收后则相应的权利和风险均移转至买受人。如果运输途中的物品灭失，则侵犯了出卖人的所有权，出卖人有权要求侵权人承担民事责任。按照刑法规定，运输中的物品依法被拟制为公共财产或者快递公司的财物，快递公司人员盗窃运输中的快递，不是侵犯所有权人的所有权，而是法律拟制的所有权。

在顺丰公司快递人员杨某盗窃手机案中，杨某盗窃运输中的小米手机（价值 1999 元），经检察机关两次抗诉，再审依然坚持认为杨某的行为系利用职务上的便利侵占公司财物，因数额未达定罪标准，故判决其无罪。①但需要注意的是，根据我国《刑法》第 253 条的规定，邮政工作人员私自开拆或者隐匿、毁弃邮件、电报的，处 2 年以下有期徒刑或者拘役。犯前款罪而窃取财物的，依照盗窃罪定罪从重处罚。虽然我国《邮政法》修订后，提供寄递服务的企业分为邮政企业和快递企业，但如果按照上述裁判要旨，邮政企业的快递人员窃取财物的构成盗窃罪，而快递企业的快递人员窃取财物的则构成职务侵占罪，这样由于企业的性质不同而对性质相当的行为进行迥然相异的定罪量刑的做法，明显是违反定罪逻辑的。

2. 刑法关于承担民事责任的规定

根据我国《刑法》第 36 条、第 37 条的规定，由于犯罪行为而使被害人遭受经济损失的，对犯罪分子除依法给予刑事处罚外，并应根据情况判处赔偿经济损失。对犯罪分子免予刑事处罚的，可以根据案件的不同情况，予以训诫或者责令具结悔过、赔礼道歉、赔偿损失，或者由主管部门予以行政处罚或者行政处分。其中，赔礼道歉、赔偿损失是我国《民法典》第 179 条规定的两种民事责任的承担方式，《刑法》却“自作多情”“自讨没趣”地作了规定。

---

① 参见四川省成都市中级人民法院刑事判决书，（2014）成刑终字第 293 号；四川省高级人民法院刑事裁定书，（2015）川刑提字第 2 号。

这里特别需要指出的是，请求权在权利体系中居于枢纽地位，[①] 不告不理更是调整起诉和审判关系的重要诉讼原则。给付之诉在民事诉讼中占据核心地位，而给付之诉的基础在于权利人要提出相应的诉讼请求。在刑法中规定由司法机关责令赔礼道歉、赔偿损失等方式承担民事责任，忽视了被害人在给付之诉中应当提出相应诉讼请求的逻辑前提，有代为行使民事权利进而越俎代庖之嫌。

3. 刑法关于责令退赔的规定

我国《刑法》第64条规定了责令退赔制度，并通过司法解释对责令退赔的实践规则作出了明确，本书在前文部分已作了重点论述。

尽管刑法理论和司法实践对责令退赔制度存在不同的观点，但是，责令退赔制度与民事诉讼的关系是一个绕不过的问题，特别是对刑事被害人是否有权另行提起民事诉讼观点不一，实务中的具体做法也历经从可另行起诉到绝对排斥另行起诉再到“不同事实”可另行起诉的一个不断变化的过程。

不可否认的是，在前民法典时代，责令退赔制度对发挥刑事诉讼功能、节省司法资源发挥了重要作用。正如有观点认为，如经司法机关追缴或退赔，仍不能弥补损失，通常表明被告人已无退还和赔偿能力，被害人另行提起民事诉讼，只会获得无执行能力的“空判”，既增加当事人讼累，又影响司法权威，影响案结事了。[②] 但是，在民法典时代，责令退赔制度显然已经违背了民法的基本原理。

一方面，按照民法理论和法律规定，公民合法财产的移转主要有合同等基于法律行为的物权变动和判决等基于非法律行为的物权变动。在司法实践中，当犯罪所得无法全部追缴，不足以偿还被害人损失时，被告人应当以其合法财产对被害人的财产损失进行等值赔偿。在此情形下，以被告人犯罪所得以外的合法财产填补被害人因犯罪所造成的损失，实质上涉及

---

① 参见王泽鉴：《民法总则》，北京大学出版社2009年版，第101页。

② 参见江必新、胡云腾主编：《〈最高人民法院关于适用《中华人民共和国刑事诉讼法》的解释〉理解与适用》，中国法制出版社2013年版，第148－149页。

公民合法财产的物权变动，而以国家强制力通过责令退赔方式实现公民合法财产的移转，不仅违背了“不告不理”的诉讼原则，而且忽视了赔偿损失背后的合同抑或侵权的请求权基础，背离了我国《民法典》所规定的合法财产物权变动的基本规则。

另一方面，我国的责令退赔制度具有浓厚的职权主义色彩，人民法院以认定的犯罪事实为基础，以自己的确定犯罪数额为依据，直接判决退赔的金额。在诉讼过程中，刑事被害人作为民事权利主体，没有参加刑事诉，不服判决也不能提起上诉。在没有被害人参加刑事诉讼的情况下，判决救济民事权利的做法，不仅很难做到切实维护刑事被害人的民事权益，而且动摇了民法请求权理论的根基，是一个刑法和民法两边都不讨好的错误做法。

4. 刑法关于重婚的规定

2003 年 5 月 27 日，中央电视台《今日说法》栏目曾经报道这样的一个案例。1993 年，周某征和张某玲按照农村习俗举行结婚仪式，但一直未办理结婚登记手续。婚后，张某玲长期在外地生活，回家后发现其丈夫周某征又与本村村民徐某绵办理了结婚登记手续并生育一个女儿，便到公安机关报案。三原县人民法院经审理认为，周某征在有配偶的情况下又与他人结婚，其行为构成重婚罪，遂判处周某征有期徒刑 6 个月，同时解除周某征与徐某绵的婚姻关系。判决后，周某征又向三原县人民法院提起诉讼，请求判决与张某玲离婚，法院经审查后认为，双方没有办理结婚登记手续，且张某玲同居时未满 20 周岁，不符合结婚法定要件，故认定双方系非法同居关系。

上述案例，正是我国民法与刑法在未办理结婚登记手续即以夫妻名义同居生活的规定不同所造成的。

民事方面，在《民法典》实施之前，我国民事法律对未办理结婚登记手续即以夫妻名义同居生活的主要按照三个时间节点进行划分：在 1986 年 3 月 15 日《婚姻登记办法》（已失效）施行之前，群众也认为是夫妻关系的，如果双方在起诉时均符合结婚的法定条件，可认定为事实婚姻关系；在1994年2月1日《婚姻登记管理条例》（已失效）施行之前，群众也认为是夫妻关系的，如果同居时双方均符合结婚的法定条件，可以认定为事实婚姻关系；在1994年2月1日《婚姻登记管理条例》施行之后，则一律按非法同居对待。在《民法典》实施之后，根据《最高人民法院关于适用〈中华人民共和国民法典〉婚姻家庭编的解释（一）》第7条的规定，1994年2月1日民政部《婚姻登记管理条例》公布实施以前，男女双方已经符合结婚实质要件的，按事实婚姻处理；1994年2月1日民政部《婚姻登记管理条例》公布实施以后，未补办结婚登记的，按同居关系处理，即按照民事法律及其司法解释规定，《婚姻登记管理条例》实施以后，未办理结婚登记手续即以夫妻名义同居生活的不再认定为事实婚姻。

刑事方面，我国《刑法》第258条规定，有配偶而重婚的，或者明知他人有配偶而与之结婚的，处2年以下有期徒刑或者拘役。1994年12月14日，《最高人民法院关于〈婚姻登记管理条例〉施行后发生的以夫妻名义非法同居的重婚案件是否以重婚罪定罪处罚的批复》（已失效）规定，“新的《婚姻登记管理条例》发布施行后，有配偶的人与他人以夫妻名义同居生活的，或明知他人有配偶而与之以夫妻名义同居生活的，仍应按重婚罪定罪处罚”。在司法实践中，构成重婚罪主要有“法律婚+法律婚”和“法律婚+事实婚”两种情形，对已经登记结婚的人，又与他人以夫妻名义同居生活，或者明知他人已经登记结婚，还与之以夫妻名义同居生活，同样构成重婚罪。①

正是由于我国刑法和民法对事实婚姻的不同规定，致使同一个人民法院的刑事审判庭和民事审判庭对同一行为作出了不同性质的定性，更是将民法上所不保护的非法同居行为在刑事案件中按照婚姻关系予以保护，违背了法秩序统一性的原理。在刑民关联语境下，将未办理结婚登记手续即以夫妻名义同居生活的行为按照重婚罪处理，存在以下亟须面对和解决的问题。

---

① 最高人民法院刑事审判第一、二、三、四、五庭主办：《刑事审判参考》（第2集），法律出版社1999年版，第15页。

首先，事实婚姻关系的主要特征在于以夫妻名义共同生活，群众也认为是夫妻关系。随着经济社会的发展，法律婚以外的“重婚”形态越来越多样化，事实婚姻与“包二奶”“婚外情”“通奸”的行为界限模糊，如何证明是否“以夫妻名义共同生活”、如何界定“群众也认为是夫妻关系”也可能存在事实不清、证据不足的问题。如果将事实婚姻纳入重婚罪的规制范围，可能导致该罪名适用范围的不当扩大。①

其次，我国《民法典》施行后，对于有配偶而与他人同居的违法行为，可以追究民事责任的方式进行规制，而不必动用刑罚予以制裁。一是根据我国《民法典》第1079条的规定，重婚或者与他人同居是应当判决准予离婚的法定情形之一；二是根据我国《民法典》第1087条的规定，人民法院在离婚财产分割时，应当按照照顾无过错方权益的原则判决；三是根据我国《民法典》第1091条的规定，因重婚或者与他人同居导致离婚的，无过错方有权请求损害赔偿。

最后，对未办理结婚登记手续即以夫妻名义同居生活以重婚罪追究刑事责任，并不是最优的制裁方式，不仅对所涉及婚姻家庭关系的稳定、生育子女的健康成长造成不利的后果，也可能对人的行为自由与基本的人身权利造成不必要的限制。

事实上，不仅是我国，在日本也同样存在事实婚姻是否应认定为重婚罪中的结婚情形的争论。有观点认为，为了保护先行于法律婚姻而建立的家庭生活，还是应当包括事实婚姻。日本刑法通说则认为，《日本刑法典》第184条规定的婚姻是指法律婚姻而非事实婚姻，成立本罪的行为应该限定为户籍管理人由于失误而受理了后来的婚姻登记的情形，以及在提交虚假的离婚申请之后再申请另外的婚姻登记，并被相关人员受理的情形。②

（二）刑民程序法不相协调的有关规定

我国《刑事诉讼法》专章规定了刑事附带民事诉讼，《刑事诉讼法》

① 参见王利明：《民法要扩张　刑法要谦抑》，载《中国大学教学》2019年第11期。

② ［日］西田典之：《日本刑法各论》（第6版），王昭武、刘明祥译，法律出版社2013年版，第413页。

第 101 条规定，被害人由于被告人的犯罪行为而遭受物质损失的，在刑事诉讼过程中，有权提起附带民事诉讼。但是，刑事附带民事诉讼，并不是一个独立的诉讼程序，而是为了诉讼方便，针对同一事实而将刑事诉讼程序和民事诉讼程序同时进行。在刑事附带民事诉讼中，刑事诉讼程序依据刑法和刑事诉讼法规定，评价行为人的刑事责任后果，附带民事诉讼程序依据民法和民事诉讼法规定，解决行为人的民事责任问题，进而同时作出刑事附带民事裁判。

民事诉讼程序在刑事附带民事诉讼中的相对独立性亦可以从刑事诉讼法司法解释的相关规定中略见端倪。《最高人民法院关于适用〈中华人民共和国刑事诉讼法〉的解释》第 198 条规定，第一审期间未提起附带民事诉讼，在第二审期间提起的，第二审人民法院可以依法进行调解；调解不成的，告知当事人可以在刑事判决、裁定生效后另行提起民事诉讼。因此，在刑事附带民事诉讼中，刑事程序和民事程序完全是可以独立进行的。

基于上述分析，在刑事诉讼程序中附带进行的民事诉讼程序，应当是与独立进行的民事诉讼程序并无二致。但事实上，我国的刑事附带民事诉讼的提请条件、赔偿范围和执行顺序等相关规定与民事诉讼法规定存在很多不一致，在诉讼程序上亦损害了法秩序的统一性。

一是关于提起条件的差异。根据《最高人民法院关于适用〈中华人民共和国刑事诉讼法〉的解释》的规定，刑事被害人仅能因人身权利受到犯罪侵害或者财物被犯罪分子毁坏等两种情形而遭受物质损失的提起刑事附带民事诉讼，而对财产被非法占有、处置的，仅可以通过人民法院依法追缴或者责令退赔程序处理。这与我国《民事诉讼法》第 122 条规定的民事起诉条件存在很大的差别，诉讼范围较之严重限缩。

二是关于赔偿范围的差异。我国《刑事诉讼法》规定的刑事附带民事诉讼的赔偿范围仅限于物质损失，不包括精神损失。修订后的《最高人民法院关于适用〈中华人民共和国刑事诉讼法〉的解释》第 192 条更是明确了人身权利侵害刑事案件的赔偿范围，将残疾赔偿金、死亡赔偿金、被扶养人生活费等间接损失排除在外。该规定在司法实践中产生了巨大的争议，也与刑法理论界长期呼吁增加刑事附带民事诉讼赔偿范围的观点相左。有观点认为，在刑事附带民事诉讼中判决间接损失和精神损失，可能造成赔偿要价虚高，不利于刑事和解，导致判决空判，最终不利于被害人利益。但不可否认的是，刑事附带民事诉讼赔偿范围的规定，使司法实践中被害人在不同案件中适用不同诉讼程序所获得的赔偿数额差距巨大，甚至成为新的“同命不同价”现象。以人身损害赔偿为例，根据我国《民法典》第 1183 条的规定，侵害自然人人身权益造成严重精神损害的，被侵权人有权请求精神损害赔偿，换言之，在民事诉讼中，被侵权人有权请求精神损害赔偿，而在侵权行为性质更为严重的刑事诉讼中，被害人则不能请求精神损害赔偿，刑事诉讼法这种公然不顾《民法典》规定的霸道做法，不符合群众朴素的正义观。

三是关于执行顺序的差异。根据《最高人民法院关于刑事裁判涉财产部分执行的若干规定》第 13 条的规定，被执行人在执行中同时承担刑事责任、民事责任，其财产不足以支付的，按照下列顺序执行：（1）人身损害赔偿中的医疗费用；（2）退赔被害人的损失；（3）其他民事债务；（4）罚金；（5）没收财产。在刑民关联案件中，被告人非法占有、处置被害人财产，造成被害人损失的，与被告人的其他民事债务相比并没有法律上明确规定的优先性，司法解释规定责令退赔优先于其他民事债务执行，明显违背了债权平等的原则。

（三）刑民规定不相协调的原因分析

通过前述的分析，可以得出这样的一个结论，《刑法》除了专有的概念和原理外，应当与民法等前置法保持一致，只有这样才能维护法秩序的有机统一。但由于种种原因，导致我国目前的法律规定客观上存在不相协调甚至相互冲突的规定。

首先，从法治进程上看，虽然我国早在 1950 年 4 月 13 日就制定了第一部《婚姻法》（已失效），但由于历史原因，我国民事法律制度建设长期处于停滞状态。1979 年 7 月 1 日，第五届全国人民代表大会第二次会议通过《刑法》，自 1980 年 1 月 1 日起施行，而直到 1986 年 4 月 12 日才制定了《民法通则》，并在 2020 年 5 月 28 日通过了《民法典》。应该说，我国的刑事法律制度建设比民事法律制度更早、更为完备。在这种背景下，由于民事法律制度的缺位，一些本应由民法规定的内容却规定在刑法中，由刑法进行调整，造成了刑、民不分的怪状。

其次，从司法理念上看，我国的刑事审判工作始于革命年代，历经战争年代血与火的洗礼，在打击敌人、惩治犯罪、争取解放、保护人民的伟大斗争中作出了重大贡献，立下了伟大功勋。中华人民共和国成立后，刑事审判因其地位重要、作用重大和贡献巨大而获得了优先发展、快速发展的历史机遇，长期一枝独秀，享有“刑老大”之誉。[①] 正因如此，刑法长期以来睨视着其他尚在草创之中的部门法学，俨然以老大自居。[②] 具体表现为在立法、解释和审判中，重刑主义和刑法万能的观点盛行，刑法冲在调整社会关系的前沿阵地，从后置法变成前置法，民法只好退而求其次，丧失了其本应发挥的功能和效用。

再次，从立法程序上看，根据我国《立法法》第 7 条之规定，全国人民代表大会制定和修改刑事、民事、国家机构和其他的基本法律。在全国人民代表大会闭会期间，对全国人民代表大会制定的法律进行部分补充和修改，不得同该法律的基本原则相抵触。1997 年全国人大修订的《刑法》，有一项原则是罪刑法定原则，即法无明文规定不为罪，法无明文规定不处罚。这里的“法”是全国人大制定的“法”，但在具体的立法实践中，1997 年全国人大修订《刑法》后，全国人大常委会先后 11 次对刑法进行修订，刑法罪名从 414 个迅速增长到 486 个。24 年间，刑法修订 11 次、罪名增加 72 个、条文修改多达 200 余处。在刑事立法进入活性化时代后，由全国人大常委会对刑事基本法律进行频繁的修改，并新增了犯罪行为类

---

① 最高人民法院刑事审判第一、二、三、四、五庭主办：《刑事审判参考》（第 119 集），法律出版社 2019 年版，第 1 页。

② 参见陈兴良：《刑法哲学》，中国政法大学出版社 2009 年版，第 1 页。

型和罪名，实有违反《立法法》规定之嫌。

复次，从立法技术上看，一项法律制定得是否成功，要进行可行性判断和实效性判断，并通过各种能够反映实施情况的资料、数据等进行检验。时延安教授认为，加强刑事立法的实证研究，立法前应提交“行为危害程度调查报告”、“已有法律制裁实效调查报告”、“民意征询调查报告”和“立法可行性及风险性调查报告”，而我国的刑事立法程序往往缺少必要的实证研究。[①] 以《刑法修正案（十一）》为例，在立法审议前，由全国人大常委会法制工作委员会进行前期调研，并在全国各地召开了多场的研讨会，在两位全国人大代表、三位刑法专家和法院、检察院、公安机关的六位司法、执法人员参加的立法评估后，经三次立法审议通过。从《刑法修正案（十一）》的起草和审议过程，我们可以看出，在刑法修订过程中的实证研究和听取意见并不是特别充分，修订法律的可行性和实效性判断仍应当进一步加强。

最后，从学科交流上看，刑事立法活动是一个融合多学科的系统工程，关系到社会治理模式和成效。由于刑法的最后手段性，当其他部门法通过其他手段足以制裁时，就无须刑法进行介入。因此，刑事立法活动不仅是刑法学科的研究对象，也应当有民法、行政法、经济法等其他部门法学者参与，更需要邀请经济学、社会学等其他学科学者进行论证。以《刑法修正案（十一）》为例，在修正案起草过程中，全国人大法工委在北京等地召开的专家学者座谈会，但参会的学者是清一色的刑法方面的专家，并未邀请民法、行政法以及经济学、社会学等方面的专家参与其中，在立法过程中缺乏学科之间的沟通和多学科之间的互动，也使刑法修订的可行性和实效性判断大打折扣。

---

① 参见时延安：《实证研究是刑法科学立法的重要保证》，载《法制日报》2014年11月19日，第10版。

参 考 文 献

一、著作类

1. 张明楷：《刑法学》（上、下），法律出版社 2021 年版。

2. 张明楷：《外国刑法纲要》（第 3 版），法律出版社 2020 年版。

3. 马克昌：《比较刑法原理》，武汉大学出版社 2015 年版。

4. 王钢：《德国判例刑法》，北京大学出版社 2016 年版。

5. 刘艳红：《实质出罪论》，中国人民大学出版社 2020 年版。

6. 夏伟：《刑民交叉的理论构造》，法律出版社 2020 年版。

7. 张文显主编：《法理学》（第 4 版），高等教育出版社、北京大学出版社 2016 年版。

8. 陈金钊、熊明辉主编：《法律逻辑学》（第 2 版），中国人民大学出版社 2015 年版。

9. 车浩：《阶层犯罪论的构造》，法律出版社 2018 年版。

10. 毛玲玲：《经济犯罪与刑法发展研究》，法律出版社 2017 年版。

11. 高铭暄：《中华人民共和国刑法的孕育诞生和发展完善》，北京大学出版社 2015 年版。

12. 陈灿平：《刑民实体法关系初探》，法律出版社 2009 年版。

13. 杜万华主编：《最高人民法院民间借贷审判实务指导与疑难解答》，中国法制出版社 2015 年版。

14. 何帆：《刑民交叉案件审理的基本思路》，中国法制出版社 2007 年版。

15. 周雪梅：《刑事犯罪与民事侵权比较研究》，西南财经大学出版社 2013 年版。

16. 刘宪权、李振林：《集资类案件中的刑民交错现象及其归宿》，法律出版社 2017 年版。

17. 朱铁军：《刑民实体关系论》，上海人民出版社 2012 年版。

18. 杨春然：《刑法的边界研究》，中国人民公安大学出版社 2013 年版。

19. 方鹏：《出罪事由的体系和理论》，中国人民公安大学出版社 2011 年版。

20. 李翔：《情节犯研究》（第 2 版），北京大学出版社 2018 年版。
21. 张勇：《犯罪数额研究》，中国方正出版社 2004 年版。
22. 杨兴培编著：《犯罪的二次性违法理论与实践》，北京大学出版社 2018 年版。
23. 于改之：《刑民分界论》，中国人民公安大学出版社 2007 年版。
24. ［日］前田雅英：《刑法总论讲义》（第 6 版），曾文科译，北京大学出版社 2017 年版。
25. 林山田：《刑法各罪论》（上、下），北京大学出版社 2012 年版。
26. 林山田：《刑法通论》（上、下），北京大学出版社 2012 年版。
27. ［日］西田典之：《日本刑法各论》（第 6 版），王昭武、刘明祥译，法律出版社 2013 年版。
28. ［日］佐伯仁志、道垣内弘人：《刑法与民法的对话》，于改之、张小宇译，北京大学出版社 2014 年版。
29. ［日］西原春夫：《刑法的根基与哲学》，顾肖荣等译，中国法制出版社 2017 年版。
30. ［美］哈伯特 · L. 帕克：《刑事制裁的界限》，梁根林等译，法律出版社 2008 年版。
31. ［日］佐伯仁志：《制裁论》，丁胜明译，北京大学出版社 2018 年版。
32. 史尚宽：《物权法论》，中国政法大学出版社 2000 年版。
33. ［日］西田典之：《日本刑法总论》（第 2 版），王昭武、刘明祥译，法律出版社 2013 年版。
34. ［意］贝卡利亚：《论犯罪与刑罚》，黄风译，中国法制出版社 2005 年版。
35. ［美］E. 博登海默：《法理学：法律哲学与法律方法》，邓正来译，中国政法大学出版社 2019 年版。
36. ［日］平野龙一：《刑法的基础》，黎宏译，中国政法大学出版社 2016 年版。
37. ［德］罗尔夫 · 斯特博：《德国经济行政法》，苏颖霞等译，中国政法大学出版社 1999 年版。
38. ［法］孟德斯鸠：《论法的精神》，许晓龙译，商务印书馆 2009 年版。
39. 郑玉波：《民法债编总论》，三民书局 1973 年版。
40. 杨仁寿：《法学方法论》，中国政法大学出版社 1999 年版。
41. 王利明主编：《中国民法典学者建议稿及立法理由 · 侵权行为篇》，法律出版社 2005 年版。
42. 杨立新：《侵权责任法》（第 3 版），法律出版社 2018 年版。
43. ［德］克劳斯 · 罗克辛：《德国刑法学总论》（第 1 卷），王世洲译，法律出版社

2005 年版。
44. ［德］卡尔·拉伦茨：《德国民法通论》，王晓晔等译，法律出版社 2004 年版。
45. 王德山：《合同效力研究》，中国政法大学出版社 2015 年版。
46. 朱广新：《合同法总则研究》（上、下），中国人民大学出版社 2018 年版。
47. 王利明：《合同法研究》（第 1 卷），中国人民大学出版社 2006 年版。
48. 李寿伟主编：《中华人民共和国刑事诉讼法解读》，中国法制出版社 2018 年版。
49. 张卫平：《民事诉讼法》（第 5 版），法律出版社 2021 年版。
50. 陈兴良：《刑法的知识转型》，中国人民大学出版社 2012 年版。
51. ［英］边沁：《道德与立法原理导论》，时殷弘译，商务印书馆 2016 年版。
52. ［英］杰里米·边沁：《论一般法律》，毛国权译，上海三联书店 2013 年版。
53. 张明楷：《法益初论》，中国政法大学出版社 2000 年版。
54. 朱全景、邵世星主编：《民事检察实务培训讲义》，法律出版社 2019 年版。
55. 田士永：《物权纠纷理论研究》，中国政法大学出版社 2002 年版。
56. 王泽鉴：《民法学说与判例研究》（第 3 册），北京大学出版社 2009 年版。
57. 陈华彬：《债法各论》，中国法制出版社 2014 年版。
58. 刘明祥：《财产犯罪比较研究》，中国政法大学出版社 2001 年版。
59. ［日］我妻荣：《债法各论》（下卷一），中国法制出版社 2008 年版。
60. 马俊驹主编：《民法学》，清华大学出版社 2007 年版。
61. 熊永明、胡祥福：《刑法谦抑性研究》，群众出版社 2007 年版。
62. 最高人民法院民法典贯彻实施领导小组主编：《中华人民共和国民法典总则编理解与适用》（上、下），人民法院出版社 2020 年版。
63. 周枏：《罗马法原理》（上、下），商务印书馆 1994 年版。
64. 王利明：《物权法研究》，中国人民大学出版社 2016 年版。
65. 王钢：《德国判例刑法》，北京大学出版社 2016 年版。
66. 张永红：《我国刑法第 13 条但书研究》，法律出版社 2005 年版。
67. ［美］霍姆斯：《法律的生命在于经验：霍姆斯法学文集》，明辉译，清华大学出版社 2007 年版。
68. 萧榕主编：《世界著名刑法典选编·刑法卷》，中国民主法制出版社 1998 年版。
69. 卓泽渊主编：《法的价值论》，法律出版社 1999 年版。
70. 周光权：《刑法各论》（第 3 版），中国人民大学出版社 2016 年版。
71. 覃有土、潘启荣编：《保险法学》，高等教育出版社 2003 年版。

72. 谢作诗：《没有市场失灵这回事》，中国发展出版社 2016 年版。
73. 卞耀武主编：《当代外国公司法》，法律出版社 1996 年版。
74. 刘俊海：《股份有限公司股东权保护》，法律出版社 2004 年版。
75. 白慧林：《股权转让热点问题规则与实践的考量》，法律出版社 2014 年版。
76. 孟庆华：《寻衅滋事罪的理论与实践》，人民出版社 2014 年版。
77. 杨丹：《医疗刑法研究》，中国人民大学出版社 2010 年版。
78. 孙国祥：《贿赂犯罪的学说与案解》，法律出版社 2012 年版。

二、期刊类

1. 李蓉：《刑民交叉案件中管辖权异议制度探析》，载《政治与法律》2010 年第 6 期。
2. 陈巧林、江伟：《刑民交叉民间借贷纠纷的程序机制探析》，载《法治论坛》2013 年第 2 期。
3. 杨兴培：《刑民交叉案件法理分析的逻辑进路》，载《中国刑事法杂志》2012 年第 9 期。
4. 陈兴良：《刑民交叉案件的刑法适用》，载《法律科学》2019 年第 2 期。
5. 周光权：《“刑民交叉”案件的判断逻辑》，载《中国刑事法杂志》2020 年第 3 期。
6. 黄祥青：《刑民交叉案件的范围、类型及处理原则》，载《法律适用》2020 年第 1 期。
7. 陈少青：《法秩序的统一性与违法判断的相对性》，载《法学家》2016 年第 3 期。
8. [日] 京藤哲久：《法秩序的统一性与违法判断的相对性》，王释锋、甄贞校，载《苏州大学学报》2020 年第 1 期。
9. 郭研：《部门法交叉视域下刑事未发现独立判断之提倡——单论整体法秩序统一之否定》，载《南京大学学报》2020 年第 5 期。
10. 王昭武：《法秩序统一性视野下违法判断的相对性》，载《中外法学》2015 年第 1 期。
11. 姜涛：《法秩序一致性与合宪性解释的实体性论证》，载《环球法律评论》2015 年第 2 期。
12. 林山田：《论刑事不法与行政不法》，载《刑事法杂志》1976 年第 2 期。
13. 孙国祥：《行政违法性判断的从属性和独立性研究》，载《法学家》2013 年第 3 期。
14. 张明楷：《避免将行政违法认定为刑事犯罪：理念、方法与路径》，载《中国法学》2017 年第 4 期。
15. 刘炯：《法益过度精神化的批判与反思——以安全感法益化为中心》，载《政治与法律》2015 年第 6 期。

16. 刘艳红：《我国应该停止犯罪化的刑事立法》，载《法学》2011 年第 11 期。
17. 田宏杰：《知识转型与教义坚守：行政刑法几个基本问题研究》，载《政法论坛》2018 年第 6 期。
18. 王钢：《不法原因给付对于认定财产犯罪的影响》，载《法学家》2017 年第 3 期。
19. 李永军、李伟平：《论不法原因给付的制度构造》，载《政治与法律》2016 年第 10 期。
20. 谭启平：《不法原因给付及其制度构建》，载《现代法学》2004 年第 3 期。
21. 童伟华：《日本刑法中“不法原因给付与侵占”述评》，载《环球法律评论》2009 年第 6 期。
22. 吴镝飞：《法秩序统一视域下的刑事违法性》，载《法学评论》2019 年第 3 期。
23. 江溯：《财产犯罪的保护法益：法律——经济财产说之提倡》，载《法学评论》2016 年第 6 期。
24. 黄丽勤：《论没有被害法益的财产犯罪》，载《贵州大学学报（社会科学版）》第 37 卷第 4 期。
25. 章正璋：《我国民法上的占有保护》，载《法学研究》2014 年第 3 期。
26. 童伟华：《所有权与占有的刑、民关系》，载《河南省政法管理干部学院学报》2009 年第 4 期。
27. 张明楷：《论刑法的谦抑性》，载《法学研究》1995 年第 4 期。
28. 陈兴良：《刑法谦抑性的价值蕴含》，载《现代法学》1996 年第 3 期。
29. 莫洪宪、王树茂：《刑法谦抑主义论纲》，载《中国刑事法杂志》2004 年第 1 期。
30. 陈璇：《法益概念与刑事立法正当性检验》，载《比较法研究》2020 年第 3 期。
31. 王利明：《民法要扩张，刑法要谦抑》，载《中国大学教育》2019 年第 11 期。
32. 张明楷：《日本刑法的发展及其启示》，载《当代法学》2006 年第 1 期。
33. 程红、吴荣富：《刑事立法的活性化与刑法理念的转变》，载《云南大学学报（法学版）》2016 年第 4 期。
34. 沈登峰：《刑法主流活性化与谦抑性原则之辩证》，载《福建警察学院学报》2018 年第 3 期。
35. 刘燕：《对我国企业注册资本制度的思考》，载《中外法学》1997 年第 3 期。
36. 刘燕红：《积极预防刑法观的中国实践发展——以从刑法修正案（十一）为视角的分析》，载《比较法研究》2021 年第 1 期。
37. 周斌：《“醉驾”成为刑事追诉第一大犯罪》，载《法制日报》2020 年 6 月 4 日，第

3 版。
38. 南连伟：《风险刑法理论的批判与反思》，载《法学研究》2012 年第 4 期。
39. 刘国祥：《集体法益的刑法保护及其边界》，载《法学研究》2008 年第 5 期。
40. 王利明：《惩罚性赔偿研究》，载《中国社会科学》2000 年第 4 期。
41. 朱广新：《惩罚性赔偿制度的演进与适用》，载《中国社会科学》2014 年第 3 期。
42. 时延安：《实证研究是刑法科学立法的重要保证》，载《法制日报》2014 年 11 月 19 日，第 10 版。
43. 陈华彬：《我国民法典物权篇占有规则立法研究》，载《现代法学》2018 年第 1 期。
44. 卢政宣：《民刑中的占有理解分析——法益的保护视角》，载《社会科学战线》2019 年第 12 期。
45. 陈兴良：《民法对刑法的影响与刑法对民法的回应》，载《法商研究》2021 年第 2 期。
46. 周光权：《法秩序统一性原理的实践展开》，载《法制社会》2021 年第 4 期。
47. 徐凌波：《金融诈骗罪非法占有目的的功能性重构》，载《政治与法律》2018 年第 10 期。
48. 储槐植：《我国刑法中犯罪概念的定量因素》，载《法学研究》1998 年第 2 期。
49. 梁根林：《但书、罪量与扒窃入罪》，载《法学研究》2013 年第 2 期。
50. 陈兴良：《作为犯罪构成要件的罪量要素——立足于中国刑法的探讨》，载《环球法律评论》2003 年第 3 期。
51. 张庆立：《我国情节犯立法的历程与趋向》，载《犯罪研究》2021 年第 2 期。
52. 陆诗忠：《论“以危险方法危害公共安全罪”中的“危险方法”》，载《法律科学》2017 年第 5 期。
53. 季峻：《关于枪支杀伤力鉴定的讨论》，载《江苏公安专科学校学报》2000 年第 6 期。
54. 陈志军：《枪支认定标准剧变的刑法分析》，载《国家检察官学院学报》2014 年第 5 期。
55. 陈兴良：《但书规定的法理考察》，载《法学家》2014 年第 4 期。
56. 欧居尚：《论缺乏偿还能力构成交通肇事罪》，载《重庆交通学院学报》2004 年第 2 期。
57. 刘东根：《论刑事责任与民事责任的转换——对法释〔2000〕33 号相关规定的评述》，载《中国刑事法杂志》2004 年第 6 期。

58. 劳东燕：《价值判断与刑法解释：对陆勇案的刑法困境与出路的思考》，载《清华法律评论》2016 年第 1 期。
59. 陈少青：《担保贷款双重欺诈犯罪认定》，载《政治与法律》2019 年第 1 期。
60. 孙国祥：《骗取贷款罪司法认定的误识与匡正》，载《法商研究》2016 年第 5 期。
61. 陈兴良：《合同诈骗罪的特殊类型之“两头骗”：定性与处理》，载《政治与法律》2016 年第 4 期。
62. 张明楷：《无权处分与财产犯罪》，载《人民检察》2012 年第 7 期。
63. 金华捷、傅锐：《虚构标的型保险诈骗行为的刑民交叉问题分析》，载《江西警察学院学报》2014 年第 2 期。
64. 蔡刘红：《非法吸收公众存款罪与民间借贷的界限之研究》，载《铜陵学院学报》2017 年第 2 期。
65. 彭冰：《非法集资活动的刑法规制》，载《清华法学》2009 年第 3 期。
66. 王新：《“非法性”是确定融资活动罪与非罪的界限》，载《检察日报》2019 年 4 月 2 日，第 3 版。
67. 姜涛：《经济刑法之兜底条款应由司法解释予以明确》，载《净月学刊》2017 年第 4 期。
68. 卢建平、楼伯坤：《对非法经营罪状要素司法认定的新思考》，载《人民检察》2018 年第 11 期。
69. 贾康、吴才麟：《实行烟酒专卖及调整相关税收的探讨》，载《财政研究》2000 年第 2 期。
70. 张金钢：《非法经营罪的扩张：态势、挑战与应对》，载《河南司法警官职业学院学报》2019 年第 6 期。
71. 阮齐林：《刑事司法应坚持罪责实质评价》，载《中国法学》2017 年第 4 期。
72. 吴加明：《“以股权转让方式转让土地使用权”行为的司法认定》，载《政治与法律》2018 年第 12 期。
73. 夏克勤、郭嘉：《供给侧改革背景下以股权转让方式实现土地使用权流转行为之法律规制》，载《法律适用》2017 年第 9 期。
74. 姚春艳：《论刑法中暴力的学理类型》，载《湖南科技学院学报》2008 年第 10 期。
75. 陈丹：《消费者过度维权与敲诈勒索罪界限探究》，载《山西农业大学学报（社会科学版）》2016 年第 3 期。
76. 徐光华：《从典型案件中的“同案异判”看过度维权与敲诈勒索罪》，载《法学杂志》2013 年第 4 期。
77. 温建辉：《维权过度无罪论》，载《聊城大学学报》2014 年第 2 期。
78. 陈家林、孙仁丕：《强迫交易罪若干问题探讨》，载《郧阳师范高等专科学校学报》2000 年第 2 期。
79. 曾祥云：《论抢劫罪之既遂与未遂》，载《法制与社会》2019 年第 19 期。
80. 王轶：《论我国合同法中的“胁迫”》，载《四川大学学报（哲学社会科学版）》2019 年第 1 期。
81. 高富平：《个人信息保护：从个人控制到社会控制》，载《法学研究》2018 年第 3 期。
82. 王利明：《隐私权概念的再界定》，载《法学家》2012 年第 2 期。
83. 张新宝：《从隐私到个人信息：利益再衡量的理论与制度安排》，载《中国法学》2015 年第 3 期。
84. 于冲：《侵犯公民个人信息罪中“公民个人信息”的法益属性与入罪边界》，载《政治与法律》2018 年第 4 期。
85. 刘艳红：《侵犯个人信息罪法益：个人法益及新型权利之确证》，载《中国刑事法杂志》2019 年第 5 期。
86. 晋涛：《刑法中个人信息“识别性”的取舍》，载《中国刑事法杂志》2019 年第 5 期。
87. 周宝妹、郎俊义：《拒不支付劳动报酬罪的解读》，载《人民司法》2012 年第 11 期。
88. 蒙娜：《拒不支付劳动报酬罪若干问题研究》，载《中国刑事法杂志》2013 年第 3 期。
89. 王骏：《拒不支付劳动报酬罪立法正当性之再现》，载《法制研究》2017 年第 5 期。
90. 胡天赐：《损害债权罪之可责性探讨》，载《财产法暨经济法》2012 年第 29 期。
91. 汪涵治：《民事纠纷解决请求权视角下的虚假诉讼》，载《湖北经济学院学报（人文社会科学版）》2019 年第 7 期。
92. 曾粤兴、卢义顺：《罪与非罪及其关系——刑民意义上的虚假诉讼》，载《学术探索》2018 年第 5 期。
93. 苏永生：《虚假诉讼罪的“严重侵害他人合法权益”》，载《法学杂志》2019 年第 7 期。
94. 张明楷：《虚假诉讼罪的基本问题》，载《法学》2017 年第 1 期。
95. 杨智博：《虚假诉讼罪中的“捏造事实”》，载《湖北警官学院学报》2019 年第 4 期。

96. 纪长胜：《虚假诉讼罪的认定与适用》，载《人民司法》2017 年第 7 期。

97. 田平安、柯阳友：《民事诉权新论》，载《甘肃政法学院学报》2011 年第 5 期。

98. 史忠卫、李莹：《掩饰、隐瞒犯罪所得、犯罪所得收益罪司法认定疑难问题探讨》，载《人民检察》2014 年第 6 期。

99. 周光权：《明知与刑事推定》，载《现代法学》2009 年第 2 期。

100. 郭晶：《刑事推定的构造与“应当知道”的认定——以推定之逻辑构造为基础》，载《中国刑事法杂志》2012 年第 8 期。

101. 胡坚：《论典当行误收当资赃物之处理》，载《重庆大学学报（社会科学版）》2004 年第 3 期。

102. 胡宗仁：《典当行善意收赃制度探讨》，载《暨南大学学报（哲学社会科学版）》2011 年第 2 期。

103. 腾飞：《论医疗事故罪》，载《世界最新医学信息文摘》2015 年第 103 期。

104. 李希慧、宋久华：《医疗事故之“严重不负责”辨》，载《人民检察》2012 年第 21 期。

105. 朱秀恩：《“医疗事故罪”若干法律问题探析》，载《医学与法学》2016 年第 1 期。

106. 赵诗敏：《医疗事故罪中因果关系的认定标准》，载《法制与社会》2020 年第 12 期。

107. 李德祥：《日本现代医学发展与赔偿规定》，载《日本医学介绍》1993 年第 5 期。

108. 朱广友：《医疗纠纷鉴定：因果关系判定的基本原则》，载《法医学杂志》2003 年第 4 期。

109. 徐国辉等：《医疗纠纷因果关系鉴定 92 例分析》，载《河南科技大学学报》2010 年第 1 期。

110. 张纯兵、杜志淳：《医疗损害司法鉴定因果关系分析及参与度鉴定》，载《中国司法鉴定》2015 年第 5 期。

111. 王秋杰：《放贷型受贿与民间借贷行为的审查判断要点》，载《中国检察官》2018 年第 6 期。

112. 张伟：《受贿罪构成要件涵摄下的“为他人谋取利益”》，载《现代法学》2018 年第 3 期。

113. 赵煜：《借贷型受贿数额认定要具体分析》，载《检察日报》2014 年 5 月 21 日，第 3 版。

114. 豆忠娟、李菲：《关于民间借贷关系中真实性和合法性的探讨——以利息形式受贿案件为例》，载《农村金融研究》2015 年第 11 期。

后　　记

2014年3月至5月，我在福建省委党校参加为期两个月的学习，当时正值党的十八大以来全国平反一批重大错案的大背景，我的分管业务也刚好由民事检察转为刑事公诉，因此学习期间我开始重点关注刑事错案的产生原由，发现这其中不仅有刑讯逼供等显在的证据问题，也有许多本应按民事纠纷处理或只需作行政处罚的案件被当作刑事案件，后者被包裹在刑事诉讼的外衣之下，往往更为隐性，更不易被察觉，也更不易被纠偏。因此，学习期间按学校要求提交心得体会时，我以《关于错案的另一种解读》为题撰文表达了自己对刑民关联案件办理的初步思考。

之后，我开始系统地关注刑民关联案件的司法现状和遇到的各类问题、难题，广泛搜集、查阅相关实务判例和文献资料，研究了海量的国内外刑事法学相关理论知识，并萌生了用两三年时间写一部刑民关联案件实体判断的著作以指导实践的想法。其间相继梳理和筛选出近40个典型案例进行重点分析，在此过程中，面对随之涌来的大量刑民关联案件程序运行问题，我同步作了细致的调研。至2019年初春，基本上明确了这部新书应当包括刑民关联案件的实体判断和程序运行两大主要内容，同时我也深刻感受到，刑民关联问题争议的症结主要在于刑事、民事、行政三大实体法与三大诉讼法各自为政、没有形成统一法秩序甚至是相互矛盾。至此，我基本明确了这部新著应当立足司法实践和现有法律体系，系统阐述刑民关联案件存在的问题，并提出切合实际的解决方案的创作思路。

本书的写作过程遇到了前所未有的困难与挑战，除了只能在零碎的业余时间进行艰辛创作等时间和精力方面的不足之外，最大的困难在于刑民关联问题是一个跨越了多个学科的重大命题，解读其中的脉络犹如资深中医的妙手回春，需要熟练地进行跨学科、交叉型的复合式思考，这种能力要求常常让我感到力不从心，这也是创作本书过程最为深刻的体会，甚至多次让我产生放弃的念头。但每当司法实践中遇到此类问题难以解决时，一种不能置之不理的使命感和必须坚持创作的紧迫感又油然而生，如此反复折磨以致时常感到身心上的疲惫不堪。回顾本书历经八年跌跌撞撞的创作过程，无论是“行到水穷处，坐看云起时”的笔耕不辍，还是“两句三年得，一吟双泪流”的精益求精，抑或“夜来一笑寒灯下，始是金丹换骨时”的豁然开朗，我想，这将是一段难忘的学术经历。

本书的顺利出版，要感谢陈燕华老朋友的热情帮助和法律出版社应用分社冯雨春分社长的大力支持，李军编辑对书稿作了字斟句酌的细心编校，我表示由衷的敬意。清华大学法学院申卫星院长、最高人民法院胡云腾大法官在百忙之中为本书作序，我心存感激。本书创作过程中得到许多同事和朋友的真诚帮助，他们提供了很有价值的观点和资料，在此表示衷心的感谢。最后特别要感谢我的家人一如既往地包揽家务，使我心无旁骛地投入创作中。

蔡福华

2022 年 5 月